文心雕龍作家論研究
——以建安時期為限

方 元 珍 著

文 史 哲 學 集 成
文史哲出版社印行

國家圖書館出版品預行編目資料

文心雕龍作家論研究：以建安時期為限 / 方元
珍著. -- 初版. --臺北市：文史哲, 民92
面 ： 公分. -- (文史哲學集成 ; 476)
參考書目：面
ISBN 957-549-509-8 (平裝)

1. 文心雕龍 – 評論

820   92009577

文史哲學集成

文心雕龍作家論研究
——以建安時期為限

著　　者：方　　　元　　　珍
出 版 者：文 史 哲 出 版 社
http://www.lapen.com.tw
登記證字號：行政院新聞局版臺業字五三三七號
發 行 人：彭　　　正　　　雄
發 行 所：文 史 哲 出 版 社
印 刷 者：文 史 哲 出 版 社
臺北市羅斯福路一段七十二巷四號
郵政劃撥帳號：一六一八○一七五
電話 886-2-23511028・傳真 886-2-23965656

實價新臺幣四八○元

中華民國九十二年 (2003) 六月初版

自　序

　　作家是文學創作的靈魂，也是文學研究必經的途徑，《文心雕龍》有關作家的評論，遍及全書，是探究先秦至南朝作家詮評的重要參考，也是檢視劉勰文學理論實踐的主要憑藉，惟《文心雕龍》作家論的研究，至今尚是一個待開發的領域，探討作家理論的單篇論文雖多，但以長時期文學集團的作家群，逐一個別探究，則以耗時、艱鉅、多數作家相關研究文獻寥寥無幾，甚至闕如，迄今尚乏人問津。

　　本書以建安時期為限，擇定劉勰所評論的建安作家二十位，抽絲剝繭，抉幽闡微，比較分析，以探究劉勰評論作家的範疇、標準、利病得失，及批評方法，並據以檢視其文學理論的菁醇與限制；同時也藉由建安文學集團作家群的探究，明瞭其依存的關係，作家的共同風格與個別特色，及時代文學變化的軌跡；進而觀察《文心雕龍》評論的視角與識見，期能發抉、體現劉勰作家論的體系。

　　職是之故，全書分為十三章，依次為緒論，分由建安作家釋名、養成背景、作家類型，及劉勰作家論批評方法、研究概況五節，探討建安作家的形成因素、創作類別及文人的型態等，並綜論《文心雕龍》作家論批評方法、研究的發展態勢。自第二章起至第十二章，則以劉勰評論為經，建安作家為緯，回歸至二十位作家的作品，並驗覈比對文論資料、基礎資料、旁涉資料等，個別析論劉勰評論建安作家的得失，且試圖揭開劉勰印象式批評的面紗，一探其

抽象評語的真義。第十三章結論則由《文心雕龍》對建安作家的評論，探究其如何建構作家論體系，並條列其成就與限制，以彰顯《文心雕龍》劉勰作家體系超軼群倫，無出其右的價值。

筆者研習《文心雕龍》以來，幸蒙王師更生的教誨，於茲已二十載，對做人為學的態度、途徑，開啟良多。所謂登高必自卑，資質魯鈍如我，於日積月累的研究過程中，方能對研究步驟、論述之鋪陳體要等，漸有領會，曾出版《文心雕龍與佛教關係之考辨》、發表〈論文心雕龍之文章藝術〉、〈論文章瑕病－從《文心雕龍·指瑕》到《文史通義·古文十弊》篇〉、〈論劉勰與民間文學〉等專著、論文；至於與本書相關之論文如〈文心雕龍論王粲〉、〈文心雕龍論曹操〉、〈文心雕龍論曹丕〉、〈文心雕龍論徐幹〉、〈文心雕龍論陳琳〉均曾先後於國內學術刊物發表，本次重又修訂增刪，期能如駑馬躓步，日有所進，並請博雅君子，有以教我！

歷時三年的成書過程，倘無家人的全力扶持，使我無後顧之憂，本書勢將無法順利問世。又，惠蒙趙潤海、林淑雲、魏素足老師、王愛珍女士的協助蒐集資料，薛皓文同學的校稿，謹此一併深謝！

方元珍 謹識於九十二年五月

《文心雕龍》作家論研究
——以建安時期為限

目　　次

第一章　緒　　論…………………………………………………… 1

　前　言……………………………………………………………… 1

　第一節　建安作家釋名…………………………………………… 1

　第二節　建安作家的養成背景…………………………………… 10

　第三節　建安作家的類型………………………………………… 19

　第四節　劉勰作家論批評方法…………………………………… 23

　第五節　劉勰作家論研究概況…………………………………… 32

第二章　《文心雕龍》論曹操……………………………………… 43

　前　言……………………………………………………………… 43

　第一節　家世與為人……………………………………………… 44

　第二節　魏武之世尚刑名………………………………………… 46

　第三節　倡導建安文風…………………………………………… 49

　第四節　詩文風貌………………………………………………… 51

　第五節　〈明詩〉篇未著一字…………………………………… 58

　第六節　援引文學觀點…………………………………………… 61

　第七節　結　語…………………………………………………… 66

第三章　《文心雕龍》論曹丕……………………………………… 69

　前　言……………………………………………………………… 69

第一節　推動建安文學·································· 69

第二節　文學創作表現·································· 75

第三節　評述文學觀點·································· 88

第四節　對曹丕之評價·································· 95

第五節　結　語··· 99

第四章　《文心雕龍》論曹植··················103

前　言···103

第一節　才思俊捷···································103

第二節　抃揚文業　意緒慷慨·····················105

第三節　兼長四、五言詩···························112

第四節　章表冠於群倫·····························123

第五節　文備眾體　優劣互見·····················127

第六節　評述文學觀點·····························138

第七節　對曹植之評價·····························142

第八節　結　語····································143

第五章　《文心雕龍》論孔融··················147

前　言···147

第一節　體氣高妙···································147

第二節　一代名儒···································156

第三節　各體文學　褒貶不一·····················161

第四節　氣盛為筆···································174

第五節　結　語····································178

第六章　《文心雕龍》論阮瑀··················181

前　言···181

第一節　下筆速成···································181

第二節　受知於曹氏父子···························185

第三節　書記翩翩……………………………………189

第四節　弔夷齊文　褒而無貶……………………196

第五節　結　語…………………………………………201

第七章　《文心雕龍》論王粲………………………203

前　言……………………………………………………203

第一節　才性短長………………………………………203

第二節　生活際遇與作品風格…………………………205

第三節　思想取向………………………………………210

第四節　各體文學表現…………………………………213

第五節　詩賦成就………………………………………225

第六節　結　語…………………………………………226

第八章　《文心雕龍》論劉楨………………………231

前　言……………………………………………………231

第一節　情高會采………………………………………231

第二節　徇質於海隅……………………………………236

第三節　偏美於五言詩…………………………………241

第四節　箋記雅麗　有益規諫…………………………246

第五節　文氣說評述……………………………………247

第六節　結　語…………………………………………250

第九章　《文心雕龍》論陳琳………………………253

前　言……………………………………………………253

第一節　行事風格………………………………………253

第二節　歸命於河北……………………………………257

第三節　文體、創作表現………………………………263

第四節　結　語…………………………………………278

第十章　《文心雕龍》論應瑒………………………283

前　言……………………………………………………283

第一節　學優以得文……………………………………283

第二節　文思斐然………………………………………285

第三節　王徐應劉　望路爭驅…………………………290

第四節　應論華而疏略…………………………………293

第五節　結　語…………………………………………298

第十一章　　《文心雕龍》論徐幹……………………301

前　言……………………………………………………301

第一節　性行沈默………………………………………301

第二節　從宦於青土……………………………………304

第三節　建安五言代表詩家……………………………307

第四節　以賦論標美……………………………………310

第五節　哀辭差善………………………………………318

第六節　結　語…………………………………………319

第十二章　　《文心雕龍》論建安其他作家…………323

前　言……………………………………………………323

第一節　論禰衡…………………………………………323

第二節　論路粹…………………………………………327

第三節　論潘勗…………………………………………330

第四節　論繁欽…………………………………………334

第五節　論楊脩…………………………………………338

第六節　論丁儀…………………………………………342

第七節　論邯鄲淳………………………………………346

第八節　論劉廙…………………………………………349

第九節　論王朗…………………………………………351

第十節　論衛覬…………………………………………353

　　第十一節　結　語……………………………………………355

第十三章　結　論：劉勰作家論體系之成就與限制…………359

附　　錄：

　　一、本書建安作家生卒年表………………………………375

　　二、《文心雕龍》評論建安作家一覽表………………376

參考書目舉要………………………………………………387

第一章　緒　論

前　言

　　劉師培曾說就時代而論，建安最爲複雜，三國的文學也最爲複雜[1]，此因建安時期政治紛擾動盪，各家思想融會交流，文學上也呈現繼兩漢遺風，導六朝先路的氣象，不但作家輩出，作品眾多，文學體式推陳出新，文學批評也有長足的開展。此一亮麗的表現，不能不歸功於曹氏父子及其侍從文人所開創的文學鉅業。而最早對這些建安作家給予全面的鑒衡，給予極高的評價，並賦予文學史上的特定意義者，則是劉勰的《文心雕龍》。對以作家評論爲核心的《文心雕龍》來說，研究劉勰所深予肯定、寄以厚望的建安作家群，以檢測劉勰文學評論的價值，並做爲探討其他系列作家的基石，無疑是十分有意義而且重要的議題。以下即試由探究建安作家釋名、建安作家的養成背景、建安作家的類型、《文心雕龍》作家論批評方法、研究概況等節，做爲本書論述的張本：

第一節　建安作家釋名

一、建安文學時限與分期

　　鍾嶸《詩品·序》嘗言：「降及建安，曹公父子，篤好斯文。平原兄弟，鬱爲文棟。劉楨、王粲，爲其羽翼。次有攀龍託鳳，自致

---

1 引自劉師培講述《漢魏六朝專家文研究》（台北：台灣中華書局，1976 年）十，頁36。下引不再註明出版處所。

於屬車者，蓋以百計，彬彬之盛，大備於時矣」[2]，指出建安文學蔚盛時期，殆有百位作家之眾，為明確本書所謂「作家」的討論範圍，首須界定建安文學的起迄時間。

有關建安文學時限的問題，歷來說法不一，其不必與政治時期相合，較政治時期（建安元年至二十五年，西元 196－220 年）為長，則為眾所確認。茲由《文心雕龍・時序》篇所載，建安文學的起迄時間，乃犖然可尋：

> 自獻帝播遷，文學蓬轉，建安之末，區宇方輯。魏武以相王之尊，雅愛詩章；文帝以副君之重，妙善辭賦；陳思以公子之豪，下筆琳瑯；並體貌英逸，故俊才雲蒸。⋯⋯至明帝纂戎，制詩度曲，徵篇章之士，置崇文之觀，何、劉群才，疊相照耀。

按漢獻帝初平元年（西元 190 年），董卓霸持朝政，徙漢獻帝劉協遷都長安，並焚燒洛陽宮廟及人家，於是關東諸侯以討董卓為名，各自擁兵自重，相互攻掠，百姓、文士亦隨之四處流離，即劉勰所謂「建安文學」的肇始年限；而據〈時序〉篇所言，其下限應止於魏明帝太和之前（西元 227 年）；惟以建安時期之重要作家曹植，代表作品如〈鰕鉭〉、〈白馬〉、〈求自試表〉、〈求通親親表〉、〈陳審舉表〉等，均撰於明帝太和時期，流露建安文學慷慨悲壯之特色，且如朱嘉徵雖將建安、黃初予以區分，但仍認為曹植晚年之詩屬於建安體[3]，為此，本書以曹植病卒之年（魏明帝太和六年，西元 232 年），定為建安文學之結止時間。

依此時限，建安文學實有階段性的發展，自漢獻帝初平元年（西元 190 年）至建安十三年（西元 208 年）為第一期，此時期建安七

---

2 引自鍾嶸著《詩品・序》（台北：正中書局，1982 年），頁 8。
3 朱嘉徵云：「〔曹植〕〈送應氏〉二詩絕似李少卿。自〈公讌〉、〈三良〉、〈游仙〉以往，俱高步建安，不落黃初一格。」引自黃節註《曹子建詩註》（台北：宏業書局，1983 年），頁 10。

子相繼來歸，以孔融為最早；阮瑀、劉楨其次，擔任司空軍謀祭酒，應不早於建安三年；陳琳、徐幹、王粲則於建安十年至十三年間先後歸曹，由於他們多目睹社會喪亂，親歷兵燹、流寓的經驗，因而作品多反映社會現實、民生疾苦，如曹操〈蒿里行〉：「關東有義士，興兵討群凶。初期會盟津，乃心在咸陽。軍力合不齊，躊躇而雁行。勢利使人爭，嗣還自相戕。淮南弟稱號，刻璽於北方。鎧甲生蟣蝨，萬姓以死亡。白骨露於野，千里無雞鳴。生民百遺一，念之斷人腸」，王粲〈七哀詩〉之一：「西京亂無象，豺虎方遘患。復棄中國去，遠身適荊蠻。親戚對我悲，朋友相追攀。出門無所見，白骨蔽平原。路有飢婦人，抱子棄草間。顧聞號泣聲，揮涕獨不還。……南登霸陵岸，迴首望長安。悟彼下泉人，喟然傷心肝」，皆能反映漢末干戈雲擾，民不聊生的情形，劉勰所說「良由世積亂離，風衰俗怨，並志深而筆長，故梗概而多氣也」，頗能切中建安此時期作品與社會、時序的關係。又如曹操〈短歌行〉：「對酒當歌，人生幾何！譬如朝露，去日苦多。慨當以慷，憂思難忘。何以解憂？唯有杜康。……山不厭高，海不厭深。周公吐哺，天下歸心」，劉楨〈贈從弟〉之三：「鳳凰集南嶽，徘徊孤竹根。於心有不厭，奮翅凌紫氛。豈不常勤苦，羞與黃雀群。何時當來儀，將須聖明君」，作家有感於人生苦短，期待明君出，以捐輸己力，平治天下的志業，溢於言表。整體而言，此時期的作品言語樸質無華，抒發對人生、現狀的悲苦之情，而又不失對建立政治新秩序的期許。

　　建安十四年（西元 209 年）以後，三分天下的局面確立，群雄攻伐，多為小局面之爭奪，而無大規模的戰事，動盪的政局漸趨緩和。建安作家或隨曹操出征，代撰軍國文書，述寫軍容的盛大威武，如陳琳作〈武軍賦〉、王粲作〈浮淮賦〉、應瑒作〈西征賦〉等；或與曹丕兄弟於南皮讌遊、鄴中讌集，酒酣樂作，鬥雞投壺、詩賦唱

和，時有耳聞，〈時序〉篇曾對此時作家的生活面貌，有所描述：
「傲岸觴豆之前，雍容衽席之上，灑筆以成酣歌，和墨以藉談笑」，
〈明詩〉篇又云：「並憐風月，狎池苑，述恩榮，敘酣宴」，反映
宴遊、遊覽、贈答等題材的作品[4]，確於建安文學中期出現高潮。如
陳琳〈宴會詩〉：「凱風飄陰雲，白日揚素暉。良友招我遊，高會
宴中闈。玄鶴浮清泉，綺樹煥青蘤」，純粹敘事寫景；劉楨〈贈五
官中郎將〉四首之一：「昔我從元后，整駕至南鄉。過彼豐沛都，
與君共翱翔。四節相推斥，冬季風且涼。眾賓會廣坐，明鐙熺炎光。
清歌製妙聲，萬舞在中堂。金罍含甘醴，羽觴行無方。長夜忘歸來，
聊且為大康。四牡向路馳，歡悅誠未央」，描述讌遊的歡樂愉快；
曹植〈娛賓賦〉：「感夏日之炎景兮，游曲觀之清涼。遂衍賓而高
會兮，丹幃曄以四張。……文人騁其妙說兮，飛輕翰而成章。……」
呈現當日文會雅集的盛況；邯鄲淳〈投壺賦〉：「然後觀夫投者之
閑習，察妙巧之所極，駱驛聯翩，爰爰兔發，翻翻隼集，……悅舉
坐之耳目，樂眾心而不倦。環瑋百變，惡可窮讚」，陳述當日君臣
同遊取樂的情形；王粲〈公讌〉：「昊天降豐澤，百卉挺葳蕤。涼
風撤蒸暑，清雲卻炎暉。高會君子堂，並坐蔭華榱。……今日不極
歡，含情欲待誰？見眷良不翅，守分豈能違？古人有遺言，君子福
所綏。願我賢主人，與天享巍巍。克符周公業，奕世不可追」，除
了敘事寫景，並對曹主有所頌讚。這類貴遊作品，具有記錄當時作
家生活片段的作用，他們的和墨酣歌、高談娛心，確對建安文學作
品日增、技巧提昇、文學批評與理論的樹立，大有助益，其在文學
史上的效用，實更高於在文學價值上的表現。惟此時期，仍有少部

---

4 范文瀾注「憐風月，狎池苑，述恩榮，敘酣宴」，即「如《文選》所載公讌詩、遊覽
  詩、贈答詩是」，見於《文心雕龍注·明詩》（台北：學海出版社，1991 年），頁
  87。

分迥異於一般遊宴的作品，如應瑒〈侍五官中郎將建章臺集詩〉：
「朝雁鳴雲中，音響一何哀。問子遊何鄉，戢翼正徘徊。言我塞門
來，將就衡陽棲。往春翔北土，今冬客南淮。遠行蒙霜雪，毛羽日
摧頹。常恐傷肌骨，身隕沈黃泥。簡珠墮沙石，何能中自諧？欲因
雲雨會，濯翼陵高梯。良遇不可值，伸眉路何階？公子敬愛客，樂
飲不知疲……」，詩中除自嗟羈旅的傷情之外，並流露作者欲展所
長，志在高階的心聲，呈顯出《文心雕龍・時序》篇所謂「並憐風
月，狎池苑，述恩榮，敍酣宴，慷慨以任氣，磊落以使才；造懷指
事，不求纖密之巧，驅辭逐貌，唯取昭晰之能」的時代文學面貌。
整體而言，建安初期慷慨任氣，欲伸壯懷的風格的作品，在此期畢
竟已大爲減少。

　　建安二十四年（西元 219 年），建安文學進入第三期，此時建安
七子已相繼凋零[5]，曹丕的詔令文章，文學意味大不如前；邯鄲淳〈受
命述〉則上書奏勸曹丕受禪，被《文心雕龍・封禪》篇評爲「攀響
前聲，條理有序」；衛覬〈冊魏王受禪誥〉乃敍述漢獻帝將追踵堯
典，禪位於魏王一事，被《文心雕龍・詔策》篇評爲「符采炳耀，
弗可加已」；王朗〈雜箴〉、〈奏宜節省〉等，則以戒愼諫君，預
聞朝政的作品居多，可見第三期的建安作家以應用散文爲主，此時
最能做爲建安代表文家者爲曹植。他黃初以前的作品，大抵以宴遊、
贈答爲主調，誠如謝靈運《擬魏太子鄴中集詩・平原侯植序》所言：
「不及世事，但美遨遊」，而鮮少志深筆長，慷慨多氣之作；黃初、
太和年間，曹植由於政治上的不得意，宦途的播遷流離，使其作品
因而時露慷慨悲涼之意，且辭采華茂，音律和諧，建安文學至此進

---

5 建安十三年，孔融爲曹操所殺；建安十七年，阮瑀卒；建安二十二年，王粲、劉楨、
　陳琳、應瑒死於瘟疫；建安二十三年，徐幹亦遭癘疾身故。參本書附錄一。

入「析句彌密，聯字合趣，剖毫析釐」[6]的時期，詩文漸趨於駢儷。

由建安文學的分期中，吾人可以得知建安作家由分散、聚合鄴下而漸凋零的過程；也便於掌握各時期文學題材與形式、風格的變化，進而明瞭劉勰評論建安作家、文學的利病得失。

二、何謂作家？

就文學觀念而言，齊梁之時，並無所謂「作家」一詞，《南齊書·文學傳論》云：「今之文章，作者雖眾」[7]，《詩品·序》云：「故詞人作者，罔不愛好」[8]，皆以「作者」、「詞人」代稱寫作詩文的人，按覈其意，已將文學與學術或儒學分開；梁元帝《金樓子·立言》篇又云：「夫子門徒，轉相師受，通聖人之經者，謂之儒；屈原、宋玉、枚乘、長卿之徒，止於辭賦，則謂之文。……曹子建、陸士衡皆文士也」[9]，亦將儒者與文士明顯區分，並謂曹植為文士，則劉勰所屬齊梁之世，所謂之「作者」、「文士」，等同後代之「作家」，可得而知。

就《文心雕龍》架構而言，《文心雕龍》所謂「文」的範疇，雖包括史傳、諸子，然劉勰援史入文，當時文史不分，以及列諸子散文，為文學中的一體[10]，成為與歷史散文並列的哲學散文，將史傳、諸子落入文學體系予以評論的用意十分明顯；即便是經典，劉勰倡議「宗經」，以五經做為文體的起源、創作的軌範，以文學為主體，以經典為文學服務、典式的意涵，亦昭彰分明。故全書五十篇，討論文章的起源、體裁、作法、批評，無篇不從文學立場出發，為狹

---

6 見於《文心雕龍·麗辭》。本書所引《文心雕龍》內文，以王師更生注譯《文心雕龍讀本》(台北：文史哲出版社，1984年)為本。不再一一註明。
7 見於《南齊書》(台北：鼎文書局，1975年)卷五十二，頁908。
8 見於《詩品·序》，引自汪中選注《詩品注》(台北：正中書局，1982年)，頁19。
9 見於《金樓子》(台北：世界書局，1962年)卷四，頁28下。
10 引自王師更生著《文心雕龍新論》(台北：文史哲出版社，1991年)〈劉勰文體分類學的依據〉，頁33。

義之文學領域。《文心雕龍》書中所指之作家，自然也不出此一範
疇。

　　檢覈《文心雕龍》對從事文學創作者的稱呼，不一而足，如〈定
勢〉篇云：「陳思亦云：『世之作者，或好煩文博采，深沈其旨者；
或好離言辨句，分毫析釐者；所習不同，所務各異』」，〈情采〉
篇云：「昔詩人什篇，爲情而造文；辭人賦頌，爲文而造情，……
而後之作者，採濫忽真，遠棄風雅」，〈聲律〉篇云：「往蹇來連，
其爲疾病，亦文家之吃也」，〈程器〉篇云：「豈曰文士，必其玷
歟？」等，劉勰所謂作者、詩人、辭人、文家、文士等，皆用指文
學術業有成之人，猶如後世所稱之「作家」。

　　再就《文心雕龍》對作家評論的內涵而觀，以建安作家爲例，劉
勰論述曹操樂府的作品，引述其對章表、辭賦轉韻的意見，及對建
安文學的推轂之功，莫不由文學入手；其評論曹丕作謎語、詔策的
得失、衡人論文的觀點、文學理論的利病，亦皆由文學詮評切入；
即便是以校練名理著稱的王粲，〈論說〉篇亦云：「並師心獨見，
鋒穎精密，蓋論之英也」，強調王粲受名法思想影響，其論文條理
分明，簡鍊精要，有獨到的見解，也是由作家撰寫論體文的特色、
成就予以評述；而徐幹《中論》考六藝，推究仲尼、孟子之旨，被
曹丕《典論·論文》譽爲「融等已逝，唯幹著論，成一家之言」，
乃建安文士中獨以學術思想立言之鴻儒，而劉勰僅於〈才略〉篇用
「以賦論標美」一句帶過，並未於〈論說〉篇多所著墨，可見劉勰
評論作家從文學而捨學術的面向。

　　劉勰心目理想之作家，與王充《論衡·對作》篇所謂「作」的
意涵，有相通之處。《論衡·對作》篇云：「聖賢之興文也，起事
不空爲，因因不妄作，作有益於化，化有補於正」，指著作之可貴，
在能致用，要能有益於美刺教化；而且貴能有自己的思想，故〈超

奇〉篇云:「筆能著文,則心能謀論,文由胸中而出,心以文爲表」,以文章爲作家思想之表徵,崇尙獨創,反對擬古;相對地,劉勰認爲作家固然必須長於文事,也應注重文德、器用的兼備,《文心雕龍·程器》篇云:「周書論士,方之梓材,蓋貴器用而兼文采也」,即爲明證;劉勰亦重視真實情感的抒發,〈情采〉篇曾有「文章述志爲本」、「爲情而造文」之說。由此推論,故如孔融爲政不能切用實行,路粹、丁儀文德有瑕累,潘勗〈擬連珠〉摹擬爲文,皆非劉勰認爲理想之作家、作品。

三、本書建安作家之範疇

由於三國文學皆萃集於魏都,而吳蜀以偏於一隅,鮮有以詩賦名家的文士,不論作品的質與量,皆不如鄴下之盛,其流風餘韻蔑如,故一般所謂之建安作家,係指曹魏作家。

歷來史傳、文論指出的建安作家眾多,首先舉出孔融等人,爲「建安七子」者,見於曹丕《典論·論文》:「今之文人,魯國孔融文舉、廣陵陳琳孔璋、山陽王粲仲宣、北海徐幹偉長、陳留阮瑀元瑜、汝南應瑒德璉、東平劉楨公幹,斯七子者,於學無所遺,於辭無所假,咸以自騁驥騄於千里,仰齊足而並馳」。除此七人之外,《三國志·魏書·王粲傳》又於王粲、徐幹、陳琳、阮瑀、應瑒、劉楨六子之後,敘及「自潁川邯鄲淳、繁欽、陳留路粹、沛國丁儀、丁廙、弘農楊脩、河內荀緯等,亦有文采,而不在此七人之例」[11],逮至《詩品·序》又云:「降及建安,曹公父子,篤好斯文。平原兄弟,鬱爲文棟。劉楨、王粲,爲其羽翼。次有攀龍託鳳,自致於屬車者,蓋以百計」,標舉曹操、曹丕、曹植一門三傑,崇獎風流,爲建安文家之領袖,其他未言名號者,則多達百位,顯示建安作家

---

11 引自《三國志·魏書》(台北:鼎文書局,1997年)卷二十一〈王粲傳〉,頁602。

的彬蔚眾多，實難以計數。

　　《文心雕龍》所論及之建安作家，與上述所列述之曹魏作家多有重疊，茲據漢獻帝初平元年（西元 190 年）至魏明帝太和六年（西元 232 年），以為建安文學斷限的說法，則本書所涵蓋之建安作家，除三曹父子、建安七子以外，尚有邯鄲淳、禰衡、路粹、潘勗、繁欽、楊脩、丁儀、衛覬、劉廙、王朗十家，其卒年皆明確可考，早於魏明帝太和六年之前[12]，為活躍於建安的文學俊傑。

　　建安作家中，以孔融最受爭議，不僅《文心雕龍·時序》篇中歷數建安作家時，未提及孔融，而〈才略〉篇云：「漢室陸賈，首案奇采，……趙壹之辭賦，意繁而體疎；孔融氣盛於為筆；……魏文之才，洋洋清綺」，將孔融躋名於漢朝文家；〈章表〉篇云：「魏初章表，指事造實，求其靡麗，則未足美矣。至如文舉之薦禰衡，氣揚采飛」，卻又將孔融置身於建安文林，究竟孔融係屬漢朝或建安文家？是否為建安七子之一？《文心雕龍》均未有明確表述。惟將孔融名列建安七子之一者，除首見曹丕《典論·論文》以外，《三國志·魏書·王粲傳》亦有將邯鄲淳等七子，「不在此七人之例」的說法，顯示「建安七子」的用語在魏晉已為習用之慣稱，劉勰於〈才略〉篇亦有「仲宣溢才，捷而能密，文多兼善，辭少瑕累，摘其詩賦，則七子之冠冕乎」的評論，可見「七子」所指何人，已為當時眾所公認的說法；加以魏文稱孔融「體氣高妙」[13]，契合建安強調以氣評論作家的習尚；孔融「氣盛於為筆」[14]，也吻合建安為文尚氣的風格，故雖歷來頗多有關建安七子何來孔融之論[15]，但劉勰視孔

---

12 參本書附錄一。
13 見於曹丕《典論·論文》。
14 見於《文心雕龍·才略》。
15 參張虎剛著〈建安七子何來孔融〉（天津師大學報，1993 年第 5 期）、高敏著〈略論建安七子說的分歧和由來〉（鄭州大學學報，1980 年第 1 期）。

融為建安七子之一，應可確定。

第二節　建安作家的養成背景

建安作家受地理環境、政治社會、學術思潮、東漢士風的薰染，在人格特質、創作作品上，皆烙下時代文學的標記，養成個人的特殊風格，為劉勰評論作家、作品的重要準據。

一、地理環境因素

建安作家以鄴城為根據地，賴當地的偏安、富裕，有餘暇致力於文學、音樂的美的追求與鑑賞，因而形成建安文學的繁榮昌盛。鄴城原為袁紹據地，建安九年（西元 204 年），曹操攻占鄴城，並逐漸統一冀、青、幽、并四州，由《晉書·樂志》云：「曹公初破鄴，武功之定始於此也」[16]，可見據有鄴城對曹操統一北方的意義。其後建安文家陸續被廣羅在此，誠如曹植〈與楊德祖書〉所言：「吾王於是設天網以該之，頓八紘以掩之，今悉集茲國矣」，後人因有「鄴中七子」之稱[17]。曹植〈贈王粲〉詩又云：「端坐苦愁思，攬衣起西游。樹木發春華，清池激長流」，詩中所言之西游，指西苑之游；清池則為西園中之玄武池，所在地即為鄴城[18]，顯見建安作家齊聚於此，遊覽吟詠，匯合成文學的嘉會。建安十八年，曹操為魏王，亦定都於此；曹丕代漢，定都洛陽，鄴城仍與洛陽、長安、譙、許昌合稱五郡，其安定、富庶的生活環境，謝靈運《擬魏太子鄴中集詩·

---

16 見於《晉書》卷二十三，頁 701。

17 宋嚴羽《滄浪詩話·詩體》：「以時而論，則有建安體」，原注：「漢末年號，曹子建父子及鄴中七子之詩。」引自何文煥輯《歷代詩話》（台北：漢京文化，1983年）冊二，頁 689。

18 劉淵林〈魏都賦〉注：「玄武池在鄴城西苑中，有魚梁、釣臺、竹園、蒲桃諸果。」引自趙幼文校注《曹植集校注·贈王粲》（台北：明文書局，1985年），頁 29。

王粲》曾有描述：「並載遊鄴京，方舟泛河廣」[19]，乃為建安作家的雲集、同題唱和、品詩論文提供了有利的環境。據《漢語大詞典》所載，其有二城：北城北臨漳水，城西北隅列峙金虎、銅爵、冰井三臺，舊址在今河北省臨漳縣西南；南城則屬今河南省安陽縣轄境[20]。當時著名的文人，也大多毗鄰鄴城，出於山東、河南人士[21]，鄴城成為建安人文俊彥薈萃的中心。

二、政治社會動盪

東漢桓、靈之際，宦官當政，朝政日非，太學生與朝廷守正大臣，乃起而譏議時政，使宦官痛恨入骨，予以構陷，遂有黨錮之禍，一時賢士被誅除殆盡；由於吏治大壞，鉅鹿人張角乃以太平道，廣收徒眾，扇惑人民作亂，是為黃巾之亂；自此各地盜賊蠭起，後雖經弭平，惟又有董卓專制朝政，立劉協為帝，是為獻帝，並自為相國，先焚洛陽宮室，復遷獻帝及關東民數百萬口西至長安，連串的干戈雲擾，造成社會的動盪不安，加以瘟疫流行，更使百姓流離於途，民不聊生，由曹丕《典論·自敘》所言，頗能反映此時期的政治、社會的亂象：

> 初平之元，董卓殺主鴆后，蕩覆王室。是時四海既困中平之政，兼惡卓之凶逆，家家思亂，人人自危。山東牧守，咸以《春秋》之義：「衛人討州吁于濮」，言人人皆得討賊。于是大興義兵，名豪大俠，富室強族，飄揚雲會，萬里相赴；宛豫之師戰于滎陽，河內之甲軍於孟津。卓遂遷大駕，西都長安。而山東大者連郡國，中者嬰城邑，小者聚阡陌，以還相吞滅。會黃巾盛於

---

19 引自《文選》（台北：五南圖書公司，1991年）卷三十，頁792。
20 引自《漢語大詞典》（上海：漢語大詞典出版社，1994年）十，頁693。
21 孔融、王粲、劉楨、徐幹、王朗為山東人，阮瑀、應瑒為河南人，邯鄲淳、繁欽、路粹等亦為河南人氏。

> 海岱，山寇暴於并、冀，乘勝轉攻，席卷而南，鄉邑望烟而奔，
> 城廓睹塵而潰，百姓死亡，暴骨如莽。

另如《文心雕龍・時序》篇所云：「自獻帝播遷，文學蓬轉」，及
「世積亂離，風衰俗怨」，也要言不繁地舉述這段史實，影響所及，
建安作家詩文中，常彌漫著一股對生命飄忽的浩歎與感傷，如徐幹
〈室思〉詩云：「人生一世間，忽若暮春草」，阮瑀〈七哀〉詩云：
「丁年難再遇，富貴不重來。良時忽一過，身體爲土灰」，王粲〈初
征賦〉云：「違世難以迴折兮，超遙集乎蠻楚。逢屯否而底滯兮，
忽長幼以羈旅」等，作家紛紛發出歷經戰亂、羈旅之苦的悲涼之音。
惟逢此亂世，亦時聞作家的憤慨、激昂之聲，如《三國志・魏書・
臧洪傳》云：

> 洪乃升壇操槃歃血而盟曰：「漢室不幸，皇綱失統，賊臣董卓
> 乘釁縱害，禍加至尊，虐流百姓，大懼淪喪社稷，翦覆四海。……
> 凡我同盟，齊心戮力，以致臣節，殞首喪元，必無二志。……」
> 洪辭氣慷慨，涕泣橫下，聞其言者，雖卒伍廝養，莫不激揚，
> 人思致節。[22]

吐辭足爲志存社稷，企望一統天下，道直途清者的代表。由陳琳〈遊
覽〉詩云：「騁哉日月逝，年命將西傾。建功不及時，鐘鼎何所銘」，
王粲〈初征賦〉云：「賴皇華之茂功，清四海之疆宇」，孔融〈喻
邴原書〉云：「實望根矩，仁爲己任，授手援溺，振民於難」，皆
洋溢著建安作家及時惜時、建功濟民的積極思想，顯見建安作家慷
慨悲涼風格的形成，實與時代的動亂，民心思治緊密相連。

　　除時代的動亂牽動建安作家的思想情感，影響文學的題材、風
格，曹氏父子的推轂文業，促使建安文學興榮，亦功不可沒。首開

---

22 引自《三國志・魏書》卷七〈臧洪傳〉，頁232。

尚文風氣者爲曹操，他雅好詩書文籍，雖在軍旅，手不釋卷[23]，令郡國各修文學，使學術文化、選教才俊庶幾不廢[24]，並基於能文之士代筆爲文的事實需要，授予文士司空軍謀祭酒、丞相主簿、丞相掾屬、五官將文學、庶子等官職，於是四方俊彥，先後萃集於鄴下，爲建安文會的形成，奠立開展的基石；曹丕自幼亦好文學，以著述爲務[25]；建安十六年，受封爲五官中郎將時，與建安作家遊宴唱和，競馳文風，南皮之遊，蔚爲盛況，傳爲文壇佳話，對建安文會的蓬勃興盛，有重要的貢獻。曹植則自少至終，篇籍不離於手[26]，善屬文，其高才輒爲建安文士所讚賞，與鄴下文友交誼篤厚，時有詩文唱和往還，並相互彈評文章、切磋論文，終使建安文學，琳琅彬蔚，盛極一時。對於劉勰所指建安時期「並體貌英逸，故俊才雲蒸」[27]而言，曹氏父子實有右文獎倡之功。

三、學術思潮交融

　　兩漢的儒學由於雜揉陰陽五行、天人感應的政治哲學；加以學者專務於訓詁與注釋，窮經以爲業，使儒學迷信的成分濃厚，且流於繁碎巧說，故有識之士，如桓譚、張衡、王充、徐幹等人，皆紛起反對，孔融、王粲均質疑鄭玄經學，至建安時期，儒學已呈現日益衰微的態勢。由魚豢《魏略·儒宗傳序》云：

> 從初平之元，至建安之末，天下分崩，人懷苟且，綱紀既衰，
> 儒學尤甚。……正始中，有詔議圜丘普延學士，是時郎官及司
> 徒，領吏二萬餘人，雖復分布，見在京師者，尚且萬人。而應

---

23 引自曹丕《典論·自敍》。
24 見曹操建安八年所頒〈修學令〉。
25 引自《三國志·魏書》卷二〈文帝紀〉，頁 88。
26 引自魏明帝〈追錄陳思王遺王詔〉，見於《三國志·魏書》卷十九〈陳思王植傳〉，
　　頁 576。
27 引自《文心雕龍·時序》。

> 書與議者，略無幾人。又是時朝堂公卿以下四百餘人，其能操
> 筆者，未有十人，多皆相從飽食而退。嗟乎！學業沈隕，乃至
> 於此。[28]

足徵漢末迄建安年間，公卿庶士罕通經業，儒學中衰的情形。

　　除了儒學本身的弊病，曹操貴刑名、曹丕慕通達，及曹植的臧否
世儒，也使建安儒學的中衰，雪上加霜。曹操〈遺令〉有云：「吾
在軍中持法是也。至於小忿怒，大過失，不當效也」，其自言執法
甚嚴，而於臨終前始稍露悔意。由其所行之〈復肉刑令〉、〈軍令〉、
及三頒唯才是舉令，凡「負汙辱之名，見笑之行，或不仁不孝而有
治國用兵之術；其各舉所知，勿有所遺」[29]，誠可得知曹操持法峻刻，
用人重才能、輕德性的做法。據陳寅恪的評論云：

> 孟德求賢三令，大旨以為有德者未必有才，有才者或負不仁不
> 孝貪詐之污名，則是明白宣示士大夫自來所遵奉之金科玉律，
> 已完全破產也。由此推之，則東漢士大夫儒家體用一致及周孔
> 道德之堡壘無從堅守，而其所以安身立命者，亦全失其根據
> 矣。故孟德三令，非僅一時求才之旨意，實標明其政策所在，
> 而為一政治社會道德思想上之大變革。[30]

可知曹操改變儒家以仁德名節為取才條件的做法，已對漢代長達數
百年所建立的孔儒道德倫理，形成破壞。其又浸染農家、墨家、兵
家等思想，揆時度勢，變化運用。及於曹丕，嚮慕漢文帝寬仁玄默
的無為之治，屢頒〈息兵詔〉、〈議輕刑詔〉、〈禁復私仇詔〉、
〈薄稅令〉，期能少用刑罰，與民休養生息。雖曾於黃初二年頒〈追
崇孔子詔〉曰：

---

28 引自嚴可均校輯《全三國文》（京都：中文出版社，1981 年）卷四十三，頁 1297。
29 見於曹操〈舉賢勿拘品行令〉。
30 引自《陳寅恪史學論文選集》（上海：古籍出版社，1992 年），頁 146－147。

遭天下大亂，百祀墮壞，舊居之廟，毀而不脩，褒成之後，絕而莫繼，闕里不聞講頌之聲，四時不覩蒸嘗之位，斯豈所謂崇禮報功，盛德百世必祀者哉。其以議郎孔羨為宗聖侯，邑百戶，奉孔子祀。

有祀孔尊儒之意，惟適足以反映當時儒學衰歇的情形；而曹丕的慕通達，也對當時社會風氣有所影響，使天下賤守節[31]，許多建安作家受其薰染，如王粲、劉楨、禰衡在言行上多有放達不羈的表現。迨乎曹植，有〈贈丁廙〉詩云：「滔蕩固大節，世俗多所拘。君子通大道，無願為世儒」，其所謂「世儒」者，據《論衡・書解》篇云：「說經者為世儒」[32]，可見曹植輕視章句之儒，兩漢經師家法，已逐漸式微。儒學的衰微，卻意外地使建安作家在思想、文學上展現活力，吐故納新，重現新貌。

　　東漢末年，儒學漸衰，起而代之者，為老莊哲學，當時已有儒道交融的情形，如揚雄著《法言》、馬融注《老子》、王充論自然、張衡賦〈思玄〉，皆融合儒道思想立言；吳國虞翻亦為《老子》、《論語》訓注，以孔老並稱[33]；而建安文家固有注重功名的王粲、志在靖難的孔融，也有沖淡清樸，儒道雜揉的阮瑀、恬淡寡欲，沈默處世的徐幹，曹植則除了抱持「入則事父，出則事君，事父尚於榮親，事君貴於興國」[34]的儒家思想，對建功立業有所堅持，卻也創作遊仙詩，以道家的無為、淡薄、養神，來釋愁弭恨，化解其對儒家功名的執著，足徵當時儒道會流的學術思潮，對建安作家立言處世

31　傅玄〈舉清遠疏〉：「近者魏武好法術，而天下貴刑名；魏文慕通達，而天下賤守節。其後綱維不攝，而虛無放誕之論，盈於朝野，使天下無復清議，而亡秦之病，復發於外矣。」見於《晉書・本傳》卷四十七，頁 1317－1318。

32　見於《論衡》，收錄於《四部備要》（台北：台灣中華書局，1965 年）冊三五四卷二十八，頁 8 下。

33　見於《三國志・吳書》卷五十七〈虞翻傳〉，頁 1322。

34　見於曹植〈求自試表〉。

的切身影響。

此外，魏晉之人善談名理，《文心雕龍·論說》篇曾說：「魏之初霸，術兼名法；傅嘏、王粲，校練名理」，即指當時名理之學風行。所謂「名」，按形以定名，名爲事物之代表，包括對事物分析辯論的言詞，名家即論理家[35]，係由先秦名家論理之義演變而來。建安以後，對於人物印象或諷刺的評論，變爲人物才性的具體研究，成爲一種人物的名實學，如禰衡品評當代的人物云：「文若可借面弔喪，稚長可監廚請客。……大兒孔文舉，小兒楊德祖。餘子碌碌，莫足數也」，傳誦一時[36]、陳群與孔融論汝潁人物，群稱荀彧兄弟當今無對[37]、王粲亦介乎儒法之間，議論文推析盡致，漸開校練名理的風氣。名法合流的作家，以形名家論理爲主，談論的內容較爲實際；在處事行政方面，則保持法家的精神，也不反對儒家，所以他們生活謹嚴、辦事有規律，形諸於文，亦因意立論，設例求證，條理清楚[38]，王粲即爲個中典型。

建安時期，由於儒、法、道、名學術思潮的兼融並蓄，使建安作家的表現活潑，極富開創精神。以樂府而言，如曹操〈薤露行〉、〈蒿里行〉原爲輓歌，乃出殯時挽柩人所唱，曹操將之改爲敘寫時事，〈步出夏門行〉原爲感歎人生無常，或寫升仙得道的曲調，曹操則用寫北征烏桓途中的記聞與抱負，其以樂府古題自作新詩，成爲建安作家的創新手法；曹氏父子樂府又不受原題辭調的限制，入樂時每多增刪修改，《文心雕龍·樂府》因有「魏之三祖，氣爽才麗，宰割辭調」之評；而漢樂府多雜言及五言，四言極少，更無六言、七言，至建安則諸體皆備，顯示在樂府的內容和形式上，建安

---

35 引自周紹賢、劉貴傑著《魏晉哲學》（台北：五南圖書公司，1996年），頁25。
36 見於《後漢書》卷八十下〈文苑列傳〉，頁2653。
37 見於《三國志·魏書》卷十〈荀彧傳〉注引〈荀氏家傳〉，頁316。
38 參劉大杰著《魏晉思想論》（上海：古籍出版社，2000年），頁164、166頁。

作家均能吸納前代之長，使體復古而用開新。以辭賦而言，兩漢辭賦表現以歌頌爲主，重辭采、好鋪陳、長篇敷衍的特色，及至張衡〈思玄〉、〈歸田〉、蔡邕〈述行〉、〈青衣〉等賦，一掃漢賦堆積模擬的惡習，開後代抒情小賦的先河，而建安作家續予繼承發揚，成爲抒情小賦最繁盛的時期，由曹丕《典論‧論文》云：「王粲長於辭賦，徐幹時有齊氣，然粲之匹也。如粲之〈初征〉、〈登樓〉、〈槐賦〉、〈征思〉，幹之〈玄猿〉、〈漏卮〉、〈圓扇〉、〈橘賦〉，雖張、蔡不過也」，即知建安的辭賦名家如王粲、徐幹，多爲抒情詠物的短賦，且題材範圍擴大，確已不同於兩漢的賦製，並爲齊梁注重聲律、排比對偶的駢賦，奠立基礎，凡此皆顯示建安學術思潮的交融會通，使作家在創作上亦呈現繼往開新的時代精神。

四、東漢士風餘緒

東漢之末，名士風盛，能高尙己志，不求宦達的讀書人，備受社會尊重，如李膺、陳蕃等人言爲世則，行爲世範，以澄淸天下爲己志，當時號爲三君、八俊之一，他們淸議國家時政，反對宦官專權，爲士林所景仰，後雖遭黨錮收捕，然而以天下風敎爲己任的器量，臨危不懼、捨身就義的氣概，卻感召建安文士，沿續黨人的淑世精神，與不畏權奸的作風。如曹操二十歲舉孝廉，於奸雄之迹未露之前，橋玄即稱其爲名士，具有「不戚年往，憂世不治」[39]的濟世情懷；孔融負其高氣，志在靖難，並且對曹操抗顏不屈，當其道窮命盡，尙被後人評爲「猶黨錮餘烈哉」[40]，足見建安作家承襲了漢末士風的餘韻。

漢末，由於儒家定於一尊的威權式微，名家論理的風氣盛行，使

---

39 見於曹操〈秋胡行〉二首四解。
40 引自《漢魏六朝百三家集題辭‧孔少府集》（台北：世界書局，1979 年），頁 57。

士人多好談辯，才性、有無、言意、哀樂、名教與自然等，皆成為談辯的論題，當時博通善辯的儒士，如郭泰善談論，美音制；符融談辭如雲，李膺為之歎息等，已開啓士人論辯的習尚；流風所及，建安作家也多博物善辯，如曹丕博貫古今、曹植善於區別品物，評說造化的源起、王粲以博物多識，朝廷訂立制度，多出其手，及孔融、劉楨、邯鄲淳、繁欽等皆以機辯著名，可說是漢末士風的沿續，影響所及，彼等作文亦多旁徵博引，雄辯不絕，尤其善長於辨析源流、析論文質、訂立文學原理、法則，從而激盪文學批評的風氣，與文論篇章的產生。

儒學的動搖，既使禮教思想的桎梏有所鬆動；作家的生活情趣、生活方式也隨之發生變化；加以曹操否定儒家以仁孝為中心的用人標準，更使建安作家的行事為文流於任性放達，如曹操年少為人「任俠放蕩，不治行業」，《魏書‧武帝紀》曾載錄他的輕慢舉止：「為人佻易無威重……每與人談論，戲弄言誦，盡無所隱，及歡悅大笑，至以頭沒杯案中，餚膳皆沾污巾漬，其輕易如此」[41]，所著文章，亦文字簡約嚴明，無所顧忌，如〈讓縣自明本志令〉曾云：「設使國家無有孤，不知當幾人稱帝，幾人稱王」，言語之簡約率直，劉師培曾有「清峻」、「通脫」之論[42]，成為魏初建安散文的特色；又如曹丕臨王粲之喪，以王粲好驢鳴，令同游各作一聲驢鳴以送之[43]，表現曹丕不拘禮法的真情，由其所作〈終制〉曾寫：「自古及今，未有不亡之國，亦無不掘之墓也」，亦足見曹丕言語坦白，個性放達

---

41 「任俠放蕩，不治行業」說見於《魏書‧武帝紀》，頁2；「佻易無威重」說見於《魏書‧武帝紀》注引〈曹瞞傳〉，頁54。

42 語出劉師培《中古文學史‧論漢魏之際文學變遷》（台北：文海出版社，1972年），頁9。後魯迅於〈魏晉風度及文章與藥及酒之關係〉說，「清峻」，指文章要簡約嚴明；「通脫」指文章想寫的便寫出來。收於《魯迅全集‧而已集》（北京：人民文學出版社），頁502－503。

43 見於《世說新語‧傷逝》，引自余嘉錫撰《世說新語箋疏》（台北：華正書局，1993年），頁636。

的一面；至於劉楨敢於宴席上平視甄夫人[44]、禰衡裸身擊鼓以辱曹[45]，皆可見源自東漢的放達士風，對建安作家、文學的影響。

第三節 建安作家的類型

建安作家不僅在韻文、散文類別上各有特殊的文學表現，他們在鄴下文會中，也各自扮演不同的角色，呈顯作家多元化的型態。

一、文筆區分的作家類別

晉朝以後，文筆之分逐漸明顯，至於齊梁，文筆乃粲然分途，《文心雕龍》論文體，以有韻者爲文，如詩、賦、頌、贊、銘、箴、誄、碑、哀、弔等；無韻者爲筆，含史傳、諸子、論、說、詔、策、檄、移、封禪、章、表、奏、啓、書、記等，而以雜文、諧讔文筆雜用，兼有押韻之文，與無韻之筆。由於文體發展至建安，已大致完備，故建安作家不論韻文、散文兩大類別，均有承先啓後，富於時代特色的傑出表現。

以文而言，詩歌、辭賦爲建安文學的主體。詩壇以曹氏父子爲三絕。曹操詩歌，全是樂府，有襲用漢代樂府舊題者，如〈秋胡行〉、〈薤露行〉、〈短歌行〉等，亦有自創新題者，如〈對酒〉等，尚有曲調大爲改變者，如〈步出夏門行〉，表現開創精神，也使建安樂府步入文人樂府的新階段。曹丕遊宴詩，如〈芙蓉池作〉、〈於玄武陂作〉常以生命的哀感終結；描寫征夫思婦情感的樂府，如〈秋胡行〉、〈雜詩〉則清麗哀婉，劉勰評爲「樂府清越」[46]，允爲的評。曹植詩歌，以〈贈白馬王彪〉、〈雜詩〉、〈七哀詩〉等爲代表作，

---

44 見於《三國志・魏書》卷二十一〈王粲傳〉附傳注引《典略》，頁602。
45 見於《後漢書》卷八十下〈文苑列傳〉，頁2655。
46 見於《文心雕龍・才略》。

為建安第一詩人，鍾嶸曾評論其詩歌特色說：「骨氣奇高，詞采華茂，情兼雅怨，體被文質。粲溢古今，卓爾不群」，所言中肯。至於王粲詩歌，如〈七哀詩〉遭寓流離，自傷情多；〈從軍詩〉抒發建功願望，氣勢慷慨，詩歌成就僅次於曹植；劉楨詩如〈贈徐幹〉、〈雜詩〉，有嚮慕自由的期望，〈贈從弟詩〉則吐露高潔的氣節品格，為建安的重要詩人。建安辭賦由兩漢體物的大賦，變為抒情小賦的過程中，以曹植數量最多，題材廣泛，且抒情性強，而以〈洛神賦〉為代表作品；王粲辭賦在當代，則被曹丕〈又與吳質書〉譽為「獨自善於辭賦」，前期作品〈登樓賦〉狀物抒情，悲壯蒼涼，藝術成就極高，為其代表作。徐幹辭賦，在當時亦享有盛名，曹丕《典論·論文》曾有「幹之〈玄猿〉、〈漏巵〉、〈圓扇〉、〈橘〉賦，雖張、蔡不過也」的美譽，惜乎今存辭賦不多。禰衡則以〈鸚鵡賦〉提筆立就，借物自喻，成為建安辭賦的代表名作之一。其他如孔融碑文、王粲、阮瑀弔文、潘勗箋體文等，均擅一代之勝。

以筆而言，建安散文有從質樸漸趨文華的趨勢。曹操散文以實用說理為主，故指事造實，不尚雕琢，〈讓縣自明本志令〉、〈與太尉楊彪書〉，皆言簡意賅，自然樸實，劉師培云：「魏武治國，頗雜刑名，文體因之，漸趨清峻」[47]，頗能指出曹操受名法思想訓練，使文辭簡明嚴整的特色。曹丕書、論文字，如〈與吳質書〉真情流露，文辭優雅、《典論·論文》為第一篇有體系的文論，影響後世深遠，使曹丕建立在中國文學史上的一席之地。表文的大家為曹植，〈求通親親表〉、〈求自試表〉、〈陳審舉表〉、〈諫取諸國士息表〉等作品，詞句典雅，善用典故，志深氣壯，李充因譽為「可謂成文矣」[48]；其次則為孔融，〈薦禰衡表〉氣揚采飛，頗能突顯建安

---

47 見於劉師培編《中古文學史》第三課〈論漢魏之際文學變遷〉，頁9。
48 見於李充〈翰林論〉，收錄於《全晉文》卷五十三，頁1767。

文學重氣的特點。論體文則以王粲、徐幹為代表，王粲的〈爵論〉、
〈儒吏論〉、〈務本論〉、〈安身論〉、〈難鍾荀太平論〉，融會
儒法道名各家思想，〈去伐〉篇則頗獲劉勰好評。徐幹《中論》二
十篇，辭義典雅，能成一家之言，對漢末的政治紊亂、道德淪喪，
有矯正時弊的作用；惟文章不若建安散文作家以氣勢見長。至於檄
文，以陳琳的〈為袁紹檄豫州〉最為著名，張溥說它「奮其怒氣，
詞若江河」[49]，以剛健著稱；書記則以劉楨、禰衡、路粹、楊脩為偏
才，表現以工麗為美的特色，皆為建安擅長散文的作家；其中禰衡
奮筆直書，以氣運詞，與東漢之文尙和緩有所不同[50]，實啓建安作家
先路。

二、鄴下文會的作家型態

　　鄴下文會的核心人物為三曹。由於曹操的惜才、延才，建安作家
先後投於幕府，匯聚成一代文學的高峰，曹操可說是此一建安文會
的創始人，而曹丕於鄴城優游暇豫的生活時期，與建安文士宴飲遊
樂，同題唱和，使詠物辭賦大為增加，作品的質量也因騁辭競采，
而有所提昇，成就鄴下文會活動最頻繁、興盛的時期；此外，曹丕
並提出建安七子之名，結集建安諸子的遺文成編，可謂是建安文會
的實質領袖；而曹植則極重感情，與建安作家情誼篤厚，時相贈答
往還，對建安文學的彬蔚之盛，有推助的貢獻。

　　除了三曹父子為此一建安文會的核心人物，其他建安作家則與
三曹存有賓主關係，如王粲、陳琳、阮瑀、路粹曾任丞相軍謀祭
酒，徐幹為司空軍謀祭酒掾屬，楊脩、繁欽為丞相主簿，應瑒、劉
楨為丞相掾屬，陳琳為門下督，劉楨、徐幹、應瑒為五官將文學，

---

49 引自張溥撰《漢魏六朝百三家集題辭‧陳記室集》，頁75。
50 見於劉師培編《中古文學史》第三課附錄，頁26。

應瑒為平原侯庶子，及曾任最高職位者為擔任侍中的王粲、衛覬，封蘭陵侯的王朗等。他們雖大多品秩不高，唯或從軍出征，作軍國書檄、或從遊侍從，同題奉和，以文論交，彼等文人侍從的角色，與君王的親密度顯然超過朝廷顯貴；尤其如丁儀、楊脩介入太子政爭、潘勗為獻帝作策命曹操文、衛覬為漢帝禪位詔魏王，身為文人侍從的作用愈明顯，個人做為作家的特質亦相對褪色。由於每人性情志趣不同、歸附原因有異，建安諸子與三曹的關係亦親疏有別，表現不同的類型。如王粲勸劉琮降曹，並於曹操入荊州的慶功宴上，舉觴進賀：「明公定冀州之日，下車即繕其甲卒，收其豪傑而用之，以橫行天下；及平江漢，引其賢儁而置之列位，使海內同心，望風而願治，文武並用，英雄畢力，此三王之舉也」[51]，其對曹操有殷切的期待，為企望平治，具有淑世理想的一型；又如阮瑀潔身自持，曹洪欲用之而不屈，後來投操，乃出於脅迫，殆非本志，由其〈謝太祖牋〉云：「一得披玄雲，望白日，唯力是視，敢有二心」，猶可見其驚怖之心，屬明哲保真的一型；劉楨為宗室的後代，曾因平視甄夫人失敬罹罪，於受刑時見曹操卻仍繼續磨石不動，稟氣之堅貞，有〈遂志賦〉為證：「揚洪恩於無涯，聽頌聲之洋洋。四寓尊以無為，玄道穆以普將。翼儁乂於上列，退仄陋於下場。襲初服之蕪穢，託蓬廬以遊翔」，屬於去處自得，勁骨凌霜的類型；再如禰衡對曹操數有恣言，又侮慢劉表，對黃祖不敬，則為狂傲任性的類型，可見建安作家於慷慨悲心的共同基調下，實有不同的生命特質與理想。

建安文會的形成，乃基於特定的時空背景，環繞曹氏父子為中心的作家，共同投注生命的特質與理想，發揮博學巧妙的創作才能，

---

51 見於《三國志‧魏書》卷二十一〈王粲傳〉，頁598。

所結合而成的文學集團，雖未有意地立社結派，但有群體性的活動、群體性的創作，同時還能於共同時代風格之外，保有作家個人的類型與藝術成就，蓋將百計的人數，顯示它規模空前，且霑漑後世，影響深遠，劉勰所謂「晉世文苑，足儷鄴都，……宋來美談，亦以建安爲口實」[52]，足證建安作家對六朝文學的重要性，實無出其右。

第四節　劉勰作家論批評方法

劉勰對作家的評論，針對評論對象的多寡，或採單論，直接就個別作家予以評論，如〈詔策〉篇云：「魏武稱：『作敕戒，當指事而語，勿得依違』，曉治要矣」、〈定勢〉篇云：「劉楨云：『文之體指貴強，使其辭已盡而勢有餘，天下一人耳，不可得也』。公幹所談，頗亦兼氣」，對曹操、劉楨皆採取個別單一的評論；或採合論，將數家相提並論，合參對照，如〈才略〉篇云：「琳瑀以符檄擅聲」，將陳琳、阮瑀並稱、〈詮賦〉篇以王粲、徐幹、左思、潘岳、陸機、成公綏、郭璞、袁宏辭賦，並列爲魏晉之賦首；或採附論，將次要作家置於主要作家之後，如〈時序〉篇以路粹、繁欽、邯鄲淳、楊脩附列於三曹父子、建安六子之後即是。依此表述方式，劉勰採用以下數種的作家評論方法，予以交互、綜合運用，茲分別說明如下：

一、微觀式評論

劉勰對作家的內在條件，包括作家的才氣學行、志趣、家世、習染、學術背景等，均能予以微觀探究，考察其對作家、創作、風格的影響。如曹操對陳琳〈檄豫州文〉的攻訐，網開一面，不但免於

---

52 見於《文心雕龍・才略》。

刑戮，且予以重用，應與其「氣爽」，不計私仇的爽朗個性有關[53]；曹植「思捷而才儁」，則對其「詩麗而表逸」的文學表現，有直接的影響[54]。應瑒擅於著文，則緣自其博學多識的累積[55]；他如阮瑀馬鞍上作書，下筆速成，王粲思若有神，舉筆似宿構，莫不與其平日的博學工夫有關[56]。至於路粹的貪求名祿、丁儀的好邀榮位，都使他們在行事風格、文學作品上留下污名，偽奏孔融之舉，更是在歷史上備受訾議[57]。由此可見，劉勰對於作家內在才氣學行的重視程度；此外，劉勰也注意到作家因志趣不同，而在同類作品上的相異其趣，如同樣撰寫〈弔夷齊〉的主題，胡廣、阮瑀嘉美夷齊恥食周粟的潔行，王粲則讚美之餘，又有譏評，劉勰因於〈哀弔〉篇云：「胡阮嘉其清，王子傷其隘，各其志也」，指出王粲與胡、阮因為志趣的不同，而呈顯的撰文角度的差異，所謂「覘文輒知其心」[58]，劉勰誠可謂知音君子哉！至於劉勰對作家的文化素養，亦很重視，如稱孔融為「名儒」，深明其家世背景、著述、政績，一本儒家立言處世的學術根基；並指出孔融碑文寫得好，實與其雅慕蔡邕流風，有沿承關係[59]。類似情形，王粲、阮瑀及路粹，或受蔡邕贈書，或受學於蔡邕，此一來自家世、習染、學術背景等文化素養，對作家均有潛移默化的影響，皆將反射於其行事與作品風格。

---

53 《文心雕龍·樂府》篇云：「魏之三祖，氣爽才麗」，〈檄移〉篇云：「陳琳之〈檄豫州〉，⋯⋯敢矣！指曹公之鋒；幸哉！免袁黨之戮矣。」

54 見於《文心雕龍·才略》。

55 《文心雕龍·才略》篇云：「應瑒學優以得文」。

56 《文心雕龍·神思》篇云：「仲宣舉筆似宿構，阮瑀據鞌而制書」。

57 《文心雕龍·程器》篇云：「丁儀貪婪以乞貨，路粹餔啜而無恥，⋯⋯並文士之瑕累」。〈奏啟〉篇云：「路粹之奏孔融，則誣其釁惡」。

58 見於《文心雕龍·知音》。

59 《文心雕龍·奏啟》篇稱孔融為「名儒」，〈誄碑〉篇則云：「孔融所創，有慕伯喈。」

二、宏觀式評論

劉勰對作家的外緣環境，包括時君好尚、社會動亂、學術思潮、作家的仕宦際遇與生活型態等，對作家所造成的陶染，使其表現共同的時代色彩，或差別的因應態度者，均能恢宏地觀照，有所闡論。時君好尚、社會動亂方面，三曹父子的尚文能文，萃集有才華的文士，授予文學的官職，在社會動亂，人命如草芥的世代，對有志發揮淑世熱忱的士人而言，無疑是動人的誘因，於是王粲從荊南來、陳琳由冀州投奔、徐幹來自山東、劉楨自海邊遠來依從，此一社會亂離、君王雅好文學與文風盛極一時的因果關係，在《文心雕龍·時序》篇裡有清晰的說明[60]。劉勰採由宏觀全局的角度，分析政治、社會外緣環境對作家、文學的影響，使其文學評論的格局寬闊遠大。學術思潮方面，曹操於建安之初，重視嚴刑峻法，任謀重詐[61]；王粲則校練名理，講究設例求證，條理清楚，行文謹嚴的論文方式，與傅嘏論才性異同，何晏、王弼論有無，先後輝映，成為名理、玄遠論戰的重要議題及代表人物，自《文心雕龍·論說》篇所評述：「魏之初霸，術兼名法；傅嘏、王粲，校練名理。……詳觀蘭石之〈才性〉，仲宣之〈去伐〉，叔夜之〈辨聲〉，太初之〈本無〉，輔嗣之〈兩例〉，平叔之〈二論〉，並師心獨見，鋒穎精密，蓋論之英也」，已確切說明魏晉思想變遷的梗概，及魏晉循名責實，談辯成風的習氣，對帶動論體文蔚盛的影響。作家的仕宦際遇方面，〈時序〉篇云：「仲宣委質於漢南，孔璋歸於河北，偉長從宦於青土，公幹徇質於海隅，德璉綜其斐然之思，……文蔚、休伯之儔，于叔、德祖之侶，傲岸觴豆之前，雍容衽席之上，灑筆以成酣歌，和墨以

60　《文心雕龍·時序》篇云：「魏武以相王之尊，雅愛詩章；文帝以副君之重，妙善辭賦；陳思以公子之豪，下筆琳瑯；並體貌英逸，故俊才雲蒸。」
61　引自劉大杰撰《魏晉思想論》（上海：古籍出版社，2000年），頁66。

藉談笑」，則由文學史的角度切入，說明當時作家入幕曹氏的際遇
皆有不同，如王粲「委質於漢南」，有避亂荆州，委身事人的悲涼，
影響其詩文發爲憂生失志的慷慨悲壯；徐幹淡泊避世，從北海來依
曹操的時間不長，相對其亦尠有和墨酬歌、梗概多氣的詩賦；路粹、
繁欽、邯鄲淳、楊脩等人則與曹氏兄弟從遊甚密，多參與王位的爭
奪，作品輒爲政治服務，鮮有志深筆長，慷慨昂揚的作品，其文學
排序故在建安七子之後。生活型態方面，建安作家以侍從文人的身
分，或隨軍出征、或宴遊田獵，使建安諸子相知相惜，同題唱和、
贈答往還的作品大增，由〈時序〉篇云：「傲岸觴豆之前，雍容衽
席之上，灑筆以成酣歌，和墨以藉談笑」，足以反映曹氏兄弟與諸
文士、及文士之間情誼篤厚，並無曹丕所謂「文人相輕」[62]的情形；
而評彈文章、交換文學觀點的文會活動，也促使文學理論鑱出、文
學地位益受重視，建安文學的盛世於焉形成。劉勰能以文學發展史
觀，鉤畫因果依附的關係[63]，掌握時代文學風會的成因，因獲「誠溯
河窮源之論矣」[64]的讚譽。

三、比較式評論

當分析作家的才性、作品、文學理論時，劉勰經常運用相互比較
的評論方式。或類比其相同之處，如〈才略〉篇云：「孔融氣盛於
爲筆，禰衡思銳於爲文，有偏美焉」，指出孔融作品富於氣勢、禰
衡才思敏捷，同爲二人之特長；〈序志〉篇云：「又君山、公幹之
徒，吉甫、士龍之輩，汎議文意，往往間出，並未能振葉以尋根，
觀瀾而索源，不述先哲之誥，無益後生之慮」，則分析桓譚、劉楨、

---

62 見於曹丕《典論‧論文》。
63 引自王師更生著《重修增訂文心雕龍研究》（台北：文史哲出版社，1979 年），頁
　328。
64 引自劉永濟編著《文心雕龍校釋‧時序》，頁 65。

應貞、陸雲等人，在文學觀點上「各照隅隙，鮮觀衢路」的共同缺失。或比照其相異之處，如〈才略〉篇云：「子建思捷而才儁，詩麗而表逸；子桓慮詳而力緩，故不競於先鳴。而樂府清越，《典論》辯要，迭用短長，亦無懵焉。……遂令文帝以位尊減才，思王以勢窘益價」，自才性、創作特長、仕宦際遇、文學地位等方面，比較曹丕、曹植的不同；〈程器〉篇云：「文舉傲誕以速誅，正平狂憨以致戮，仲宣輕脫以躁競，孔璋傯恫以麤疎，丁儀貪婪以乞貨，路粹餔啜而無恥」，則敘述建安文士面貌各異的才性上的瑕累。或衡鑒作家之異同，如〈章表〉篇云：「至如文舉之薦禰衡，氣揚采飛；孔明之辭後主，志盡文壯；雖華實異旨，並表之英也」，將孔融〈薦禰衡表〉、諸葛亮〈出師表〉做比較，區別其異同。藉助於比較評論法，劉勰不但揭示各個作家才性、作品、文論的共同性與特殊性，並歸結出因果關係，尋求出規律性，使作家的評論更爲深入。劉永濟曾有評論說：「舍人比論文家長短異同之處，每具卓識，學者由之以考覈前賢之文，亦學海之南針也」[65]，所言非虛。

四、歸納式評論

劉勰評論作家、作品，每歸納出原理法則，以爲創作批評的準繩，此即〈序志〉所謂「敷理以舉統」。據《詩品·序》云：「觀王公縉紳之士，每博論之餘，何嘗不以詩爲口實。隨其嗜慾，商搉不同，淄澠並泛，朱紫相奪，喧議競起，準的無依」，可見文體理則、法式的提出，在齊梁當時，爲難得的創獲；而《文心雕龍》不僅文體論「敷理以舉統」，觀諸全書五十篇，亦輒歸納總結，揭示衡人論文的標準。文體規範方面，如〈明詩〉篇以四言詩的典雅溫潤、五言詩的清新有文采，做爲創作的榘矱，王粲即因符合此一寫作體式，

---

65 見於《文心雕龍校釋·才略》，頁 76。

被劉勰譽有「兼善」之美；檄文的寫作，目的在於聲討敵人的罪狀，威武己方的氣勢，以擊垮敵軍的士氣軍心，而陳琳〈為袁紹檄豫州文〉騁辭張勢、暴惡聲罪，被劉勰評為「壯有骨鯁」，列為四大檄文的代表作之一，即因其具體表現檄文寫作「植義颺辭，務在剛健」、「事昭而理辨，氣盛而辭斷」[66]的原則。

創作標準方面，由劉勰對建安作家的評論，其評騭作品優劣的準據，乃釐然可尋：如潘勗〈冊魏公九錫文〉依據經典為式，辭意溫雅，被劉勰評為「絕群於錫命」[67]，列為九錫文之首，即歸本於劉勰「宗經」之文學觀；又如古人詩文每喜用比，以添增聯想、起情的樂趣，是創作的重要手法，而曹植、劉楨詩歌，圖狀山川，影寫雲物，皆善用比喻，營造出動人的感染力；劉廙謝恩一文，亦以善能掌握「比類雖繁，以切至為貴」[68]的準據，而獲得劉勰的稱賞，可見劉勰為文之用心，實首尾一貫，無篇不然！

作家標準方面，劉勰對作家品德的優劣，也有衡量的尺度。陳琳汲於鑽營奔走，更迭事主，行事粗率，被劉勰給予「孔璋偬恫以麤疏」的負面評價；路粹奉旨於曹操，偽奏孔融，陷害忠良，被劉勰斥為「路粹餔啜而無恥」；建安作家中惟一無文士瑕累者，僅有不慕虛名，恬淡寡欲，被劉勰評為「沈默」的徐幹，與屈原、賈誼、鄒陽、枚乘、黃香等，同被列為文行無玷的一類，可見劉勰對作家文德的評鑒有其標準，忠貞、淳孝、守真為劉勰所讚譽的品德類型；能力行切用，文德兼備、文武皆習，才是劉勰心目中真正合乎理想的作家，所謂「梓材之士」[69]是也。

---

66 見於《文心雕龍·檄移》。
67 見於《文心雕龍·才略》。
68 見於《文心雕龍·比興》。
69 以上所引對陳琳、路粹、徐幹、梓材之士的評論，均見於《文心雕龍·程器》。

五、演繹式評論

　　劉勰根據其所標舉的理則、規範，品藻個別作家創作的利病得失，即採演繹式的評論。其或評論作家、作品之長處，如〈神思〉篇云：「仲宣舉筆似宿構，……雖有短篇，亦思之速也」，讚美王粲才思神速；〈書記〉篇云：「劉廙謝恩，喻切以至。……牋之善者也」，肯定劉廙〈上疏謝徙署丞相倉曹屬〉善用譬喻的手法；或銓品作家、作品之瑕累，如〈程器〉篇云：「孔璋傯恫以麤疎」，評論陳琳汲於鑽營奔走，行事有欠考量；〈雜文〉篇云：「潘勗之輩，欲穿明珠，多貫魚目」，指摘潘勗〈擬連珠〉如邯鄲學步，弄巧成拙；〈奏啓〉篇云：「路粹之奏孔融，則誣其釁惡」，斥責路粹之偽奏孔融；〈銘箴〉篇則譏諷曹丕〈劍銘〉器利而辭鈍[70]。或評騭作家創作之優劣，如稱賞曹植之文，為群才之俊[71]，惟又指出其〈文皇誄〉、〈皇太子生頌〉有乖體之瑕、〈武帝誄〉、〈明帝頌〉有措辭之瑕、〈報孔璋書〉有誤引古事之瑕[72]，對此位文苑泰斗，並不假以辭色；讚許孔融體氣高妙，掌握其人格、文章磊落高潔，堅持理想，矢志不移的特質，也評論其〈孝廉論〉但談嘲戲，析理不足、文教麗而罕施，不達治務乃為根本原因[73]。可見劉勰評人論文，不虛美、不飾非，力求客觀持平。整體而言，劉勰個別評論建安作家創作之長者占四十三則，對作家作品掎摭利病者占十七則，僅論其疵病者占十五則，可見劉勰對建安作家人品、創作的批評肯定多於貶抑。

70　《文心雕龍・銘箴》篇云：「魏文九寶，器利辭鈍」。
71　見於《文心雕龍・指瑕》。
72　分論於《文心雕龍》〈誄碑〉、〈頌讚〉、〈指瑕〉、〈事類〉。
73　分論於《文心雕龍》〈風骨〉、〈論說〉、〈詔策〉。

六、徵引式評論

劉勰評論作家，大抵皆承前修之緒業，或祖述立說，或持反對意見，或推陳出新，是為徵引式評論。其祖述立說，或依據事實，如言「魏武以相王之尊，雅愛詩章……並體貌英逸，故俊才雲蒸」[74]，即依據曹操外定武功，內興文學，重視文士，分授文學官職的史實而寫；謂「陳琳之〈檄豫州〉，壯有骨鯁，雖奸閹攜養，章實太甚，發丘摸金，誣過其虐，然抗辭書釁，皦然暴露」[75]，則本自於建安五年，陳琳為袁紹所作檄文，以籲請劉備出兵擊曹之事；稱「文舉屬章，半簡必錄」[76]，則意指魏文深好孔融書辭，有收募孔融文章以上，輒賞以金帛之舉；云「禰衡當食而草奏，雖有短篇，亦思之速也」[77]者，則依從史傳的載錄，證明禰衡之才思敏捷，顯示劉勰評論作家能立言有據，不為捃摭附會之辭。或引述前說，如曹丕指出作家擅長的體裁：「琳瑀之章表書記，今之雋也」，揭示作家寫作的優缺：「孔融體氣高妙，有過人者；然不能持論，理不勝詞，以至乎雜以嘲戲」，辨析作家的風格特色：「劉楨壯而不密」，比較古今作家的成就：「王粲長於辭賦，徐幹時有齊氣，然粲之匹也。如粲之〈初征〉、〈登樓〉、〈槐賦〉、〈征思〉，幹之〈玄猿〉、〈漏巵〉、〈圓扇〉、〈橘賦〉，雖張、蔡不過也」，評騭作家的品德：「偉長獨懷文抱質，恬淡寡欲，有箕山之志，可謂彬彬君子矣」，推崇作家的才學：「德璉常斐然有述作之意，其才學足以著書」，後來劉勰論文體、文術及文評之際，便大量祖述這些看法[78]。劉楨有關作家的評論，如「孔氏卓卓，信含異氣，筆墨之性，殆不可勝」，也

---

74 見於《文心雕龍·時序》。
75 見於《文心雕龍·檄移》。
76 見於《文心雕龍·書記》。
77 見於《文心雕龍·神思》。
78 引自呂武志著《魏晉文論與文心雕龍》（台北：樂學書局，1998 年）第五章，頁 77。

被劉勰所舉述，做爲立論的張本。至於曹植對文學批評應具備的條件、限制，如〈與楊德祖書〉云：「蓋有南威之容，乃可以論於淑媛；有龍泉之利，乃可以議於斷割。……人各有好尙」，則爲劉勰所取資，與〈知音〉篇云：「知多偏好，人莫圓該」、「故圓照之象，務先博觀」，持論吻合；曹植同書概述建安文家的次序和用語：「然今世作者，可略而言也，昔仲宣獨步於漢南，孔璋鷹揚於河朔，偉長擅名於青土，公幹振藻於海隅，德璉發跡於大魏」，亦多被劉勰〈時序〉篇所甄採。可見劉勰依據眾多建安時期的史事、掌故、作品、文論，做爲第一手資料，以評論建安作家，使其立論更具說服力。

七、印象式評論

劉勰評論作家、作品，常直接訴諸主觀的體悟，發爲評論，此即所謂印象式評論。印象式的表述，具有概括性，足使規範的效力更爲普遍，其缺點則爲語意籠統，易於以偏概全。如〈明詩〉篇標舉四言雅潤，五言淸麗爲詩歌理想的體式，而評論子建兼具眾善，爲鄴下諸子之冠，惟子建何以「四、五言兼善」，劉勰隻字未提，須遍觀〈明詩〉、〈才略〉、〈通變〉、〈麗辭〉、〈比興〉、〈聲律〉、〈樂府〉等篇，方可了然其理。又如〈序志〉篇云：「魏《典》密而不周」，須研覈曹丕與劉勰文論吐故納新的關係，體察《典論·論文》辯要而又欠周密的原因，才知劉勰並非隨口雌黃。〈才略〉篇評劉楨「情高以會采」，惟此一內情外采結合對應的關係，究竟如何，卻令人難以捉摸，須推原其故，始知劉楨不爲文造情，專以氣骨取勝的本色，正劉勰所謂「情高以會采」，與鍾嶸《詩品》評劉楨「氣過其文，雕潤恨少」有異曲同工之妙。相同道理，王粲〈去伐〉何以被劉勰評爲「論之英也」？徐幹何以「以賦論標美」？陳

琳〈檄豫州文〉如何「壯有骨骾」？丁儀、邯鄲淳何以被評為「含論述之美，有足算焉」？所謂「王、徐、應、劉，望路而爭驅」，是否有詩才高下之分，徐幹詩歌是否足與王、劉並肩？詩賦果為應瑒所長？類此印象式評論，不勝枚舉，劉勰皆以簡要、抽象式的語彙，概括性表述，使語意籠統，須抽絲剝繭，將建安作家、作品、劉勰評論、相關文論、旁涉資料等，逐一參覈比照，分析探究，方能撥雲見日，探驪得珠。

第五節　劉勰作家論研究概況

《文心雕龍》的研究，自明代開始校勘、訓詁、評點的基礎研究以來，迄今有四百多年的歷史，已進入蓬勃發展的階段。據《文心雕龍學綜覽》的統計，截至 1992 年為止，各國各地區出版的專著共一四二部，論文有二四一九篇[79]，尚不包括遺珠的篇著；劉渼所著《台灣近五十年來文心雕龍學研究》亦收錄近五十年（1949－2000 年）來台灣研究《文心雕龍》的成果，含專著一〇七部、論文五一九篇，成長的速度十分驚人[80]；惟就實質的研究內容來看，據王師更生總編訂之《台灣近五十年文心雕龍研究摘要》所爬梳歸類，分為劉勰史傳、注釋校勘、基本原理、文章體類、創作方法、文學批評六大方面[81]、及張文勳著《文心雕龍研究史》將新時期龍學的研究類別，分為校注、翻譯、疏證，研究論著（含理論研究專著、研究論文集、文學批評史、美學史中的論述）、劉勰生卒年家世研究、文學理論、創作論等[82]，均顯示《文心雕龍》作家論的研究還是一個待開發的領

---

79 見於《文心雕龍學綜覽·序》（上海：上海書店，1995 年），頁 2。
80 見於劉渼著《台灣近五十年來文心雕龍學研究》（台北：萬卷樓，2001 年），頁 37。
81 引自王師更生總編訂著《台灣近五十年文心雕龍研究摘要》（台北：文史哲出版社，1999 年），頁 16。
82 於張文勳著《文心雕龍研究史》（昆明：雲南大學出版社，2001 年）第七、八章。

域，猶待學者專家的投入、重視。誠如劉渼所言：「雖然《文心》作家論很早就被提出來討論，但台灣學者的專門研究則始於八〇年代」[83]，至於以一時期、一文學集團的文學作家，做為《文心雕龍》作家論研究的對象者，尤為前所未見！

　　綜觀海內外有關《文心雕龍》作家論的研究，可分為論文、專著兩部分，而以單篇論文為大宗：

一、論　文

　　發表於書刊的單篇論文，其論述方式可分為以作家評論為核心、以作家理論為主幹兩大類型。以作家理論為立論重點者，占劉勰作家論的多數：如 1927 年由梁繩褘發表於《小說月報》第十七卷的〈文學批評家劉彥和評傳〉，其中第十一節為「文學的環境與作家的才情」，由〈時序〉、〈才略〉篇切入，談作家才情與時代、環境的關係。其後迨至 1962 年，楊明照於《四川文學》第二期，撰著〈劉勰論作家的構思〉，由〈神思〉篇闡述劉勰對創作想像的觀點，並對〈神思〉字句語意有所考辨。1963 年，郭預衡於《文學評論》第一期發表〈文心雕龍評論作家的幾個特點〉，列舉劉勰評論作家具有注意到作家的文學成就、首倡功勞、反對作家模擬、肯定作家的社會作用等特點；並謂劉勰評論作家的全面性，與他對於「文人」的看法息息相關；郭氏此作可謂開以論文分析劉勰作家論特點的先聲，惜其立論未能檢證於作家的作品[84]。1969 年，黃廣華、姜寶福撰〈劉勰論作家的風格〉，提出劉勰看到作家個性與風格的關係，並論述時代、社會環境對作家風格的影響；〈體性〉篇所指「八體」，尤啟示後人，為劉勰的卓見。此為作家理論研究的草創期。

---

83 引自劉渼著《台灣近五十年來文心雕龍學研究》，頁 150。
84 郭預衡〈文心雕龍評論作家的幾個特點〉，收於王師更生編纂《文心雕龍研究論文選粹》（台北：育民出版社，1980 年），頁 178。

　　1978 年，陸侃如、牟世金合著《劉勰和文心雕龍》，其中「三、劉勰的文體論和批評論」，特闢「作家論」一單元，依據〈才略〉、〈程器〉篇來論述劉勰的作家論，說明〈才略〉篇評述歷代作家在創作上的成就、〈程器〉篇則從作家的道德修養和政治修養，來評論歷代文人；並指出尤值得注意者，爲劉勰評論作家所持的態度和方法，如評語簡要，指出作家特點、知人論世、文質相稱的觀點等。1979 年，王運熙著〈文心雕龍評價作家作品的思想政治標準〉，發表於《廣西師範學院學報》第四期，謂劉勰以徵聖、宗經，做爲評論作家作品的政治標準和藝術標準；相形之下，劉勰對思想內容要以儒家經典爲準則的主張，比他對藝術形式強調通變，顯得正統的意味更濃。1981 年，穆克宏先提出劉勰作家論的理論篇：〈談劉勰的文學批評實踐的特點〉，認爲劉勰繼承前人研究的成果，評論作家、作品和某一時期的文學，既能全面地看問題，又能抓住他們的特點，或作比較研究，或作細致分析，或作簡要論述，或作歷史評價，在文學批評實踐方面，頗多精闢之論[85]。1982 年，蔣立甫撰〈劉勰論建安文學〉，發表於《安徽師大學報》第四期，其中一節爲「對建安作家作品得失的評論」，簡要地論述劉勰評論作家有優劣並舉、注意個性特長、重視文學的社會作用、考慮文體特點、輕視民間文學等得失。1984 年，張文勳著《劉勰的文學史論》，第四章爲「建安正始文學」，第二節曾就建安時期的作家作品予以評述，指出劉勰的評論建安作家有值得借鑒的見解，但也有些評價不全面，而且有錯誤，其並舉建安作家爲例，輔助說明。同年，石雲濤撰〈怎樣理解劉勰和鍾嶸對曹氏兄弟的評價〉發表於《許昌師專學報》第二期，將劉勰、鍾嶸對曹植、曹丕的評價分予論述、比較，認爲劉勰、

85　見於穆克宏著《文心雕龍研究》（福州：福建教育出版社，1991 年），頁 154。

鍾嶸對曹氏兄弟的評論，有重要的參考價值。1986 年，陳思苓著《文心雕龍臆論》一書，內篇〈論作家〉第八，包括作家的德與才、作家的才華、作家的才與學、作家與作品的社會影響，舉述劉勰之前的文論，並以劉勰的觀點爲證，論述劉勰評論作家，能注意作家的內在條件與對社會的影響，謂劉勰的作家論能指出作家的文才具有相對的獨立性，且以道德爲主導，文才爲從屬，以政治第一，藝術爲第二。1987 年，徐季子於《古代文學理論研究》第十二輯發表〈劉勰的作家論〉，由作家自然觀、社會觀、才學觀、功名觀，探索劉勰作家論的基本精神，認爲四者之間內在聯繫更爲密切，可據以看出劉勰作家論的體系。1989 年，詹鍈著《語言文學與心理學論集》，其中一篇〈文心雕龍對作家作品風格的評論〉，指出《文心雕龍》對每一種體裁的作家作品廣泛討論，等於大量地談作家作品的風格，探討劉勰這些作家作品風格的評論，有助於了解《文心雕龍》的風格學，並影響後代的文學批評。1991 年，王師更生成書《文心雕龍新論》，其中「叁、劉勰的風格論」，有一小節專論「劉勰對各家作品風格的概觀」，指出《文心雕龍》全書五十篇，尤其文體論，歷舉代表作家和作品，分類評述，頗具系統；且劉勰對一代得失之林，知所取裁，使古來文苑，可得其真象。1991 年，李建中於《社會科學研究》第二期，發表〈從品評文人到精析文心—漢魏六朝文藝心理學概述〉，概括文人品評中，漢魏六朝文藝心理學思想的特點，並指出劉勰在中國文藝心理學史上，首次將作家心理、創作心理和鑒賞心理熔爲一爐，具有獨特地位。1992 年，郭德茂於《文心雕龍學刊》第七輯，撰著〈才性之辨與劉勰的風格論和作家論〉一文，指出魏晉「才性之辨」對《文心雕龍》論作家有重要影響，劉勰在論作家情性與風格的關係時，採用「才性合同」的觀點；在論述作家道德操行與創作才能的關係時，採用「才性離異」的觀點，

使《文心雕龍》風格論、作家論達到如今的理論成果。1994 年，張文勳著《文心雕龍探祕》中有作家修養、文品人品兩節，闡發〈養氣〉、〈程器〉論作家創作心態調養、人品文品須予統一的義蘊。1995 年、1996 年、2000 年，陳志誠分別發表與《文心雕龍》作家評論有關的論文[86]，內容相輔相成，大旨在探索劉勰的作家論有詳略、整體個別、顯優辨劣的區別，能重視作家的成就，有評論的標準和依據，且從文學立場出發，探究作家的思想內容與藝術成就。1995年，牟世金集畢生之力，所雕畫的一條全龍─《文心雕龍研究》問世，其中第七章第三節即為「作家論」，一方面自〈才略〉、〈程器〉兩篇專論予以探討，指出劉勰的理想，是一個文人能承擔國家大任，又有較高的文學才能；而〈才略〉篇可視為對作家的總論，〈才略〉篇所評，則限於「文才」；另一方面則舉揚雄為例，說明劉勰對揚雄的評論既全面，且能突出主要特點和成就。1996 年，《中古文學論文集》出版，收錄曹道衡〈曹丕和劉勰論作家的個性特點和風格〉，比論曹丕、劉勰論作家個性特點和風格的異同，認為劉勰與《典論‧論文》有明顯的淵源關係，且更詳明，有更深的理解，更強調後天的薰染與主觀努力。2001 年，楊明著《劉勰評傳》，第三章第五節「摹體以定習，因性以練才：論作家個性與文章風貌」，認為劉勰繼承曹丕、陸機的觀點，在談論作家個性與文章風貌的議題上，有概括風格類型、對作者的創作個性，即形成風格的作者主觀因素，予以細緻分析、告知學習寫作者應如何掌握各種風格等三大貢獻。此為作家理論研究的開展期。綜合而言，七、八〇年代以

---

86 1994 年，陳克誠〈文心雕龍作家論略析〉，收錄於香港中文大學中國語文學系主編《魏晉南北朝文學論集》（台北：文史哲出版社，1994 年）；1996 年又著〈文心雕龍對作家評論的一個基本準則〉，收錄於中國文心雕龍學會編《文心雕龍研究》第二輯（北京：北京大學出版社，1996 年）；2000 年，又有〈從文心雕龍對作家的批評看文學評論的一些要則〉，收錄於國立台灣師範大學國文學系主編《文心雕龍國際學術研討會論文集》（台北：文史哲出版社，2000 年）。

來，有關劉勰作家論的理論探討日受關注，分由作家構思、才性、修養、外在環境、風格等，探究劉勰作家論的內涵、精神、批評方法及特點，並藉由比論分析，觸類旁通的學術領域如玄學、文藝心理學等，探索劉勰作家論的淵源，及前所未有的成就與貢獻；論文所提及之作家理論的探討固然後出轉精，作家批評的實例檢證則明顯不足，致使理論的探討不夠深入，甚而導致錯誤的結論。

　　另一類以作家評論爲核心的論文，有合論數位作家者，以傅錫壬〈劉勰對辭賦作家及其作品的觀點〉，收錄於 1970 年由淡江文理學院中文系印行之《文心雕龍研究論文集》爲最早，其中一節以「劉勰筆下的辭賦十傑八首」爲題，載錄十八位作家的傳略，並擇要論述劉勰對各家的批評。1980 年，沈謙撰〈程器與才略──劉勰之作家論〉，首由〈程器〉篇褒貶作家人格，再以〈才略〉篇衡鑒作家才略爲範圍，自近百位作家，列舉實例，略考事蹟，並條撼劉勰批評各家之語，認爲劉勰評論雖語短義深，而能切中肯要，乃探驪得珠之言，足以得知劉勰褒貶作家之一斑。1981 年，王夢鷗著《古典文學的奧秘──文心雕龍》，「參、餘論」中有一小節論及「作家的造化與時代環境的關係」，謂各時代的重要作家在〈時序〉篇裡十之八九都已提到，劉勰寫〈才略〉篇爲〈時序〉篇作見證，作者於是以〈才略〉篇品評自漢至於晉的作家，約共七十五人，加以條列並略附註解，以窺崖略。1984 年，《文心雕龍學刊》第二輯收有張可禮〈劉勰對三曹評價的得失〉一文，提及《文心雕龍》評論三曹父子者，共四十多處，有價值甚高，也有錯誤的批評，應重視劉勰對三曹的評價；經由本文，有助於吾人正確認識三曹的文學成就，深入明瞭建安文學，及全面理解劉勰的文學觀。1990 年，穆克宏於福建師範大學學報第四期發表〈志深而筆長　梗概而多氣──劉勰論建安七子〉一文，以劉勰評論建安七子的論說爲主，旁徵於作家的作品、

其他文論，指出劉勰對作家的評論，言簡意賅，十分精采。1998 年，
穆克宏於國立台灣師範大學國文學系主辦之「《文心雕龍》國際學
術研討會」發表〈劉勰論魏氏三祖〉，以作者對三祖的論述，及劉
勰評論三祖的敘述法交互爲用，依次論述曹操、曹丕、曹叡的生平
傳略、文學表現、文學理論的成就等，認爲劉勰評論魏氏三祖，不
那麼全面、系統，卻不乏精金美玉，值得珍視。

　　有評論個別作家者，以穆克宏於 1983 年寫〈思捷而才俊　詩麗
而表逸－劉勰論曹植〉爲最早，自曹植詩歌特色、文學批評、各體
文學作品、曹丕曹植的比較等，分析劉勰對曹植的評論，認爲劉勰
的眼光犀利，而論斷精闢，惟受到時代的影響，未對曹植作出美學
的歷史的分析。穆氏繼又發表劉勰對王粲、阮籍、嵇康、潘岳、陸
機、左思的評論，收錄於《文心雕龍研究》[87]，爲以劉勰評論爲軸心，
探討個別作家最多的學者。台灣以劉勰評論個別作家爲研究主題
者，最早則爲李瑞騰著〈陸機：理新文敏、情繁辭隱—文心雕龍作家
論探析之一〉，他舉出八篇劉勰評論陸機的資料，加以詮說，並進
一步印證陸機文學的特色，看劉彥和品評優劣得失的背後，自有一
體系嚴整的批評理論；尤可貴者，作者提出《文心雕龍》作家論研
究的可行途徑爲「驗證分析劉彥和的實際批評」，亦即對作家本人
的評論時，特別著重在和文學創作有關的條件方面；惟本篇論文並
沒有實際檢證陸機的作品，據作者自云：「那一方面需要功力，一
方面需要較長的時間和篇幅，二者皆闕，只有俟之他日」[88]。1989
年，周勛初於《社會科學戰線》發表〈潘勗九錫與劉勰崇儒〉一文，
作者首先辯證〈冊魏公九錫文〉出於潘勗之手，並析論本文所以被

---

87 見於穆克宏著《文心雕龍研究》。
88 引自李瑞騰著〈陸機：理新文敏、情繁辭隱—文心雕龍作家論探析之一〉，收於《文
　心雕龍綜論》（台北：台灣學生書局，1988 年），頁 171。

劉勰評價甚高的原因，與本文在內容、佈局、寫作技巧上的特點，
並說明本篇論文研究的意義在於：「《文心雕龍》的許多學說，如
以理論闡發而言，往往顯得平穩妥貼，不偏一端，說得很圓到；但
若聯系到他所舉的例證來考察，則往往能發現其中問題之所在，從
而暴露出他的某些局限」[89]。1990 年由國立成功大學中文系主辦的
「魏晉南北朝文學與學術思想學術研討會」，廖美玉亦發表一篇有
關《文心雕龍》作家論的論述：〈文心曹植說〉，嘗試對《文心》
中有關曹植的文字，加以疏解與探究，期對了解《文心》、曹植作
品有所幫助，全文由曹植與建安文學、曹植各體分論、曹植的評價
及其他三節，論述劉勰評論的精當與疏漏，並認為經由劉勰的評論，
更確立曹植在中國詩史不可移易的地位。繼廖美玉論文之後，李瑞
騰亦於 1994 年香港中文大學中國語言文學系主辦之「魏晉南北朝文
學國際研討會」，發表〈曹植：思捷才俊，詩麗表逸—文心雕龍作家
論探析之二〉一文，分就俊才雲蒸、群才之英、詩麗而表逸、豈其
當乎四節，探究曹植對建安文學形成的貢獻、獨冠群才的文學地位、
章表的傑出成就，及其他得失或可議之處，認為劉勰的評論還算持
平。此篇論文，李氏已漸甄採曹植的作品做為檢證。整體而言，對
劉勰作家論的實證批評，自 1970 年以來，已有自合論數十位作家，
轉為以個別作家、相關作家做為研究主題者，不僅析論愈趨細密精
緻，也逐漸重視對作家作品的檢證；惟此類論文對作家理論體系的
探索則明顯不足，又限於人力等因素，尚未能進展至對一時代的作
家群，逐一予以探析，此即劉勰作家論的研究多以單篇論文呈現之
故。

　　海外所發表之單篇論文，以劉勰作家論為範疇者，有日人興膳宏

---

[89] 引自周勛初〈潘昂九錫與劉勰崇儒〉，發表於《社會科學戰線》1989 年第 1 期，頁
288。

著〈文心雕龍人物略傳〉，中譯本收入於 1984 年《興膳宏文心雕龍論文集》，足以做為了解劉勰評論作家的基本資料；另有瑞典羅多弼著、唐榮華譯〈從歷史觀點看文心雕龍提出的作家與現實的關係〉，發表於 1992 年《文心雕龍研究薈萃》，說明《文心雕龍》提出作家可以三種不同途徑：真實描寫、真實表達、真實思想，使讀者深入了解客觀事實；作家應先由學習書本、觀察經驗、通過思索，獲得客觀世界的知識，然後再向讀者傳達。兩篇論文分由作家評論、作家理論予以探述，對《文心雕龍》作家論在海外的研究，有開展性的貢獻。

二、專　著

今可見研究《文心雕龍》作家論的專著，惟有 1999 年卓國浚所撰之《文心雕龍之建安七子論》，為其彰化師範大學國文教育研究所之碩士論文，凡十一章，二十餘萬言，除緒論探索建安文學之時間範圍、發展階段、劉勰論建安文學之意義、評析建安七子詩文之意義以外，其論文架構以各式文學體裁為次，以理論與實際互證，藉以評析複驗《文心雕龍》評論建安七子文評術語之合理性，進而詮釋彥和評語之真實義涵。本論著對建安七子各體文學之表現，有詳細的釋析，對劉勰的評論也能抉幽闡微，然以文體分類法將建安七子詩文予以分類的撰文方式，易顯枝離，難窺劉勰評論建安七子之全豹，故結論第二節復以「建安七子詩文與劉勰評論之發微」，針對建安七子之整體表現，各以專人列述，以得七子整體創作表現之全，堪稱研究建安七子文體與作品表現之重要論著。

早期的文論，沿襲東漢以來，重視人物品鑒的風氣的影響，以作家論為主，如曹丕《典論·論文》、曹植〈與楊德祖書〉、摯虞《文章流別論》，對作家、作品的評論均佔有重要的地位；逮至《文心

雕龍》全書五十篇，無一不論及作家，誠如畢萬忱、李淼於《文心
雕龍論稿》所說：「《文心雕龍》的理論體系仍以作家論和文體論
爲重的特色還是明顯的」[90]，其言的當！《文心雕龍》的作家論內涵
既然如此豐富，乃劉勰文學批評理論的實踐經驗，且做爲文論的寶
庫，對後代文學批評的霑漑長遠；而今人對《文心雕龍》作家論的
研究猶待開墾，爰是激發我耕耘此一領域的勇氣！

　　本書探究劉勰作家論，所以以建安時期作爲斷限者，一以劉勰所
評論的二百多位作家中，以兩漢、魏晉爲最多；二以長時期作家群
的研究極不容易，建安文人能於四、五十年間，在文學史上發出璀
璨的光芒，建立典型，開啓後學，表現時代的集體風貌與個人特色，
成就中國文藝復興的時代[91]，足爲作家典式，而觀微知著，亦可得知
《文心雕龍》作家論之全豹；三以劉勰對建安作家，寄有「文學改
革者」的厚望，由其對建安作家的評論，更可藉以明瞭劉勰心目中
理想的作家本質、作家作品的文體、風格要求，及建安文學的時代
特徵與意義；至於探討劉勰評論作家的利病得失、確立各作家的人
品作品特色、體現劉勰作家論的體系與成就，檢視其理論與實踐的
錯誤與局限等，均爲本書欲達成之預期目標！

---

90 引自畢萬忱、李淼著《文心雕龍論稿》（山東：齊魯書社，1985 年），頁 139。
91 引自林庚著《中國文學簡史》（北京：北京大學出版社，1995 年），頁 106。

第二章 《文心雕龍》論曹操

前 言

　　畢生在戰場出生入死的曹操（西元 155—220 年），軍功顯赫，除了建安十三年敗於赤壁之戰，降黃巾、討袁術、滅袁紹、定劉表，平定天下，攻無不克，連他自己都頗自豪於「設使國家無有孤，不知當幾人稱帝，幾人稱王」[1]；雖然「挾天子以令諸侯」、設天子旌旗、出入稱警蹕，及唯才是舉，不計品德的做法，在歷史上遭人非議，碩儒朱熹、王夫之、顧炎武等均持負面評價，但基本上其幹才仍受肯定，被視為英雄[2]，當之無愧。尤其難能可貴的，據曹植〈武帝誄〉云：「既總庶政，兼覽儒林，躬著雅頌，被之琴瑟」，曹操於息鞍披覽，投戈吟詠之際，亦成書《魏武帝集》三十卷，雖大部份散佚，現存猶有二十餘首詩、文一五○餘篇、《孫子注》十三篇等，無論四、五言詩、詔令、章表等，既融匯漢末魏初學術、文學的潮流與風貌，也呈顯個人的創作特質，遺響不絕於後。同時，他並以政治領袖的身分，結集文學之士於鄴下，推動建安文學的鬱然興起。對於如此一位超世之傑[3]、文壇盟主，劉勰是否曾予關注？評論的焦點與標準何在？本章將試予探究。

　　劉勰對曹操的評論，散見各篇，或述及曹操的家世、人品，或探

---

1 引自曹操〈讓縣自明本志令〉。本書所引曹操作品，以《曹操集》(台北：河洛圖書出版社，1975 年)為本，不再一一註明。
2 魯迅於〈魏晉風度及文學與藥及酒之關係〉一文中，說曹操「是一個很有本事的人，至少是一個英雄」，收入《魯迅全集・而已集》，頁 502。
3 見於《三國志・魏書》卷一〈武帝紀評〉，頁 55。

究其與建安作家的互動關係，或評論曹操詩文的表現，或引述曹操對文體作法的意見，雖論述不多，未成體系，但所言大抵中肯，足供採擇：

<h1 style="text-align:center">第一節　家世與爲人</h1>

《文心雕龍·檄移》篇裡，曾評論陳琳爲袁紹所作之〈檄豫州文〉：

> 陳琳之檄豫州，壯有骨鯁，雖奸閹攜養，章實太甚，發丘摸金，誣過其虐，然抗辭書釁，皦然暴露。敢矣！指曹公之鋒；幸哉！免袁黨之戮也。

劉勰認爲這篇寫給劉備，共謀討伐曹操的文字措辭雄勁有力，直言不諱，只是述及曹操乃宦官曹騰之後，其父曹嵩爲曹騰養子，揭人隱私，未免過當；又謂檄文中，控訴曹操曾命將士、設官職，挖人祖墳，掠取金寶之事，乃誣蔑事實，過分誇大。按陳琳〈爲袁紹檄豫州〉一文云：

> 司空曹操，祖父中常侍騰，與左悺、徐璜並作妖孽，饕餮放橫，傷化虐民。父嵩，乞丐攜養，因贓假位，輿金輦璧，輸貨權門，竊盜鼎司，傾覆重器。操贅閹遺醜，本無懿德，慓狡鋒俠，好亂樂禍。……而操帥將吏士，親臨發掘，破棺裸屍，掠奪金寶，至今聖朝流涕，士民傷懷。操又特置發丘中郎將、摸金校尉，所過隳突，無骸不露。

其中有關曹操先人出身的描述，據《三國志·魏書》卷一〈武帝紀〉云：

> 桓帝世，曹騰爲中常侍大長秋，封費亭侯。養子嵩嗣，官至太尉，莫能審其生出本末。嵩生太祖。

曹操身爲宦官之後，縱使其先祖位居封侯，深受皇帝寵信，但社會

地位畢竟不高，更何況其父連出身本末都無法確知，故曹操在〈讓縣自明本志令〉中說道：

> 自以本非巖穴知名之士，恐為海內人之所見凡愚，欲為一郡守，好作政教以建立名譽，使世士明知之。

顯然曹操的出身，使他亟欲有所表現，以建功立業，樹立名聲，使天下人能識，故其作品亦常流露此一安民拯世的英雄心態。

曹操發丘摸金之事，見於《三國志·魏書》卷六〈袁紹傳〉[4]，姑不論發丘摸金之事是否屬實，而陳琳檄文確有因立場傾向袁紹，而刻意貶低曹操人品之處，其文字字控訴，均以負面誇飾形容。他如此辱罵曹操，而當建安九年袁氏兵敗，陳琳降曹，曹操僅對之曰：「卿昔為本初移書，但可罪狀孤而已，惡惡止其身，何乃上及父祖邪？」終因愛才而未追究。觀曹操所以能成就軍國大業者，知人善任，不念舊惡，為重要原因。如荀彧之去袁紹而來歸曹操，操視同子房，用為司馬、畢諶先逃後復生得，被任為魯相，俱為顯例。蓋曹操求才之心，未曾或忘，建安十三年，撰〈短歌行〉，表達思賢若渴的願望，建安十五、十九、二十二年，分別撰文〈求賢令〉、〈敕有司取士毋廢偏短令〉、〈舉賢勿拘品行令〉等，都顯示其亟欲得賢，以助其統一天下的心願。正因如此，曹操為達成現階段目的，也常因而剷除阻礙，如名士邊讓「恃才氣不屈曹操，多輕侮之言」被殺[5]、孔融、許攸等「皆以恃舊不虔見誅」[6]，荀彧、崔琰素為操所倚信，功在曹氏，也為阻撓曹操稱帝之意而被賜死，趙翼《二十二史劄記》卷七因稱曹操用人之術為「濟一時之用，所謂以權術相馭也。」故劉勰先謂陳琳冒犯曹操的鋒芒，為「敢矣」，又稱陳

4　事見於《三國志·魏書》卷六〈袁紹傳〉引《魏氏春秋》載紹〈檄州郡文〉，此陳琳之辭。頁 198。
5　見於《後漢書》卷八十下〈邊讓傳〉，頁 2647。
6　見於《三國志·魏書》卷十二〈崔琰傳〉，頁 370。

琳於黨附袁紹的罪名下，免遭殺戮，爲「幸哉」，兩句歎詞，固然顯示劉勰愛陳琳之才，而稱其敢爲之識，歎其遭遇之幸，然亦可謂深識曹操之個性。其評陳琳之檄文，既不迴護陳琳，論曹操之行事作風，也不偏袒曹操，劉勰持說之平理若衡，值得肯定。

第二節　魏武之世尚刑名

《文心雕龍・論說》篇曾分析議論文的興起與演變，云：

> 魏之初霸，術兼名法；傅嘏、王粲校練名理。

指出魏初議論文的勃然興盛，與當時講倡刑名的學術思潮有密切的關係。由《御覽》引李充〈翰林論〉曰：「研求名理而論生焉」，即可瞭然。此一尙名法的學術風氣，又與曹操有連帶關係。《三國志・魏書》卷一〈武帝紀評〉曰：「太祖運籌演謀，鞭撻宇內，覽申、商之法術，該韓、白之奇策，官方授材，各因其器」，謂曹操善用法家之術，循名責實，使人盡其才，故能成就霸業；《資治通鑑・魏紀一》則說：「用法峻急，有犯必戮。或對之流涕，然終無所赦」[7]，不但說明持法峻刻，執法如山是曹操政權的優點，同時也道出刑殺過度，可能誅及無辜的缺點，曹操用法的實際情形，由此可見一斑。曹操重法的理念，也屢見於其詩文，〈以高柔爲理曹掾令〉云：「夫治定之化，以禮爲首；撥亂之政，以刑爲先」，〈選軍中典獄令〉云：「夫刑，百姓之命也」，均以刑法爲治民之要。晉人傅玄上疏，並進一步指出「近者魏武好法術，而天下貴刑名」，可見由於曹操的提倡於上，魏初崇尚名法之術已蔚爲風氣，如傅嘏、王粲、荀粲、裴徽均以善言名理著稱，並爲「迄於正始，無欲守文，

---

7 見於《資治通鑑》（台北：藝文印書館，1955年）卷六十九〈魏紀一〉，頁1下。

何晏之徒,始盛玄論」[8],奠立基礎。

曹操既尙名法,政治方面顯著的改變是取士的標準。他敢於突破古人以孝治天下的圖騰,於〈舉賢勿拘品行令〉一文中,揭示「負污辱之名,見笑之行,或不仁不孝而有治國用兵之術,其各舉所知,勿有所遺」的論點;〈求賢令〉亦云:「今天下得無有被褐懷玉而釣於渭濱者乎?又得無有盜嫂受金而未遇無知者乎?二三子其佐我明揚仄陋,唯才是舉,吾得而用之。」以盜嫂受金之徒而有才者得而用之,實言人所不敢言。觀曹操所以發表此種言論,誠與漢末歷史背景有關,漢末政治、社會、軍事動亂不已,清議氣節之士,高倡尊崇名節,敦勵廉隅,對亂象的興革,緩不濟急,並無實際的助益,故曹操在〈論吏士行能令〉中明白指出:「治平尙德行,有事賞功能」,他並非反對儒家的用人觀點,而是基於時勢所需,擇用實際能治國用兵之士。曹操務實、尙軍功的取士標準,基本上,仍是刑名思想的發揮。以名法思想救治天下、人心,此其本意。

文學方面,曹操的刑名思想,亦牽動其詩文的風格。《國故論衡‧論式》篇曾云:「老莊刑名之學,逮魏復作,故其言不牽章句,單篇持論,亦優漢世」[9],相同地,受名法盛行影響,不拘泥於章句煩複的釋義,簡潔樸直,成爲曹操詩文的特色。如建安七年所寫〈軍譙令〉:

> 吾起義兵,爲天下除暴亂。舊土人民,死喪略盡,國中終日行,不見所識,使吾悽愴傷懷。其舉義兵以來,將士絕無後者,求其親戚以後之,授土田,官給耕牛,置學師以教之。爲存者立廟,使視其先人。魂而有靈,吾百年之後何恨哉!

全文可分四段,「吾起義兵,爲天下除暴亂」,乃說明興義兵的原

---

8 見於《文心雕龍‧論說》。
9 見於《國故論衡‧論式》(浙江,浙江圖書館校刊本,1917-1919 年)中篇,頁 92 上。

因,自「舊土人民,死喪略盡」,至「使吾悽愴傷懷」,則敘述興義兵的結果,以下「其舉義兵以來」,迄乎「為存者立廟,使視其先人」,載錄興義兵的善後情形,而以「魂而有靈,吾百年之後何恨哉」的期望終結,文字條理分明,質樸簡要,無一廢言。又如〈讓縣自明本志令〉云:

> 設使國家無有孤,不知當幾人稱帝,幾人稱王……然欲孤便爾委捐所典兵眾,以還執事,歸就武平侯國,實不可也,何者?誠恐己離兵為人所禍也。

言語之坦誠率直,恐尚無人敢言、能言。至於〈薤露〉詩,斥責何進為「沐猴而冠帶,知小而謀彊。猶豫不敢斷,因狩執君王。白虹為貫日,己亦先受殃」,更是流露曹操詩歌樸直的特色,所以鍾嶸說「曹公古直」,不僅其詩如此,其文亦然。復由曹操詩中所描述的自然景色多為高山峻嶺,深湍急流,如〈卻東西門行〉云:「神龍藏深泉,猛獸步高岡」、〈步出夏門行〉云:「鄉土不同,河朔隆寒。流澌浮漂,舟船行難。錐不入地,蘴藾深奧」等,也意味曹操心境少舒緩平和之氣,而具有法家肅殺嚴峻的氣質。按驗於劉師培《中古文學史·論漢魏之際文學變遷》所說:

> 魏武治國,頗雜刑名,文體因之漸趨清峻,一也;建武以還,士民秉禮,迨及建安,漸尚通侻,侻則侈陳哀樂,通則漸藻玄思,二也。[10]

顯示曹操因受刑名思想的薰染,在詩文的表現上,呈顯出「清峻通侻」,也就是簡約嚴明,直抒其懷,不尚雕琢的風格。

魏武之世,尚法術,好刑名,既如劉勰所言,也因而牽動曹操政治、文學的表現,已如上述,然而曹操並未持反對儒學的立場,同

---

10 見於劉師培《中古文學史·論漢魏之際文學變遷》,頁9。

時還雜揉道、墨的思想，進而對其詩文，及建安文風都有影響，這
是值得重視，而劉勰未加探究的部分。年甫二十，曹操因舉孝廉爲
郎，後靈帝推舉能通《尚書》、《左氏》、《穀梁春秋》者各一人，
悉除議郎，而曹操以能明古學，復徵拜議郎；軍旅期間，並「手不
捨書，晝則講武策，夜則思經傳」，足徵其早年以具備儒行而任官
職，且國學根柢深厚。建安八年，曹操頒〈修學令〉：「其令郡國
各修文學，縣滿五百戶置校官，選其鄉之俊造而教學之，庶幾先王
之道不廢，而有以益於天下」，可見其試圖振興儒學的做法。在其
詩文中，更常援用經典，熔儒墨道法思想於一爐。〈苦寒行〉的「悲
彼東山詩，悠悠使我哀」、〈短歌行〉的「青青子衿，悠悠我心」、
「呦呦鹿鳴，食野之苹。我有嘉賓，鼓瑟吹笙」，皆語出《詩經》；
〈善哉行〉歌頌古公亶父的「積德垂仁」、太伯仲雍的「王德之仁」、
晏子平仲「積德兼仁」，都是贊美儒家的人物與政風；〈對酒〉中
「三年耕有九年儲，倉穀滿盈，班白不負戴。……卻走馬，以糞其
土田。……犯禮法，輕重隨其刑。路無拾遺之私。囹圄空虛，冬節
不斷。人耄耋，皆得以壽終。恩德廣及草木昆蟲」的政治理想，可
說是《孟子》、《禮記》、《老子》、法家思想的薈萃，〈度關山〉
裡「天地間，人爲貴。立君牧民，爲之軌則。……皋陶甫侯，何有
失職？嗟哉後世，改制易律。……侈惡之大，儉爲共德。……兼愛
尚同，疏者爲戚」的理想社會，則是融合儒法墨諸家的政治宣言。
此一兼容並蓄的思想淵源，使曹操能以開放的心態，不致於墨守成
規，食古不化，用人揭櫫「唯才是舉」的號召，樂府詩「體復古而
用開新」，進而樹立建安文學之特色，皆以此故。

第三節　倡導建安文風

　　沈約《宋書·謝靈運傳論》云：「至於建安，曹氏基命，二祖陳

王,咸蓄盛藻,甫乃以情緯文,以文被質」,以曹氏父子爲建安文
學的領導人物。《文心雕龍‧時序》篇則有進一步的闡述:

> 自獻帝播遷,文學蓬轉,建安之末,區宇方輯。魏武以相王之
> 尊,雅愛詩章;文帝以副君之重,妙善辭賦;陳思以公子之豪,
> 下筆琳瑯;並體貌英逸,故俊才雲蒸。

按曹操爲丞相,時在建安十三年,以異姓封王,乃建安二十一年,
這段期間,呂布、張邈、袁術、劉表、袁紹父子、馬超、韓遂等群
雄割據的局面,已被曹操逐一殲滅,三國鼎立的態勢大致形成,混
亂的政局稍現平靜,此即劉勰所稱「建安之末,區宇方輯」。政治
局勢的安靖,使曹操有餘力「朝攜壯士,夜接詞人,崇獎風流」[11],
據曹植〈與楊德祖書〉云:

> 昔仲宣獨步於漢南,孔璋鷹揚於河朔,偉長擅名於青土,公幹
> 振藻於海隅,德璉發跡於大魏,足下高視於上京,當此之時,
> 人人自謂握靈蛇之珠,家家自謂抱荊山之玉。吾王於是設天網
> 以該之,頓八紘以掩之,今盡集茲國矣。

按建安七子除孔融於建安十三年被殺,阮瑀、陳琳、劉楨、應瑒、
徐幹、王粲等先後被曹操延攬入幕,王粲並以勸劉琮歸降有功,賜
爵爲關內侯;迨至曹操爲丞相,以曹丕爲五官中郎將、曹彰、曹植
皆封侯,建安諸子多被任爲曹丕、曹植之文學、庶子等僚屬,王粲
則用爲侍中,掌理曹操之典章制度,其他作家「攀龍附鳳,自致於
屬車者,蓋以百計」[12],一時之間,詩文往還,形成鄴下文風的鼎盛。
尋繹曹操所以能成爲此時期文風薈萃的倡導者,固與其地位的尊
貴,重視作家,授予官職的做法有關,而《通鑑漢記》所言:「郭

---

11 自胡應麟《詩藪》外編卷一,錄自《曹操曹丕曹植資料彙編》(台北:木鐸出版社,
  1981 年),頁 15。
12 見於鍾嶸撰《詩品‧序》,頁 8。

嘉說操多辟青、冀、幽、并名士以爲掾屬，使人心歸附，操從之」[13]
的政治因素，與曹操亟需能文之士代筆作文的事實需要，也是文士
齊集鄴下的主要原因，加以曹操性好文學，《宋書·臧燾傳論》嘗
言：「自魏氏膺命，主愛雕蟲，家棄章句」[14]，創作許多優秀的作品，
才能匯聚成建安文學的滔滔洪流，反映劉勰所謂「魏武以相王之尊，
雅愛詩章，……體貌英逸，故俊才雲蒸」的實況。

第四節　詩文風貌

　　劉勰在《文心雕龍》〈樂府〉、〈時序〉等篇，評論曹氏父子之
樂府詩，及建安文風時，曾述及曹操作品內容、音調及風格上的表
現，如〈樂府〉篇云：

> 至於魏之三祖，氣爽才麗，宰割辭調，音靡節平。觀其〈北上〉
> 眾引，〈秋風〉列篇，或述酣宴，或傷羈戍，志不出於慆蕩，
> 辭不離於哀思，雖三調之正聲，實韶夏之鄭曲也。

劉勰認爲魏之武帝、文帝、明帝，以爽朗明麗的才氣，創作樂府，
由於題辭變易，樂部剖分，致使聲調有所損益，音節趨於靡平，而
曹操「北上太行山」、曹丕「秋風蕭瑟天氣涼」等篇，或敘暢飲歡
宴的遊樂，情志放蕩，或感傷羈旅征戍的愁苦，思緒悲哀，其音節
雖合三調之正，但仍屬韶夏之鄭聲。

　　文中，劉勰以「氣爽」形容曹操的才情，可謂知人之論。同時也
具體而微地呈顯曹操樂府詩內在的精神特質。而由《三國志·魏書》
卷一〈武帝紀〉說：「太祖御事三十餘年，手不捨書，晝則講武策，
夜則思經傳。登高必賦，及造新詩，被之管絃，皆成樂章」，《宋

---

13 見於《通鑑漢記》（台北：藝文印書館，1955年）卷六十四，頁19下。
14 見於《宋書》卷五十五〈臧燾傳論〉，頁1552。

書‧樂志》云：「但歌四曲，出自漢世，無絃節，作伎，最先一人唱，三人和，魏武帝尤好之」[15]，可知曹操具有音樂素養，並常以音樂配合作詩。故曹操詩現存二十餘首，全為樂府，並以相和歌辭為多。惟曹操所作樂府歌辭，雖沿用漢樂府的舊調舊題，但並不襲用其古辭古意，而是繼承樂府民歌「感於哀樂，緣事而發」的寫實精神，別出新意，自鑄偉辭，如〈蒿里〉、〈薤露〉本是輓歌，曹操用以詠懷時事，清人沈德潛《古詩源》因說：「借古樂府寫時事，始於曹公」[16]。王士禎《帶經堂詩話》亦云：「至曹氏父子兄弟，往往以樂府題敘漢末事，雖謂之古詩亦可」[17]，羅根澤《樂府文學史》尤指出建安時期樂府空存舊目的現象：

> 觀此，知無論歌、詩、賦，入樂時每多增刪修改，不盡存本來面目。[18]

此即劉勰所謂：「魏之三祖，氣爽才麗，宰割辭調」，指曹氏父子以樂府體裁自由詠懷，不受原題原意原調的限制，變舊作之體；然而曹操的詩歌是否「音靡節平」？據王士禎《師友詩傳錄》云：「樂府之妙，全在繁音促節，……往往於迴翔屈折處感人」，此乃樂府詩音樂的本來面貌；驗之於曹操〈短歌行〉，屬相和歌平調曲，古辭已佚，而據《樂府解題》說法，長歌、短歌以指歌聲長短為是；曹丕〈燕歌行〉既寫道：「短歌微吟不能長」，曹操〈短歌行〉亦云：「慨當以慷，幽思難忘」，則原有歌聲激越不平，以與作者心情相應，可以想見。《古今樂錄》引王僧虔《技錄》又曰：「魏文製此辭，自撫箏和歌。……此曲聲制最美」[19]，則原曲音節似不致「音

---

15 見於《宋書》卷二十一〈樂志〉，頁 603。
16 引自沈德潛選輯《古詩源》一（台北：商務印書館，1988 年），頁 64。
17 見於王士禎《帶經堂詩話》（乾隆海鹽張氏刊本）卷四，頁 1 上。
18 見於羅根澤《樂府文學史》（北平：文化學社，1931 年），頁 5。
19 見於《叢書集成續編》（台北：藝文印書館，1970 年），頁 14 上。

靡節平」。再看曹操的〈苦寒行〉，據方東樹《昭昧詹言》云：「大約武帝詩沈鬱質樸，氣真而逐層頓斷，不一順平放」[20]，亦非音靡節平之屬；且劉師培《漢魏六朝專家文研究》曾說：「建安七子之文，愈講音節……，大凡文氣盛者，音節自然悲壯」[21]，曹操詩歌在建安諸子之中，氣勢最稱雄健，音節亦當歸於悲壯爲是。三者，操詩每爲章句間重疊句之運用，以後章首句與前章末句相呼應，如〈氣出倡〉：「乘風而行，行四海外」、〈短歌行〉：「九合諸侯，一匡天下，一匡天下，不以兵車」、〈秋胡行〉：「晨上散關山，此道當何難！晨上散關山，此道當何難」、「去去不可追，長恨相牽攣。去去不可追，長恨相牽攣」等，此一形成連鎖，相互連繫之句法，每使詩歌音節合拍勻稱而緊湊，聲如貫珠，音韻和諧。今稽考於范文瀾注《文心雕龍‧樂府》引《宋書‧樂志》云：「相和，漢舊歌也。絲竹更相和，執節者歌。本一部，魏明帝分爲二。」則劉勰所謂「宰割辭調，音靡節平」，殆或指明帝歟？

劉勰又稱「觀其〈北上〉眾引，〈秋風〉列篇，或述酣宴，或傷羈戍，志不出於慆蕩，辭不離於哀思」，乃以交錯句法，謂〈北上〉眾引，乃敘酣宴，志不出於慆蕩；〈秋風〉列篇，則傷羈戍，辭不離於哀思。今據《宋書‧樂志》所載，爲武帝詞者，相和歌辭有〈駕六龍〉（當〈氣出倡〉）、〈厥初生〉（當〈精列〉）、〈天地間〉（當〈度關山〉）、〈惟漢二十二世〉（當〈薤露〉）、〈關東有義士〉（當〈蒿里行〉）、〈對酒歌太平時〉（當〈對酒〉）、〈駕虹霓〉（當〈陌上桑〉）；平調則有〈周西〉（〈短歌行〉）、〈對酒〉（〈短歌行〉）；清調則有〈晨上〉（〈秋胡行〉）、〈北上〉（〈苦寒行〉）、〈願登〉（〈秋胡行〉）、〈蒲生〉（〈塘

20　方東樹《昭昧詹言》卷二（台北：漢京文化公司，1985年），頁68。
21　劉師培《漢魏六朝專家文研究‧論文章之音節》，頁22。

上行〉）；瑟調則有〈古公〉（〈善哉行〉）、〈自惜〉（〈善哉行〉）；及〈碣石〉（大曲〈步出夏門行〉）[22]。其中除〈塘上行〉為棄婦之辭，疑為文帝甄后所作[23]，其餘樂府詩皆曹操所作。內容涵蓋豐富，有寫實的〈薤露〉、〈蒿里〉，弔唁其父的〈善哉行〉，征戰思鄉的〈苦寒行〉（又稱〈北上行〉）、〈卻東西門行〉，寫景抒懷的〈步出夏門行〉，求賢若渴的〈短歌行〉，表達政治期望的〈對酒〉、〈度關山〉，嚮往神仙遨遊的〈氣出倡〉、〈精列〉、〈陌上桑〉、〈秋胡行〉，並無劉勰所謂「觀其〈北上〉眾引……或敘酣宴，……志不出於慆蕩」之辭，故《文心雕龍·樂府》黃叔琳注云：

> 按魏太祖〈苦寒行〉「北上太行山」云云，通篇寫征人之苦。文帝〈燕歌行〉「秋風蕭瑟天氣涼」云云，亦託辭於思婦，所謂或傷羈戍，辭不離於哀思也。他若文帝於譙作孟津諸作，則又或述酣宴，志不出於淫蕩之證也。

亦認為劉勰「或敘酣宴，志不出於慆蕩」之語，當指曹丕部分作品為是。

此外，劉勰又將魏之三祖，所作〈北上〉眾引、〈秋風〉列篇評為「雖三調之正聲，實韶夏之鄭曲」，據范文瀾注云：

> 彥和云「三調正聲」者，三調本周房中曲之遺聲。……然則三調之為正聲，其來已久。彥和云三祖所為鄭曲者，蓋譏其詞之不雅耳。

范注認為劉勰以相和歌中的清調、平調、瑟調為「三調之正聲」，可謂其來有自，又說劉勰云「實韶夏之鄭曲」，乃譏三祖樂府諸作

---

22 引自《宋書》卷二十一〈樂記〉，頁603。
23 朱乾《樂府正義》（京都：同朋社，昭和55年）卷七：「凡魏武樂府諸詩皆借題寓意，於己必有所為，而『蒲生』篇則但為棄婦之辭，與魏武無當也，知其非魏武作矣。」按郭茂倩《樂府詩集》以為是甄后作，頁12下。

文辭不雅。然操詩屬辭樸實，胡應麟《詩藪》內編卷二稱：「魏武太質」，已有定論。如寫時事的〈蒿里行〉云：

> 關東有義士，興兵討群凶。初期會盟津，乃心在咸陽。軍合力不齊，躊躇而雁行。勢利使人爭，嗣還自相殘。淮南弟稱號，刻璽於北方。鎧甲生蟣蝨，萬姓以死亡。白骨露於野，千里無雞鳴。生民百遺一，念之斷人腸。

描述漢末連年紛擾征戰，民不聊生的情景，用語平鋪直敘，意境蒼莽雄闊，所以方東樹《昭昧詹言》卷二評曰：「極言亂傷之慘，而詩則真樸雄闊遠大」，又如寫景抒懷的〈苦寒行〉，又稱〈北上行〉云：

> 北上太行山，艱哉何巍巍！羊腸坂詰屈，車輪為之摧。樹木何蕭瑟，北風聲正悲。熊羆對我蹲，虎豹夾路啼。谿谷少人民，雪落何霏霏！延頸長歎息，遠行多所懷。我心何怫鬱，思欲一東歸。水深橋梁絕，中路正徘徊。迷惑失故路，薄暮無宿棲。行行日已遠，人馬同時飢。擔囊行取薪，斧冰持作糜。悲彼東山詩，悠悠令我哀。

本詩宛若一幅風雪軍旅圖，寫景抒情，全無雕琢，方東樹《昭昧詹言》卷二評說：「沈鬱質樸，……尋其意緒，無不明白」，故鍾嶸《詩品·序》亦云：「三祖之詞，文或不工」，指出曹操詩文言辭有欠工麗，但非不雅的特點。因此范注認為劉勰所謂「實韶夏之鄭曲」，乃指〈北上〉眾引等文辭不雅，實於義不合，而劉永濟《文心雕龍校釋·樂府》篇云：

> 蓋魏武初政乃偏羈之雄略，非休明之盛軌，文帝纂統，復崇尚放曠，不務儒術，影響及於文學，武既悲涼，文或慆蕩，皆非中和雅正之音，故雖美其氣爽才麗，而終斥為韶夏之鄭聲也。

《校釋》所言，能由曹魏之政治情勢、文學特點，及劉勰「樂教」

之觀點入手，說明劉勰所以指斥〈北上〉眾引為「韶夏鄭聲」的原因，洵為知言之論。按曹操樂府詩「樂由心生」，非中和雅正之音，與劉勰評論樂府「樂本心術，……務塞淫濫，……情感七始，化動八風」的標準不符，〈北上〉眾引因而被指為「韶夏鄭聲」，可以推知。

《文心雕龍·時序》篇還述及曹操以來建安文學之風格：

> 自獻帝播遷，文學蓬轉，建安之末，區宇方輯。魏武以相王之尊，雅愛詩章，……觀其時文，雅好慷慨，良由世積亂離，風衰俗怨，並志深而筆長，故梗概而多氣也。

文中提到戰亂流離的時代社會，與曹操特殊的政治地位，確實是形成曹操詩文特色的兩大背景因素。按曹操的作品，約可以建安十二年即赤壁之戰前一年為準，分為兩期，五十三歲以前為前期，其時黃巾、董卓為禍，群雄割據，天下大亂，民俗澆薄，曹操詩文屢見批政局動盪，憫百姓流離，傷風俗敗壞的作品，代表作品有〈蒿里行〉、〈薤露〉、〈善哉行〉、〈苦寒行〉、〈步出夏門行〉、〈修學令〉、〈整齊風俗令〉等；建安十三年赤壁之戰發生，鼎立之勢形成為後期，曹操之地位、功業日趨穩定，筆下英雄霸氣自然流露，而年事漸高，統一不易，不免心生英雄遲暮，憂世不治，而亟求賢才之感，代表作品有〈短歌行〉、〈卻東西門行〉、〈求賢令〉、〈讓縣自明本志令〉、〈舉賢勿拘品行令〉，及表現延年思想以求心神慰藉的遊仙詩：〈氣出倡〉、〈精列〉、〈秋胡行〉、〈陌上桑〉等。可以說憂傷時代社會的紊亂疾苦，與平治天下的使命感，是他詩文的經緯線，也是前後期作品的主軸。前期的〈薤露行〉寫道：

> 惟漢廿二世，所任誠不良。沐猴而冠帶，知小而謀彊。猶豫不敢斷，因狩執君王。白虹為貫日，己亦先受殃。賊臣持國柄，

> 殺主滅宇京。蕩覆帝基業，宗廟以燔喪。播越西遷移，號泣而
> 且行。瞻彼洛城郭，微子為哀傷。

對於東漢末年群雄兼并、宗廟被燬，皇室播遷的混亂局面，曹操善以居高臨下，抓住事物大關目的著眼點，僅用十六句，便以極顯豁的筆墨，直抒胸臆，勾勒出雄闊的畫面。由於身經喪亂，目睹國家殘破，生民塗炭，曹操傷時憫亂，筆下便多悲涼之氣。後期的〈短歌行〉則寫：

> 對酒當歌，人生幾何！譬如朝露，去日苦多。慨當以慷，幽思
> 難忘。何以解憂，唯有杜康。青青子衿，悠悠我心。但為君故，
> 沈吟至今。呦呦鹿鳴，食野之苹。我有嘉賓，鼓瑟吹笙。明明
> 如月，何時可掇？憂從中來，不可斷絕。越陌度阡，枉用相存。
> 契闊談讌，心念舊恩。月明星稀，烏鵲南飛。繞樹三匝，何枝
> 可依？山不厭高，海不厭深，周公吐哺，天下歸心。

此詩張玉穀以為旨在「歎流光易逝，欲得賢才以早建王業之詩」[24]，陳沆亦指出「此詩即漢高〈大風歌〉思猛士之旨也」[25]，按劉邦思得猛士以守四方，而曹操亟思賢才以統一天下，故其思想基調相似，而詩末以「山不厭高，海不厭深」自比，「周公吐哺，天下歸心」自期，更見其身居廊廟，憂心天下，卻具有雄才大略的胸襟，積極進取的精神，因而使他的詩文悲涼而慷慨，沒有頹喪、失志、悲觀的情調，即便是群臣疑曹操有不遜之志，他亦為書自明，以齊桓、晉文、周文王自勉，於〈讓縣自明本志令〉云：

> 或者人見孤彊盛，又性不信天命之事，恐私心相評，言有不遜
> 之志，妄相忖度，每用耿耿。齊桓、晉文所以垂稱至今日者，
> 以其兵勢廣大，猶能奉事周室也。《論語》云：「三分天下有

---

24 見於張玉穀《古詩賞析》卷八，錄自《曹操曹丕曹植資料彙編》，頁 39。
25 見於陳沆《詩比興箋》卷一，錄自《曹操曹丕曹植資料彙編》，頁 43。

其二，以服事殷，周之德可謂至德矣。」

其心繫於早建王業的英雄之思，甚可見於遊仙詩：〈秋胡行〉之二云：「大人先天而天弗違。不戚年往，憂世不治。存亡有命，慮之為蚩」。曹操不傷年往，但思雄圖霸業的理想與抱負，乃迥異於樂府以敘事為主，且不同於古詩十九首「文溫以麗，意悲而遠」[26]，只知憂思生命如朝露，故能撼動人心。正因有此歷經喪亂，身居廊廟，而憂治天下的特殊背景，使得曹操的作品蒼涼悲壯，富於英雄的激昂發揚之氣。無怪乎劉永濟《文心雕龍校釋·時序》亦認為：「漢末大亂，民怨沸騰，魏武雄興，志存勘定；文帝纂業，雅好詞華，影響所及，文風亦慷慨而多氣」，對於劉勰所謂「自獻帝播遷，文學蓬轉，建安之末，區宇方輯。魏武以相王之尊，雅愛詩章；文帝以副君之重，妙善辭賦，……觀其時文，雅好慷慨，並志深而筆長，故梗概而多氣也」的說法，推許為「溯河窮源之論」。

第五節　〈明詩〉篇未著一字

曹操在中國詩歌史上，以質樸率直的語言，寫實敘事的內容，沿續樂府民歌的路線，又以古題自創內容，悲涼中不失昂揚的精神，開創樂府詩的新局，馮班《鈍吟雜錄》便說：「魏祖慷慨悲涼，自是此公文體如斯，非樂府應爾」[27]，劉熙載《藝概·詩概》亦云：「曹公詩氣雄力堅，足以籠罩一切，建安諸子未有其匹也」[28]，都是推崇其詩歌表現的獨特性，黃季剛《詩品講述》並為曹操在詩歌史上予以定位：

> 詳建安五言，毗於樂府。魏武諸作，慷慨蒼涼，所以收束漢音，

---

26 鍾嶸《詩品》謂古詩「文溫以麗，意悲而遠」，缺乏英雄之氣。

27 錄自《曹操曹丕曹植資料彙編》，頁26。

28 劉熙載《藝概》卷二〈詩概〉（台北：廣文書局，1980），頁3上。

振發魏響。[29]

一方面指出曹操對樂府詩的繼承與創新，乃是「收束漢音，振發魏響」，有兼籠前美，作範後來之作用，一方面則說明建安五言詩之蔚然興起，源起於樂府詩，與曹操的首倡有關；曹操的五言詩，可說是建安詩歌由質轉文的交界點。其實，不只五言詩的發展，有其貢獻，曹操的四言詩最多，亦成就可觀，沈德潛《古詩源》說：「曹公四言於三百篇外，自開奇響」，表面上四言詩繼承了《詩經》的語言，但曹操的四言詩如〈步出夏門行〉、〈短歌行〉、〈秋胡行〉等，恢闊開張，氣度非凡，已凌轢《詩三百》的畛域，而非仿製品，無怪乎人稱曹操爲「振興四言詩的作家」。除此以外，曹操還有雜言詩：〈對酒〉、〈氣出倡〉、〈陌上桑〉等，保存雜言體古樸的作風。雖然如此，但鍾嶸的《詩品》將曹操的詩列居下品，《文心雕龍·通變》篇只說：「魏之篇製，顧慕漢風」，只看到沿承部分，未提魏文不同於漢製，有所創新的部分。[30]〈明詩〉篇論述四、五言、雜言詩的流變，標舉代表作家，也對曹操隻字未提。王世貞《藝苑卮言》卷三曾爲曹操屈居下品抱不平：「至魏文不列乎上，曹公屈第乎下，尤爲不公，少損連城之價。」許學夷《詩源辨體》卷四則分析曹操詩列下品的原因，云：

> 嶸《詩品》以丕處中品，曹公及叡居下品。今或推曹公而劣子桓兄弟者，蓋鍾嶸兼文質，而後人專氣格也。

其說甚是。按鍾嶸對曹操詩歌的評語爲：「曹公古直，甚有悲涼之句」，所言的當，顯見其非不知操者；而觀其對曹植的評語：「魏

---

29 見黃侃著《文心雕龍札記·明詩》（台北：文史哲出版社，1973），轉錄《詩品講疏》，頁35。

30 劉師培編《中古文學史·論漢魏之際文學變遷》附錄：「《文心雕龍》諸書，或以魏代文學與漢不異，不知文學變遷，因自然之勢，魏文與漢不同者，蓋有四焉：『……論說之文，漸事校練名理，二也；……詩賦之文，益事華靡，多慷慨之音四也。』」頁37。

陳思王植詩，……其骨氣奇高，詞采華茂，情兼雅怨，體被文質」，
顯然鍾嶸乃受限於時代潮流以組麗為工的標準，選取文質並茂的曹
植列為上品，而曹操則以文字的質樸欠工麗，未受青睞。至於《文
心雕龍‧明詩》篇所以未列曹操者，析其原因，或有二端：一與劉
勰專闢〈樂府〉，而曹操詩盡為樂府有關。惟〈樂府〉篇云：

> 子建士衡，咸有佳篇，並無詔伶人，故事謝絲管，俗稱乖調，
> 蓋未思也。

劉勰既以詩之可歌，另標「樂府」，此處又將曹陸不協律之作，亦
名樂府，可見劉勰對詩樂之畫界，漫汗難明 31；再者，〈明詩〉篇
述及建安詩歌的特點，云：

> 暨建安之初，五言騰躍，文帝、陳思，縱轡以騁節，王、徐、
> 應、劉，望路而爭驅；並憐風月，狎池苑，述恩榮，敘酣宴，
> 慷慨以任氣，磊落以使才；造懷指事，不求纖密之巧，驅辭逐
> 貌，唯取昭晰之能。

其中文帝詩如〈大牆上蒿行〉、〈善哉行〉、陳思詩如〈野田黃雀
行〉、〈當來日大難〉，均宴遊之作，由《樂府詩集》載錄於相和
歌辭瑟調曲中，乃依古題，用申今意的樂府詩，可見劉勰〈明詩〉
篇所列建安時期之五言詩，亦雜有樂府詩；更何況劉勰以「慷慨以
任氣，磊落以使才；造懷指事，不求纖密之巧，驅辭逐貌，唯取昭
晰之能」，形容建安文學之共同特點，用評曹操之詩，亦頗允當。
故以詩、樂兩分，做為曹操詩未獲標舉於〈明詩〉篇採擇的理由，
並不合適。按驗於〈明詩〉篇云：

> 若夫四言正體，則雅潤為本，五言流調，則清麗居宗。……故

---

31 黃侃《文心雕龍札記‧樂府》云：「案彥和作〈樂府〉篇，意主于被弦管之作。然
 又引及子建士衡之擬作，則事謝弦管者亦附錄焉。故知詩樂界畫，漫汗難明。……
 但有樂府之名，無被弦管之實，亦視之為雅俗之詩而已矣。」頁 40。

平子得其雅，叔夜含其潤，茂先凝其清，景陽振其麗，兼善則子建、仲宣，偏美則太沖、公幹。

曹操詩文字樸實質直，乏中正和平之響，以雄恣霸氣取勝，不符劉勰四言詩「雅潤」、五言詩「清麗」之擇詩標準，此應即劉勰不著一字之由。

第六節　援引文學觀點

劉師培《中古文學史》云：「文章各體至東漢而大備」[32]，曹操生於東漢之末，一些有關文體作法的觀點，爲劉勰所引述者，見於《文心雕龍》〈章句〉、〈詔策〉、〈章表〉等篇，大抵表示肯定。如〈章句〉篇，言及魏武論賦韻云：

> 昔魏武論賦，嫌於積韻，而善於貿代。陸雲亦稱：「四言轉句，以四句爲佳」，觀彼制韻，志同枚貫。然兩韻輒易，則聲韻微躁；百句不遷，則脣吻告勞；妙才激揚，雖觸思利貞；曷若折之中和，庶保無咎。

其中「魏武論賦」，《玉海》二〇四引作「論詩」，范注以爲「詩賦亦得通稱」，而劉勰所引魏武之言，今不可見，唯其稱曹操論詩賦不喜一韻到底，工於換韻，雖曹操〈滄海賦〉、〈登臺賦〉只存殘句，無法得知其用韻情形，猶可自曹操詩歌窺得全豹。以〈氣出倡〉爲例：

> 遊君山，甚爲真。礔魂砟硌，爾自爲神。乃到王母臺，金階玉爲堂，芝草生殿堂。東西廂，客滿堂。主人當行觴，坐者長壽遽何央。長樂甫始宜孫子。常願主人增年，與天相守。

前四句採真韻屬第十二部，後七句轉爲唐、陽韻，古音均屬第十部。

---

32 見於劉師培編《中古文學史·論漢魏之際文學變遷》附錄，頁23。

又如〈精列〉詩云:

> 厥初生,造化之陶物,莫不有終期。莫不有終期。聖賢不能免,
> 何為懷此憂?願蟧龍之駕,思想崑崙居。思想崑崙居。見期於
> 迂怪,志意在蓬萊。志意在蓬萊。周孔聖徂落,會稽以墳丘。
> 會稽以墳丘。陶陶誰能度?君子以弗憂。年之暮奈何,時過時
> 來微。

前四句為之韻屬第一部,後二句轉為尤韻屬第三部,七至十一句再
轉回之、咍韻,同屬第一部。則曹操除無韻詩以外,用韻情形確如
劉勰所言:「魏武論賦,嫌於積韻,而善於貿代」,有美其變之意。
依劉勰看來,枚乘、賈誼、陸雲詩賦四句兩韻就轉換的情形,如賈
誼〈鵬鳥賦〉云:

> 小智自私兮,賤彼貴我;達人大觀兮,物無不可。貪夫殉財兮,
> 烈士殉名;誇者死權兮,品庶每生。

「我」、「可」為韻,「名」、「生」為韻,是兩韻即轉韻,劉勰
謂之「兩韻輒易,則聲韻微躁」,而劉歆、桓譚「百句不遷,則脣
吻告勞」,故劉勰認為轉韻應該適中,所謂「曷若折之中和,庶保
無咎」。此一觀點,劉永濟《文心雕龍校釋》曾有評述曰:「舍人
論文家用韻,主魏武貿代之說,而參以折中之論,可謂圓到無餘蘊
矣」。

《文心雕龍·章句》篇又論及魏武詩歌不好用「兮」字的情形:

> 又詩人以兮字入於句限,《楚辭》用之,字出於句外。尋兮字
> 承句,乃語助餘聲。舜詠〈南風〉,用之久矣,而魏武弗好,
> 豈不以無益文義耶!

劉勰舉魏武為例,謂其不好用「兮」字,或以無益於文義的緣故;
查考曹操詩作,雖不用「兮」字,而其他虛字常見,如「君子以弗
憂」(〈精列〉)、「號泣而且行」(〈薤露〉)、「何以解憂,

唯有杜康」、「但為君故，沈吟至今」（〈短歌行〉）、「小白不敢爾」（〈短歌行〉其二）、「幸甚至哉，歌以言志」（〈步出夏門行〉）等，藉由虛字之旋轉其間，使文句流利，不致落入滯相，可見曹操能嫻熟發揮語助詞在詩文中的作用，與劉勰論語助詞「巧者迴運，彌縫文體，將令數句之外，得一字之助矣」之旨歸相符契！

劉勰並於〈詔策〉篇，援引曹操之說，以明敕戒文體之作法：

> 「戒敕」為文，實詔之切者，周穆命郊父受敕憲，此其事也。

> 魏武稱：「作敕戒，當指事而語，勿得依違」，曉治要矣。

按「戒敕」乃「詔策」中之一體，而「敕戒」之用法有別，帝王告誡稱「敕」，他人告戒則稱「戒」。同篇劉勰又云：

> 戒者，慎也。……君父至尊，在三同極。漢高祖之〈敕太子〉、東方朔之〈戒子〉，亦顧命之作也。及馬援已下，各貽家戒。

說明自東漢馬援作〈戒兄子嚴敦書〉之後，名臣碩儒都留有「家誡」文字，以訓誡後嗣。今雖無法查考曹操「作敕戒，當指事而語，勿得依違」之文字，然曹操現存有〈敕有司取士毋廢偏短令〉、〈敕王必領長史令〉、〈內誡令〉、〈戒子植〉等作品，前兩篇用以戒勵百官、贈封官職，後兩篇則訓示內眷、子弟，均深得體要。〈敕有司取士毋廢偏短令〉云：

> 夫有行之士，未必能進取，進取之士，未必能有行也。陳平篤行，蘇秦豈守信邪？而陳平定漢業，蘇秦濟弱燕。由此言之，士有偏短，庸可廢乎？有司明思此義，則士無遺滯，官無廢業矣。

全文以短語、頂真相續，簡潔有力；次舉史事為證，德才相反而相濟，可收反襯之效；末段作結，既呼應前例，又以偶句收束，不僅說服力強，且字無虛發，切中事理。〈戒子植〉云：

> 吾昔為頓丘令，年二十三。思此時所行，無悔於行。今汝年亦

二十三矣，可不勉歟？！

以同年為斷，將人我對比，要約明暢，期勉少主之情，溢於言表，此正魏武所謂「指事而語，勿得依違」，足見曹操敕戒之作品能實踐其理論，劉勰之選言舉例，乃信而有徵。

〈章表〉篇又舉述曹操關於章表作法之意見：

> 昔晉文受策，三辭從命。是以漢末讓表，以三為斷。曹公稱為表不止三讓，又勿得浮華，所以魏初章表，指事造實，求其靡麗，則未足美矣。至如文舉之薦禰衡，氣揚采飛；孔明之辭後主，志盡文壯；雖華實異旨，並表之英也。

文中曹語無考，僅《藝文類聚》五十一載建安元年曹操上書讓增封曰：「臣雖不敏，猶知讓不過三。所以仍佈腹心至於四五，上欲陛下爵不失實，下為臣身免於苟取」[33]，審其語意，以四讓為過，據《北堂書鈔·設官部》引應劭〈漢官儀〉：「凡拜，天子臨軒，六百石以上悉會。直事卿贊，御史授印綬，公三讓然後乃受之。」[34] 可知讓表以三為止，曹操所言，合乎朝儀。曹操又稱：「勿得浮華」，以為章表寫作之圭臬。今據劉師培《漢魏六朝專家文研究》云：「六朝人所作章表貴在立言得體，而不在駢羅事實，不肯割愛，轉為文累」，知建安所作章表以質實為重，原因是「建安三國之重名實而求深刻也」[35]，乃受當時尚刑名之風氣影響使然。觀曹操〈陳損益表〉、〈請增封荀彧表〉、〈表論田疇功〉、〈讓九錫表〉、〈上器物表〉等文，或陳情、或薦舉受封、或辭封、或獻上，皆下情上達，直指情事，文如其人，不尚浮華，故劉勰云：「魏初章表，指事造實，求其靡麗，則未足美矣」，頗能掌握魏初章表之大致情形。而其並

---

33 《藝文類聚》（台北：木鐸編輯室，1974 年），頁 928。
34 見於《北堂書鈔·設官部》（台北：宏業書局，1974 年）卷五十，頁 195。
35 參劉師培《漢魏六朝專家文研究》十三「文質與顯晦」，頁 41。

標舉孔融〈薦禰衡表〉、孔明〈出師表〉二篇，以為範文。若與操
文相較，孔融造辭典麗雅正，孔明公忠體國，情真語摯，皆勝於曹
操，故劉勰推許二人為表中之英傑。由〈章表〉篇云：「必使繁約
得正，華實相勝，脣吻不滯，則中律矣」，〈定勢〉篇云：「章表
奏議，則準的乎典雅」，曹操章表不合文質相勝之要求，表文未受
垂青，亦預料中矣。

至於《文心雕龍·事類》篇援引曹操對文家作品的評論云：

> 故魏武稱「張子之文便為拙，然學問膚淺，所見不博，專拾掇
> 崔、杜小文，所作不可悉難，難便不知所出」，斯則寡聞之病
> 也。

曹操的說法不明出自何處[36]，無法確知是否係指張衡；倘指張衡，
則不僅與《後漢書·張衡傳》稱：「衡少善屬文，……遂通五經，
貫六藝。雖才高於世，而無驕尚之情。……尤致思於天文、陰陽、
歷算。常耽好玄經」[37]，記敘張衡善文博學不合，也與劉勰〈明詩〉
稱張衡「〈怨篇〉清典可味，〈仙詩〉、〈緩歌〉雅有新聲」、〈詮
賦〉篇讚「〈二京〉迅拔以宏富」、〈體性〉篇譽「平子淹通，故
慮周而藻密」，大有出入；且曹操生於漢桓帝永壽元年（西元 155
年），晚於張衡之逝十六年，將何以得知「所作不可悉難，難便不
知所出」？故各注家皆失注；而今人趙仲邑《文心雕龍譯注·事類》
篇注，曾據《三國志·魏書·邴原傳》注引《邴原別傳》訂為張範
[38]。曹操所謂「張子」，究為何人？迄尚無法確指！

---

36 范注《文心雕龍·事類》云：「魏武語未知所出」，頁 621。
37 見於《後漢書》卷五十九〈張衡列傳〉，頁 1897。
38 見於趙仲邑《文心雕龍譯注》(台北：貫雅文化，1991 年)，頁 380。

第七節　結　語

綜觀劉勰對曹操之評論，有三種表現手法：

一、專論其人

自《文心雕龍》〈檄移〉：「敢矣！指曹公之鋒」、〈時序〉：「魏武以相王之尊，雅愛詩章，……體貌英逸，故俊才雲蒸，觀其時文，雅好慷慨，良由世積亂離，風衰俗怨，並志深而筆長，故梗概而多氣也」、〈章句〉：「昔魏武論賦，嫌於積韻，而善於貿代」、〈章表〉：「曹公稱為表不必三讓，又勿得浮華」等評論，劉勰皆標明主體，論述的觀點明確，以事實、作品為根據，而能持平地批評曹操的家世、人品，如實地呈現魏武崇獎文業，在建安文學的倡導地位，並關注到曹操作品對魏初章表不尚浮華的影響；亦掌握作家身處社會動亂，民俗偷薄，與居於廊廟，憂世不治的個性特質，進而使曹操形成、表現出悲涼慷慨的文風，這都是劉勰評論曹操難能可貴之處。至於曹操有關文體的意見：敕戒、章表的作法、詩賦的用韻等，劉勰大抵均表贊同，頗能與劉師培《中古文學史》所言：「文章各體至東漢而大備，漢魏之際，文家承其體式，新辨別文體，其說不淆」[39]，桴鼓呼應，肯定漢魏之際，文家對文體的論述。曹操對文體的看法，今多不傳，幸賴劉勰的引述而有所保存，此又為劉勰評論曹操的另一貢獻矣！

二、籠統泛稱

劉勰評論曹操，如〈論說〉：「魏之初霸，術兼名法」，統述建安的時代思潮；〈樂府〉：「魏之三祖，氣爽才麗，宰割辭調，音

---

39 見於劉師培編《中古文學史》第三課〈論漢魏對際文學變遷〉，頁 23。

靡節平。觀其〈北上〉眾引,〈秋風〉列篇,或敘酣宴,或傷羈戍,志不出於慆蕩,辭不離於哀思,雖三調之正聲,實韶夏之鄭曲」,兼述眾多的作家,故劉勰只能舉其梗概,籠統評論,一則忽略曹操思想上融合儒墨道法,兼融並蓄之態度,使其明古又能創新,進而對詩作的體有所因,詞貴獨創,章表詔令的樸實無華,及建安時期的文風均產生影響;一則對曹操創作上的評論:「〈北上〉眾引,乃敘酣宴,志不出於慆蕩」,樂府「宰割辭調,音節靡平」,皆不適用於曹操,此乃劉勰多用概括語言論述,致有以偏概全之弊。至於曹操作品於恢闊悲涼中,帶有英雄激昂發揚之氣,更是建安作家絕無僅有的特質,恐亦非《文心雕龍·時序》篇所謂「志深而筆長,梗概而多氣」,所能體現矣!

三、不言之評

劉勰尚有一種不言之評,亦值得重視。以曹操而言,其振興四言,自開奇響,並為五言詩盛行於建安首開其端,在詩史上已獲得「收束漢音,振發魏響」的評價,而劉勰既未於〈通變〉篇論及魏文承先啓後的地位,〈明詩〉也對曹操的四、五言詩隻字未提,〈樂府〉篇並對曹操音樂的表現有所貶抑。推原其故,此因劉勰評詩論文有其標準,如「四言雅潤」、「五言清麗」、「章表奏議,則準的乎典雅」的寫作原則、詩樂應符合「中和之響」,以敦風勵俗的樂教思想等,在在都使曹操在建安文學史上的表現,無法突顯,令人有遺珠之憾。

第三章 《文心雕龍》論曹丕

前 言

　　自幼隨父轉戰軍中，知騎善射的曹丕（西元 187—226 年），兼通文事，不但博貫古今經傳、諸子百家之書[1]，結集諸儒編撰《皇覽》，宏揚學術；且著作繁富，流傳迄今有詩歌四十餘首、辭賦約三十篇、銘、誄、連珠等韻文七篇、散文一五〇篇[2]，《魏書·文帝紀》評云：「文帝天資文藻，下筆成章，博聞強識，才藝兼該」[3]，洵非虛譽。《文心雕龍》對於這一位君王作家，也頗青睞，文體、文術、文評各論，均對曹丕的文學創作、論文觀點，及文學史上的評價，予以甄採詮評，不僅發皇曹丕對當代及後世文學創作與理論建構的貢獻，也具足展現曹丕對《文心雕龍》成書的影響。以下便試論《文心雕龍》對曹丕的評述：

第一節 推動建安文學

　　誠如《文心雕龍·時序》篇所云：

　　　　自獻帝播遷，文學蓬轉，建安之末，區宇方輯。魏武以相王之

　　　　尊，雅愛詩章；文帝以副君之重，妙善辭賦；陳思以公子之豪，

　　　　下筆琳琅，並體貌英逸，故俊才雲蒸。……傲岸觴豆之前，雍

1　見於《三國志·魏書》卷二〈文帝紀〉引《典論·自敘》，頁 90。
2　據夏傳才、唐紹忠《曹丕集校注》（鄭州：中州古籍出版社，1992 年）統計。本書所引曹丕作品，以《曹丕集校注》為本，不再一一註明。
3　見於《三國志·魏書》卷二〈文帝紀〉評，頁 89。

> 容衽席之上，灑筆以成酣歌，和墨以藉談笑。觀其時文，雅好
> 慷慨，良由世積亂離，風衰俗怨，並志深而筆長，故梗概而多
> 氣也。

建安文學的蔚然興起，與政治興衰、時君的愛好倡導，及社會動亂
均有關係。以政治的興替、時君的好尚而言，自建安十三年以後，
三國鼎立之勢形成，政局大抵安定，曹操擔任丞相，辟召文士，倡
導文學，固然是鄴下文風形成的必要條件；而文帝纂業，篤好創作，
日與眾文士詩文唱和，講論文學，尤為當時文風蓬勃發展的重要原
因。按曹丕於建安十六年為五官中郎將，乃丞相之副，徐幹等為五
官將文學，至建安二十二年，建安諸子如阮瑀、王粲、陳琳、應瑒、
劉楨先後凋零為止，這段期間乃曹丕與鄴下文人活動最頻繁、興盛
之時。如曹丕〈與吳質書〉云：

> 每念昔日南皮之遊，誠不可忘。既妙思六經，逍遙百氏，彈棋
> 閒設，終以博奕，高談娛心，哀箏順耳。馳騖北場，旅食南館，
> 浮甘瓜於清泉，沈朱李於寒水。皦日既沒，繼以朗月，同乘並
> 載，以遊後園，輿輪徐動，賓從無聲，清風夜起，悲笳微吟，
> 樂往哀來，悽然傷懷。余顧而言，茲樂難常，足下之徒，咸以
> 為然。今果分別，各在一方。元瑜長逝，化為異物。每一念至，
> 何時可言？

文中敘寫曹丕與建安諸子交遊的情形，所謂「高談娛心」、「同乘
並載」，足見他們交往的密切，與友誼的深厚。謝靈運《擬鄴中集
詩・序》亦云：

> 建安末，余時在鄴宮，朝遊夕讌，究歡愉之極，天下良辰、美
> 景、賞心、樂事四者難並，今昆弟友朋，二三諸彥共盡之矣。
> 古來此娛，書籍未見，何者？楚襄王時有宋玉、唐景；梁孝王
> 時有鄒枚嚴馬，遊者美矣，而其主不文。漢武帝徐樂諸才，備

應對之能，而雄猜多忌，豈獲晤言之適？[4]

由謝靈運自述其親身經歷，可以想見建安末年君主重視文學，與文士並無猜忌的情形，應即曹丕與文士和樂相處之實況，謝氏以為「古來此娛，書籍未見」。而自曹丕〈敘詩〉云：「為太子時，北園及東閣講堂並賦詩，命王粲、劉楨、阮瑀、應瑒等同作」[5]、〈寡婦賦・序〉云：「陳留阮元瑜與余有舊，薄命早亡，每感其遺孤，故作斯賦，以敘其妻子悲苦之情，命王粲等並作之」、曹植〈公宴〉詩云：「公子愛敬客，終宴不知疲」、陳琳〈瑪瑙賦・序〉云：「五官將得瑪瑙，以為寶勒，美其英采之光艷也，使琳賦之」、劉楨〈贈五官中郎將〉之一云：「昔我從元后，整駕至南鄉。過彼豐沛都，與君共翱翔。四節相推斥，季冬風且涼。眾賓會廣坐，明鐙熺炎光」，皆可看出建安諸子的作品有許多乃承曹丕旨意而作，曹丕實乃曹氏兄弟與眾文士遊宴的中心人物，此即劉勰所謂「並體貌英逸，故俊才雲蒸」，對建安文士的英才輩出極有推進的貢獻。曹丕與文士賓客交遊的內容，除了如劉勰所言：「傲岸觴豆之前，雍容衽席之上，灑筆以成酣歌，和墨以藉談笑」，以宴遊田獵、唱酬詩賦為主，還涉及文學觀點的敘述、建安文友文章風格的評論，如曹丕〈又與吳質書〉云：「觀古今文人，類不護細行，鮮皆能以名節自立。而偉長獨懷文抱質，恬淡寡欲，有箕山之志，可謂彬彬君子矣」，曹植〈娛賓賦〉云：「文人騁其妙說兮，飛輕翰而成章。談在昔之清風，總聖賢之紀綱。」是知曹丕以「副君之重」，在建安文學活動中，扮演一個重要的角色，不僅重視文士，與其相交相知，促成建安文學作品繁富、品評文章好壞的風氣，甚至將建安七子的遺文，結集

---

4 見於《文選》卷三十，頁792。
5 按曹丕立為太子，時在建安二十二年十月，而阮瑀逝於建安十七年，王粲逝於建安二十二年正月，〈敘詩〉所言「為太子時」，疑或有誤，惟仍可見曹丕與建安諸子以詩會友的情景。

成書 6，其對建安文學興盛、作品流通的貢獻，實遠超過曹操、曹植。

至於《文心雕龍·時序》云：「觀其時文，雅好慷慨，良由世積亂離，風衰俗怨，並志深而筆長，故梗概而多氣也」，則呈顯社會治亂對於建安文學的影響。文中所謂「梗慨」，意即「慷慨」，雖《說文》不見「慷」字，而「慨」釋為「忼慨」，又釋「忼」為「慷慨壯士不得志於心也」，據《史記·項羽本紀》稱楚王項羽賦〈垓下歌〉時，「悲歌慷慨」，〈高祖本紀〉賦〈大風歌〉時，「慷慨傷懷」；《後漢書·禰衡傳》則云：「聲節悲壯，聽者莫不慷慨」，可見「慷慨」一詞，有「悲而壯」的涵義 7。顯示劉勰對於時會牽動一代文學特色的觀察，深識鑒奧，妙得於心，頗能掌握建安作家由於遭時喪亂，多憂生之嗟，所作多悲涼之氣；而於亂世中，思圖濟世立名，尤使作品流露意志深遠，雄壯昂揚之氣的時代文學特質。以曹丕而言，也確有部分作品呈現此一時代性的文學特質，如〈典論·自敘〉云：

> 初平之元，董卓殺主鴆后，蕩覆王室。是時四海既困中平之政，兼惡卓之凶逆，家家思亂，人人自危。山東牧守，咸以春秋之義，「衛人討州吁于濮」，言人人皆得討賊。於是大興義兵，名豪大俠，富室強族，飄揚雲會，萬里相赴；兗、豫之師戰於滎陽，河內之甲軍於孟津。卓遂遷大駕，西都長安。而山東大者連郡國，中者嬰城邑，小者聚阡陌，以還相吞滅。會黃巾盛於海岱，山寇暴於并、冀，乘勝轉攻，席卷而南，鄉邑望煙而奔，城廓睹塵而潰，百姓死亡，暴骨如莽。

此為曹丕反映漢末豪強割據，社會亂離，人命如草芥的現實生活之

---

6 見於曹丕〈又與吳質書〉云：「昔年疾疫，親故多離其災，徐、陳、應、劉，一時俱逝，……頃撰其遺文，都為一集。」
7 見於李直方著《漢魏六朝詩論稿·「慷慨以任氣」說》（香港：龍門書局，1967 年），頁 32。

作。又如〈上留田行〉云：

> 居世一何不同，上留田！富人食稻與粱。上留田！貧子食糟與
> 糠，上留田！貧賤亦何傷？上留田！祿命懸在蒼天，上留田！
> 今爾歎息，將欲誰怨？上留田！

乃借古題，寫時事的樂府詩，亦頗能反映當時社會貧富懸殊，貧賤
之子內心的悲歡。而〈令詩〉云：「喪亂悠悠過紀，白骨縱橫千里。
哀哀下民靡恃，吾將佐時整理」，〈黎陽作〉云：「爰暨公旦，載
主而征，救民塗炭。彼此一時，惟天所贊。我獨何人，能不靖亂」，
〈至廣陵於馬上作〉云：「觀兵臨江水，水流何湯湯。戈矛成山林，
玄甲耀日光。猛將懷暴怒，膽氣正縱橫。誰云江水廣，一葦可以航」，
〈豔歌何嘗行〉云：「男兒居世，各當努力」，均為曹丕流露掃平
世亂，努力奮發思想的詩作。是以劉楨〈贈五官中郎將〉之四曾謂：
「君侯多壯思，文雅縱橫飛」，劉永濟《文心雕龍校釋·時序》篇
亦云：「漢末大亂，民怨沸騰，魏武雄興，志存勘定；文帝纂業，
雅好詞華，影響所及，文風亦慷慨而多氣」[8]，殆指曹丕此類作品而
言。當展讀這些「志深筆長」、「悲壯慷慨」的作品之際，自能感
受一股勁氣貫通其中。只是這類流露慷慨昂揚壯志的作品，畢竟是
曹丕著作中的極少數，曹氏今存四十五首詩歌中，不過占四首，沈
德潛《古詩源》卷五云：「子桓詩有文士氣，一變乃父悲壯之習矣，
要其便娟婉約，能移人情」，便指出曹丕詩歌之長不在悲壯。故劉
勰「觀其時文，雅好慷慨，良由世積亂離，風衰俗怨，並志深而筆
長，故梗概而多氣也」的說法，對曹丕而言，並不全然適用。此因
劉勰以概括論述的方式綜論建安的文學風尚，自無法涵蓋個別作家
的差異；更何況劉勰論文，鑑於宋初以後的作品「風末氣衰」[9]，故

---

8 見於劉永濟編著《文心雕龍校釋》，頁62。
9 見於《文心雕龍·通變》。

有「以氣質卓犖之文,一救當世靡麗闒緩之弊」[10]的用心,他所以特別強調建安志深筆長,梗概多氣的作品,實別有深衷。

　　劉勰在探索建安文風的成因時,獨對學術潮流的影響有所遺漏,可說是百密一疏。〈論說〉篇云:「魏之初霸,術兼名法;傅嘏、王粲,校練名理」,僅論及魏武倡導刑名之學,對論體興起的影響;實則「魏文慕通達,而天下賤守節」[11],對當代的文學發展也有深遠的作用。按曹丕曾作〈太宗論〉,崇尚漢文帝的無為思想,黃初年間,並先後頒佈薄稅、禁復仇、輕刑之詔,欲以黃老清靜之治,予民休養生息,是道家之治的實行家。劉大杰《中國文學發展史》便曾論述道家思想盛行,對魏晉文風、曹丕創作的影響:

> 在儒學衰微的魏晉,接著起來的,是道家與佛學的思想。乘著這個自由解放的好機會,文學也就向儒學宣告獨立。由漢代的諷刺的功用主義,變為魏晉的個人主義,再變而為南朝時代的唯美主義了。在這種文藝思潮變動的過程中,魏晉時代確是一座重要的橋樑。對於這個文學獨立運動首先發動的人,⋯⋯是曹丕。⋯⋯《典論‧論文》內,⋯⋯他首先敘述了對於建安七子的作品的品評。⋯⋯完全脫了儒家的倫理實用觀念,只以氣勢與個性為標準。其次他對於文學的對象,有離開六藝學術而注重純文藝的傾向。[12]

可見受到道家思想影響,使得曹丕的創作,與建安文學日趨重視文學本身的價值,及個人的抒情詠懷。惟此一學術思潮牽動文學的內在移轉的力量,並未被劉勰所重視。

10　《文心雕龍校釋‧時序》云:「舍人世積亂離,風衰俗怨,並志深而筆長,故梗概而多氣四語,識解甚高,誠溯河窮源之論矣。參以風骨之言,知舍人之志,蓋欲以氣質卓犖之文,一救當世靡麗闒緩之弊」,頁65。
11　見於《晉書》卷四七〈傅玄傳〉,頁1317。
12　見於劉大杰《中國文學發展史》(台北:中華書局,1956年),頁170。

第二節　文學創作表現

一、五言為主　樂府清越

　　劉勰於〈明詩〉篇以通史的眼光，歷數各代詩體的發展情形，自然也涵蓋建安時期五言詩流行的脈動：

> 暨建安之初，五言騰躍，文帝、陳思，縱轡以騁節；王、徐、應、劉，望路而爭驅；並憐風月，狎池苑，述恩榮，敘酣宴，慷慨以任氣，磊落以使才；造懷指事，不求纖密之巧，驅辭逐貌，唯取昭晰之能；此其所同也。

劉勰所謂「建安之初，五言騰躍」，驗之於《詩品·序》云：「降及建安，……蓋以百計，彬彬之盛，大備於時矣」，證實建安詩歌雖然形式方面各體兼具，而以五言詩的表現最為傑出。查考曹丕今存四十五首詩中，五言詩占二十五首，已然過半，亦與劉勰之說相合。據唐人元稹〈杜甫墓誌銘〉云：

> 建安之后，天下文士，遭罹兵戰；曹氏父子，鞍馬間為文，往往橫槊賦詩，故其遒文壯節，抑揚哀怨別離之作，尤極於古。

形容曹操與曹氏兄帝縱橫沙場，兵馬倥傯之際，不忘興文，故作品頗有剛健昂揚之氣，此說頗能詮釋〈明詩〉：「文帝、陳思，縱轡以騁節」的說法，而劉勰特別指出的是與王粲、徐幹、應瑒、劉楨等人「憐風月，狎池苑，述恩榮，敘酣宴」的作品，據范文瀾注「憐風月，狎池苑，述恩榮，敘酣宴」即「如《文選》所載公讌詩、遊覽詩、贈答詩是」。畢竟隨軍出征的時期，除了征戰以外，曹丕大部分的時間都在鄴城，日與文士鬥雞、彈棋、遊獵、飲酒、賦詩，曹丕的摯友吳質有〈答魏太子箋〉云：「昔侍左右，廁作眾賢，出有微行之遊，入有管絃之樂。置酒樂飲，賦詩稱壽」，足以反映當

時的真實生活。曹丕此類宴遊詩,如寫景紀遊的〈芙蓉池作〉:

> 乘輦夜行遊,逍遙步西園。雙渠相溉灌,嘉木繞通川。卑枝拂
> 羽蓋,修條摩蒼天。驚風扶輪轂,飛鳥翔我前。丹霞夾明月,
> 華星出雲間。上天垂光彩,五色一何鮮。壽命非松喬,誰能得
> 神仙。遨遊快心意,保己終百年。

陳祚明《采菽堂古詩選》卷五評曰:「建安正格。後人非不追做,
然正不易似。試細玩味之,『雙渠』四句,寫景何其生動。『飛鳥』
句,健。『丹霞』二句,光澤鮮麗。結四句,俛仰有情。」又如描
述飲宴的〈于譙作〉:

> 清夜延貴客,明燭發高光。豐膳漫星陳,旨酒盈玉觴。弦歌奏
> 新曲,游響拂丹梁。餘音赴迅節,慷慨時激昂。獻酬紛交錯,
> 雅舞何鏘鏘!羅纓從風飛,長劍自低昂。穆穆眾君子,和合同
> 樂康。

陳祚明論曰:「此所謂建安體,華腴之中,妙能矯健」[13],意指這兩
首代表「建安正格」的詩都具有建安詩風勁健有力,而且用語鮮麗
的特色,這顯然與劉勰所謂「不求纖密之巧」、「唯取昭晰之能」
的說法,不盡相合;更何況曹丕這兩首詩,雖寫得勁健,卻不具有
劉勰所謂「慷慨以任氣,磊落以使才」的悲壯的志氣、曠朗的襟懷,
詩云「保己終百年」、「和合同樂康」,所流露的永保長壽、君臣
歡娛的思想,即劉履《選詩補註》卷二所謂「縱一己流連之情」[14],
毋寧是曹丕更關切的主題。兩首被譽為「建安正格」的遊宴詩尚且
如此,至於其他描寫遊樂、宴飲的作品,如「忘憂其容與,暢此千
秋情」(〈于玄武陂作〉)、「從朝至日夕,安知夏節長」(〈夏
日〉)、「沖靜得自然,榮華何足為」(〈善哉行〉之一),更是

---

13 見於陳祚明《采菽堂古詩選》卷五,錄自《曹操曹丕曹植資料彙編》,頁81。
14 見於《曹操曹丕曹植資料彙編》,頁58。

無關悲壯勁健之宏旨！尤其這類五言詩，為求形容生動、聲色俱美，常有變散行為偶句，改略貌為形似，用辭華美的傾向。卞蘭〈贊述太子賦〉曾云：「作敘歡之麗詩」，足為佐證，並可看出曹丕遊宴詩實已部份實踐了他「詩賦欲麗」的觀點。

其實，真正能代表曹丕五言詩的，並不是這類酬對的宴遊詩，而是掩抑低迴的抒情詩[15]。它們在內容上多寫征夫行役、夫婦別離相思之苦，語言明白易曉，如〈清河見挽船士新婚與妻別作〉云：

> 與君結新婚，宿昔當別離。涼風動秋草，蟋蟀鳴相隨。列列寒蟬吟，蟬吟抱枯枝。枯枝時飛揚，身輕忽遷移。不悲身遷移，但惜歲月馳。歲月無窮極，會合安可知？願為雙黃鵠，比翼戲清池。

首句「與君結新婚」言「合」，第二句「宿昔當別離」寫「離」，反襯出新婚夫婦分離之苦；第三、第四句：「涼風動秋草，蟋蟀鳴相隨」，描述自然恒「常」，借比夫妻相隨，第五、第六句：「列列寒蟬吟，蟬吟抱枯枝」，映襯景物有「變」，暗喻新婚之妻頓失倚恃；結語六句：「不悲身遷移，但惜歲月馳。歲月無窮極，會合安可知？願為雙黃鵠，比翼戲清池」，則描摹出新婚之妻無怨的深情與期待。全詩明白如話，善用比喻，最足以表現思婦懷人的深情婉轉，並以疊句首尾相連，形成情感的連綿迴環，有一唱三歎之效。鍾惺《古詩歸》卷七云：「文帝詩便婉變細秀，有公子氣，有文士

---

15 曹丕詩內容主要分為四類：一寫酬對宴遊，如〈孟津〉、〈芙蓉池作〉、〈于玄武陂作〉等，描寫宴飲、田獵、遊樂等生活，皆為五言，共十首；二寫行軍征戍，如〈黎陽作〉、〈至廣陵馬上作〉、〈飲馬長城窟行〉、〈董逃行〉，寫軍容壯觀，行軍艱難，含四言二首、五言四首、六言一首，共七首；三寫遊子思婦孤兒，如〈於清河見挽船士新婚與妻別〉、〈代劉勳出妻王氏作〉、〈雜詩〉、〈艷歌何嘗行〉、〈短歌行〉、〈燕歌行〉等，皆以抒情婉轉取勝，計四言五首、五言八首、六言一首、七言二首、雜言一首，共十七首；四寫詠史政經遊仙傷時等，包括四言四首、五言三首、六言一首、雜言三首，共十一首。數量以第三類為最多，也最具代表。

氣，不及老瞞遠矣。然其風雅蘊藉，又非六朝人主所及」[16]，其說信然！再如〈雜詩〉之二云：

> 西北有浮雲，亭亭如車蓋。惜哉時不遇，適與飄風會。吹我東
> 南行，行行至吳會。吳會非我鄉，安得久留滯？棄置勿復陳，
> 客子常畏人。

本詩藉浮雲以喻飄泊不定之遊子，末寫久客異鄉的畏人心情，以物擬人，借景寓情，可謂入木三分。陳祚明《采菽堂古詩選》卷五譽為：「獨以自然為宗，言外有無窮悲感，若不止故鄉之思。寄意不言，深遠獨絕，詩之上格也。」鍾嶸《詩品》評曹丕五言詩，亦云：「率皆鄙質如偶語。惟『西北有浮雲』十餘首，殊美贍可翫，始見其工矣。」謂曹丕詩歌如「偶語」，似同兩人對話般地自然平易；即使是鍾嶸認為「美贍可翫」的「西北有浮雲」詩，其實亦質樸易曉，故知劉勰以魏文「憐風月，狎池苑，述恩榮，敘酣宴」的作品，認為是「造懷指事，不求纖密之巧，驅辭逐貌，唯取昭晰之能」者，若用指曹丕被譽為「詩之上格」，推為代表的抒情詩將更恰當。

劉勰於〈明詩〉篇先合論曹氏兄弟五言詩的表現後，又分論四言、五言詩的代表作家，各有專美：

> 四言正體，雅潤為本；五言流調，清麗居宗：華實異用，惟才
> 所安。故平子得其雅，叔夜含其潤，茂先凝其清，景陽振其麗，
> 兼善則子建、仲宣，偏美則太沖、公幹。

劉勰以曹植、王粲為四、五言詩代表，以劉楨偏美五言，而不列曹丕的觀點，與南朝詩評家大同小異，如鍾嶸《詩品》便以曹植、劉楨、王粲，並列五言詩的上品，曹丕列於中品。顏延年《庭誥》云：「至於五言流靡，則劉楨張華，四言側密，則張衡王粲，若夫陳思

---

16 見於《曹操曹丕曹植資料彙編》，頁63。

王，可謂兼之矣。」[17]則以劉楨、王粲爲四、五言詩的俊傑，曹植兼具眾美，亦未列曹丕。顯然丕詩不足以爲建安四、五言詩的翹楚，已成爲當時的定評。此因曹丕之四、五言詩，擅寫纏綿柔情，既非以雅正溫潤見長；又「率皆鄙質如偶語」，故不符合《文心雕龍》「四言雅潤，五言清麗」的標準，更無法受到南朝好尙詞藻的詩評家的青睞。

曹丕在四、五言詩的成就，固不如上舉數家，然其在七言詩體的貢獻，卻已名垂詩史，惟劉勰標舉宗經思想，認爲《詩經》以四言詩爲主，故僅於〈明詩〉篇提出四言爲「正體」，而以當時流行的五言爲「流調」的說法，並說明雜言詩的由來，而未提及曹丕七言詩對詩體形成、發展的意義；〈樂府〉篇甚至對〈燕歌行〉有負面的評價：

> 至於魏之三祖，氣爽才麗，宰割辭調，音靡節平。觀其〈北上〉眾引、〈秋風〉列篇，或敘酣宴，或傷羈戍，志不出於慆蕩，辭不離於哀思，雖三調之正聲，實韶夏之鄭曲也。

按曹丕〈燕歌行〉兩首，爲樂府古題，屬相和歌平調曲，其一云：

> 秋風蕭瑟天氣涼，草木搖落露爲霜。群燕辭歸鵠南翔，念君客游多思腸。慊慊思歸戀故鄉，何爲淹留寄他方？賤妾煢煢守空房，憂來思君不敢忘，不覺淚下沾衣裳。援琴鳴絃發清商，短歌微吟不能長。明月皎皎照我床，星漢西流夜未央。牽牛織女遙相望，爾獨何辜限何梁。

內容在描寫征戍之人不歸，思婦的感傷怨曠之情，劉勰所謂「或傷羈戍」，「辭不離於哀思」，即指此而言；其形式採整齊的七言，共十五句，音節可自句尾押韻、與音節組合得之。據陳祚明《采菽

---

17 見於《太平御覽》（台北：大化書局，1977 年）卷五八六，頁 2640。

堂古詩選》卷五云:「蓋句句用韻者,其情掩抑低迴,中腸摧切,故不及爲激昂奔放之調,……故此體之語,須柔脆徘徊,聲欲止而情自流,緒相尋而言若絕。後人倣此體多不能佳,往往以粗直語雜於其間,失靡靡之態也。」即指〈燕歌行〉每句押平聲韻,一韻到底,有樂音柔靡低迴的情致;而每句的音節大抵採用二二一二的句法,以每句四頓的方式組成,雖說節奏很整齊,卻缺少錯綜的變化,故劉勰謂之「宰割辭調,音靡節平」!劉勰並以韶樂、大夏古樂的標準來衡量,認爲〈燕歌行〉等樂府雖然出自於相和歌辭清、平、瑟調的正聲,卻因詩辭不出於哀思,音調非中和之響,而視同淫辭蕩曲的「鄭聲」。蓋劉勰基於先秦兩漢以來逐漸形成重視「樂」與「和」、「德」關係的觀點,頗爲強調音樂的中正平和,與具有社會倫理道德的作用,以「中和」、「奉禮」做爲樂府歌詩的好壞標準[18],故連歷來被詩評家譽爲「非鄴下諸子可及」[19],「開千古妙境」[20]的〈燕歌行〉都被他視爲淫靡之音,劉勰深受樂教的局限也就可見一斑了。至於〈燕歌行〉擺脫柏梁臺聯句詩、張衡〈四愁詩〉因襲《楚辭》的句法,成爲形式完整的第一首七言詩,具有詩歌史上開創性的貢獻,誠如蕭滌非《漢魏六朝樂府文學史》所言:

> 丕對於文學之最大貢獻,乃不在此批評方面,而在其能繼〈郊祀歌〉之後,而完成純粹之七言詩體。其七言〈燕歌行〉二篇,
> 不僅爲樂府產生一新體制,實亦爲吾國詩學界開一新紀元。[21]

而劉勰對此隻字不提,實爲其所未見也。

揆諸《文心雕龍·樂府》篇對曹丕樂府詩歌的評騭,還不及〈才

---

18 見於本人著〈劉勰與民間文學〉,收錄於國立台灣師範大學國文學系主編《文心雕龍國際學術研討會論文集》,頁 357。
19 見於王世貞《藝苑巵言》卷三,錄自《曹操曹丕曹植資料彙編》,頁 60。
20 見於胡應麟《詩藪》內編卷三,錄自《曹操曹丕曹植資料彙編》,頁 62。
21 見於蕭滌非《漢魏六朝樂府文學史》(台北:長安出版社,1981 年)第三編第三章,頁 122。

略篇〉云：「子桓……樂府清越」來得切當！周履靖《騷壇秘語》
卷中云：「魏文帝自然浮俊」，王夫之《薑齋詩話》卷下云：「子
桓精思逸韻」，都可做爲劉勰此語的註解，指曹丕的樂府詩言語清
新，意境悠遠。今其樂府存者有二十首，四、五、六、七言及雜體
詩，各體均備，文辭上受樂府民歌的影響，有敘事化、通俗化的傾
向，內容風格則源自《古詩十九首》的遺風，表現文人對生命現象、
人生無常的感懷，富於含蓄婉轉的情致。如〈艷歌何嘗行〉云：

> 何嘗快獨無憂，但當飲醇酒，炙肥牛。長兄為二千石，中兄被
> 貂裘。小弟雖無官爵，鞍馬駆駆，往來王侯長者遊。但當在王
> 侯殿上，袂獨樗蒲六博，對坐彈棋。男兒居世，各當努力。廳
> 迫日暮，殊不久留。少小相觸抵，寒苦常相隨。忿恚安足諍？
> 吾中道與卿共別離。約身奉事君，禮節不可虧。上慚倉浪之天，
> 下顧黃口小兒。奈何復老心皇皇，獨悲誰能知。

曹丕借舊題，寫時事，道出富家子弟途窮日暮，其妻悲怨之情。其
中如「飲醇酒，炙肥牛」爲《相和歌·西門行》的成句，「長兄爲
二千石」數句，脫化自《相和歌·長安有狹斜行》，「上慚倉浪之
天」兩句，則只稍變《相和歌·東門行》的詞語 [22]，故王夫之《船
山古詩評選》卷一評曰：「序事不入傳記，俳諧不入滑稽口號，古
人幸有此天然樂府詞。」可見由於漢樂府民歌的浸潤，使曹丕樂府
詩有代人敘事、言語清新的特點。又如〈丹霞蔽日行〉云：

> 丹霞蔽日，采虹垂天。谷水潺潺，木落翩翩。孤禽失群，悲鳴
> 雲間。月盈則沖，華不再繁。古來有之，嗟我何言。

黃節《魏文帝詩注》以爲「此詩取古辭『讒邪害公正』、『浮雲蔽

---

22 《相和歌·西門行》見於郭茂倩《樂府詩集》（台北：里仁書局，1980 年），頁 549。
《相和歌·長安有狹斜行》見於同集，頁 514。《相和歌·東門行》見於同集，頁
550。

白日』而作，意亦效之」[23]。作者由自然現象，引發人生無常的感慨，於漫漫的時間長河中，有所醒豁，讀來餘韻無窮。陳祚明曾以「淡逸處彌佳」[24]，來形容曹丕樂府的清淡悠遠，寄意深長，與劉勰論曹丕「樂府清越」有異曲同工之妙。

二、妙善辭賦

魏晉文風沿襲漢賦的盛況，辭賦仍然是詩歌之外的另一主要文學形式，曹丕對辭賦亦很重視。有〈答卞蘭教〉云：「賦者，言事類之所附也，……故作者不虛其辭，受者必當其實」，並為卞蘭寫賦贊述太子美德，賜牛一頭；又於《典論·論文》中提出「詩賦欲麗」的觀點，評論建安諸子，謂「王粲長於辭賦，徐幹時有齊氣，然粲之匹也。如粲之〈初征〉、〈登樓〉、〈槐賦〉、〈征思〉、幹之〈玄猿〉、〈漏卮〉、〈圓扇〉、〈橘賦〉，雖張、蔡不過也」，也以辭賦為主。不但如此，《文心雕龍·時序》篇說「文帝以副君之重，妙善辭賦」，可見曹丕的辭賦亦頗可觀；而由曹丕賦作近三十篇，絕大部分為鄴城時期所作，也與〈時序〉的說法相吻合（曹丕稱帝後，即定都洛陽）。今觀其辭賦眾作，或敘事抒情，如〈浮淮賦〉，描述威武軍勢，抒發同仇敵愾之情，〈感物賦〉由諸蔗已衰，悟出世事興廢的無常，〈寡婦賦〉敘阮瑀之逝，其妻悲苦之情，〈校獵賦〉寫隨父出獵，豐收慶功的歡娛等；或寫景詠物，如〈登臺賦〉描繪銅雀臺的壯觀，及登臺所見的美景，〈柳賦〉歌頌柳樹的美姿與貞德等。茲舉〈滄海賦〉為例：

美百川之獨宗，壯滄海之威神。經扶桑而遐逝，跨天涯而托身。驚濤暴駭，騰聊澎湃。鏗訇隱磷，涌沸凌邁。於是黿鼉漸離，

---

23 見於黃節註《魏文武明帝詩註》（台北：藝文印書館，1977 年），頁 16。
24 見於陳祚明《采菽堂古詩選》卷五。

泛濫淫游。鴻鸞孔鵠，哀鳴相求。揚鱗濯翼，載沈載浮。仰啑
芳芝，俯㰱清流。巨魚橫奔，厥勢吞舟。爾乃釣大貝，采明珠，
搴懸黎，收武夫。窺大麓之潛林，睹搖木之羅生。上蹇產以交
錯，下來風之冷冷。振綠葉以葳蕤，吐芬葩而揚榮。

顯然曹丕的賦篇幅短小，描寫精鍊集中，少有鋪張揚厲，堆砌誇飾
之語，且形容生動真切，為其特色；尤其曹丕辭賦內容大抵仍以抒
情賦為主，悱惻有風致，為其擅長；有些作品並能反映社會現實，
表現「世積亂離，風衰俗怨」的時代背景，可說是漢賦的轉變，建
安辭賦的典型。劉勰說文帝「妙善辭賦」，正是恰如其分的批評。
只是與建安其他賦家相比較，「仲宣靡密，發篇必遒」、「偉長博
通，時逢壯采」[25]，王粲、徐幹之賦，實較曹丕更能突顯建安遒壯健
勁的時代特徵。觀摯虞《文章流別論》對曹丕、陳琳、王粲、應瑒、
劉楨等人同題賦作的比較：

> 建安中，魏文帝從武帝出獵，命陳琳、王粲、應瑒、劉楨並作。
> 琳為〈武獵〉、粲為〈羽獵〉、瑒為〈西狩〉、楨為〈大閱〉。
> 凡此各有所長，粲其最也。[26]

眾家之賦，以王粲為魁；曹丕《典論·論文》亦言：「王粲長於辭
賦，徐幹時有齊氣，然粲之匹也」，即已透顯王粲、徐幹被劉勰譽
為「魏晉賦首」之消息[27]。而值得深思的是，「魏晉賦首」的背後，
卻與曹丕以世子之尊，積極推動建安時期抒情小賦的繁盛有關，如
王粲的〈寡婦賦〉、〈槐樹賦〉、〈柳賦〉、〈鶯賦〉、〈羽獵賦〉、
〈迷迭賦〉、〈瑪瑙勒賦〉、〈車渠椀賦〉，陳琳的〈武獵賦〉、

---

25 見於《文心雕龍·詮賦》。
26 見於《古文苑》（長沙：商務印書館，1939 年）卷七王粲〈羽獵賦〉章樵注引《文
　章流別論》，頁 169。
27 見於本人著〈文心雕龍論王粲〉，收錄於《空大人文學報》第九期（台北：國立空
　中大學，2000 年），頁 49。

〈瑪瑙勒賦〉、〈車渠椀賦〉，應瑒的〈西狩賦〉、〈迷迭賦〉，劉楨的〈大閱賦〉，徐幹的〈車渠椀賦〉，丁廙的〈寡婦賦〉，皆承曹丕之命，唱和酬答而作，顯見曹丕對魏賦的創作之多，作家之眾，實有推波助瀾的作用，劉勰於〈時序〉篇云：「文帝以副君之重，妙善辭賦，……並體貌英逸，故俊才雲蒸」，雖僅數筆勾勒，卻已精要道出建安小賦蓬勃發展的成因，洵為有識之見。

三、詔令辭義多偉

「詔策」為古代帝王對臣民的告語，又有「命」、「令」、「制」等異名。魏晉詔令，盛極一時，也與曹丕關係密切。《文心雕龍·詔策》篇云：

> 建安之末，文理代興，潘勗〈九錫〉，典雅逸群；衛覬〈禪誥〉，符采炳耀，弗可加已。自魏晉誥策，職在中書，劉放張華，並管斯任，施令發號，洋洋盈耳。魏文帝下詔，辭義多偉，至於作威作福，其萬慮之一弊乎！

謂建安末年，重視詔策的風氣興起，曹操九錫冊命，由潘勗所作，典贍雅飭；所作獻帝諸禪誥，則出自衛覬之手，文采斑斕，顯見六朝以下，詔策亦有文尚華麗的趨勢；尤其自魏文帝改秘書令為中書，置監令，三祖的命詔，多中書監劉放所為，更是文辭美盛可觀。本文中，劉勰除了陳述曹丕與詔策文體興盛變遷的關係，並對曹丕的詔令文字，有所臧否。查考曹丕自稱帝後，所頒的詔令近百篇，大抵而言，足以表徵其為舊式明君的典型[28]。尤足稱道者，如黃初三年，杜絕后室宦官弄權的〈禁婦人與政詔〉：

> 夫婦人與政，亂之本也。自今以後，群臣不得奏事太后，后族

---

28 見於郭沫若《歷史人物·論曹植》，收於《郭沫若全集》（北京：人民出版社，1982年）歷史編第四卷，頁126。

之家不得當輔政之任，又不得橫受茅土之爵；以此詔傳後世，
若有違背，天下共誅之。

同年又頒〈取士勿限年詔〉，選拔賢德之士：

今之計考，古之貢士也。十室之邑，必有忠信。若限年然後取
士，是呂尚、周晉不顯於前世也。其令郡國所選，勿拘老幼，
儒通經術，吏達文法，到皆試用。有司糾故不以實者。

並對長年苦於征戰世亂的庶民，予以休養生息，於黃初四年先頒〈禁
復私仇詔〉：

喪亂以來，兵革縱橫，天下之人，多相殘害者。……今兵戎始
息，宇內初定，民之存者，非流亡之孤，則鋒刃之餘。當相親
愛，養老長幼。自今以后，宿有仇怨者，皆不得相仇，敢有復
私仇者，皆族之。

黃初五年，繼頒〈議輕刑詔〉，避免苛政擾民：

近之不綏，何遠之懷？今事多而民少，上下相弊以文法，百姓
無所措其手足。昔太山之哭者，以為苛政甚於猛虎，吾備儒者
之風，服聖人之遺教，豈可以目玩其辭，行違其戒者哉？廣議
輕刑，以惠百姓。

曹丕〈禁婦人與政詔〉，禁絕了東漢末年以來外戚宦官的專權為禍；
〈取士勿限年詔〉，改變了曹操「唯才是舉」的做法，以才德兼備
為取士的標準；〈禁復私仇詔〉、〈議輕刑詔〉，則禁武暴，行仁
政，使流離百姓獲安，皆為魏文帝切中時弊的重要為政措施。張溥
《魏文帝集・題辭》云：「魏王帝業無足稱，惟令宦人為官，不得
過諸署令；詔群臣家不得奏事太后，后族家不得常輔政任，石室金
策，可寶萬世」[29]，便讚美曹丕的詔令，足以開創新頁，流聲史傳；

---

29 引自張溥撰《漢魏六朝百三家集題辭・魏文帝集》，頁67。

而劉勰稱許曹丕的詔文「辭義多偉」，不亦宜乎！只是美中不足者，曹丕有〈詔征南將軍夏侯尚〉一篇云：

> 卿腹心重將，特當任使。恩施足死，惠愛可懷。作威作福，殺人活人。

文中曹丕自認可以隨意施威降福，操生殺權柄；蓋魏文因與夏侯尚友善，曾為布衣之交，故乃出此不遜之言。此詔後為夏侯尚交給蔣濟看，蔣濟對文帝說「但見亡國之語耳」，曹丕於是追回詔令 30；劉勰所謂「至於『作威作福』，其萬慮之一弊乎！」即指曹丕本詔之措辭不當。其實，所以如此者，實與曹丕之行事風格有關。觀王粲好驢鳴，後卒，文帝臨其喪，遂命同遊各作一聲驢鳴以送之 31；及借取劉楨廓落帶時，魏文因書嘲劉楨說：「夫人因物為貴。故在賤者之手，不御至尊之側。今雖取之，勿嫌其不反也」32，皆與「作威作福」之戲語如出一轍，乃曹丕慕老莊，個性放達之一面有以致之。

四、其他文體作品

《文心雕龍·銘箴》篇曾評論曹丕的銘文云：「魏文九寶，器利辭鈍」，所謂「九寶」，指曹丕命良工所鑄之兵器，有劍三、刀三、匕首二、露陌刀一，見於《典論·劍銘》。銘辭曰：

> 惟建安廿有四載二月甲午，魏太子丕造百辟寶劍三。其一長四尺二寸，重一斤十有五兩，淬以清漳，屬以磁碣，飾以文玉，表以通犀，光似流星，名曰飛景。其二名流采，色似彩虹，長四尺二寸，重一斤十有四兩。魏太子丕造百辟寶刀三。其一長四尺三寸六分，重三斤六兩，文似靈龜，名曰靈寶。其二采似丹霞，名曰含章。長四尺三寸三分，重三斤十兩。其三鋒似霜，

---

30 見於《三國志·魏書》卷十四〈蔣濟傳〉，頁451。
31 見於《世說新語箋疏·傷逝第十七》，頁636。
32 見於《三國志·魏書》卷二十一〈王粲傳〉引《典略》，頁601。

刀身劍鋏，名曰素質。長四尺三寸，重二斤九兩。魏太子造百

辟匕首二。其一理似堅冰，名曰清剛。其二曜似朝日，名曰揚

文。又造百辟露陌刀一，長三尺二寸，狀如龍文，名曰龍鱗。

曹丕縷述九寶之形製、重量、名稱等，辭義平實呆滯，雖能符合銘

體「取事也必覈以辨」的寫作要領，卻有違「摛文也必簡而深」之

體則；茲以本文與曹植〈寶刀銘〉相比較：

造茲寶刀，既礱既礪。匪以尚武，予身是衛。麟角是觸，鷙距

匪蹶。

無論就寶刀作用、形製特徵的描寫，曹植之作都要深刻、鮮活許多，

也更能體現銘辭「義典則弘，文約為美」的特色。劉勰以「器利辭

鈍」，反諷曹丕的〈劍銘〉，真是形容貼切。

自漢末建安以來，有關諧笑的作品頗多，《文心雕龍·諧讔》篇

云：「懿文之士，未免枉轡。潘岳〈醜婦〉之屬，束皙〈賣餅〉之

類，尤而效之，蓋以百數」，即說明當時諧辭風行的盛況；同篇並

指「至魏文因俳說以著《笑書》，薛綜憑宴會而發嘲調，雖抃笑衽

席，而無益時用矣」，據范文瀾注云：

《魏志·文帝紀》未言其著《笑書》，裴松之注最為富博，亦

未言及，《隋志》不著錄，諸類書亦無引之者，未知何故。魏

文同時有邯鄲淳，撰《笑林》三卷。（《隋唐志》同）馬國翰

輯得一卷。……魏文《笑書》，當此類也。

范注雖疑魏文著《笑書》之事，史籍無任何記載，卻仍將其歸為與

邯鄲淳《笑林》一類，為小說家書。然王利器《文心雕龍新書·諧

讔》篇云：

『文』原作『大』，黃注本改。……疑『大』為『人』字之誤，

指魏人邯鄲淳之《笑林》也。[33]

王氏認爲「魏文因俳說以著笑書」，應爲「魏人」（邯鄲淳）之誤，其說可信。今查《隋書‧經籍志》，曹丕著《笑書》固已不可考，而《隋志》云：「《列異傳》三卷，魏文帝撰」[34]，以《列異傳》之志怪小說，爲曹丕所作。《後漢書注》、《初學記》所引《列異傳》文，也都標明魏文帝撰。由於作者存疑，或以爲託名曹丕所作，故〈諧讔〉篇亦未提及。

〈諧讔〉篇並述及魏代以來，君子喜好隱語，而產生「謎語」的新文體，又說：「至魏文、陳思，約而密之；高貴鄉公，博舉品物；雖有小巧，用乖遠大」，指曹丕、曹植、曹髦都作謎語，或精練周密，或泛舉衆物；只是謎語做爲戲謔滑稽的遊戲之作，畢竟不合劉勰「頗益諷誡」之旨要。按曹丕等人之謎語，今雖皆無可考，然可藉以得知劉勰對謎語起源、作品、作法的關切，並將之納入正式文體，足徵其對民間文學並未忽視[35]。

第三節　評述文學觀點

曹丕的文學觀點，主要見於《典論‧論文》、〈又與吳質書〉、〈與王朗書〉等；其中論題最廣，成就最著者，莫過於《典論‧論文》，表述的文學觀點，涵蓋作家個性與文學作品的關係、文體的分類與風格、文學批評的陋習與正確的態度、文章的價值等，是我國最早的一篇論文的專著。《四庫全書總目》曾云：「建安黃初，體裁漸備，故論文之說出焉，《典論》其首也」[36]，意味著當時文學

33 見於王利器校箋《文心雕龍新書》（台北：宏業書局，1983年），頁44。
34 見於《隋書》卷三十三〈經籍志〉，頁980。
35 同18，頁360。
36 見於《四庫全書總目》（台北：商務印書館，1986年）卷一九五，頁1上。

創作的鬱然興盛，促成《典論·論文》的問世，也帶動了文學批評的新風氣，而討論的課題，如作者才性、文體風格，成為六朝文論的主要議題；探討文學自身的價值，也觸發了文學自覺的精神，不僅是我國文學理論批評史上重要的里程碑，並對後來文論的推進影響深遠。對於曹丕在文論方面的見解，劉勰亦相當重視，不但文術、文評各篇，多次援引曹丕的論文觀點，並舉隅反三，提出更周延的文學理論。

一、文氣說

劉勰曾於《文心雕龍·風骨》篇，徵引曹丕《典論·論文》的「文以氣為主」的觀點，藉以說明作家內在個性氣稟，與作品的關係，文云：

> 昔潘勗錫魏，思摹經典，群才韜筆，乃其骨髓峻也；相如賦仙，氣號凌雲，蔚為辭宗，乃其風力遒也。能鑒斯要，可以定文；茲術或違，無務繁采。故魏文稱：「文以氣為主，氣之清濁有體，不可力強而致。」

劉勰認為好的作品，應具備「骨髓峻」、「風力遒」的條件，也就是能以堅實的結構和精練的文辭為骨幹，以動人的情致，形成有力的感發力量。例如潘勗的〈冊魏公九錫文〉，取法於《尚書》，敘事簡要，文辭質樸勁健，劉勰認為是「骨髓峻」的佳作；司馬相如的〈大人賦〉，使漢武帝讀後，飄飄然有凌雲之志，足見其感人之深，被劉勰舉為「風力遒」的代表；這些作品，劉勰認為都是作者個性、氣稟的外在流露，故引用「魏文稱：『文以氣為主』」，據以說明氣與「風骨」的關係。按作家的情性為作品的原動力，成功的作品，皆情性之所出，亦即氣之所貫注，乃能骨與采圓，風與辭

練 37，是以《南齊書·文學傳論》云：「文章者，蓋情性之風標，神明之律呂也」38，黃叔琳評《文心雕龍》亦云：「氣是風骨之本」39，皆可證明作者的性氣爲立言之本。〈風骨〉篇接著又引述曹丕「氣之清濁有體，不可力強而致」的說法，此說見於曹丕《典論·論文》：

> 文以氣爲主，氣之清濁有體，不可力強而致；譬諸音樂，曲度雖均，節奏同檢，至於引氣不齊，巧拙有素，雖在父兄，不能以移子弟。

曹丕認爲作家的氣稟，清濁有別，爲與生俱來，無法轉移，他並以音樂爲例，說明音樂的節拍曲度雖然有定，而由於彈奏者的引氣不同，技藝有別，便有不同的樂曲表現。基本上，劉勰完全認同曹丕的文氣先天，影響作品表現的說法，故〈總術〉篇亦云：「魏文比篇章於音樂，蓋有徵矣」，對曹丕首度由生理之氣反省到文學作品的個性、藝術性深表肯定。

除此以外，劉勰還引用曹丕對建安七子的評述，以建安文人重氣爲例，說明建安作家的氣質與其作品的風格表裡一致，〈風骨〉篇云：

> 故其論孔融，則云「體氣高妙」；論徐幹，則云「時有齊氣」；論劉楨，則云「有逸氣」；公幹亦云：「孔氏卓卓，信含異氣，筆墨之性，殆不可勝」，並重氣之旨也。

曹丕對建安七子的評論，散見於《典論·論文》、〈又與吳質書〉，認爲孔融不論情性或作品，都能「體氣高妙」；徐幹爲人恬淡從容，故其文舒緩；劉楨才情高妙，爲文亦有逸放之氣 40，在此劉勰不但

---

37 參徐復觀〈中國文學中的氣的問題〉，收錄於《中國文學論集》（台北：台灣學生書局，1982 年），頁 333。
38 見於《南齊書》卷五二〈文學傳論〉，頁 907。
39 引自黃侃《文心雕龍札記·風骨》，頁 103。
40 《文心雕龍·才略》篇說孔融「氣盛於爲筆」，〈章表〉篇說「文舉之〈薦彌衡〉，氣揚采飛」，劉楨論孔融，亦稱其「卓卓」，說其「信含異氣」，皆指孔融體氣高

全數引用曹丕的成說，借以說明作家的個性，體現於作品之中，呈現出不同的特色；甚至在〈才略〉、〈章表〉篇也多據曹丕之見做為評論建安作家的張本。

　　劉勰的風骨論，發揮曹丕的文氣說，並以建安作家為例，說明作家情性與作品風格，乃因內符外的關係，且認同氣乃與生俱來，不可外移的說法，此皆與曹丕的論文觀點互為呼應；惟劉勰又另有開展發明，例如表明氣為風骨之本，建立其風骨的論旨，即言前人所未言；而〈體性〉篇云：

> 然才有庸儁，氣有剛柔，學有淺深，習有雅鄭，並情性所鑠，陶染所凝，是以筆區雲譎，文苑波詭者矣。故辭理庸儁，莫能翻其才；風趣剛柔，寧或改其氣；事義淺深，未聞乖其學；體式雅鄭，鮮有反其習；各師成心，其異如面。

劉勰以曹丕的文氣說為基礎，擴充為才、氣、學、習四項，才氣為「情性所鑠」，指先天稟賦；學習為「陶染所凝」，乃後天努力，為影響作品風格的成因。劉勰以「氣有剛柔」，取代曹丕的「氣有清濁」，更能顯示人的氣稟不同，而無高下優劣之分，較接近氣的本質；所延伸出來的情性說，也較曹丕的「文以氣為主」周延，更能顯現文章寫作的根源，與作家的創作個性；至於揭櫫才氣學習與作品風格的關係，更是突顯後天的可為性，寫作不再只是天才創造說，只要「摹體以定習，因性以練才」，文之司南在其中矣，這對有心創作的人而言，真是莫大的鼓舞！至於〈神思篇〉「方其搦翰，氣倍辭前，暨乎篇成，半折心始」，〈情采〉篇「文質附乎性情」，〈聲律〉篇「聲含宮商，肇自血氣，先王因之，以制樂歌」，〈章

妙。曹丕評徐幹時有齊氣，李善注曰：「言齊俗文體舒緩，而徐幹亦有斯累」。《文心雕龍‧才略》篇說「劉楨情高以會采」，《詩品》亦評劉楨「仗氣愛奇，動多振絕」，大致可見其逸放之氣。

句〉篇「若乃改韻從調，所以節文辭氣」，無論是探討寫作的想像力、文辭的本質、及音律的用韻節奏等方面，皆可見劉勰對文氣論的擴充與延伸。

二、作家德行與文學批評

文學活動既然與作家的情志個性息息相關，從事文學批評，自然也不能忽略作家的鑑賞態度，與德行的具備。劉勰於〈知音〉、〈程器〉篇論及相關問題時，均曾祖述曹丕的文學觀點。〈知音〉篇云：

> 知音其難哉！音實難知，知實難逢，逢其知音，千載其一乎！夫古來知音，多賤同而思古，所謂「日進前而不御，遙聞聲而相思」也。昔〈儲說〉始出，〈子虛〉初成，秦皇漢武，恨不同時；既同時矣，則韓囚而馬輕，豈不明鑒同時之賤哉！至於班固傅毅，文在伯仲，而固嗤毅云：「下筆不能自休」。及陳思論才，亦深排孔璋，敬禮請潤色，歎以為美談；季緒好詆訶，方之於田巴，意亦見矣。故魏文稱：「文人相輕」，非虛談也。至如君卿脣舌，而謬欲論文，乃稱：「史遷著書，諮東方朔！」於是桓譚之徒，相顧嗤笑。……故鑒照洞明，而貴古賤今者，二主是也；才實鴻懿，而崇己抑人者，班、曹是也；學不逮文，而信偽迷真者，樓護是也。

劉勰所以綜古貫今，舉例再三，旨在說明「知實難逢」。知音所以難逢，其因在於鑑賞批評者的態度有偏差：或貴古賤今，向聲背實，如秦始皇、漢武帝之對待韓非、司馬相如；或文人相輕，崇己抑人，如班固嗤笑傅毅、曹植贊美丁廙、譏評田巴；或信偽迷真，學淺妄論，如樓護之賣弄脣舌。其中引述曹丕「文人相輕」的說法，見於《典論·論文》：

> 文人相輕，自古而然，傅毅之於班固，伯仲之間耳，而固小之。

與弟超書曰：「武仲以能屬文為蘭臺令史，下筆不能自休。」
夫人善於自見，而文非一體，鮮能備善，是以各以所長，相輕
所短。里語曰：「家有敝帚，享之千金」，斯不自見之患也。……
蓋君子審己以度人，故能免於斯累。……常人貴遠賤近，向聲
背實，又患闇於自見，謂己為賢。

曹丕以班固譏誚傅毅為例，證明「文人相輕」，自古皆然！其說被
劉勰甄採，藉以說明「知實難逢」的原因；而曹丕反對「貴遠賤近，
向聲背實」，「闇於自見，謂己為賢」的批評態度，亦暗與劉勰桴
鼓相應，對劉勰〈知音〉的成篇不乏啟發作用。只是劉勰更能旁徵
博引，建立其系統完備的文學鑑賞理論。〈程器〉篇又云：

近代辭人，務華棄實，故魏文以為：「古今文人，類不護細行。」

一方面劉勰採用曹丕「古今文人，類不護細行」的說法，認為如「相
如竊妻而受金，揚雄嗜酒而少算，敬通之不修廉隅，杜篤之請求無
厭」等，皆品德有瑕疵之士；一方面又舉「屈賈之忠貞，鄒枚之機
覺，黃香之淳篤，徐幹之沈默」為例，說明文人中也不乏操守貞正
之士，按曹丕〈與吳質書〉云：

觀古今文人，類不護細行，鮮能以名節自立。而偉長獨懷文抱
質，恬淡寡欲，有箕山之志，可謂彬彬君子矣。

曹丕稱讚「偉長獨懷文抱質，恬淡寡欲」，即〈程器〉篇「徐幹之
沈默」之所本，可見劉勰對作家的德行，不論正面與負面的批評，
皆曾援述曹丕的舊說。

三、文章的地位與功用

　　〈程器〉篇中，劉勰不只是對作家的行誼做消極的批評，尚有積
極的建議：

是以君子藏器，待時而動。發揮事業，固宜蓄素以弸中，散采

> 以彪外，梗枏其質，豫章其幹；摛文必在緯軍國，負重必在任
> 棟梁；窮則獨善以垂文，達則奉時以騁績，若此文人，應梓材
> 之士矣。

劉勰對作家的期許，是能獨善其身，也能兼善天下；能垂文於金石，
也能效命軍國，建功立業，亦即所謂「貴器用而兼文采」，乃對內
具備才具器量，對外能經世致用，而且寫作詩文，富有文采的梓材
之士。《文心雕龍·序志》篇又云：「君子處世，樹德建言」，可
見劉勰亦以文行兼善，做為自己立身處世的目標。劉勰這番體認，
實乃曹丕《典論·論文》：「蓋文章乃經國之大業，不朽之盛事」
思想的延續，他們都胸懷鴻願，以「安有丈夫學文，而不達於政事
哉」為職志 [41]；尤其具有時代意義的是，以文章與事功並肩，則突
顯他們對文章地位與作用的重視，魯迅曾說「曹丕的一個時代，可
說是文學的自覺時代，或如近代所說，是為藝術而藝術的一派」[42]，
文學要有益於世用，且注重文學作品本身形式、藝術的價值，可說
是曹丕、劉勰的共同體認。

四、魏典密而不周

《文心雕龍·序志》篇裡，劉勰曾對前代文論的得失，有所評述：
> 詳觀近代之論文者多矣，魏文述《典》，陳思序〈書〉，應瑒
> 〈文論〉，陸機〈文賦〉，仲治《流別》，宏範《翰林》，各
> 照隅隙，鮮觀衢路，或臧否當時之才，或銓品前修之文，或汎
> 舉雅俗之旨，或撮舉篇章之意。魏《典》密而不周，………。

所謂「魏《典》密而不周」，意指《典論·論文》與前代文論「各
照隅隙，鮮觀衢路」，雖論理細密而不周備。事實上，劉勰受到曹

---

41 見於《文心雕龍·程器》。
42 引自魯迅〈魏晉風度及文章與藥及酒之關係〉，收錄於《魯迅全集·而已集》，頁
   501。

丕《典論・論文》的啓發，在分篇設體時，將兩體相近者合論[43]；論述文氣論、文士批評的態度、及文學的價值等方面，也多采撦曹丕《典論・論文》的觀點，所謂「《典論》辯要」[44]，即代表劉勰對《典論・論文》的認同與肯定；但同時，他也看到《典論・論文》零星片斷，不夠深入周密的缺點，是以劉勰吐納故新，恢宏格局，文體論方面，將文體類聚群分，多達一百八十類，探討文體的起源、性質、代表作家與作品、及文體的作法；文術論方面，以文氣論的基礎，推衍出與神思、風骨、情采、體性、聲律、章句的依存關係，更開拓了才氣學習的思考領域，使影響文章風格的內在因素更為周延，而以情性做為文學的根源，緣情觀更蔚為六朝文論的主流；文學評論方面，則從曹丕文人相輕、不護細行的片斷的觀點出發，系統地開展出三項鑑賞批評的避忌：「貴古賤今」、「崇己抑人」、「信偽迷真」，及「器用」、「文采」兼顧的理論，是知劉勰評論魏《典》「密而不周」者，非隨口雌黃，而實乃探本之論。

第四節　對曹丕之評價

劉勰批評歷代作家，特重他們的才性學識，評賈誼「才穎，陵軼飛兔」如此，論曹丕亦然。〈才略〉篇云：

> 魏文之才，洋洋清綺，舊談抑之，謂去植千里，然子建思捷而才儁，詩麗而表逸；子桓慮詳而力緩，故不競於先鳴。而樂府清越，《典論》辯要，迭用短長，亦無懵焉。但俗情抑揚，雷同一響，遂令文帝以位尊減才，思王以勢窘益價，未為篤論也。

形容魏文的才性與作品的關係為「洋洋清綺」，「慮詳而力緩，故

43　見於王師更生著《文心雕龍新論》，頁25。
44　見於《文心雕龍・才略》。

不競於先鳴」。劉勰認為曹丕其人才思美善，文采清麗，參覈〈樂
府〉篇亦有「魏之三祖，氣爽才麗」之說，足見魏武以氣質爽朗取
勝，而魏文則以才情清麗見長 45。由《詩品》對丕詩的評語：「所
計百餘篇，率皆鄙質如偶語。惟〈西北有浮雲〉十餘首，殊美贍可
翫，始見其工矣」，《漢魏六朝賦家論略》論丕賦之特色：「子桓
洋洋清綺，下筆成章，賦篇三十，或短或長，咸美贍可玩」46，及曹
丕的書信如〈與吳質書〉云：「方今蕤賓紀時，景風扇物，天氣和
暖，眾果具繁，時駕而游，北遵河曲，從者鳴笳以啟路，文學託乘
以後車，節同時異，物是人非，我勞如何」、〈又與吳質書〉云：
「以犬羊之質，服虎豹之文；無眾星之明，假日月之光！動見瞻觀，
何時易乎？恐永不復得為昔日遊也」，所流露的淡雅清麗的語言，
顯示「（曹丕）的筆調是清新而俊逸的，他的感情是深遠而雅淡的」
47，故劉勰評曹丕為「洋洋清綺」，確能表現他清淡中不失雅麗的特
質。才性特質不同，文思自有遲速之別。與曹植「思捷而才儁」相
較，曹丕顯得「慮詳而力緩，故不競於先鳴」。劉勰此說，應與曹
氏兄弟作〈登臺賦〉時的表現有關，據《魏書‧陳思王植傳》云：

> 時鄴銅爵臺新成，太祖悉將諸子登臺，使各為賦。植援筆立成，
> 可觀，太祖甚異之。

曹植不但才思敏捷，揮筆即就，他所寫的〈登臺賦〉也較曹丕純粹
寫景來得內涵豐富，氣象恢宏，文采亦較華美斑斕；依劉勰的說法，
此因兩人才力不同，曹丕的詩因思慮精詳，構思較緩，需細加玩味，
而無法一鳴驚人。以〈善哉行〉為例：

---

45 試比較曹操的〈觀滄海〉與曹丕的〈十五〉詩，同為寫景之作，而操詩雄渾，丕詩
　　精細，即可得知。
46 見於何沛雄著《漢魏六朝賦家論略》（台北：台灣學生書局，1986 年），頁 22。
47 見於林文月著〈曹氏兄弟的詩〉，收錄於《中國文學評論》第一冊（台北：聯經出
　　版公司，1977 年），頁 152。

上山采薇，薄暮苦飢。谿谷多風，霜露沾衣。野雉群雊，猿猴
相追。還望故鄉，鬱何壘壘。高山有涯，林木有枝。憂來無方，
人莫之知。人生如寄，多憂何為？今我不樂，歲月如馳。湯湯
川流，中有行舟。隨波轉薄，有似客遊。策我良馬，被我輕裘。
載馳載驅，聊以忘憂。

描寫客行之感，耳觸目接，無非感傷，故謂「憂來無方」，而始見
其憂之深；尤其句末「載馳載驅，聊以忘憂」，更可體會旅人賴驅
馳以排遣難以忘懷之憂。王夫之《船山古詩評選》卷一評云：

　　此篇微風遠韻，映帶人心於哀樂，非子桓其孰得哉？

寓意於言外，需賴細加沈吟玩賞，才能體會個中滋味，此即〈才略〉
篇所謂「子桓慮詳而力緩，故不競於先鳴」，頗能得丕詩旨趣。

　　劉勰次論曹丕創作的特長，以「樂府清越，《典論》辯要」為曹
丕作品的雙璧。按曹丕的樂府詩所以「清越」、《典論》所以「辯
要」，仍與其之才性特質有關。由於慮詳、力緩，使他抒情能深婉
有韻致，論理則能精密思考，兩者互為表裡。而〈才略〉篇謂子建
「詩麗而表逸」，子桓「樂府清越，《典論》辯要」，以「迭用短
長，亦無懵焉」來看待曹丕、曹植不同的文學成就，顯示劉勰能考
慮到作家各有所長，互有所短，而不妄語高下優劣，無疑是很客觀
的評論。

　　結尾，劉勰以作家的際遇不同：「文帝以位尊減才，思王以勢窘
益價」，為曹丕在一般的評價中低於曹植而抱不平，所謂「俗情抑
揚，雷同一響」，「未為篤論也」，顯示劉勰對舊談揚陳思而抑文
帝之看法，並不滿意。舊談中最具代表性的為鍾嶸《詩品》，其評
魏陳思王植詩：「其源出於國風，詞采華茂，情兼雅怨，體被文質，
粲溢古今，卓爾不群。嗟乎！陳思之於文章也，譬人倫之有周孔，
鱗羽之有龍鳳。」又評魏文帝詩：「其源出於李陵，頗有仲宣之體

則，所計百許篇，率皆鄙質如偶語；惟有『西北有浮雲』十餘首，殊美贍可翫，始見其工矣。」以言語質樸列曹丕為中品，曹植文質彬彬被選為上品。惟劉勰認為俗情乃基於同情政治弱者的緣故，致使曹丕評價不及曹植。其實，就創作環境而言，曹丕稱帝後，治國用兵事繁，使其文學性作品減少，宣達政令的詔策增多，具有代表性的詩賦文章，多完成於建安時期，則九五至尊對曹丕的文學創作及成就確有影響；就《文心雕龍》全書而觀，儘管曹氏兄弟的文學表現各有短長，但相較於對曹丕的評價，劉勰論曹植之詩云：「兼善則子建、仲宣」，論聲律云：「陳思潘岳，吹籥之調也」，論才性云：「陳思，群才之英也」，論文章云：「陳思之文，群才之俊也」，顯然劉勰對曹植的評語還是略高一籌，基本上與「俗情抑揚」，並無二致。雖然如此，劉勰此番為曹丕辯難的文字，已激起迴響，至明清仍嗣音不絕，認為子桓不及子建的，如明人徐禎卿《談藝錄》云：「曹丕資近美媛，遠不逮植」[48]，清人丁晏《曹集詮評》云：「子建忠君愛國，立德立言，即文才風骨，亦迥非子桓所及。舊說謂去植千里，真篤論也。彥和以丕植並稱，此文士識見之陋」[49]；為曹丕抱屈的，如明人王世貞《藝苑卮言》：「吾覽鍾記室《詩品》，……至魏文不列乎上，曹公屈第乎下，尤為不公，少損連城之價。」[50]清人王夫之《薑齋詩話》亦云：「曹子建鋪排整飾，立階級以賺人升堂，用此致諸趨赴之客，容易成名，伸紙揮毫，雷同一律。子桓精思逸韻，以絕人攀躋，故人不樂從，反為所掩。子建以是壓倒阿兄，奪其名譽。實則子桓天才駿發，豈子建所能壓倒耶？」[51]曹氏兄弟文學成就的評比，已然成為文學上的重要論題。

---

48 收於《四庫全書》（台北：台灣商務印書館，1986年）冊一二六八，頁781。
49 見於丁晏《曹集詮評》（台北：台灣商務印書館，1978年）〈集說〉頁2。
50 見於王世貞《藝苑卮言》卷三，錄自《曹操曹丕曹植資料彙編》，頁60。
51 見於王夫之《薑齋詩話》卷下，引自《曹操曹丕曹植資料彙編》，頁72。

第五節 結 語

綜合而論,《文心雕龍》對曹丕的評述,具有以下三點特色:

一、寄言褒貶 衡文有據

劉勰評論曹丕的作品,概括曹丕在各文體型態上的表現,如詩歌、辭賦、詔令、銘文、笑書、謎語、文學批評等,涵蓋甚廣,大抵可信;而論曹丕樂府清越,「秋風」列篇,音節靡平;稱詔令辭義多偉,而「作威作福」之語,則不免智者一失;觀「九寶」銘文,言辭鈍拙不及寶器之銳利;評所寫謎語,精鍊周密,卻有違諷諫匡正的作用;謂《典論·論文》「文人相輕」,以文氣譬諸音樂之語,皆言而有徵,既贊其「辯要」,又惜其「密而不周」,未能建構理論系統。可見劉勰對於曹丕的評論,褒貶互見,或依據事實,判別優劣,或根據文體寫作體則,抑揚臧否,皆能言出有據,平理若衡。尤可貴者,劉勰評論曹丕,能考慮其才性差異、創作特長、人生際遇之不同,作全面性的評騭,既不妄語高低,也不受對象政治地位的影響,不被俗情定見所囿,評曹丕「慮詳而力緩,故不競於先鳴。而樂府清越,《典論》辯要,迭用短長,亦無懵焉」,「俗情抑揚,雷同一響,遂令文帝以位尊減才,思王以勢窘益價,未為篤論也」,即是證明。在劉勰筆下,對於曹丕文學創作的重視似乎不及其文學理論的建樹,此意味曹丕在文學史上的地位與重心所在,也確和一般對曹丕的評價相同;而將魏文〈燕歌行〉視同韶夏之鄭曲,對於遊戲之作的謎語,責其「用乖遠大」,均可見劉勰重視文學的社會教育的功能,甚至有矯枉過正的現象。

二、全盤宏觀 忽略個別差異

劉勰評論作家,其特長在以宏觀的器識,為一時代的文學把脈,

而能切中代表人物與時會、文風的關係，其論曹丕，即頗能掌握魏文以政治地位的優勢、愛好文學的志趣，對建安文學，尤其是辭賦蓬勃發展的關鍵地位；改設秘書令為中書，以才地俱美者掌贊詔命，亦使詔文獨盛一時。而劉勰論建安之初，五言騰躍，並舉述曹丕等作家，更是權衡至當。惟於〈時序〉篇緊扣「傲岸觴豆之前，雍容衽席之上，灑筆以成酣歌，和墨以藉談笑」代表建安詩文的內容，以「雅好慷慨」，「並志深而筆長，故梗概而多氣」形容建安文人的志意、文學的風格，又於〈明詩〉篇再次重申建安「並憐風月，狎池苑，述恩榮，敘酣宴」的詩歌內涵，「慷慨以任氣，磊落以使才」的人文特質，及「不求纖密之巧」、「唯取昭晰之能」的語言特色，基本上皆與〈時序〉篇互為呼應，代表劉勰對建安文學一貫的主體印象；但此一對時代文學通盤的品評，畢竟是以部分代表全體，無法涵蓋建安文學的全面；對曹丕而言，更無法突顯他詩文的主要內涵與特質。陳祚明《采菽堂古詩選》云：「其源出於《十九首》，淡逸處彌佳。樂府雄壯之調，非其本長」，沈德潛《古詩源》亦云：「子桓詩有文士氣，一變乃父悲壯之習矣，要其便娟婉約，能移人情」，都精要地指出丕詩具有文人氣質，多取材自閭里小事，擅寫游子思婦的情感，情思婉轉悠遠，語言質樸明白。劉勰所標舉的遊宴之作，悲壯勁健的風格，顯然無法代表曹丕。尤其曹丕在建安文學中扮演的轉化的角色，如其七言詩〈燕歌行〉在詩體形式的演進上，有開創性的貢獻；詩文有「詩賦欲麗」的傾向，為六朝文學由質轉文的轉捩點；及曹丕好尚老莊思想，使個人情性的表現，文學本身的價值愈受重視，進而形成六朝的文學風潮等，劉勰皆隻字未提，未予重視。

三、繼承而能創新

　　劉勰重視文學的推陳出新，有〈通變〉一篇，言「名理有常，體必資於故實；通變無方，數必酌於新聲」，專論文學作品的法古變今之理。驗之於他對曹丕文學觀點的因襲與開創，足徵劉勰已實證其「通變」理論。曹丕的文氣說，不僅在《文心雕龍》〈神思〉、〈體性〉、〈風骨〉、〈情采〉、〈聲律〉、〈章句〉等篇，有更豐富、深入的開展與應用，而曹丕對作家行為的批評，如「文人相輕」、「古今文人，類不護細行」，亦為劉勰所本，建立其文學鑒賞理論的系統，與作家「貴器用而兼文采」的標準；劉勰「君子樹德建言」，「摛文必在緯經國」的思想，也在曹丕「文章為經國之大業，不朽之盛事」的基礎上，有進一步的發揮。文學理論上，謂劉勰為曹丕之知音，曹丕為劉勰開先的導師，誠不為過。

第四章　《文心雕龍》論曹植

前　言

　　曹植（西元 192—232 年）天縱英才，情采富麗，其文學表現自當世即牢籠群彥，享有令名美譽，　至今猶被評爲建安時代最傑出、最有代表性，對後世影響深遠的作家[1]。雖然他不欲以翰墨爲勳績，辭賦爲君子，而唐人駱賓王所謂「文苑之羽儀，詩人之龜鑑」[2]，卻是其在歷史上最切當的定位。劉勰對於此一眾所公認的詩文宗師，並未如鍾嶸般給予「人倫之有周孔，鱗羽之有龍鳳」的無與倫比的崇高地位，而綜論各體，寄言褒貶，仍以慧眼獨識，自成一家之言的持平態度加以鑒賞評論。以下便逐一探討其對曹植的評論：

第一節　才思俊捷

　　古今作家之成名，半由於天才，半由於學力，曹植即爲典型。《文心雕龍・才略》篇云：「子建思捷而才儁，詩麗而表逸」，乃言曹植才思駿發，牽動其作品表現。《文心雕龍・神思》篇亦云：「子建援牘如口誦」，再次印證曹植之運思神速。據《魏書・陳思王植傳》云：「太祖嘗視其文，謂植曰：『汝倩人邪？』植跪曰：『言出爲論，下筆成章，顧當面試，奈何倩人？』」時鄴銅爵臺新成，太

---

1 參李景華《三曹詩文賞析集》（成都：巴蜀書社，1988 年），頁 7。
2 引自《駱賓王文集・和道士閨情詩啓》，收於《四部叢刊初編》集部（上海：商務印書館，1936 年) 卷六，頁 23。

祖悉將諸子登臺，使各爲賦。植援筆立成，可觀，太祖甚異之」[3]，及楊脩〈答臨淄侯牋〉云：「又嘗親見執事握牘持筆，有所造作，若成誦在心，借書於手，曾不斯須少留思慮」，一爲其父，一爲其好友，都曾親眼目睹曹植的揮筆即就，則劉勰謂曹植：「援牘如口誦」，確然不疑！惟《文心雕龍·神思》篇又云：「機敏故造次而成功，鑒疑故愈久而致績。難易雖殊，並資博練。若學淺而空遲，才疏而徒速，以斯成器，未之前聞」，認爲屬文如宿構者，倘無廣博的學識，練達的閱歷做爲平日的準備工夫，亦將徒速而無成。而曹植臨文不僅神速，且以工麗著稱[4]，洵爲難得。曹植「年十歲餘，誦讀《詩》、《論》及辭賦數十萬言」[5]，「生乎亂，長乎軍，又數承教於武皇帝，伏見行師用兵之要」[6]，且曾爲邯鄲淳誦讀俳優小說數千言，並與其「評說混元造化之端，品物區別之意，然後論羲皇以來賢聖名臣烈士優劣之差，次頌古今文章賦誄及當官政事宜所先後，又論用武行兵倚伏之勢」[7]，不但博觀群籍，深諳兵法，且評古論今，頗有識見，連邯鄲淳都驚爲「天人」，丁廙也稱讚曹植「博學淵識，文章絕倫」[8]，是知曹植之文思泉湧，固由於自然資質，亦緣於其博學練才有以致之，所謂「才爲盟主，學爲輔佐，主佐合德，文采必霸」，曹植的實例，適足以證明《文心雕龍·事類》篇爲文必須才學兼備的說法。

　　《文心雕龍》書中，雖曾多次述及曹植的才性，如〈才略〉篇云：「子建思捷而才儁」，〈知音〉篇云：「才實鴻懿」，然均語意籠

---

3 見於《三國志·魏書》卷十九〈陳思王植傳〉，頁 557。
4 王世貞《藝苑巵言》評爲「工而速者」，錄自《曹操曹丕曹植資料彙編》，頁 132。
5 同註 3。
6 引自趙幼文校注《曹植集校注·陳審舉表》（台北：明文書局，1985 年），頁 445。本書引曹植作品，以《曹植集校注》爲本，不再一一註明。
7 見於《三國志·魏書》卷二十一〈王粲傳〉附傳引《魏略》，頁 603。
8 見於《三國志·魏書》卷十九〈陳思王植傳〉，頁 562。

統。析而言之，曹植之才資影響其創作表現深遠者，有兩項特質，一爲富艷，一爲雄豪。陳壽評《魏書·陳思王植傳》云：「陳思文才富艷，足以自通後葉，然不能克讓遠防，終致攜隙」，即指出曹植的才藻宏富，華若春葩，其詩文流聲百代；而個性雄豪，常不拘小節，不自彫勵[9]，終致釀成手足失和，請纓無路的悲痛。曹植有〈贈丁廙〉詩亦云：「滔蕩固大節，世俗多所拘」，可見曹植本性具有雄放不羈的一面。正因其英邁的人格特質，發而爲文，才能如《文心雕龍·時序》篇所言：「陳思以公子之豪，下筆琳瑯」，以真情率性，高蹈之志趣，吐辭慷慨，成爲其詩文的重要特色。

第二節　抗揚文業　意緒慷慨

《文心雕龍·時序》篇曾論及曹魏君主、王侯對文學的愛好提倡，使作家輩出，風會遂成：

> 自獻帝播遷，文學蓬轉，建安之末，區宇方輯。魏武以相王之尊，雅愛詩章；文帝以副君之重，妙善辭賦；陳思以公子之豪，下筆琳瑯；並體貌英逸，故俊才雲蒸。仲宣委質於漢南，孔璋歸命於河北，……傲岸觴豆之前，雍容衽席之上，灑筆以成酣歌，和墨以藉談笑。觀其時文，雅好慷慨，良由世積亂離，風衰俗怨，並志深而筆長，故梗概而多氣也。

其中曹植雖未握有政治實權，不能如曹操薈集天下文士，授官封侯，卻與曹丕同以公子之尊，推動建安文學的蔚然興起，甚至與諸文士的關係比曹丕更密切。曹植少小即好爲文章[10]，著有賦、頌、詩、銘、雜論，凡百餘篇[11]，此爲推動文學風氣最基本的條件，《三國

---

9 參同註 8，頁 557。
10 曹植〈與楊德祖書〉云：「僕少小好爲文章，迄至於今二十有五年矣。」
11 見於《三國志·魏書》卷十九〈陳思王植傳〉，頁 576。

志‧魏書‧王衛二劉傅傳》評曰：「昔文帝、陳王，以公子之尊，博好文采，同聲相應，才士並出」[12]，即道出陳思興文，吟詠唱和，鄴下文風盛極一時的情形。曹植與文士的互動，或彼此惺惺相惜，或詩文往還，或交換文學觀點，或爲文哀悼，情感深厚，關係密切。如〈贈王粲〉詩惜仲宣未展抱負，悒鬱不滿，而以「重陰潤萬物，何懼澤不周？誰令君多念，遂使懷百憂」有所勸慰；對於王粲之英年早逝，曹植更是哀痛逾恒，作〈王仲宣誄〉云：「吾與夫子，義貫丹青。好和琴瑟，分過友生。庶幾遐年，攜手同征。如何奄忽，棄我夙零」；〈贈徐幹〉詩則歎偉長懷才不遇，而以「良田無晚歲，膏澤多豐年。亮懷璵璠美，積久德愈宣」勉其待時；〈送應氏〉詩則以「山川阻且遠，別促會日長。願爲比翼鳥，施翮起高翔」表達與應場兄弟分離的摯情；至於〈贈丁儀〉詩則以當時儀居貧賤，無能憐念之者，故贈詩云：「在貴多忘賤，爲恩誰能博」，進而寬慰丁儀「子其寧爾心，親交義不薄」，可見曹植與鄴下作家友善情篤，且不以貧賤忘故交，其待友用心之篤厚，雖曹丕亦不及也，吉川幸次郎於《中國詩史》中便曾提及「友情成爲此後（曹植之後）中國詩中最重要的主題，⋯⋯曹植是最先發現友情對於人生的價值」[13]，其說誠然；眾文士對曹植亦讚佩有加，如陳琳〈答東阿王牋〉稱美曹植：「君侯體高世之才，秉青萍、干將之器，拂鐘無聲，應機立斷，此乃天然異稟，非鑽仰者所庶幾也。音義既遠，清辭妙句，焱絕煥炳，譬猶飛兔流星，超山越海，龍驥所不敢追，況於駑馬，可得齊足？」此語出於一位敢於直陳曹操罪狀之文士，陳琳所言，應非曲意阿諛之詞。楊脩〈答臨淄侯牋〉亦云：「伏想執事不知其然，猥受顧賜，教使刊定。《春秋》之成，莫能損益，《呂氏》、《淮

---

12 引自《三國志‧魏書》卷二十一，頁 629。
13 引自吉川幸次郎著，劉向仁譯《中國詩史》（台北：明文書局，1983 年），頁 151。

南》，字直千金；然而弟子箝口，市人拱手者，聖賢卓犖，固所以殊絕凡庸也」，信中楊脩對曹植的著述讚賞不已，而由曹植率直地嘲笑陳琳的辭賦，並請楊脩改定作品 [14]，更足證曹植與建安作家賓友關係之深厚。

曹植既與鄴下文友交誼深厚，是以彼此時有詩文之唱和酬答，如〈贈王粲〉一詩即酬和之屬，乃擬王粲之詩而作；另如曹植、王粲、阮瑀皆曾作〈三良〉詩；曹植、王粲、陳琳、應瑒、阮瑀均寫〈鸚鵡賦〉；楊脩奉曹植之命作〈鷂鳥賦〉、〈大暑賦〉，陳琳、王粲同作〈大暑賦〉；曹植作〈七啟〉，並命王粲同作；又命劉楨爲賦，促其立成 [15] 等。其間文詠佳會的盛況，曹植〈娛賓賦〉曾有描述：

> 遂行賓而高會兮，丹幃曄以四張。辦中廚之豐膳兮，作齊鄭之妍倡。文人騁其妙說兮，飛輕翰而成章。談在昔之清風兮，總賢聖之紀綱。……聽仁風以忘憂兮，美酒清而肴甘。

文友的會集，或逞思競藻，或騁其妙說，成爲建安一時的風尚。如曹植〈與吳季重書〉云：「夫文章之難，非獨今也，古之君子猶亦病諸！家有千里，驥而不珍焉；人懷盈尺，和氏而無貴矣」，論及創作與鑒賞客觀之困難；〈與楊德祖書〉云：「然今世作者可略而言也：……然此數子猶復不能飛軒絕跡，一舉千里也。……蓋有南威之容，乃可以論於淑媛；有龍泉之利，乃可以議於斷割。……辭賦小道，固未足以揄揚大義，彰示來世也。……豈徒以翰墨爲勳績，辭賦爲君子哉！」談及評彈文章的好壞、鑒賞的條件及文學的地位，進而引發楊脩的駁論，有〈答臨淄侯牋〉覆信曰：「若乃不忘經國之大美，流千載之英聲，銘功景鐘，書名竹帛，此自雅量素所蓄也，

---

14 見於曹植〈與楊德祖書〉。
15 見於《建安七子集·劉公幹集》（台北：文史哲出版社，1990 年）〈瓜賦·序〉，頁198。

豈與文章相妨害哉？」類此討論，自然有助於文學觀念的清晰、進步，文學批評風氣的形成，使文業日益興盛。故而曹植對建安的作家輩出、各種文體的創作，及文學觀念的形成，文學地位的受重視，確有推波助瀾的作用，四者相濟相成，一代文學盛世於焉形成。是知〈時序〉篇所言：「陳思以公子之豪，下筆琳瑯，並體貌英俊，故俊才雲蒸」，確能掌握陳思與群士畢至，文會興榮的因果關係。

《文心雕龍‧時序》篇又云：「觀其時文，雅好慷慨」，以「雅好慷慨」，代表建安的文學好尚，此四字語出曹植《前錄‧自序》：「余少而好賦，其所尚也，雅好慷慨，所著繁多」，用指曹植對辭賦特定風格的喜好。自曹植詩文中亦常見「慷慨」一詞，如〈贈徐幹〉詩云：「慷慨有悲心，興文自成篇」，既借以形容徐幹，也將自己的壯懷失意，形諸言表；又如〈箜篌引〉云：「秦箏何慷慨，齊瑟和且柔」，〈薤露行〉云：「懷此王佐才，慷慨獨不群」，〈雜詩〉之六云：「弦急悲聲發，聆我慷慨言」，〈情詩〉云：「慷慨對嘉賓，悽愴內傷悲」，〈求自試表〉云：「何況巍巍大魏多士之朝，而無慷慨死難之臣乎」，俱以「慷慨」呈顯高昂、雄壯、悲涼之風格，代表壯懷激烈，重義輕死的生命情調。由曹植對「捐軀赴國難，視死忽如歸」的幽并遊俠，辭多嚮往 [16]，對典型的慷慨英雄大司馬曹休「年沒弱冠，志在雄英。……矯矯公侯，不撓其厷。呵叱三軍，躬奮雄戟。足蹴白刃，手按飛鏑。終弭淮南，保我疆場」，表示欽敬 [17]，即可知曹植內在亦有如此的生命情調，再加上當時強敵環峙，統一大業未成，及個人的失志流離，使他不但偏好慷慨雄壯的詩賦，創作的作品也流露此一人格特質。詩歌如〈雜詩〉之六云：「烈士多悲心，小人媮自閒。國讎亮不塞，甘心思喪元」、〈盤

---

16 引自《曹植集校注‧白馬》，頁412。
17 引自《曹植集校注‧大司馬曹休誄》，頁412。

石〉篇云:「常恐沈黃壚,下與黿鱉同。南極蒼梧野,游盼窮九江。中夜指參辰,欲師當定從。仰天長歎息,思想懷故邦。乘桴何所志?吁嗟我孔公」、〈責躬〉詩云:「願蒙矢石,建旗東嶽,庶立毫釐,微功自贖。危軀授命,知足免戾,甘赴江湘,奮戈吳越,天啓其衷,得會京畿,遲奉聖顏,如渴如饑。心之云慕,愴矣其悲」、〈鰕鮖〉詩云:「讎高念皇家,遠懷柔九州。撫劍而雷音,猛氣縱橫浮。汎泊徒嗷嗷,誰知壯士憂」;散文如〈求自試表〉云:「固夫憂國忘家,捐軀濟難,忠臣之志也。今臣居外,非不厚也,而寢不安席,食不遑味者,伏以二方未克為念。……使名掛史筆,事列朝榮,雖身分蜀境,首懸吳闕,猶生之年也」、〈陳審舉表〉云:「願得策馬執鞭,首當塵露,攝風后之奇,接孫吳之要,追慕卜商,起予左右,效命先驅,畢命輪轂。雖無大益,冀有小補。然天高聽遠,情不上通,徒獨望青雲而拊心,仰高天而歎息耳」,均流露曹植的忠悃之性,報國赤忱,及建立永世功業的職志;惟以骨肉恩乖,使其不但不為世用,且六易三遷,顛沛流離,甚至陷於衣食不繼,形有裸露的境地,詩人筆下因而多流露慷慨悲涼之意,時而高歌壯志,氣成虹蜺,時而理想落空,陷入沈憂,可以得知《文心雕龍・時序》篇所謂「志深而筆長,梗概而多氣」,若用指曹植作品的特色,誠然妥切!只是對於曹植而言,「世積亂離,風衰俗怨」,尚不足以成為其詩文「志深而筆長,梗概而多氣」的主要因素,畢竟曹植反映社會民生疾苦的作品並不多,由於身世際遇帶來失志的悲感,才是主因。揆諸曹植「志深筆長,梗概多氣」的詩文,較多出現於生活的後期(黃初元年以後)即可得知。曹植生活的前期,亦即建安年間的鄴下生活,其作品以宴遊、贈答為主調,或描寫景致宴席、或寬慰朋友,如〈贈王粲〉云:

端坐苦愁思,攬衣起西游。樹木發春華,清池激長流。中有孤

鴛鴦，哀鳴求匹儔。我願執此鳥，惜哉無輕舟！欲歸忘古道，
顧望但懷愁。悲風鳴我側，羲和逝不留。重陰潤萬物，何懼澤
不周？誰令君多念，遂使懷百憂。

〈名都〉篇云：

名都多妖女，京城出少年。寶劍直千金，被服麗且鮮。鬥雞東
郊道，走馬長楸間。馳騁未能半，雙兔過我前。攬弓捷鳴鏑，
長驅上南山。左挽因右發，一縱兩禽連。餘巧未及展，仰手接
飛鳶。觀者咸稱善，眾工歸我妍。我歸宴平樂，美酒斗十千。
膾鯉臇胎鰕，炮鱉炙熊蹯。鳴儔嘯匹侶，列坐竟長筵。連翩擊
鞠壤，巧捷惟萬端。白日西南馳，光景不可攀。雲散還城邑，
清晨復來還。

《文選‧六臣注》張銑曾評此詩曰：「刺時人騎射之妙，游騁之樂」
[18]，顯示此時期曹植的作品內容並不寬廣，生活體驗也不深刻，至多
如〈送應氏〉之二云：「清時難屢得，嘉會不可常。天地無終極，
人命若朝霜」，〈公讌〉詩云：「公子愛敬客，終宴不知疲。……
秋蘭被長坂，朱華冒綠池。潛魚躍清波，好鳥鳴高枝。……飄颻放
志意，千秋長若斯」，能體會人生的無常，流露樂往哀來的感傷而
已。謝靈運《擬魏太子鄴中集詩》所言：「平原侯植，公子不及世
事，但美遨遊，然頗有憂生之嗟」[19]，大抵即反映曹植此時期宴飲遊
樂的生活型態，及對人生短暫的憂慮，而鮮少志深筆長，慷慨多氣
之作。

其實，曹植的詩文內容寬廣，有遊宴、贈答、述志、論政、軍事、
遊仙、詠物、詠史、敘事寫情、反映社會等題材；風格多樣，有歡
慶、哀傷、悲婉、豪壯等面貌，於黃初、太和年間的作品，仍屬於

---

18 見於《四部叢刊》（台北：台灣商務印書館，1979年）正編卷二十七，頁514。
19 見於《文選》卷三十《擬魏太子鄴中集詩‧平原侯植序》，頁796。

建安文學的殿最之作，而劉勰獨標舉鄴下時期的遊宴生活，以用志深長，壯采橫飛的內容風格爲建安文學的代表，對曹植而言，僅是片面性的採樣。劉勰所以如此，除了與建安七子多於鄴下期間早逝有關，而「志深筆長，梗概多氣」的作品能呈顯建安文學的剛健氣質，勃發的生命力，既與建安以前不同，亦爲兩晉以後所未有，實爲主因。《文心雕龍・才略》篇云：「晉世文苑，足儷鄴都；……宋來美談，亦以建安爲口實」，《詩品・序》云：「永嘉時，貴黃老，稍尚虛談。於時篇什，理過其辭，淡乎寡味。爰及江表，微波尚傳，孫綽、許詢、桓、庾諸公，詩皆平典似《道德論》，建安風力盡矣」，顯示劉勰、鍾嶸兩大文學批評家均對建安文學深表重視，並有鼓吹遒勁剛健的文風，以挽救宋齊以來文學失之柔靡的用心，《文心雕龍校釋・時序》嘗云：「參以〈風骨〉篇之言，知舍人之志，蓋欲以氣質卓犖之文，一救當世靡麗闒緩之弊」，其言確然！雖云如此，建安作家中，由於子建「其文體貌英逸，梗概而多氣」[20]，「以氣質爲體，並標能擅美，獨映當時」[21]，其散文並爲魏代悲壯派的代表[22]，故劉勰所謂「志深而筆長，梗概而多氣」的建安文學特質，仍以曹植的作品最能代表[23]。

---

20 見於錢基博《中國文學史》（北京：中華書局，1993 年）第三編第四章第二節，頁121。
21 見於《宋書》卷六七〈謝靈運傳〉，頁 1778。
22 見於陳柱《中國散文史》（台北：商務印書館，1965 年）第三章第二節，頁 157：「要而論之，魏代散文，約分爲兩派。一曰悲壯派，此派自魏武開之，陳思繼之，益以富麗；凡王粲、陳琳、吳質之尾隨之，而皆望塵不及者也；凡六朝陸機、徐、庾等尚氣勢者均自此出。二曰淸麗派，此派魏文倡之；凡阮籍、繁欽之徒隨之；凡六朝之潛氣內轉，尚氣韻一派，均從此出」。
23 據統計，曹植志深筆長，梗概多氣的作品，如建安時期的〈贈徐幹〉、〈贈丁廙〉、〈白馬〉、〈雜詩〉（飛觀百餘尺）、〈情詩〉；黃初太和時期的〈盤石〉、〈孟冬〉、〈責躬〉、〈雜詩〉（僕夫早嚴駕）、〈雜詩〉（轉蓬離本根）、〈鰕䱇〉、〈薤露行〉、〈臨觀賦〉、〈求自試表〉、〈陳審舉表〉、〈自試表〉、〈大司馬曹休誄〉等，以後期居多。

第三節　兼長四、五言詩

《文心雕龍·明詩》篇曾兩度論及建安詩歌，一云：

> 暨建安之初，五言騰躍；文帝、陳思，縱轡以騁節；王、徐、
> 應、劉，望路而爭驅。

概述五言詩爲建安詩體的大宗，並列舉文帝、陳思等爲代表詩人。
二云：

> 四言正體，則雅潤爲本；五言流調，則清麗居宗，……兼善則
> 子建、仲宣。

特標子建、仲宣爲四、五言詩兼善之作家。按自東漢以來，迄乎魏
晉，詩人無數，劉勰獨以曹、王入選爲善長四、五言詩之代表，而
兩人均爲建安詩人，由是可見劉勰對建安詩歌之肯定與重視；尤其
他評選曹植五言詩爲鄴下諸子之冠，亦與鍾嶸《詩品·序》云：「陳
思爲建安之傑，公幹、仲宣爲輔」看法相同。

　　盱衡曹植所以被劉勰推崇，列爲四、五言詩兼善之首，實有其故：

一、五言詩數量最多

　　曹植四言詩有九首，篇數不多，然富於《雅》、《頌》之情致，
顏延之《庭誥》曾贊稱：「五言流靡，則劉楨、張華；四言側密，
則張衡、王粲，若夫陳思王，可謂兼之矣」[24]，顯見曹植四言詩以質
密取勝；而建安詩歌流傳至今者，據逯欽立輯校《先秦魏晉南北朝
詩》統計，五言詩約二百五十首，以曹植數量最多 [25]；其詩歌今存
約七十九首（殘脫者不計），五言占有六十七首，逾六分之五 [26]，
曹植實爲建安五言詩的開拓、集大成者。

24　見於《太平御覽》卷五八六，頁 2640。
25　逯欽立輯校《先秦魏晉南北朝詩》（台北：學海書局，1991 年）。
26　據趙幼文《曹植集校注》統計。

二、磊落使才　慷慨任氣

以風格而言，曹植磊落使才，慷慨任氣的特質充分流露於其詩歌。〈明詩〉篇云：

> 並憐風月，狎池苑，述恩榮，敘酣宴，慷慨以任氣，磊落以使才；造懷指事，不求纖密之巧，驅辭逐貌，唯取昭晰之能；此其所同也。

劉勰認為建安五言詩以遊宴的題材，慷慨磊落的風格，顯豁鮮明的用事語言，為共通的特色，此一說法，可與《文心雕龍・時序》篇呼應，應適用於建安五言詩的大家曹植；但以被葉燮《原詩》選為漢、魏壓卷[27]，曹植的名作〈美女〉來看：

> 美女妖且閒，采桑歧路間。柔條紛冉冉，落葉何翩翩。攘袖見素手，皓腕約金環。頭上金爵釵，腰佩翠琅玕。明珠交玉體，珊瑚閒木難。羅衣何飄飄，輕裾隨風還。顧盼遺光采，長嘯氣若蘭。行徒用車駕，休者以忘餐。借問女何居，乃在城南端。青樓臨大路，高門結重關。容華耀朝日，誰不希令顏。媒氏何所營，玉帛不時安。佳人慕高義，求賢良獨難。眾人徒嗷嗷，安知彼所觀？盛年處房室，中夜起長歎。

全詩借由排比的對偶「攘袖見素手，皓腕約金環。頭上金爵釵，腰佩翠琅玕。明珠交玉體，珊瑚閒木難。羅衣何飄飄，輕裾隨風還」、「顧盼遺光采，長嘯氣若蘭。行徒用車駕，休者以忘餐」、「青樓臨大路，高門結重關」極寫女子的容貌服飾之美，與其名門出身、綽約風姿；又以佳人之慕求賢良高義，以致於徒負芳華，獨處自歎作結。沈德潛《古詩源》卷五曾評：「美女者，以喻君子，言君子有美行，願得賢君而事之，若不遇時，雖見徵求，終不屈也。……

---

27 葉燮《原詩》（《昭代叢書》，道光 13 年，1833 年）卷一：「植詩獨〈美女〉篇，可為漢魏壓卷。」

寫美女如見君子品節，此不專以華縟勝人」，乃曹植借美女以自喻，詩中雖有怨望之情，而請自試之意，不卑不亢，不失之於淺露，既能呈顯曹植的用世之忱，安邦之志，自然流露剛健爽朗之骨氣，又能語言華美，對偶精工，深切地表現「怨而不怒，哀而不傷」的悲婉之情，故能贏得鍾嶸《詩品》「骨氣奇高，詞采華茂，情兼雅怨，體被文質」之美譽；惟此詩並非遊宴詩，造懷指事，驅辭逐貌，也已趨向鋪排整飾。另如〈贈白馬王彪〉詩，許學夷《詩源辨體》評為「盡見作者之功」[28]，其六云：

> 心悲動我神，棄置莫復陳。丈夫志四海，萬里猶比鄰。恩愛苟不虧，在遠分日親，何必同衾幬，然後展殷勤。憂思成疾疢，無乃兒女仁。倉猝骨肉情，能不懷苦辛。

本詩共七章，乃子建於黃初四年入朝，與諸王會於洛陽，遇任城王曹彰暴薨，既懷友于之痛，七月與白馬王曹彪還國，而監國使者灌均等又不許同路止宿，遂憤而成篇者。其中，詩云「丈夫志四海，萬里猶比鄰」，已有強忍悲痛，相與寬解之意，足見詩人能由前五章悲憤淒涼的情調中轉折跳脫，其人倫篤厚，襟抱弘遠的氣質由此可以推知，故許學夷《詩源辨體》卷四評曰：「元美極稱之，謂悲婉宏壯，情事理境，無所不有」；惟曹植此一代表作，雖符合劉勰所言「慷慨以任氣，磊落以使才；造懷指事，不求纖密之巧，驅辭逐貌，惟取昭晰之能」的特色，然亦非鄴下時期的遊宴作品。可見劉勰於〈明詩〉篇云：「並憐風月，狎池苑，述恩榮，敘酣宴，慷慨以任氣，磊落以使才；造懷指事，不求纖密之巧，驅辭逐貌，唯取昭晰之能，此其所同也」，對建安五言詩題材、風格、語言特色的界定，並不全然適用於曹植。曹植五言詩的代表作多完成於黃初、

---

28 引自許學夷《詩源辨體》卷四，錄自《曹操曹丕曹植資料彙編》，頁141。

太和時期，尤以表現憂傷慷慨、悲婉弘遠的情感最見功力，詩歌語言亦取向於精工華麗。《文心雕龍・明詩》篇有關建安五言詩題材、語言特色的說法，顯然不盡符合曹植，但所謂「慷慨以任氣，磊落以使才」，卻為曹植五言詩極為重要的特質，乃子建五言詩「骨氣奇高」的原因，也是時代特徵「建安風骨」、「建安風力」的來源，更是後代詩人汲取學習的津梁。

三、詞采工麗

曹植詩詞華采茂，〈才略〉篇云：「子建思捷而才儁，詩麗而表逸」，〈明詩〉篇云：「若夫四言正體，則雅潤為本；五言流調，則清麗居宗，……兼善則子建、仲宣」，皆指述曹植四、五言詩富於文采。曹植七歲成章，世目為「繡虎」，其自幼即好為斑斕的辭采；《前錄・自序》又云：「故君子之作也，儼乎若高山，勃乎若浮雲。質素也如秋蓬，摛藻也如春葩」，乃自述其以對句麗語做為創作的典範，寫作詩文亦能實踐此一理念。如其四言詩〈應詔〉云：

> 肅承明詔，應會皇都。星陳鳳駕，秣馬脂車。命彼掌徒，肅我征旅。朝發鸞臺，夕宿蘭渚。芒芒原隰，祁祁士女。經彼公田，樂我稷黍。爰有樛木，重陰匪息。雖有餱糧，饑不遑食。……長懷永慕，憂心如醒。

多語出《詩經》，表明望闕念王之心，而詞義典雅；又如〈責躬〉詩云：「咨我小子，頑凶是嬰，逝慚陵墓，存愧闕庭。匪敢傲德，寔恩是恃，威靈改加，足以沒齒。昊天罔極，生命不圖，常懼顛沛，抱罪黃壚」，乃責躬於帝前，多自譴之詞，體制平正；〈元會〉篇云：「初歲元祚，吉日惟良。乃為佳會，讌此高堂。尊卑列敘，典而有章。衣裳鮮潔，黼黻玄黃。清酤盈爵，中坐騰光。……歡笑盡娛，樂哉未央！皇家榮貴，壽考無疆」，則雍和雅懿，歌頌朝會的

盛況，充分體現劉勰所謂「四言正體，則雅潤爲本」的典式。五言詩如〈雜詩〉篇云：

> 高臺多悲風，朝日照北林。之子在萬里，江湖迴且深。方舟安可極，離思故難任！孤雁飛南遊，過庭長哀吟。翹思慕遠人，願欲託遺音。形景忽不見，翩翩傷我心。

其詞溫潤清和，有言外之旨，吳淇《六朝選詩定論》卷五評爲「清麗悲淡，令人讀之眩然心邈」，表現曹植五言詩「清麗」的面貌；而如〈公讌〉詩云：「秋蘭被長坂，朱華冒綠池。潛魚躍清波，好鳥鳴高枝」，〈箜篌引〉云：「驚風飄白日，光景馳西流」，〈閨情〉詩云：「寄松爲女蘿，依水如浮萍」，均可見作者善於鍊鑄響字，巧用動詞如被、冒、躍、鳴、飄、馳、寄、依等，使景物活躍紙上。另如詩中偶句的運用，至陳思日多，〈侍太子坐〉云：「白日曜青春，時雨靜飛塵」，〈雜詩〉其三云：「太息終長夜，悲嘯入青雲」，爲正對；〈善哉行〉云：「歡日尚少，戚日苦多」，〈門有萬里客〉云：「本是朔方士，今爲吳越民」，〈精微〉篇云：「多男亦何爲，一女足成居」，爲反對；〈鰕䱇〉篇云：「鰕䱇游潢潦，不知江海流。燕雀戲藩柴，安識鴻鵠遊」，〈贈白馬王彪〉詩云：「歸鳥赴喬林，翩翩厲羽翼。孤獸走索群，銜草不遑食」，爲隔句對；〈侍太子坐〉云：「白日曜春青，時雨靜飛塵。寒冰辟炎景，涼涼飄我身。清體盈金觴，肴饌縱橫陳。齊人進奇樂，歌者出西秦」，〈白馬〉篇云：「控弦破左的，右發摧月氏。仰手接飛猱，俯身散馬蹄。狡捷過猴猿，勇剽若豹螭。邊城多警急，虜騎數遷移」，以排比句，極盡宴席之盛，馳馬之狀；甚至有連環句的出現，如〈贈徐幹〉云：「彈冠俟知己，知己誰不然」，〈七哀〉云：「長逝入君懷，君懷良不開」，尤以〈贈白馬王彪〉詩七章，以前章末句與後章首句相疊，起結照應，如：「修坂造雲日，我馬玄以黃」（其

二），「玄黃猶能進，我思鬱以紆」（其三），「感物傷我懷，撫心長太息」（其四），「太息將何爲，天命與我違」（其五）等，形成章章相連，語如貫珠的效果，可知曹植五言詩實不僅只於「清麗」，其詩亦多見鑄詞雅鍊，屬對精工，所謂「贍麗」、「工麗」之作。《文心雕龍‧通變》篇曾說：「魏晉淺而綺」，〈麗辭〉篇亦云：「至魏晉群才，析句彌密，聯字合趣，剖毫析釐。然契機者入巧，浮假者無功」，說明魏晉文人有漸崇整飭，詞采愈加綺麗的情形，曹植即爲個中翹楚。至於《文心雕龍‧練字》篇說：「三接之外，其字林乎」，曹植〈雜詩〉：「綺縞何繽紛」正犯此忌 [29]，詩僅五字而聯邊者四，無乃遭致「字林」之譏！是見曹植綴字屬篇，注重工麗之餘，甚有「傷於麗」的現象，張篤慶《師友詩傳錄》之說實出有因 [30]。

四、善用比興寄託

《文心雕龍‧比興》篇曾說：「曹劉以下，圖狀山川，影寫雲物，莫不織綜比義，以敷其華，驚聽回視，資此效績」，對於曹植作品長於比擬，刻劃精微，寄予肯定。如其四言詩〈矯志〉篇云：

> 芳樹雖香，難以餌烹；尸位素餐，難以成名。磁石引鐵，於金不連；大朝舉士，愚不聞焉。抱璧塗乞，無爲貴寶；履仁遘禍，無爲貴道。鵷雛遠害，不羞卑棲；靈虯避難，不恥汙泥。都蔗雖甘，杖之必折；巧言雖美，用之必滅。

詩中以四句爲一段，前兩句爲喻辭，後兩句爲喻體，而每段用比，乃繼承《三百篇》的比興手法。五言詩如〈贈徐幹〉云：「春鳩鳴

---

29 黃叔琳注：「曹子建〈雜詩〉『綺縞何繽紛』……五字而聯邊者四，宜有字林之譏也。」見於《文心雕龍注‧練字》，頁630。
30 《師友詩傳錄》張篤慶答云：「子建健哉，而傷于麗，然抑五言聖境矣。」錄自《曹操曹丕曹植資料彙編》，頁171。

飛棟，流焱激櫺軒」，以敘寫景物，暗喻人才輩出，〈贈白馬王彪〉
詩云：「鴟梟鳴衡軛，豺狼當路衢；蒼蠅間白黑，讒巧令親疏」，
以鴟梟、豺狼、蒼蠅借指搬弄是非的小人，形象生動，令人印象深
刻；又如〈種葛〉篇以「種葛南山下，葛藟自成陰」，託物起興，
借由葛藤的縈繞引發夫妻新婚，恩愛情深的聯想，〈七哀〉詩以「明
月照高樓，流光正徘徊」，興發思婦踟躕悲歎的感懷，類此之用，
不勝枚舉。更有全首詩採用比喻寄託的，如〈吁嗟〉篇云：

> 吁嗟此轉蓬，居世何獨然！長去本根逝，宿夜無休閒。東西經
> 七陌，南北越九阡。卒遇回風起，吹我入雲間。自謂終天路，
> 忽然下沈泉。驚飆接我出，故歸彼中田。當南而更北，謂東而
> 反西。宕若當何依？忽亡而復存。飄颻周八澤，連翩歷五山，
> 流轉無恒處，誰知吾苦艱！願為中林草，秋隨野火燔，糜滅豈
> 不痛？願與株荄連。

詩中子建以秋蓬自比，將流離遷徙的艱苦，噴薄而出。〈雜詩〉篇
亦然：

> 南國有佳人，容華若桃李。朝遊北海岸，夕宿瀟湘沚。時俗薄
> 朱顏，誰為發皓齒？俯仰歲將暮，榮曜難久恃。

全詩寫南國佳人，有時不我與，美人遲暮之歎，正如同曹植有「抱
利器而無所施」之悲。「南國有佳人」一詩如此，《雜詩》其餘五
篇亦「深得比興之法，能於委曲中得舒懷抱」[31]，可見曹植善於掌握
物我之間的共通性、相似性，而巧為比喻，使物我為一，言有盡而
意無窮。朱嘉徵《樂府廣序》云：「子建比興綺麗，力追風雅之正」，
實即曹植詩歌所以被推為「非鄴中諸子可及」[32]的原因之一。推究其

---

31 見於寶香山人《三家詩曹集》卷一，錄自《曹操曹丕曹植資料彙編》，頁161。
32 王世貞《藝苑巵言》卷八云：「子建『謁帝承明廬』、『明月照高樓』，子桓『西
　北有浮雲』、『秋風蕭瑟』，非鄴中諸子可及。仲宣、公幹遠在下風。」錄自《曹
　操曹丕曹植資料彙編》，頁60。

所以善用比興之筆，營造出動人的感發力量者，則如清人李光地《榕村語錄》所言：「其詩多寄托之詞，而歸於懇摯忠厚」，實發源於曹植的情感真摯，志性高潔。

五、音律和諧

曹植少年時，即通聲律，善歌舞，精跳丸擊劍，據《法苑珠林》的記載，他曾「寫爲梵唄，撰文製音，傳爲後式。」[33] 有此通曉音律的背景，作品自能聲韻得其中 [34]，獲得劉勰的讚賞，於〈聲律〉篇云：

> 若夫宮商大和，譬諸吹籥；翻迴取韻，頗似調瑟。瑟資移柱，故有時而乖貳；籥含定管，故無往而不壹。陳思、潘岳，吹籥之調也；陸機、左思，瑟柱之和也。

以曹、潘作品比爲吹奏籥管，音律能自然和諧，謂之「宮商大和」。劉勰之說蓋以齊梁之際，四聲始分，曹植之時，尚不聞宮商之辨、四聲之論，故其詩歌雖音節鏗鏘、平仄相間、注重諧韻，符合自然的音韻，卻與後世言宮商者有異。如〈朔風〉篇云：「仰彼朔風，用懷魏都，願騁代馬，倏忽北徂。凱風永至，思彼蠻方，願隨越鳥，翻飛南翔。四氣代謝，懸景運周，別如俯仰，脫若三秋。昔我初遷，朱華未希，今我旋止，素雪云飛。」前八句以四句爲頓，以上四句與下四句相對；後八句仍以四句爲頓，但「昔我初遷，朱華未希，今我旋止，素雪云飛」的句法則已變化，成爲上二句與下二句的相對，其規律中帶有變化的節奏感，十分明顯。又如〈七哀〉詩云：「君若清路塵，妾若濁水泥；浮沈各異勢，會合何時諧？願爲西南風，長逝入君懷。君懷良不開，賤妾當何依！」〈雜詩〉之四云：

---

33 見於《法苑珠林》（北京：中國書店，1991年）卷三六，頁28下。
34 許學夷《詩源辨體》卷四云：「公幹詩聲韻常勁，仲宣詩聲韻常緩，子建正得其中。」錄自《曹操曹丕曹植資料彙編》，頁142。

「南國有佳人，容華若桃李。朝遊北海岸，夕宿瀟湘沚。時俗薄朱顏，誰爲發皓齒？俛仰歲將暮，榮曜難久恃。」前四句以上二下三的句法，兩兩相對，後四句以散文的句式，一氣而下，形成駢散錯落的句式，產生節奏的力度與變化，故有音節鏗鏘的聽覺效果。次如〈聖皇〉篇云：「鴻臚擁節旄，副使隨經營」，其平仄爲「平平仄仄平，仄仄平平平」，〈情詩〉篇云：「遊魚潛綠水，翅鳥薄天飛。始出嚴霜結，今來白露晞」，平仄爲「平平平仄仄，仄仄仄平平。仄仄平平仄，平平仄仄平」，由於平仄相間，輾轉交往，故能聲調和諧。謝榛《四溟詩話》卷一又云：「曹子建〈白馬〉篇曰：『白馬飾金羈，連翩西北馳。借問誰家子？幽并遊俠兒』此類盛唐絕句」，「曹子建曰：『遊魚潛綠水，翔鳥薄天飛』……以上雖爲律句，全篇高古」，足見曹植詩歌的平仄妥貼，早爲詩話論者所肯定，實開盛唐律絕之先。此外，曹詩借由文字複疊，使語氣銜接，音韻和諧的表現，亦頗突出，如〈棄婦〉詩云：

> 石榴植前庭，綠葉搖縹青。丹華灼烈烈，璀采有光榮。光榮曄流離，可以處淑靈。有鳥飛來集，拊翼以悲鳴。悲鳴夫何為，丹華實不成。拊心長歎息，無子當歸寧。有子月經天，無子若流星。天月相終始，流星沒無精。

詩中或以「光榮」、「悲鳴」上下句毗連相接，或以「丹華」、「無子」、「流星」隔句疊用，形成情感的反覆悱惻，也使音調的流動連綿和諧。至於曹植用韻得當，已獲晉人稱頌，陸雲曾寫信給陸機云：「李氏云：『雪與列韻，曹便復不用』，人亦復云：『曹不可用者，音自難得正』」，可知曹植用韻不苟。又如〈七哀〉詩首句云：「明月照高樓，流光正徘徊。上有愁思婦，感歎有餘哀。」末句云：「浮沈各異勢，會合何時諧？願爲西南風，長逝入君懷」，以「徘」、「哀」一韻、「諧」、「懷」亦一韻，聲情文情融合無

間；〈雜詩〉云：「轉蓬離本根，飄颻隨長風。何意迴飆舉，吹我入雲中。高高上無極，天路安可窮。類此遊客子，捐軀遠從戎。毛褐不掩形，薇藿常不充。去去莫復道，沈憂令人老」，自「風」、「中」、「窮」、「戎」、「充」等平聲韻，轉爲上聲的「老」韻，以沈鬱的聲調結束全章，令人有低迴不盡之感。另如〈美女〉篇云：「明珠交玉體，珊瑚間木難」、「佳人慕高義，求賢良獨難」，一篇之中，兩用「難」字爲韻，謝榛《四溟詩話》卷一以爲：「魏、晉古意猶存，而不泥聲韻」，顯示曹植詩歌固重音韻，惟但令其清濁通流，口吻調利，側重於自然的韻調而已。由於曹植的詩歌聲律諧美，張戒曾有極高的評價：「觀子建『明月照高樓』、『高臺多悲風』、『南國有佳人』、『驚風飄白日』、『謁帝承明廬』等篇，鏗鏘音節，抑揚態度，溫潤清和，金聲而玉振之，辭不迫切，而意已獨至，與《三百篇》異世同律，此所謂韻不可及也」[35]，乃曹植詩歌獨步稱雄的重要原因。

　　曹植除了表現聲韻美好的詩，據《文心雕龍‧樂府》篇云：

　　　　子建、士衡，咸有佳篇，並無詔伶人，故事謝絲管，俗稱乖調，
　　　　蓋未思也。

可見曹植尚有不入樂的樂府詩，被人目爲乖調。按建安時期，樂府詩盛行，曹植之樂府詩，計四十一篇，逾於曹植詩歌之半，而以五言佔四分之三，最可注意。據范注云：「子建詩用入樂府（《宋書‧樂志》所收入）者，惟置酒（大曲〈野田黃雀行〉），明月（楚調〈怨詩〉），及鼙舞歌（〈聖皇〉、〈靈芝〉、〈大魏〉、〈精微〉、〈孟冬〉）五首而已，其餘皆無詔伶人」，證明曹植除入樂的樂府詩以外，尚有占多數，不以配樂爲目的的徒詩。入樂者，爲配合曲

---

35 見於張戒《歲寒堂詩話》上卷，收於《曹操曹丕曹植資料彙編》，頁111。

度，詩句每多增刪修改，此即《文心雕龍·樂府》篇所言：

> 凡樂辭曰詩，詠聲曰歌，聲來被辭，辭繁難節，故陳思稱：「左
> 延年閑於增損古辭，多者則宜減之。」明貴約也。

篇中曹植之說，今已不可考；但曹植贊美左延年對增損古辭入樂，
十分嫻熟，且能於增損詩句時，以簡約為原則的說法，顯然為劉勰
所接受。其原因在於：劉勰認為「樂心在詩，君子宜正其文」，而
由於「辭繁難節」，故劉勰主張入樂之詩應去其繁蕪。不入樂者，
則以其有辭無聲，非名實兼備之樂府，世俗稱其為「乖調」，如曹
植〈名都〉、〈白馬〉、〈美女〉等篇，皆由舊曲中展轉相擬而別
為新題者，蕭滌非《漢魏六朝樂府文學史》曾評論曰：「疑此類在
當日皆未嘗入樂，故無須乎襲用舊題以為曲牌之標誌，而題之與義，
遂得以悉相符合」[36]，類此樂府，既不合舊題，又不諧鍾呂，直自為
詩，因而被人視為「乖調」，但劉勰並不以為然；《文心雕龍·樂
府》篇云：「八音摛文，樹辭為體」，又云：「詩為樂心，聲為樂
體」，可見劉勰論樂府，偏重辭義，認為古人譜曲，皆以詩辭為準，
不似後人主於聲，故無取於「俗稱乖調」之說。因此，劉勰雖未述
及曹植集五言樂府詩大成的貢獻，卻能接受曹植淵源於樂府，而別
開生面的詩歌，即便是這些詩歌不協於絲管，劉勰仍由辭義肯定曹
植樂府詩的價值。

胡應麟《詩藪》外編卷一曾云：「建安中，三、四、五、六、七
言、樂府、文、賦俱工者，獨陳思耳」，顯示曹植亦擅長四、五言
以外各種體裁的詩歌。《文心雕龍·明詩》篇中，雖未詳舉三、六、
雜言詩的代表作家，而四、五言詩則標舉曹植兼籠前美，唯有王粲
與之比肩的成就；〈明詩〉篇雖未明言其所以然，但若將〈明詩〉、

---

36 引自蕭滌非《漢魏六朝樂府文學史》第三編，頁116。

〈才略〉、〈通變〉、〈麗辭〉、〈比興〉、〈聲律〉、〈樂府〉等篇合觀,自可瞭解曹植詩歌在內容、語言、風格、聲律方面之特色,進而得知曹植所以兼善四、五言詩,成為建安詩傑的主要原因。

第四節 章表冠於群倫

章表為臣下的上書,建安之世,受魏武提倡名法之影響,章表以質實為主,意在陳情達事,如曹操〈陳損益表〉:「謹條遵奉舊訓權時之宜十四事,奏如左,庶以蒸螢,增明太陽,言不足採」,奏陳有關時政損益之事;〈讓還司空印綬表〉:「臣文非師尹之佐,武非折衝之任,遭天之幸,干竊重綬。內踟伯禽司空之職,外承呂尚鷹揚之事,斗筲處之,民其瞻觀。水土不平,姦宄未靜,臣常媿辱,憂為國累。臣無智勇,以助萬一。夙夜慚懼,若集水火,未知何地,可以殞越」,述明個人辭官之意。曹操章表確能體現李充《翰林論》的創作原則:「表宜以遠大為本,不以華藻為先」,反映《文心雕龍·章表》篇:「魏初章表,指事造實,求其靡麗,則未足美矣」,所言屬實。唯章表至乎曹植,體漸有變,《文心雕龍·章表》篇云:

> 文舉之薦禰衡,氣揚采飛;孔明之辭後主,志盡文壯;雖華實異旨,並表之英也。琳瑀章表,有譽當時;孔璋稱健,則其標也。陳思之表,獨冠群才。觀其體贍而律調,辭清而志顯,應物製巧,隨變生趣,執轡有餘,故能緩急應節矣。

評論曹植的章表不僅內容詳贍,音律諧調,文辭清麗,情志明顯,且能依隨內容、文勢有所轉折變化,達到緩急應節,從容不迫的境界。曹植的章表,今據趙幼文《曹植集校注》載錄有三十三篇,大體完成於黃初、太和時期,以〈求通親親表〉、〈求自試表〉、〈責

躬表〉等為代表作，王師更生於《文心雕龍研究》第八章曾有評析：

> 茲以〈求通親親表〉為例，他先舉「天稱其高者，以無不覆；地稱其廣者，以無不載；日月稱其明者，以無不照；江海稱其大者，以無不容。」繼引《論語‧子罕》篇「大哉堯之為君」，《尚書‧堯典》「克明俊德」，《詩經》「刑于寡妻，至于兄弟」，以及《傳》曰：「周之宗盟，異姓為後」，說明「骨肉之恩，爽而不離，親親之義，實在敦固」；以證「未有義而後其君，仁而遺其親者也。」因事以類義，援古以證今，所以彥和讚他「體贍而律調。」以下思王又接敘當時不能親親之實際情形，云「近且婚媾不通，兄弟永絕；吉凶之問塞，慶弔之禮廢。恩紀之違，甚於路人；隔閡之異，殊於胡越。今臣以一切之制，永無朝覲之望；至於注心皇極，結情紫闥，神明知之矣。然天寔為之，謂之何哉」再言「遠慕〈鹿鳴〉君臣之宴，中詠〈棠棣〉匪他之誠；下思〈伐木〉友生之義，終懷〈蓼莪〉罔極之哀。」因而望風懷想，情不自禁地在「四節之會，塊然獨處；左右惟僕隸，所對惟妻子；高談無所與陳，發議無所與展，未嘗不聞樂而拊心，臨觴而歎息也。」故推而言之，「今之否隔，友于同憂」，為了免除「〈柏舟〉有天只之怨，〈谷風〉有棄予之歎」，於是「欲使陛下崇光被時雍之美，宣緝熙章明之德」，並「冀陛下儻發天聰，而垂聖德也。」其求通親親之懇款之情，期待之志，盡在腕底筆梢，一瀉無遺。這實在是章表中之鳴鳳。所以彥和讚他「辭清而志顯」，「應物制巧，隨變生趣」，確實是的當之論。[37]

王師援舉〈求通親親表〉為例，分析劉勰「體贍而律調，辭清而志

---

37 引自王師更生著《重修增訂文心雕龍研究》（台北：文史哲出版社，1979年），頁317。

顯，應物制巧，隨變生趣」的說法，乃信而可徵。王禮卿《文心雕龍通解》卷五亦評論曹植的章表曰：

〈求自試〉層疊往復，縱橫跌宕，體勢充贍，音調諧揚；〈通親親〉情致懇到，反覆盡意，體勢贍足，聲調悽切而諧婉；〈責躬表〉情苦意長，體勢連綿不盡，音節抑揚激楚，故並謂為「體贍而律調。」三表皆文辭清澈，而情志彰顯無遺，故並謂為「辭清而志顯」。此先論其常法也。〈求自試〉各段層節甚多，衍漾而來，或喻或引，或正或反，悉作斷制頓挫之筆，皆應事理之宜，各成邅變之巧。或激昂，或感歎，或希冀，或失望，或剖志明心，或長懷慕古，皆隨文勢之變，各成情致之趣。〈通親親〉以堯之先親後疏，證明帝之先疏後親；以明帝之惠洽椒房及群臣，形諸王骨肉之恩缺；以不得入侍輦轂，發其於明帝諸王宗族及太皇太后之思慕，因致求通之丹情，皆應事宜而成綿亙之巧。稱古頌今，則出以敷愉之致；陳情述請，則易以懇惻之姿；明用心處，則轉為質直之象；皆因勢變而成意態之趣。〈責躬表〉由獲釁省過，引出恩難再恃，無禮遄死二意，即以比忖兩排，重落棄生苟全之兩難；再以緩調，開出文帝惠仁明慈四排，落到不敢自棄，因結歸趨朝獻詩之誠；開闔反覆，連衍轉換，皆應宜而成巧。比忖處抑揚婉轉，悲不可勝；不敢自棄處，又語堅意決，而依恃情殷，皆隨變而現趣。故並謂為「應物制巧，隨變生趣。」此進論其變法也。[38]

借由評析曹植〈求自試表〉、〈通親親表〉、〈責躬〉三篇，以證明劉勰「體贍而律調，辭清而志顯，應物製巧，隨變生趣，執轡有餘，緩急應節」的說法，確立不易。若與其他作家章表作品相較，

---

[38] 引自王禮卿著《文心雕龍通解·章表》（台北：黎明文化公司，1986 年）下冊，頁426。

《文心雕龍·章表》篇云：

> 至如文舉之薦禰衡，氣揚采飛；孔明之辭後主，志盡文壯；雖
> 華實異旨，並表之英也。琳瑀章表，有譽當時；孔璋稱健，則
> 其標也。陳思之表，獨冠群才。

以孔融、諸葛亮、陳琳、阮瑀的章表，皆為享譽當時的精英、典範。
惟仔細推敲，孔融之〈薦禰衡表〉以四言為主體，氣勢昂揚，文采
飛動，而表薦禰衡，記述範圍僅及個人；諸葛亮之〈出師表〉公忠
體國，文辭簡要悲壯，惜乎富麗不足；陳琳、阮瑀的章表著稱於當
時，曹丕〈又與吳質書〉有「孔璋章表稱健」的美譽；而唯有曹植
章表在內容上，預為國家社稷計議，且重義輕死，在所不惜，故張
溥《漢魏六朝百三家集題辭》譽為「〈審舉〉諸文，固魏宗之磐石
也」；語言上，駢偶儷句增多，文采贍麗，李充《翰林論》便曾以
「若曹子建之表，可謂成文矣；諸葛亮之表劉主，……可謂德音矣」，
區別曹植、諸葛亮章表之不同。是知能符合章表寫作必須內容正大、
形式炳蔚，所謂「表以致策，骨采宜耀」、「繁約得正，華實相勝」
[39] 的標準，為曹植獲得《文心雕龍》〈才略〉篇「詩麗而表逸」，〈章
表〉篇「獨冠群才」評價的原因。除了劉勰給予高度的肯定，劉師
培《漢魏六朝專家文研究》也表示：「曹魏章奏以質實為主，惟陳
思王篇製高華，不價舊規，亦能獨邁儕輩，並其例也」[40]，所謂「章
表高華」，據《漢魏六朝專家文研究》的解釋：「有風格有生氣，
兼有辭彩，始能謂之高華」，基本上，與劉勰觀點一致，仍讚賞曹
植章表骨氣、文辭兼備，致有超軼群倫的表現。可見章表一體，發
展至曹植，已有變化，他的章表不但將公忠體國，急切用世之情，
噴薄而出，且兼有辭采，為駢體文的形成推波助瀾，成為群倫之首，

---

39 引自《文心雕龍·章表》篇。
40 引自《漢魏六朝專家文研究》十六，頁52。

爲建安章表樹立不可超越的標竿。

第五節　文備眾體　優劣互見

東漢末年以來，文體大備，曹植作品也具備文體眾多的特色。除了詩歌、章表以外，有韻的文如頌、祝、誄；無韻的筆如論說、封禪；及文筆雜用的雜文、諧讔等文體，均曾被劉勰所評騭，曹植可說是建安作家中，有最多文體被劉勰評論的一位。

一、論頌、祝、誄

《文心雕龍‧頌贊》篇論及曹植之韻文〈皇太子生頌〉云：

> 及魏晉雜頌，鮮有出轍。陳思所綴，以〈皇子〉為標，陸機積篇，惟〈功臣〉最顯；其襃貶雜居，固末代之訛體也。

「頌」的本義爲「容」，旨在「美盛德而述形容」，主要用來告祭神明，爲宗廟祭祀之正樂，故義必純美，不得以頌詩刺過，此劉勰認爲〈皇子〉「襃貶雜居，固末代之訛體」的由來；茲據〈皇太子生頌〉一文云：

> 於聖我后，憲章前志。克纂二皇，三靈昭事。祇肅郊廟，明德敬惠。潛和積吉，鍾天之釐。嘉月令辰，篤生聖嗣。天地降祥，儲君應祉。慶由一人，萬國作喜。喁喁萬國，炭炭群生；稟命我后，綏之則榮。長為臣職，終天之經。仁聖奕代，永載明明。同年上帝，休祥淑禎。藩臣作頌，光流德聲。吁嗟卿士，祇承予聽。

全篇純爲頌德，並無貶辭，不知劉勰所謂「襃貶雜居」，「末代訛體」的評論，依何而來？又據劉師培《漢魏六朝專家文研究》云：「兼長碑、銘、箴、頌、贊、誄、說、辨議諸體者，惟曹子建、陸

士衡二人」[41]，可見曹植之頌詩今雖只存十二首，然典雅豐縟，大抵頗受好評，是以《文心雕龍‧頌贊》篇云：「陳思所綴，以〈皇子〉為標。……其褒貶雜居，固末代之訛體也」，雖認定〈皇子〉有乖體之瑕，但仍列為魏晉頌體之代表作品。

　　曹植的另一韻文—祝辭，亦獲得劉勰的肯定，〈祝盟〉篇云：

　　　　至如黃帝有〈祝邪〉之文，東方朔有〈罵鬼〉之書，於是後之譴呪，務於善罵，惟陳思〈詰咎〉，裁以正義矣。

按驗於曹植〈詰咎文‧序〉云：「五行致災，先史咸以為應政而作。天地之氣，自有變動，未必政治之所興致也。於時大風，發屋拔木，意有感焉！聊假天帝之命，以詰咎祈福」，曹植對古代五行家以相生相剋之迷信說與政治相比附，來解釋天災的成因，並不贊同；他認為天災自有其規律，非政治因素所以致之。曹植之說以不迷信鬼神，義歸於正，又能表現祝文「祈禱之式，必誠以敬；祭奠之楷，宜恭且哀」的體式，故為劉勰推許其「裁以正義」。

　　曹植韻文被劉勰批評有失體之瑕者，另見於《文心雕龍‧誄碑》篇：「陳思叨名，而體實繁緩，〈文皇誄〉末，百言自陳，其乖甚矣」，意指曹植徒有虛名，寫作誄文，文辭繁複，結構鬆散，如〈文皇誄〉全文凡千餘言，誄末自「咨遠臣之眇眇兮，感凶諱以怛驚」以下百餘言，專敘自身的哀愁，不合誄體撰作之要：「詳夫誄之為制，蓋選言錄行，傳體而頌文，榮始而哀終。論其人也，曖乎若可覿，道其哀也，悽焉如可傷，此其旨也」。按誄文應以表達對死者的哀念思慕，悽傷之情為主，而總計曹植之誄文九篇，長篇者居五，皆為親人、手足、摯友悼亡而作，故情致纏綿悽愴，致有不忍割愛，繁緩之病。然若持與唐以後之誄文相較，唐以後之誄文盡棄事實，

---

41 引自《漢魏六朝專家文研究》，頁3。

專敘自己，甚至作墓誌銘，亦僅敘自己之友誼，而未及作者之生平；相形之下，子建誄文違體之情況，尚屬輕微。張仁青《中國駢文發展史》第五章曾云：「（陳思王曹植）若文帝、平陽懿公主、王仲宣三誄，哀思無限，淒韻欲流，固已秀掩中郎，潤逼子雲者矣」[42]，以曹植之誄，方之蔡中郎、揚子雲，則曹植誄文乖體之說，固屬瑕不掩瑜矣。

　　劉勰並指出曹植頌、誄作品尚有措辭之瑕，〈指瑕〉篇云：

> 陳思之文，群才之俊也，而〈武帝誄〉云：「尊靈永蟄。」〈明帝頌〉云：「聖體浮輕。」浮輕有似於胡蝶，永蟄頗疑於昆蟲，施之尊極，豈其當乎！

觀諸曹植〈武帝誄〉云：「幽闥一局，尊靈永蟄」，〈冬至獻襪履頌〉云：「翱翔萬域，聖體浮輕」，以昆蟲的蟄伏、蝴蝶的飄飛，形容至尊的君父，其用詞遣字，有不能「訓正」之失[43]，除劉勰指其語瑕，《顏氏家訓・文章》篇亦云：「古人之所行，今世以為諱。陳思王〈武帝誄〉，遂深永蟄之思；潘岳〈悼亡賦〉，乃愴手澤之遺；是方父於蟲，匹婦於考也」，均評論曹植誄、頌部分作品，用語不當。

　　曹植的韻文，以辭賦為大宗，據清人嚴可均《全三國文》載錄，曹植作品一六二篇，辭賦即有五十五篇，丁晏《曹集詮評》亦收錄其辭賦四十四篇，列居現存建安作家辭賦的首位，且為漢魏六朝作家辭賦數量之冠。事實上，曹植涉獵辭賦甚早，《魏書・陳思王植傳》云：「年十歲餘，誦讀詩、論及辭賦數十萬言，善屬文」，銅雀登臺，立就〈登臺賦〉，更是文名早著，為時人所稱賞，如吳質〈答東阿王書〉云：「還治諷采所著，觀省英瑋，實賦頌之宗，作

---

42 見於張仁青《中國駢文發展史》（台北：中華書局，1970年）第五章，頁259。
43 引自《文心雕龍・指瑕》篇云：「若夫立文之道，惟字與義。字以訓正，義以理宜。」

者之師也」，楊脩〈答臨淄侯牋〉亦云：「又嘗親見執事握牘持筆，有所造作，若成誦在心，借書於手，曾不斯須少留思慮。仲尼日月，無得踰焉，脩之仰望，殆如此矣。是以對〈鶡〉而辭，作〈暑賦〉彌日而不獻，見西施之容，歸憎其貌者也。」顯示曹植辭賦在當時已被文士奉為宗師，雖令楊脩亦作〈鶡賦〉、〈大暑賦〉，而楊脩自歎不如，辭不敢獻。曹植的辭賦，以抒情、詠物為主，詠物之賦如〈鶡賦〉：「戴毛角之雙立，揚玄黃之勁羽。甘沈隕而重辱，有節士之儀矩」，〈橘賦〉云：「播萬里而遙植，列銅爵之園庭。背山川之暖氣，處玄朔之肅清。邦換壤別，爰用喪生。處彼不凋，在此先零」，皆能體物寫志，借物抒情，非徒以詞麗韻諧取勝；抒情之賦，如〈玄暢賦〉云：「嗟所圖之莫合，悵蘊結而延佇。希鵬舉以搏天，蹴青雲而奮羽」，〈九愁賦〉云：「恨時王之謬聽，受姦枉之虛辭，揚天威以臨下，忽放臣而不疑。……寧作清水之沈泥，不為濁路之飛塵」，〈洛神賦〉云：「悼良會之永絕兮，哀一逝而異鄉。無微情以效愛兮，獻江南之明璫。雖潛處於太陰，長寄心於君王」，則流露曹植一貫悲傷而不失志節，嗟歎而心存慷慨的特色，正劉勰〈時序〉篇所云：「並志深而筆長，故梗概而多氣也」，足以作為建安文學的典型，然《文心雕龍·詮賦》篇以王粲、徐幹做為建安辭賦之代表[44]，並未列入曹植。茲比較三人今存唯一同作之〈車渠椀賦〉，徐幹之〈車渠椀賦〉云：

> 圓德應規，巽從易安。大小得宜，容如可觀。盛彼清醴，承以琱盤。因歡接口，媚于君顏。

雖有佚文，然猶見作者以形狀、作用、質美形容車渠之碗，文辭溫雅。王粲之〈車渠椀賦〉則寫：

---

44 《文心雕龍·詮賦》篇云：「仲宣靡密，發篇必遒；偉長博通，時逢壯采」。

> 侍君子之宴坐，覽車渠之妙珍。挺英才於山岳，含陰陽之淑真。
> 飛輕縹與浮白，若驚風之飄雲。光清朗以內曜，澤溫潤而外津。
> 體貞剛而不撓，理修達而有文。雜玄黃以為質，似乾坤之未分。
> 兼五德之上美，超眾寶而絕倫。援柔翰以作賦。

全篇落筆於碗德，文辭剛健，氣象開闊，劉勰謂之「發篇必遒」，其言信然。至於曹植之〈車渠椀賦〉云：

> 惟斯椀之所生，於涼風之浚湄。采金光之定色，擬朝陽而發輝。
> 豐玄素之暐暐，帶朱榮之葳蕤。緝絲綸以肆采，藻繁布以相追。
> 翩飄颻而浮景，若驚鵠之雙飛。隱神璞於西野，彌百葉而莫希。
> 於時乃有篤厚神后，廣被仁聲。夷慕義而重使，獻茲寶於斯庭。
> 命公輸之巧匠，窮妍麗之殊形。華色燦爛，文若點成。鬱蒻雲
> 蒸，蜿蟬龍征，光如激電，景若浮星。何神怪之巨偉，信一覽
> 而九驚。雖離朱之聰目，內炫曜而失精。何明麗之可悅，超群
> 寶而特章。俟君子之閒燕，酌甘醴於斯觥。既娛情而可貴，故
> 求御而不忘。

含括碗的來源、製作、形製、功用、祈祝等，不但內容詳盡，文采富麗，且聲和韻諧，描寫生動，確為「麗詞雅義，符采相勝」[45]的辭賦佳作，表現並不亞於仲宣；尤其曹植開啟建安辭賦篇幅短小、重於抒情的一代風尚，足與王粲比肩，則劉勰論賦，似不應由仲宣、偉長專美於前矣！此或與劉勰逕沿用曹丕《典論‧論文》：「王粲長於辭賦，徐幹時有齊氣，然粲之匹也。如粲之〈初征〉、〈登樓〉、〈槐賦〉、〈征思〉，幹之〈玄猿〉、〈漏巵〉、〈圓扇〉、〈橘賦〉，雖張、蔡不過也」的成說有關。

---

45 引自《文心雕龍‧詮賦》。

二、評論說、封禪、書信

無韻之筆方面，《文心雕龍‧論說》篇曾評論曹植〈辨道論〉一文：

> 曹植〈辨道〉，體同書抄，才不持論，寧如其已。

曹植〈辨道論〉，寫於方士神仙之說盛行於建安社會之際，意在破除虛誕。由於未能「彌綸群言，研精一理」，不符論文的作法，故被劉勰評爲體同書抄，才不持論，不如不作。文中，曹植解釋曹操集聚方士於魏國的原因，在於「聚而禁之」：

> 世有方士，吾王悉所招致，甘陵有甘始，廬江有左慈，陽城有郤儉。始能行氣導引，慈曉房中之術，儉善辟穀，悉號數百歲。本所以集之於魏國者，誠恐此人之徒，接姦詭以欺眾，行妖惡以惑民，故聚而禁之也。

以證明「自家王與太子及余兄弟，咸以爲調笑」，咸不信鬼神之論；繼言生命長短，人各有期，善養生者得長壽：

> 然壽命長短，骨體強劣，各有人焉。善養者終之，勞擾者半之，虛用者殀之，其斯之謂歟！

顯然曹植對於解惑破迷，自有論見，清人丁晏《曹集詮評》故曰：「〈辨道論〉卓然正論，足以喚醒癡迷」；惟曹植於文中引述例證過多，舉傅說、淮南王、桓君山等傳說，爲虛妄，非定論；斥郤儉、左慈、甘始等言行爲巨怪；責秦始皇、漢武帝爲匹夫所罔，納虛妄之辭，信眩惑之說，實已遠超出一己之發明論議，而反駁方士神仙之術的說法亦不深入、周延，故被劉勰評爲「體同書抄」，未能「研精一理」。事實上，曹植早年雖然不信神仙之說，曾於〈說疫氣〉云：「此乃陰陽失位，寒暑錯時，是故生疫。而愚民懸符厭之，亦可笑也」，〈毀鄄城故殿令〉云：「余時獲疾，望風乘虛，卒得恍惚，數日後瘳。而醫巫妄說，以爲武帝魂神，生茲疾病。此小人之

無知，愚惑之甚者也」，及〈贈白馬王彪〉云：「虛無求列仙，松子久吾欺。變故在斯須，百年誰能持」，力持反對仙人迷信之術的意見；然於晚年，又著〈釋疑論〉推翻前說，甚至又舉述左慈、甘始等前例，以證實長生道術之存在：

> 初謂道術，直呼愚民詐偽空言定矣！及見武皇帝試閉左慈等令斷穀，近一月，而顏色不減，氣力自若。常云可五十年不食。
> 正爾，復何疑哉！……但恨不能絕聲色，專心以學長生之道耳。

其立場前後反覆，益見曹植未能研精一理，以致持論未堅。

《文心雕龍·封禪》篇，則對曹植的封禪文有所評論：

> 陳思〈魏德〉，假論客主，問答迂緩，且已千言，勞深勣寡，颼鏤缺焉。

「封禪」為古代帝王於功成治定之際，為崇德報功而告祭於天地的文體；曹植的〈魏德論〉寫於魏武、魏文帝猷已成之際，為將封泰山，禪梁甫以祈福的文字。據嚴可均《全三國文校語》云：

> 案《文心雕龍·封禪篇》云：「陳思〈魏德〉，假論客主，問答迂緩，且已千言，勞深勣寡，颼鏤缺焉」據此知〈魏德論〉假客主問答，篇首所輯《書抄》二條，乃客問也，餘皆主答。

46

由語云「輯書抄二條」，知〈魏德論〉今存殘文，只餘六百餘字，俱係答辭；並附謳六則，曰〈甘露〉，曰〈時雨〉、曰〈嘉木〉、曰〈木連理〉、曰〈白鵲〉、曰〈白鳩〉。其辭曰：

> 武王之興也，以道凌殘，義氣風發，神戈退指，則妖氛順制；靈旗一舉，則朝陽播越。惟我聖后，神武蓋天，威光佐掃，辰彗北彎，首尾爭擊，氣齊率然。乃電北，席捲千里，隱乎若崩

---

46 見於《全上古三代秦漢三國六朝文》（台北：宏業書局，1975 年）冊二卷十七，頁1148。

嶽，盱乎若潰海。慍彼蠻夏，蠢爾弗恭，脂我蕭斧，簡武練鋒，星陳而天運，振耀乎南封。荊人風靡，交益景從。軍蘊餘勢，襲利乘權。蕩鬼區于白水，擒矯制於澠川。仰屬目於條支，晞弱水之潺湲，薄張騫於大夏，笑驃騎於祁連。其化之也如神，其養之也如春。柔遠能邇，誰敢不賓！憲度增飾，日曜月明。

全文累述魏武所領各項戰役，軍容盛狀，戰功齊天，與《文心雕龍‧封禪》篇云：「戒慎以崇其德，至德以凝其化，七十有二君，所以封禪也」，強調封禪之文，應以德化為主，不徒以功成為尚的論述相違；而且辭藻繁複，鋪敘無變化，平衍無稜角，缺乏飛動之勢，未能「義吐光芒，辭成廉鍔」，故表現終不及前人。

　　無韻之筆中，曹植的書記文不乏名篇，古今文家都有贊辭，如劉克莊《後村詩話續集》卷二評論曹植〈與楊德祖書〉云：「味其文勢駿壯，退之〈答崔立之書〉本此」[47]；高步瀛《魏晉文舉要》亦云：「（〈與楊德祖書〉）論文語意切摯，真甘苦自得之言。後幅傾吐懷抱，不以文人自囿，尤覺英氣逼人。何義門謂氣焰非阿兄敢望，信然」[48]，對〈與楊德祖書〉之抑揚有致，波瀾迭起，同聲表示肯定。郭預衡《中國散文史》則評述曹植〈與吳質書〉云：「（〈與吳季重書〉）詞如泉湧，文采煥發，意氣極盛，也無所掩飾」[49]，徐公持〈建安文學的集大成者曹植〉亦云：「散文方面，曹植也不乏精品，如〈與楊德祖書〉、〈與吳季重書〉、〈王仲宣誄〉，還有後期所寫的幾篇表文，都以情緯文，氣勢流宕」[50]，均極稱讚〈與吳質書〉的文情並茂。惜乎《文心雕龍‧書記》篇中僅云：「魏之元瑜，號

47 見於《叢書集成續編》（台北：藝文印書館，1970 年），頁 7 下。
48 見於高步瀛著《魏晉文舉要》（北京：中華書局，1989 年），頁 43。
49 見於郭預衡《中國散文史》（上海：古籍出版社，2000 年）上冊，頁 389。
50 徐公持著〈建安文學的集大成者曹植〉，收於《中國古代文學人物》（台北：萬卷樓，1989 年），頁 30。

稱翩翩；文舉屬章，半簡必錄；休璉好事，留意詞翰，抑其次也。嵇康〈絕交〉，實志高而文偉矣；趙至敘離，迺少年之激切也。至如陳遵占辭，百封各意；禰衡代書，親疏得宜，斯又尺牘之偏才也」，對曹植的書信未贊一辭，令人抱憾！至於曹植〈與陳琳書〉一篇，《文心雕龍‧事類》篇則有評論：

> 凡用舊合機，不啻自其口出，引事乖謬，雖千載而為瑕。陳思，群才之英也。〈報孔璋書〉云：「葛天氏之樂，千人唱，萬人和，聽者因以蔑韶夏矣。」此引事之實謬也。按葛天之歌，唱和三人而已。相如〈上林〉云：「奏陶唐之舞，聽葛天之歌，千人唱，萬人和。」唱和千萬人，乃相如推之，然而濫侈葛天，推三成萬者，信賦妄書，致斯謬也。

〈與陳琳書〉今存殘文，中有「葛天氏之樂，千人唱，萬人和，聽者因以蔑韶夏矣」之句；惟據《呂氏春秋‧古樂》篇所載：「昔葛天氏之樂，三人操牛尾投足以歌八闋」[51]，葛天氏之樂，應僅三人唱和，無所謂「千人唱，萬人和」的情形，乃曹植誤引司馬相如〈上林賦〉：「奏陶唐氏之舞，聽葛天氏之歌，千人唱，萬人和，山陵為之震動，川谷為之蕩波」所致。然紀評曰：「千人萬人，自指漢時之歌舞者，不過借陶唐葛天點綴其事，非即指上二事也」[52]，則所謂「千人萬人」之說，乃司馬相如為鋪飾上林苑歌舞的盛況，所作的文學描述；而曹植不察，信賦妄書，致有引用古事之瑕。以曹植博學宏才，為作家中的菁英，尚且如此，其他用典訛誤者，更不知凡幾！

---

51 見於《四部備要》卷五，頁 7 下。
52 收於王師更生注譯《文心雕龍讀本‧事類》，頁 184。

三、論雜文、謎語

文筆雜用之體，如曹植〈客問〉、〈七啓〉等文，劉勰亦有評論，見於《文心雕龍‧雜文》篇：

> 至於陳思〈客問〉，辭高而理疏，庾敳〈客咨〉，意榮而文悴。
> 斯類甚眾，無所取才矣。

曹植〈客問〉屬「對問」一體，《文選》張景陽〈雜詩〉注，及劉孝標〈廣絕交論〉注兩引曹植〈辨問〉，疑〈客問〉或作〈辨問〉，今已佚而無考，僅存「君子隱居，以養真也」及「游說之士，星流電耀」數語。雖不能見其全文，今依據劉勰標舉「蔡邕〈釋誨〉，體奧而文炳；郭璞〈客傲〉，情見而采蔚」，做為「對問」之代表作品，可知劉勰之選文標準，在於「淵岳其心，麟鳳其采」[53]，視情理、文辭缺一不可，而曹植〈客問〉，雖文辭高妙，而論理空疏，故被評為「無所取才」。紀曉嵐曾評劉勰此說云：「此論入微」，又云：「詞高理疏，才士之華藻；意榮文悴，老手之頹唐。惟能文者有此病」[54]，則曹植〈客問〉「辭高而理疏」，固能文者之瑕累也。

〈雜文〉篇又論述曹植〈七啓〉一文：

> 陳思〈七啟〉，取美於宏壯；仲宣〈七釋〉，致辨於事理。……
> 觀其大抵所歸，莫不高談宮館，壯語畋獵。窮瓌奇之服饌，極
> 蠱媚之聲色。甘意搖骨髓，艷詞動魂識，雖始之以淫侈，而終
> 之以居正。然諷一勸百，勢不自反。子雲所謂「猶騁鄭衛之聲，
> 曲終而奏雅」者也。唯〈七屬〉敘賢，歸以儒道，雖文非拔群，
> 而意實卓爾矣。

按七之體，首唱於枚乘〈七發〉，對曹植為文有啓示作用，其〈七啓‧序〉云：

---

53 引自《文心雕龍‧雜文》。
54 收於王師更生注譯《文心雕龍讀本‧雜文》，頁253。

> 昔枚乘作〈七發〉，傅毅作〈七激〉，張衡作〈七辯〉，崔駰
> 作〈七依〉，辭各美麗，余有慕之焉！遂作〈七啟〉，並命王
> 粲作焉。

文中，曹植借由鏡機子之口，侈言肴饌之珍、容飾之美、羽獵之樂、
宮館之華、聲色之妙，勸玄微子棄隱出仕。由於辭旨閎麗，曾與枚
乘〈七發〉、張景陽〈七命〉同被選入《文選》，《文體明辨》云：
「三篇……誠宜見採，其餘遞相摹擬，了無新意，是以讀未終篇，
而欠伸作焉，略之可也。」[55] 傅玄〈七謨序〉亦曰：「〈七啟〉之奔
逸壯麗，……亦近代之所希也」[56]，皆與劉勰謂「陳思〈七啟〉，取
美於宏壯」，評論相近。而詳觀七體所發，發乎嗜欲，始邪末正，
以戒於膏粱子弟，自漢魏以下文人，幾無不作，且全文極於淫麗，
僅於篇末稍寄諷諫之義，劉勰因有「始之以淫侈，而終之以居正，
然諷一勸百，勢不自反」之譏。曹植〈七啟〉亦不免此病。

　　曹植另有謎語之作，見於文筆雜類的〈諧讔〉篇：

> 謎也者，迴互其辭，使昏迷也。或體目文字，或圖象品物，纖
> 巧以弄思，淺察以衒辭，義欲婉而正，辭欲隱而顯。荀卿〈蠶
> 賦〉已兆其體；至魏文、陳思，約而密之，高貴鄉公，博舉品
> 物，雖有小巧，用乖遠大。

文中選取魏文、陳思、曹髦之謎語，做為魏晉代表，此因魏代以後，
文士頗非俳優，於是諧讔化為謎語，作品日多之故。而魏文、陳思
之謎語，今已不可考，無法理解其「約而密之」的情形，僅可得知
劉勰將政教目的付予謎語，所謂「義欲婉而正，辭欲隱而顯」，故
謎語不僅只為文字遊戲，尚存微諷箴戒之意，劉勰此說若與劉師培
《漢魏六朝專家文研究》：「二曰遊戲筆墨。夫涉筆成趣，文士固

---

55 見於《文章辨體序說・文體明辨序說》（台北：長安出版社，1978 年），頁 138。
56 見於《全上古三代秦漢三國六朝文》冊二，頁 1723。

可自娛，但不宜垂範後世。以其既不雅馴，且復華而不實也」[57] 相較，兩人對遊戲筆墨的作用，顯然界定不同。

第六節　評述文學觀點

劉勰曾多次引述、批評曹植的文學觀點，例如，他贊同曹植以作家爲文好尙與文章體勢有關的說法。《文心雕龍·定勢》篇云：

> 陳思亦云：「世之作者，或好煩文博採，深沈其旨者；或好離言辨句，分毫析釐者，所習不同，所務各異。」言勢殊也。

劉勰認爲行文的語態，由作者的情志、習尙、及文體的性質所決定，並引用曹植之說，借以述明作者的好尙不同，則文勢有別；陳思之原文今已不存，然猶可自曹植〈與楊德祖書〉云：「人各有好尙：蘭茝蓀蕙之芳，眾人之所好，而海畔有逐臭之夫；〈咸池〉、〈六莖〉之發，眾人所共樂，而墨翟有非之之論，豈可同哉」，得其旨歸。曹植的文學觀點，與《文心雕龍·體性》云：「然才有庸儁，氣有剛柔，學有淺深，習有雅鄭；並情性所鑠，陶染所凝，是以筆區雲譎，文苑波詭者矣」，強調作家情性與文章風格有關的說法，有異曲同工之妙，故爲劉勰採擇其說。《文心雕龍斟詮》曾云：

> 譬如言菊，蘇東坡曰：「菊殘猶有傲霜枝。」鄭所南曰：「寧可枝頭抱香死，不曾吹落北風中。」李清照曰：「簾捲西風，人比黃花瘦。」論三者風勢：東坡志節嚴正，凜然君子；鄭憶翁風骨特立，不同凡俗；易安居士有美人遲暮之感。此因所性不同，而言勢各異也。[58]

同是詠菊，而東坡、憶翁、易安才性不同，是以文勢迥別，此例可

---

57 引自《漢魏六朝專家文研究》二十，頁61。
58 見於李曰剛著《文心雕龍斟詮·定勢》（台北：國立編譯館，1982年）下，頁1416。

為曹、劉說法的註腳。

劉勰又指摘曹植的批評態度為「崇己抑人」，《文心雕龍‧知音》篇云：

> 及陳思論才，亦深排孔璋，敬禮請潤色，歎以為美談；季緒好詆訶，方之於田巴，意亦見矣。……才實鴻懿，而崇己抑人者，班、曹是也。

文中所言陳思之事，載錄於曹植〈與楊德祖書〉：

> 以孔璋之才，不閒於辭賦，而多自謂能與司馬長卿同風；譬畫虎不成，反為狗也。前有書嘲之，反作論盛道僕讚其文。夫鍾期不失聽，於今稱之，吾亦不能妄歎者，畏後世之嗤余也！世人之著述不能無病，僕嘗好人譏彈其文，有不善者，應時改定。昔丁敬禮嘗作小文，使僕潤飾之。僕自以才不過若人，辭不為也。敬禮謂僕：卿何所疑難？文之佳惡，吾自得之，後世誰相知定吾文者耶！吾嘗歎此達言，以為美談。昔尼父之文辭，與人通流，至於製《春秋》，游夏之徒乃不能措一辭。過此而言不病者，吾未之見也！蓋有南威之容，乃可以論於淑媛；有龍泉之利，乃可以議於斷割。劉季緒才不能逮於作者，而好詆訶文章，掎摭利病。昔田巴毀五帝、罪三王、訾五霸於稷下，一旦而服千人。魯連之說，使終身杜口。劉生之辯，未若田氏；今之仲連，求之不難，可無歎息乎！

歸納曹植本文的要點有二：一是文不能無病，貴知修改。他認為世惟仲尼作《春秋》，游夏之徒不能措一字；時人如陳琳則無自知之明，而自謂擅於辭賦，足與相如比肩；曹植自己亦時以詩文請人刊定，故對丁廙請他潤飾文章的作法，深表嘉許。二是鑑賞他人文章，本身必須具備能文的創作經驗。如劉季緒以己所不能，褒貶任聲，曹植深不以為然。可見曹植從事文學創作、批評，抱持審慎的態度，

也以此立身責人;而劉勰卻批評其「崇己抑人」,做為評賞態度偏差的借鑑,雖說其義可從;然以曹植為例,認知上不免斷章取義。

劉勰又舉述曹植有關文學鑒賞條件的觀點,見於《文心雕龍·練字》篇:

> 及魏代綴藻,則字有常檢,追觀漢作,翻成阻奧。故陳思稱:「揚馬之作,趣幽旨深,讀者非師傳不能析其辭,非博學不能綜其理。」豈直才懸,抑亦字隱。

陳思所言,今已不可考。據劉勰引述,揚雄、司馬相如之辭賦,內容、文字深奧,若非學識淵博,明其師法相傳,將無法知其所以然。曹植此說,實緣於他對揚雄、司馬相如辭賦有深刻的喜好及瞭解,曹植〈玄暢賦·序〉云:「聊作斯賦,名曰〈玄暢〉。庶以司馬相如為〈上林賦〉,控引天地古今,陶神知機,摛理表微」,〈酒賦·序〉云:「余覽揚雄〈酒賦〉,辭甚瑰瑋,頗戲而不雅。聊作〈酒賦〉,粗究其終始」,顯然司馬相如、揚雄的賦作,曾提供曹植創作的素材、靈感,故能提出「非師傳不能析其理,非博學不能綜其理」的深入見解。曹植「明家法」之說,適可彌補劉勰鑒賞論之不足,做為文學鑒賞應具備的能力;其以「博學」做為鑒文條件的說法,則與《文心雕龍·神思》篇云:「博見為饋貧之糧」,〈知音〉篇云:「故圓照之象,務先博觀。閱喬岳以形培塿,酌滄波以喻畎澮,無私於輕重,不偏於憎愛,然後能平理若衡,照辭如鏡矣」,論點契合,故為劉勰所甄引;只是劉勰又據以補充,說明揚雄、司馬相如辭賦難懂,不僅是才學深淺的問題,也是由於二人文字深奧的緣故。可見劉勰引述曹說,以為論據,又能有所闡述發揮。

劉勰並整體評論曹植的文學觀點,《文心雕龍·序志》篇云:「陳〈書〉辯而無當」,既言曹植〈與楊德祖書〉措辭博辯,又評其持理不當,所謂「各照隅隙,鮮觀衢路」,對曹植的文學論點做了籠

統而以負面居多的總結。曹植評論文學的文字，散見於〈與楊德祖書〉、〈與吳質書〉、〈薤露行〉、〈答詔示平原公主誄表〉、〈前錄自序〉等篇，而以〈與楊德祖書〉為主，〈書〉云：

> 昔仲宣獨步於漢南；孔璋鷹揚於河朔；偉長擅名於青土；公幹振藻於海隅；德璉發跡於大魏；足下高視於上京。當此之時，人人自謂握靈蛇之珠，家家自謂抱荊山之玉。吾王於是設天網以該之，頓八紘以掩之，今悉集茲國矣！然此數子猶復不能飛軒絕跡，一舉千里也。

文中記述建安文士的次序與用語，與《文心雕龍・時序》篇「仲宣委質於漢南，孔璋歸命於河北，偉長從宦於青土，公幹徇質於海隅，德璉綜其斐然之思」的表述大同小異，應即劉說所本[59]。書內所言重視文章修改的工夫，參驗於《文心雕龍・鎔裁》云：「若情周而不繁，辭運而不濫，非夫鎔裁，何以行之乎？」亦可謂心意相通；而曹植認為文學批評應具備良好的創作能力，則與《文心雕龍・知音》篇云：「凡操千曲而後曉聲，觀千劍而後識器」，強調博觀為識文的必備條件，略有出入。相較之下，曹植的說法較為嚴苛，畢竟批評者未必能文，但必須博觀，則是論文的基本要件。至於曹植以作家好惡不同，對於審美的優劣取捨亦自有別的說法，則與《文心雕龍・知音》篇云：「夫篇章雜沓，質文交加，知多偏好，人莫圓該。……會己則嗟諷，異我則沮棄，各執一隅之解，欲擬萬端之變，所謂『東向而望，不見西牆』也」，以人之偏好不同，常各執偏見的觀點，並無牴牾；〈與楊德祖書〉又云：「夫街談巷說，必有可采；擊轅之歌，有應風雅，匹夫之思未易輕棄也」，曹植不輕棄民歌、小說等民間文學的觀點，在《文心雕龍・諧讔》篇中亦有

---

59 參呂武志著《魏晉文論與文心雕龍》第六章，頁96。

「然文辭之有諧讔，譬九流之有小說，蓋稗官所采，以廣視聽」，
重視稗官小說的觀點。是知曹植、劉勰兩家的文學論述，其實大同
小異；只有曹植以己志不在翰墨，視辭賦爲小道，期建永世之業，
其次則成一家之言的志趣，與《文心雕龍·程器》篇云：「安有丈
夫學文，而不達於政事哉！」，「窮則獨善以垂文，達則奉時以騁
績」，有所不同，劉勰顯然更爲重視文學的地位與作用，〈序志〉
篇云：「唯文章之用，實經典枝條；五禮資之以成文，六典因之以
致用；君臣所以炳煥，軍國所以昭明」，將文章與軍國大事等同並
列，足爲明證。是知劉勰所謂「陳〈書〉辯而無當」，「無當」者
應即指曹植輕估了文學的地位。

第七節　對曹植之評價

　　《文心雕龍·才略》篇曾對曹氏兄弟之才情、創作特色、政治際
遇、文學地位予以比較：

> 魏文之才，洋洋清綺，舊談抑之，謂去植千里，然子建思捷而
> 才儁，詩麗而表逸；子桓慮詳而力緩，故不競於先鳴，而樂府
> 清越，《典論》辯要，迭用短長，亦無懵焉。但俗情抑揚，雷
> 同一響，遂令文帝以位尊減才，思王以勢窘益價，未爲篤論也。

劉勰認爲兩人才性不同，文學表現各有所長，如曹丕「慮詳而力緩，
故不競於先鳴，而樂府清越，《典論》辯要」，曹植「思捷而才儁，
詩麗而表逸」，評論簡要中肯。以才性而言，曹植登臺爲賦，援筆
立成，文采可觀，確較曹丕思捷才儁；以文學表現而言，曹丕的樂
府以淡逸取勝，雄壯高歌本非其長；其《典論·論文》首開風氣之
先，建立文學批評之準則，則非曹植所能及。曹植之詩則開華美一

路，被張戒《歲寒堂詩話》譽爲「古今詩人推陳王及古詩第一」[60]；其章表文情絕勝，爲徐伯虯〈曹子建集序〉評做「建安之冠」[61]；劉勰能從各方面思考立說，以評論二曹之短長，實較鍾嶸《詩品》逕以「鄙直如偶語」評列曹丕於中品，來得全面且持平。以文學地位而言，劉勰認爲舊談、俗情「令文帝以位尊減才，思王以勢窘益價」，然而如謝靈運云：「天下才有一石，曹子建獨占八斗，我得一斗，天下共分一斗」[62]，顏延之《庭誥》云：「至於五言流靡，則劉楨、張華；四言側密，則張衡、王粲。若夫陳思王，可謂兼之矣」[63]，皆非以政治際遇評斷曹丕、曹植文學地位之高下。劉勰亦然。他讚美曹植「才實鴻懿」，「思捷而才儁」，推崇其文爲「群才之俊」，不僅四、五言詩「兼善」、章表亦「獨冠群才」。由此推知，劉勰對曹植的整體評價，其實與他所謂之「俗情」並無二致，仍高於曹丕。

第八節　結　　語

　　劉勰評論曹植多達二十四條，在《文心雕龍》所評二八一位作家中排名第二 [64]，且爲建安作家中，被探討最多的一位，一則反映東漢末年，文體大備，曹植的作品足爲典型；一則突顯曹植在文學上卓爾不群，「文苑之羽儀，詩人之龜鑑」的地位。綜述《文心雕龍》對曹植的評論，有其巧思獨具的特識卓見：

60 引自張戒《歲寒堂詩話》卷上，收於《曹操曹丕曹植資料彙編》，頁 110。
61 徐伯虯〈曹子建集序〉，收於《曹操曹丕曹植資料彙編》，頁 139。
62 宋無名氏《釋常談》卷中引，見《說郛》卷六八，收於《曹操曹丕曹植資料彙編》，頁 95。
63 引自《太平御覽》卷五八六，頁 2640。
64 引自李瑞騰著〈曹植：思捷才俊，詩麗表逸：文心雕龍作家論探析之二〉，收錄於香港中文大學中國語言文學系主編《魏晉南北朝文學論集》（台北：文史哲出版社，1994 年），頁 455。

一、全面評論　優絀並舉

劉勰對曹植的評論，無疑是相當全面的，包括曹植的才思、推動建安文學的興盛、文體創作及風格的表現、文學觀點的評述、文學地位的比論等，散見於《文心雕龍》全書，非一般以二、三語即為作家定調之文評家所能比肩。曹植好文，與文士逞思競藻，品論文學，使文會蔚盛的貢獻，借由〈時序〉篇「陳思以公子之豪，下筆琳瑯，並體貌英逸，故俊才雲蒸」，有所記錄流傳；劉勰所謂建安文學「志深筆長，梗概多氣」的風貌，也以曹植最能代言，呈顯其詩文「慷慨任氣，磊落使才」的特質；曹植四五言詩兼善、章表超軼群倫的亮麗表現，亦以劉勰為知言，彰顯其在文苑令人攀仰莫及的地位。但劉勰並非頌諛之士，對於曹植頌、誄、論、封禪、書、客問、七啟各體作品，劉勰都能優劣並舉，甚至指出其乖體、措辭、引用古事之瑕，未嘗稍予寬待！

二、會通文變　取酌新聲

劉勰不拘泥於成見，能體察作家創造、轉變時代的文風，並予以肯定，如曹植源於樂府，而不入樂的詩歌，俗稱乖調，而劉勰評為「蓋未思也」，頗能接受曹植文學創新的表現；章表迄乎曹植，骨采炳耀，體有所變，已不同於魏初的質樸，劉勰亦譽為獨冠群才，其掌握文變，取酌新聲的態度與慧識，委實難能可貴。

三、保存文獻　發皇補述

劉勰評述曹植文學觀點，有援引，如「雅好慷慨」一詞，緣出曹植；敘述建安文士的次序及用語，亦取資於曹植；有呼應，如重視作品修改、博觀、民間文學，兩人觀點一致；有補述，如鑒賞文學作品，才學固然重要，文字深奧難懂亦有影響，即擴充曹植的論述；有批評，如品論曹書「辯而無當」，指陳利害，是知劉勰對曹植的

文學論點，不僅有保存文獻的重要性，尚有發皇補充的作用。

四、意有未足　評述有誤

　　曹植翰墨內容寬廣，風格多樣，呈現劉勰所謂「志深而筆長，故梗概而多氣」的作品，不過是其中的部分；與其說它們與「世積亂離，風衰俗怨」的時代有關，不如說曹植身世際遇的失志、流離，才是形成其「慷慨任氣」風格的主因；又，《文心雕龍・明詩》篇雖標美曹植以四、五言詩兼善，惟並未說明原因，必須合參〈明詩〉、〈才略〉、〈麗辭〉、〈比興〉、〈聲律〉等篇，才能明其所以然；得知曹植五言詩數量最多，以後期作品最能表現「慷慨任氣，磊落使才」特質，且詩歌屬辭精工華麗，善用比興，聲律和諧，故能獲致「四、五言詩兼善」之美譽；惟如此又與〈明詩〉篇：「並憐風月，狎池苑，述恩榮，敘酣宴，慷慨以任氣，磊落以使才；造懷指事，不求纖密之巧，驅辭逐貌，唯取昭晰之能；此其所同也」之說法未盡相合；而曹植詩以工麗見長，亦與〈明詩〉「五言流調，則清麗居宗……兼善則子建、仲宣」的說法有所扞格；劉勰對曹植詩歌的評論，實不如鍾嶸「骨氣奇高，詞采華茂，情兼雅怨，體被文質」的說法來得貼切傳神；乃劉勰評論曹植前後不稱，意有未足之處。

　　至於曹植〈皇太子生頌〉純為頌辭，而劉勰評為「褒貶雜居，固末代之訛體」；謎語等遊戲文字，被劉勰視為「用乖遠大」；及對於曹植文學地位的評價，實高於曹丕，〈才略〉篇卻謂「俗情抑揚，雷同一響，遂令文帝以位尊減才，思王以勢窘益價，未為篤論也」等，語意前後不合，皆為劉勰評論曹植密中有疏之失。

第五章　《文心雕龍》論孔融

前　言

　　孔融（西元 153－208 年）文名早著，在當代已獲曹丕重視，曾賜金帛以募集孔融的作品，《後漢書·孔融傳》云：「所著詩、頌、碑文、論議、六言、策文、表檄、教、令、書記凡二十五篇」，應即曹丕好賢錄文所致。《四庫全書總目提要》又云：「《孔北海集》一卷，其集《宋史》始不著錄，此本乃明人掇拾，凡三十一篇，然人既國器，文亦鴻寶，雖闕佚之餘，彌可珍也。」顯示孔融作品受人珍賞，迄清未已。至於《文心雕龍》一書，論及孔融者則有九條，於建安七子中僅次於王粲、劉楨，且以正面評價居多，亦足以證明孔融文墨的重要。以下茲分論劉勰對孔融之評述：

第一節　體氣高妙

　　《文心雕龍·風骨》篇曾引述魏文帝對孔融的評論：

　　魏文稱：「文以氣為主，氣之清濁有體，不可力強而致。」故其論孔融，則云：「體氣高妙」。

曹丕《典論·論文》說：「孔融體氣高妙，有過人者」，所言不但呈顯建安文學尚氣的本質，也反映建安時期受到東漢以來品評人物蔚為風氣的影響，重視人物之德性與才能，進而好以才性評論作家。劉勰雖然接受、引用曹丕的論點，惟並未說明其所以然。實則孔融之「體氣高妙」，為其整體之氣質表現，乃由孔融先天的稟賦氣性，

東漢末年政局紊亂的激盪，及當時士人尊尚氣節的餘緒，薈萃而成：

一、忠義耿直之稟氣

孔融的人格特質，包括其志高性潔，不僅面對人生的無常，有奮發之志，且胸懷磊落，大度無私，如〈雜詩〉之一云：

> 巖巖鍾山首，赫赫炎天路。高明曜雲門，遠景灼寒素。昂昂累世士，結根在所固。呂望老匹夫，苟為因世故。管仲小囚臣，獨能建功祚。人生有何常，但患年歲暮。幸託不肖軀，且當猛虎步。安能苦一身，與世同舉厝。由不慎小節，庸夫笑我度。呂望尚不希，夷齊何足慕？

全詩自抒懷抱，願效管仲尊王攘夷，以建功立業，顯見孔融有猛虎高步的志向；〈遺張紘書〉亦云：「但用離析，無緣會面，為愁歎耳。道直途清，相見豈復難哉？」其攬轡以澄清天下之宏願，溢於言表；孔融又樂見人善，〈重答王脩〉云：「掾清身潔己，歷試諸難，謀而鮮過，惠訓不倦。余嘉乃勳，應乃懿德，用升爾于王庭，其可辭乎！」對於為國舉才，不遺餘力，《漢魏六朝百三家集題辭·孔少府集》即說：「盛憲困於孫權，葆首急難，禰衡謝該淪落下士，抗章推舉。今讀其書表，如鮑子復生，禽息不沒，彼之大度，豈止六國四公子乎」，對孔融之推賢進士，胸懷磊落，至表推崇。

其次，孔融稟性耿介，忠正不阿，為建安七子中少有之個人特質。據《後漢書·孔融傳》載錄，他曾捨生義救張儉：

> 山陽張儉為中常侍侯覽所怨，覽為刊章下州郡，以名捕儉。儉與融兄褒有舊，亡抵於褒，不遇。時融年十六，儉少之而不告。融見其有窘色，謂曰：「兄雖在外，吾獨不能為君主邪？」因留舍之。後事泄，國相以下，密就掩捕，儉得脫走，遂并收褒、融送獄。二人未知所坐。……一門爭死，郡縣疑不能決，乃上

> 讓之。詔書竟坐襃焉。融由是顯名。[1]

事在漢靈帝建寧二年（西元 169 年），顯示青年時期的孔融，即有從容赴義之概，並因性情懷烈而揚名於世。靈帝熹平六年（西元 177 年），孔融二十五歲，爲司徒楊賜所辟，據本傳云：

> 辟司徒楊賜府。時隱覈官僚之貪濁者，將加貶黜，融多舉中官親族。尚書畏迫內寵，召掾屬詰責之。融陳對罪惡，言無阿撓。

初次仕宦，他已展現勇於揭舉奸惡，直言無諱的個性特質。即便是面對當權者，孔融亦不假以辭色，曾抗言面忤董卓，如本傳云：

> 會董卓廢立，融每因對答，輒有匡正之言，以忤卓旨，轉爲議郎。

而尤令人讚佩者，孔融每以漢室爲念，盡力從事，自〈喻邴原書〉所言：「王室多難，西遷鎬京。聖朝勞謙，疇咨雋乂。我徂求定，策命懇惻」，可見孔融時以漢室安定爲念的一片忠誠。故左承祖以有意結納袁紹、曹操，圖謀漢室，被孔融所殺；馬日磾以曲媚袁術，孔融獨議喪不加禮[2]；禰衡以「忠果正直，志懷霜雪，見善若驚，疾惡如讎」[3]，與孔融聲氣相通，爲孔融所薦舉等，都顯示孔融忠義耿直，不畏權勢的個性，其被世人譽爲「體氣高妙」，確爲實至名歸。

此外，《文心雕龍・程器》篇又云：

> 文舉傲誕以速誅，……文士之瑕累。

顯示孔融性情尚有傲岸不群，甚至流於嘲謔侮慢的一面。察考孔融所以被曹操所殺，固然與曹操異心漸著，志非止於事漢有關，而孔融自恃才高名顯，負氣不遜以待曹操，則爲關鍵。起初，曹操以孔

---

1 事載《後漢書》卷七十〈孔融列傳〉，頁 2262。又據《後漢書集解校補》侯康曰：「詔捕張儉，事在建寧二年，融年十七矣」，載於《續修四庫全書》二七三冊，頁 219。《後漢書集解》內七十校補頁 1「時融年十六」條下。
2 見於《後漢書》卷七十〈孔融列傳〉，頁 2265。
3 見於《後漢書》卷八十下〈文苑列傳〉，頁 2653。

融家世聲華，文名早著，原本有意借重，故建安元年（西元 196 年）九月，曹操迎獻帝於都許，孔融被徵爲將作大匠[4]；孔融推薦禰衡，操用爲鼓吏[5]；曹操欲殺楊彪，孔融往救，楊彪得以獲釋[6]；孔融議馬日磾喪不宜加禮、反對恢復肉刑等，朝廷均善其議，顯見孔融原本頗受曹操敬重。孔融初亦對曹操有所期待，有〈六言詩〉之二、之三寫道：

> 郭李分爭爲非，遷都長安思歸，瞻望關東可哀，夢想曹公歸來。
>
> 從洛到許巍巍，曹公輔國無私，減去廚膳甘肥，羣僚率從祁祁，
> 雖得俸祿常飢，念我苦寒心悲。

另據《後漢書・楊彪傳》所載，孔融亦曾誇讚曹操：「融曰：『今天下纓緌搢紳，所以瞻仰明公者，以公聰明仁智，輔相漢朝，舉直厝枉，致之雍熙也』」，足見孔融對曹操之匡復漢室，本寄予厚望；惟自建安九年（西元 204 年），曹操拔鄴，丕納甄氏起，孔融作〈嘲曹公子爲子納甄氏書〉，譏諷曹氏父子所爲如「武王伐紂，以姐己賜周公」，與體制不合；後曹操討伐烏桓，孔融又撰文曰：「大將軍遠征，蕭條海外。昔肅慎不貢楛矢，丁零盜蘇武牛羊，可并案也」，嘲弄曹操此役徒勞無功；並曾爲固漢抑曹，上書〈請準古王畿制〉：

> 聖漢因循，未之匡改，猶依古法，潁川、南陽、陳留、上黨三河近郡，不封爵諸侯。臣愚以爲千里國內，可畧從《周官》六鄉、六遂之文，分取北郡，皆令屬司隸校尉，以正王賦，以崇帝室。

奏請將王畿之地收回，惟如此必然損及曹操據地稱雄之私利；迄乎

---

4 見於《後漢書》卷七十〈孔融列傳〉，頁 2264。
5 《通鑑》曰：「平原禰衡，少有才辯，而尙氣剛毅，建安元年末，孔融薦之於曹操。」《世說新語箋疏》（台北：華正書局，1993 年）〈言語〉第二云：「禰衡被魏武謫爲鼓吏」，頁 64。
6 見於《後漢書》卷五十四〈楊彪傳〉，頁 1788。

建安十一年，孔融又著〈難曹公禁酒書〉，以雄辯滔滔，反對曹操禁酒，並以「酒何負於治者哉」之結論譏誚曹操，《後漢書・孔融傳》曾載此事云：「時年飢兵興，操表制酒禁，融頻書爭之，多侮慢之辭。既見操雄詐漸著，數不能堪，故發辭偏宕，多致乖忤」，是知由於政治立場之對立，孔融轉以嘲戲之言語諷刺曹操，終於建安十三年（西元二〇八年）遭致重誅。張溥《漢魏六朝百三家集題辭・孔少府集》曾評此事曰：

> 操殺文舉，在建安十三年，時僭形已彰，文舉既不能誅之，又
> 不敢遠之，並立衰朝，戲謔笑傲，激其忌怒，無嘗肉餧餒虎，
> 此南陽管樂所深悲也。

說明孔融戲謔的言語，笑傲的狂態，爲孔融種下殺機，於建安十三年壬子，孔融被殺，夷族。證明孔融多激切倨傲，少蘊藉寬平的個性，正如劉勰所言，「爲文士之瑕累」，爲其招來殺身滅門之禍。《文心雕龍・程器》篇又云：

> 蓋人稟五材，修短殊用，自非上哲，難以求備。然將相以位隆
> 特達，文士以職卑多誚，此江河所以騰湧，涓流所以寸折者也。

可見劉勰評論作家，能洞察人情世理，知文士於亂世，無足輕重，易遭折志殞身之屈辱，孔融即是如此。其因政治立場不同，對曹操傲誕侮慢，致遭喪命；惟其堅持理想，矢志不移的態度與精神，仍爲「體氣高妙」之外在表現。

二、時代動亂之激盪

東漢末年，皇權衰微，群雄割據，天下分崩離析，宋錢時《兩漢筆記》卷十一即指出時代環境的變化，影響作家的行爲表現：

> 三代而下，人才莫盛於漢季，嗚呼！人才之盛，世道之衰也。
> 何者？明王不作，群邪用事，士君子激於時變，發於忠憤而風

節著焉,此豈得已也哉?[7]

《文心雕龍校釋·時序》亦云:「海宇多事,才士皆有慷慨靖亂之心」,顯示漢魏之際,政局混亂,文士頗受其激盪興發,「以天下風教是非為己任」的使命感油然而生。如曹植〈薤露行〉詩云:「願得展功勤,輸力於明君。懷此王佐才,慷慨獨不群」,表達其輸力明君以濟世亂的願望;王粲〈從軍詩〉之三云:「雖無鉛刀用,庶幾奮薄身」,陳述其奮身效力之志;劉楨〈贈徐幹〉云:「仰視白日光,皦皦高且懸。秉燭八紘內,物類無偏頗。我獨抱深感,不得與比焉」,流露其不得效命君側的感傷。孔融身為累世名族之後,亦有拯危濟世之高志,其〈喻邴原書〉云:

> 國之將隕,嫠不恤緯,家之將亡,緹縈跋涉,彼匹婦也,猶執此義。實望根矩,仁為己任,授手援溺,振民於難。乃或晏晏居息,莫我肯顧,謂之君子,固如此乎!根矩,根矩,可以來矣!

意在籲請邴原推己仁心,拯民於水火,而實為一己心志之表白。可以說,「負其高氣,志在靖難」[8],正是孔融一生志業之所在;漢末亂象未已的時代背景,實為鑄就孔融「體氣高妙」的胚胎。

三、漢末士風之繼承

東漢末年,文士有三項特質:一為重氣節,富於批判精神。《日知錄·兩漢風俗》卷十三有云:

> 漢自孝武表章六經之後,師儒雖盛而大義未明,故新莽居攝,頌德獻符者徧於天下,光武有鑒於此,故尊崇節義,敦厲名實,所舉用者,莫非經明行脩之人,而風俗為之一變。至其末造,

---

7 見於《四庫全書》第六八六冊,頁549。
8 見於《後漢書》卷七十〈孔融列傳〉,頁2264。

> 朝政昏濁，國事日非；而黨錮之流，獨行之輩，依仁蹈義，捨命不渝，風雨如晦，雞鳴不已，三代以下風俗之美無尚於東京者。[9]

反映出漢末受光武獎倡節義，蔚爲風尙的影響，黨人崇尙氣節，抨擊濁流，爲議論國家時政，不惜從容就義的情形。又如袁宏《後漢紀》卷二十二所載：

> 太學生三萬餘人，皆推先陳蕃、李膺，被服其行，由是學生同聲競爲高論，上議執政，下譏卿士。范滂、岑晊之徒仰其風而扇之，於是天下翕然，以臧否爲談，名行善惡，託以謠言。[10]

漢末黨人以陳蕃、李膺爲領袖，以太學生爲基礎，成爲與宦官閹寺的惡勢正邪不兩立的清流，他們「言爲士則，行爲世範」[11]，「慨然有董正天下之志」[12]，且圖存社稷，對漢室一片忠悃，即便是遭黨錮收捕，而陳寔、李膺、范滂等人皆自往請囚，視死如歸。孔融重氣節，富於批評的精神，實與漢末清流人士一脈相承，如他自幼即與黨人李膺有識，十歲餘曾拜見李膺，被詡爲「高明必爲偉器」[13]，並曾不顧自身安危，義救黨人領袖張儉、漢末名臣楊彪，指摘董卓、曹操不當之舉，一心扶持漢室，不願屈節以全於亂世，皆與漢末黨人流注著相同的血脈。

　　二爲漢末文士多博通善辯。《顏氏家訓・勉學》第八云：

> 學之興廢，隨世輕重。漢時賢俊皆以一經弘聖人之道，上明天時，下該人事，用此致卿相者多矣。末俗已來不復爾，空守章句，但誦師言，施之世務，殆無一可。故士大夫子弟皆以博涉

---

9 收於《四部備要》子部卷十三，頁 3 上。
10 收於《四部叢刊》史部，頁 16 上。
11 見於《世說新語・德行》第一，（錄自《世說新語箋疏》，頁 1）。
12 見於《後漢書》卷六十七〈黨錮列傳〉「岑晊」，頁 2212。
13 見於《後漢書》卷七十〈孔融傳〉，頁 2261。

為貴，不肯專儒。

敘明漢末儒士的博涉通達，乃基於對經學空守章句，不務世用的反動，如張衡、崔駰等皆為博學通貫之士，甚至長於談辯，蔚為風尚：如《後漢書·郭泰傳》云「（郭泰）博通墳籍，善談論，美音制」，《後漢書·符融傳》云：「（李膺）每見融，輒絕它賓客，聽其言論，融幅巾奮褎，談辭如雲，膺每捧手嘆息」，《後漢書·文苑列傳》記載酈炎「有文才，解音律，言論給捷，多服其能理」，皆反映當時文士口才辯給的情形；流風所及，建安作家也多博涉善辯，如曹丕博貫古今經傳諸子百家之書[14]、曹植評說混元造化之端，品物區別之意[15]、邊讓少辯博[16]、王粲博物多識[17]、劉楨、邯鄲淳、繁欽等都有機辯之名[18]。而孔融幼年即以應對敏捷著稱：

> 時河南尹李膺以簡重自居，不妄接士賓客，勅外自非當世名人及與通家，皆不得白。融欲觀其人，故造膺門。語門者曰：「我是李君通家子弟。」門者言之。膺請融，問曰：「高明祖父嘗與僕有恩舊乎？」融曰：「然。先君孔子與君先人李老君同德比義，而相師友，則融與君累世通家。」眾坐莫不歎息。太中大夫陳煒後至，坐中以告煒。煒曰：「夫人小而聰了，大未必奇。」融應聲曰：「觀君所言，將不早惠乎？」膺大笑曰：「高明必為偉器。」

自《後漢書·孔融傳》這段記載，孔融的才思敏捷，應答機辯，早受時人稱賞；《太平御覽》卷四百六十三引范曄《後漢書》亦述寫孔融面見李膺，與李膺談論百家經史，應答如流之情形，可見孔融

---

14 見於《三國志·魏書》卷二〈文帝紀〉注引《魏書》，頁57。
15 見於《三國志·魏書》卷二十一〈王粲傳〉注引《魏略》，頁603。
16 見於《後漢書》卷八十下〈文苑列傳〉，頁2640。
17 見於《三國志·魏書》卷二十一〈王粲傳〉，頁598。
18 見於《三國志·魏書》卷二十一〈王粲傳〉。

頗受當時談辯風尚影響，博學善辯，詩文亦多旁徵博引，雄辯不絕。

　　三為任情放達之習氣。由於漢末學風，儒生不拘泥於傳統經學，及政局動盪，士人時感人生無常，命如草芥的緣故，漢末文士常有任性不羈的行為，如曹操年少放蕩不修行業[19]，曹丕用手巾角拂棋以為戲[20]，曹植胡舞擊劍，不持威儀[21]，王仲宣好驢鳴，文帝臨其喪，與客作驢鳴以送之[22] 等，皆表現任性使氣的行事作風。孔融亦然。不僅平日詩酒風流，豪放不羈，即便退居閒職，也是賓客盈門，常有「坐上客常滿，尊中酒不空，吾無憂矣」的放逸，甚與禰衡跌蕩放言，有不遵朝儀，禿巾微行，唐突宮掖[23] 的放縱任情，由此吾人可以想見孔融特屬名士的狂態與放逸，及欲澆胸中塊壘的悲憤，實與漢末文風有所會流，此余嘉錫於《世說新語箋疏·傷逝》第十七案語云：

　　　　此可見一代風氣，有開有先，雖一驢鳴之微，而魏晉名士之嗜
　　　　好，亦襲自漢也。況名教禮法，大於此者乎！[24]

是知孔融之「體氣高妙」，實與其繼承漢末文士重氣節、好批評，博涉善辯，任情縱性的風尚、精神有關，形諸於文，也能傲岸高潔，氣概凜然，有過人之處。

　　《文心雕龍·風骨》篇除援引魏文《典論·論文》的說法，評論孔融「體氣高妙，有過人者」以外，又舉述劉楨的說法：「孔氏卓卓，信含異氣，筆墨之性，殆不可勝」，今劉楨之說雖不可見，然尋繹曹、劉二說實有相通之處，皆論孔融稟氣超卓，下筆為文，氣格自高，勝於凡俗。揆諸孔融所以體氣高妙，超軼過人，為建安六

---

19 見於《世說新語·假譎》第二十七引孫盛《雜語》，頁851。
20 見於《世說新語·巧藝》第二十一，頁721。
21 見於《三國志·魏書》卷二十一〈王粲傳〉注引《魏略》，頁603。
22 見於《世說新語·傷逝》第十七，錄自余嘉錫撰《世說新語箋疏》，頁636。
23 見於《後漢書》卷七十〈孔融傳〉，頁2278。
24 同22。

子所不及者,根本即在於其稟賦的忠直之氣。孔融公忠體國,疾惡如讐,無半點俗氣媚態,以一烈丈夫之風範,表現忠誠正直,無私無畏,堅持理想的人格,誠如范曄《後漢書‧孔融傳》評云:「懍懍焉,皜皜焉,其與琨玉秋霜比質可也」。

第二節　一代名儒

孔融的生命特質,與其家學儒經,精通儒術的淵源,有密切的關係。《文心雕龍‧奏啟》篇即指出「儒士」為孔融的學術背景與其言行基調之泉源:

> 路粹之奏孔融,則誣其釁惡,名儒之與險士,固殊心焉。

其中,「路粹之奏孔融」一事,載錄於《後漢書‧孔融傳》:

> 曹操既積嫌忌,而郗慮復搆成其罪,遂令丞相軍謀祭酒路粹枉狀奏融曰:「少府孔融,昔在北海,見王室不靜,而招合徒眾,欲規不軌,云『我大聖之後,而見滅於宋,有天下者,何必卯金刀。』及與孫權使語,謗訕朝廷。又融為九列,不遵朝儀,禿巾微行,唐突宮掖。又前與白衣禰衡跌蕩放言,云『父之於子,當有何親?論其本意,實為情欲發耳。子之於母,亦復奚為?譬如寄物瓹中,出則離矣』。既而與衡更相贊揚。衡謂融曰:『仲尼不死。』融答曰:『顏回復生』大逆不道,宜極重誅。」書奏,下獄棄市。[25]

言路粹上書指控孔融敗壞倫理,有不忠於漢室、不孝於父母、不守常規之言行;孔融因寫〈臨終〉詩對此事表示冤屈憤慨:「言多令事敗,器漏苦不密。河潰蟻孔端,山壞由猿穴。涓涓江漢流,天窗通冥室。讒邪害公正,浮雲翳白日。靡辭無忠誠,華繁竟不實。人

---

25 見於《後漢書》卷七十〈孔融傳〉,頁2278。

有兩三心，安能合為一？三人成市虎，浸潰解膠漆。生存多所慮，長寢萬事畢」，除歸咎自己未能慎言，遭人忌害，也控訴郗慮、路粹等人，所言欺誕不實。路粹之偽奏，係奉曹操指使，誠如孔融於〈報曹公書〉云：

> 至於輕弱薄劣，猶昆蟲之相齧，適足還害其身，誠無所至也。
> 晉侯嘉其臣所爭者大，而師曠以為不如心競。

認為為人臣者應爭國之大事，比心志之修養，切不該讒邪害公正，浮雲翳白日，由此孔融之胸壑磊落，識見高遠，與路粹之奸險為惡，小人進讒，高下立判，劉勰將二人比做「名儒」與「險士」，豈不其然！劉勰斥責路粹「誣其釁惡」，則不僅吻合史傳對路粹「奉指數致融罪」，「融誅之後，人覩粹所作，無不嘉其才而畏其筆也」[26]的評論，也與後人如蘇軾〈謝宣諭劄子〉云：「伏見東漢孔融才疏意廣，負氣不屈，是以遭路粹之冤。」[27]，張溥《漢魏六朝百三家集題辭·孔少府集》云：「陳留路粹，中郎弟子也。呈身漢賊，奏殺賢者，與馬融役於梁冀等耳」，觀點一致，均對路粹枉奏賢士有所不恥。

　　無論孔融之家學，著述，以及行事風格，他都無愧於「名儒」之美稱。其七世祖孔霸，據《漢書·孔光傳》卷八十一云：「（孔）霸字次儒，……亦治《尚書》，……宣帝時為太中大夫，以選授皇太子經」；父親孔宙，據宋洪適《隸釋》卷七載〈泰山都尉孔宙碑〉，稱孔宙「少習家訓，治《嚴氏春秋》」；長兄孔褒，據清王旭《金石萃編》卷十四載有〈豫州從事孔褒碑〉云：「褒字文禮，孔子二十世之孫，泰山都尉之元子，治家業《春秋》」；兄長孔謙，據《隸釋》卷六載〈孔謙碣〉云：「孔謙字德讓者，宣尼公二十世孫，都

---

26 見於《三國志·魏書》卷二十一〈王粲傳〉注引《典略》，頁603。
27 見於《蘇東坡全集》（台北：世界書局，1996年）下冊，頁574。

尉君之子也。……祖述家業，修《春秋》經」，可見孔融先世父兄皆精研儒家經典，尤其長於《春秋經》，孔融著有《春秋雜議難》五卷[28]，即與其家學淵源有關。故孔融立言尊崇五經，〈與諸卿書〉云：

> 鄭康成……人見其名學，謂有所出也。證案大較，要在五經四
> 部書。如非此文，近為妄矣。

並常援引經文立論，尤其多引用《詩經》、《春秋公羊傳》的語句[29]。當其出仕，任職北海相期間，曾在朱虛縣奉行儒道：

> 更置城邑，立學校，薦舉賢良鄭玄、彭璆、邴原等。郡人甄子
> 然、臨孝存知名早卒，融恨不及之，乃命配食縣社。其餘雖一
> 介之善，莫不加禮焉。郡人無後及四方游士有死亡者，皆為棺
> 具而斂葬之。

《藝文類聚》卷八十五並載「有遭父喪，哭泣墓側，色無憔悴，文舉殺之；又有母病瘥，思食新麥，家無，乃盜鄰熟麥而進之，文舉聞之，特賞」的故實，孔融崇尚真孝，而唾棄偽情的作風可見一斑。俟隨曹操從政，孔融則力主禮教治國，反對嚴刑峻罰，曾作〈馬日磾不宜加禮議〉，主張使臣馬日磾曲媚袁術，不宜厚加喪葬之禮；撰〈南陽王馮東海王祗祭禮對〉，反對獻帝擬為幼子殀亡祭祀一年，認為不合禮制，並與前代故制相違；著〈肉刑議〉，勸諫時君酷刑不能止人為非，適足絕人為善，施政仍以明德教化為是。足證孔融無論任官地方、中央，皆一本儒家「仁」、「禮」學說，寬政愛民，舉薦賢良，並普及教育，保存學術文化，洵為言行一致的典型儒家人物。

---

28 據《隋書》卷三十二〈經籍志〉一載錄。
29 韓格平著《建安七子綜論》（吉林：東北師範大學，1998年），曾統計孔融文章引用儒家經典的情形，見於下編第一章〈孔融研究〉，頁59。

此外，值得一提的，孔融對漢末通儒鄭玄十分禮敬，以鄭玄徧注群經，德行高遠，曾改鄭玄故鄉名為「鄭公鄉」，為之廣開門衢，令容高車，號為「通德門」[30]，並繕治其居所牆宇，以敦請鄭玄回高密[31]，司馬彪著《九州春秋》亦載：「融在北海，高密鄭玄稱之鄭公，執子孫禮」，可見孔融對鄭玄的尊崇；但孔融對鄭玄之學並非全盤接受，其〈與諸卿書〉云：

> 鄭康成多臆說，人見其名學，謂有所出也。證案大較，要在五
> 經四部書。如非此文，近為妄矣。若子所執，以為郊天鼓必當
> 麒麟之皮也，寫孝經本當曾子家策乎？

證明漢魏之際，鄭氏之學雖打破家法，兼採今古文說，並以精於禮學，成為宗師，由王粲〈尚書問〉所言：「伊洛已東，淮漢之北，康成一人而已，莫不宗焉。咸云先儒多闕，鄭氏道備」，足見其在建安經學崇高的地位；然其立說，不能無失，王應麟《困學紀聞》嘗云：「鄭康成釋經，以緯書亂之」[32]，專信緯候五行玄怪的說法以注經，便成為鄭玄學術最為人所詬病之處，三國時宋忠、王弼之《易》注、虞翻《書》奏、王粲〈尚書問〉、王肅《毛詩駁》等均曾列舉鄭玄違失，孔融亦提出質疑，顯示孔融雖表彰儒術，而能知所揀擇，不致盲從。

孔融「性好學，博涉多該覽」[33]，故除了宗主儒家之學，亦旁涉他家思想，所著〈周武王漢高祖論〉、〈聖人優劣論〉、〈汝潁優劣論〉，品藻人物才性高下，即寓有名家思想。茲舉〈汝潁優劣論〉為例：

---

30 引自孔融著〈告高密縣立鄭公鄉教〉，見於俞紹初輯校《建安七子集‧孔融集》，頁13。
31 引自孔融著〈繕治鄭公宅教〉，見於俞紹初輯校《建安七子集‧孔融集》，頁14。本書凡引建安七子作品，以《建安七子集》為本，不再一一註明。
32 收於《四部備要》子部卷四，頁4上。
33 語出《後漢書》卷七十〈孔融傳〉，頁2262。

融以汝南士勝潁川士,陳長文難曰:「頗有蕪菁,唐突人參也。」
融答之曰:「汝南戴子高親止千乘萬騎,與光武皇帝共揖於道
中;潁川士雖抗節,未有頡頏天子者也。汝南許子伯,與其友
人共說世俗將壞,因夜起,舉聲號哭;潁川士雖頗憂時,未有
能哭世者也。汝南許掾教太守鄧晨圖開稻陂,灌數萬頃,累世
獲其功,夜有火光之瑞;韓元長雖好地理,未有成功見效,如
許掾者也。汝南張元伯身死之後,見夢范巨卿;潁川士雖有奇
異,未有鬼神能靈者也;汝南應世叔讀書五行俱下;潁川士雖
多聰明,未有能離妻並照者也。汝南李洪為太尉掾,弟煞人當
死,洪自劾詣閣,乞代弟命,便飲酖而死,弟用得全;潁川士
雖尚節義,未有能煞身成仁如洪者也。汝南翟文仲為東郡太
守,始舉義兵以討王莽;潁川士雖疾惡,未有能破家為國者也。
汝南袁公著為甲科郎中,上書欲治梁冀,潁川士雖慕忠讜,未
有能投命直言者也。

篇中分由抗節以頡頏天子、憂時能哭世、好地理,累世獲其功、奇
異通鬼神、聰明能與離妻並照、尚節義而能殺身成仁、疾惡而能破
家為國、忠讜能投命直言等八事,品評汝南之士優於潁川;其善於
循名責實,分析論辯,據《三國志‧魏書‧荀彧傳》注《荀氏家傳》
所載:「陳群與孔融論汝潁人物,群曰:『荀文若、公達、休若、
友若、仲豫,當今並無對』」[34],當世罕能匹敵,可見孔融辯說之術
近乎名家,惟其說理內容則弗乖於儒。故劉師培《中古文學史‧魏
晉文學之變遷》亦云:

魏代自太和以迄正始,文士輩出,其文約分二派:一為王弼、
何晏之文,清峻簡約,文質兼備;雖闡發道家之緒,實與名法

---

34 引自《三國志‧魏書》卷十〈荀彧傳〉,頁316。

家為近者也。此派之文，……溯其遠源，則孔融、王粲實開其基。……孔王雖善持論，而不能藻以玄思，故世之論魏晉文學者，昧厥遠源之所出。[35]

益證孔融之名理為表，儒家為裡，實開魏晉王弼、何晏玄理的先聲。

第三節　各體文學　褒貶不一

劉勰評論孔融各體文學之表現，包括碑銘、論說、詔策、表、書，大抵皆能優劣並舉，立論持平：

一、碑　文

《文心雕龍·誄碑》篇云：

> 自後漢以來，碑碣雲起，才鋒所斷，莫高蔡邕。觀楊賜之碑，骨鯁訓典，陳郭二文，句無擇言。周胡眾碑，莫非精允。其敘事也該而要，其綴采也雅而澤，清詞轉而不窮，巧義出而卓立；察其為才，自然而至矣。孔融所創，有慕伯喈；張陳兩文，辨給足采，亦其亞也。

劉勰認為後漢以來碑文，以蔡邕表現最好，孔融其次。摯虞《文章流別論》曾評蔡邕所作碑文云：「蔡邕為楊公作碑，其文典正，末世之美者也」[36]，與劉勰「觀楊賜之碑，骨鯁訓典」的評論一致。劉勰並指出蔡邕之碑文，有〈陳太丘碑文〉、〈郭有道碑文〉、〈汝南周勰碑文〉、〈太傅胡廣碑文〉等，足為世範；其中蔡邕自認「無愧色耳」[37]，乃〈郭有道碑文〉，包括以散文所寫的序文，與以韻文所寫的銘辭。序文為本文，分述郭泰之家世學行、教化、政事、後

---

35 引自劉師培編《中古文學史》，頁 39。
36 見於《太平御覽》卷五九〇，頁 5 上。
37 語見於《後漢書》卷六十八〈郭泰傳〉，頁 2227。

事，銘辭則總括序文，揄揚郭泰的高風亮節，淡泊自得，故能望重士林，風範長存。由於文無廢句，句無廢字，且文辭典雅溫潤，清新流轉，足以彰顯郭泰之節行德範，餘韻不絕，故被劉勰推重為「其敘事也該而要，其綴采也雅而澤，清詞轉而不窮，巧義出而卓立」；簡要言之，即《文心雕龍·才略》篇所謂「蔡邕精雅」。至於孔融，其平素即與蔡邕交誼深厚，如《後漢書·孔融傳》所載：「與蔡邕素善，邕卒後，有虎賁士貌類於邕，融每酒酣，引與同坐，曰：『雖無老成人，且有典型』」，撰著碑文，亦慕蔡邕風矩。兩篇被劉勰舉述的碑文：「張、陳兩文」，陳文已散佚無考，尚有〈衛尉張儉碑銘〉，猶存殘文：

> 其先張仲，實以孝友左右周室。晉主夏盟，而張老。延君譽於四方。君稟乾剛之正性，蹈高世之殊軌，冰絜淵清，介然特立，雖史魚之勵操，叔向之正色，未足比焉。中常侍同郡侯覽，專權王命，犲虎肆虐，威震天下。君以西部督郵，上覽禍亂凶國之罪，鞠沒賦姦，以巨萬計。俄而制書案驗部黨，君為覽所陷，亦章名捕逐。當世英雄，受命殞身，以籍濟君厄者，蓋數十人，故克免斯艱。旋宅舊宇，眾庶懷其德，王公慕其聲，州宰爭命，辟大將軍幕府，公車特就家拜少府，皆不就也。復以衛尉徵，明詔嚴切，勅州郡，乃不得已而就之。惜乎不登泰階以尹天下，致皇代於隆熙。銘曰：桓桓我君，應天淑靈，皓素其質，允迪忠貞。肆志直道，進不為榮。赴戟驕臣，發如震霆。凌剛摧堅，視危如寧。聖王克亮，命作喉脣。

序文部分敘述張儉之家世、稟性，遭誣陷，及仕途辭就之過程，以頌美張儉察奸肅貪，勇於糾舉侯覽，表現正直耿介，視危如寧的風範。銘辭則通篇四言，整齊有韻。觀其內容，既能「標敘盛德，必

見清風之華；昭紀鴻懿，必見峻偉之烈」[38]，以突顯傳主之氣節風骨，符合碑體之體制，且全篇無繁宂之弊，而措辭典雅，奇偶相生，轉折自然靈活，能體現「蔡邕精雅」之奧妙，故爲劉勰評曰：「孔融所創，有慕伯喈」！至於〈誄碑〉篇對孔融〈衞尉張儉碑銘〉「辨給足采」之評論，限於殘卷，今已無法領略其文之辯才便給，而僅能識其「足采」矣！

二、論　文

《文心雕龍‧論說》篇云：

> 至如張衡〈譏世〉，頗似俳說；孔融〈孝廉〉，但談嘲戲；曹植〈辨道〉，體同書抄，才不持論，寧如其已。

所謂「孔融〈孝廉〉，但談嘲戲」，爲劉勰歷舉各代名家論文優劣時，少數幾篇負面的論體文之一。孔融〈孝廉論〉，今已不傳，無法窺其面貌；所存其他論文如〈周武王漢高祖論〉、〈聖人優劣論〉、〈汝穎優劣論〉、〈肉刑論〉、〈同歲論〉，或臧否人物器性高下、或議論時政、或形同箴言，則皆與嘲戲無關。按「論」之文體，既以「彌綸群言，而研精一理」爲貴[39]，其作用在於：立我宗義，破彼異說。破且能立，然後才能敵黜而我尊，邪摧而正顯[40]，是以借嘲戲立論，譏誚有餘，析理不足，自不能成爲論體之正製；曹丕《典論‧論文》嘗云：「孔融體氣高妙，有過人者，然不能持論，理不勝辭，以至乎雜以嘲戲」，即指出孔融立論，有理不勝辭，近乎嘲弄輕侮之弊，其評論可與劉勰「孔融〈孝廉〉，但談嘲戲」說互補參照。今孔融雖無談嘲戲之論文可資徵驗，然由孔融〈嘲曹公爲子納甄氏書〉云：「武王伐紂，以妲己賜周公」，〈嘲曹公討烏桓書〉

---

38 見於《文心雕龍‧誄碑》。
39 見於《文心雕龍‧論說》。
40 語出於《文心雕龍校釋‧論說》第十八，頁116。

云:「大將軍遠征,蕭條海外。昔肅慎不貢楛矢,丁零盜蘇武牛羊,可并案也」,兩封書函皆以史實爲喻,批評曹操的舉措失當,而語氣譏誚有餘,辨理不足,則孔融〈孝廉〉,以內容涉及嘲戲,未獲重視,當亦類此。張溥《漢魏六朝百三家集題辭·孔少府集》曾說:「操殺文舉,在建安十三年,時僭形已彰,文舉既不能誅之,又不敢遠之,並立衰朝,戲謔笑傲,激其忌怒,無啻肉餧餒虎,此南陽管樂所深悲也」,張氏所言,指出孔融所以嬉笑嘲諷,意在藉譏誚之筆,以消胸中塊壘,背後實蘊藏深摯之沈痛與無奈!

三、教 文

詔策方面,孔融有教文傳世。「詔策」與「教文」相同者,皆屬下行文,如「詔策」爲君告語臣下之文,「教」爲長官告屬下、師長告後學之語[41]。所不同者,「教」雖爲尊長示卑下之辭,然與戒、命皆不限用於君臣之際,故劉勰列於篇末附論之[42]。《文心雕龍·詔策》篇云:

> 孔融之守北海,文教麗而罕施,乃治體乖也。

其中「罕施」原作「罕於理」,依王利器《新書》說改刪[43],此因孔融教體之文,今存〈告高密縣立鄭公鄉教〉、〈教高密令〉、〈失題教〉、〈繕治鄭公宅教〉、〈告高密僚屬教〉、〈告昌安縣教〉、〈答王脩教〉、〈重答王脩教〉等,皆寫於孔融任職北海相期間,以尊賢禮士、薦舉賢良、宣揚禮治教化爲撰文主旨,於理並無不合。如〈告高密縣立鄭公鄉教〉云:

---

41 語出王師更生著《文心雕龍讀本·詔策》第十九「解題」,頁353。
42 語出《文心雕龍注》卷四〈詔策〉第十九,頁372。
43 王利器校箋《文心雕龍新書·詔策》篇云:「罕施,原作『罕於理』,據《御覽》引改,此乃『施』誤爲『於』,辭不可通,乃加『理』以足之也。《抱朴子·清鑒》篇云:『孔融、邊讓,文學邈俗,而並不達治務,所在敗績。』此與彥和『文教麗而罕施』意正同」,頁61。

昔齊置士鄉，越有君子軍，皆異賢之意也。鄭君好學，實懷明德。昔太史公、廷尉吳公、謁者僕射鄧公，皆漢之名臣。又南山四皓有園公、夏黃公，潛光隱耀。世嘉其高，皆悉稱「公」。然則公者，仁德之正號，不必三事大夫也。今鄭君鄉宜曰「鄭公鄉」。昔東海于公僅有一節，猶或戒鄉人侈其門閭，矧乃鄭公之德，而無駟牡之路，可廣開門衢，令容高車，號為「通德門」。

孔融歷舉各代禮賢之事為證，說明立鄭公鄉、開通德門之由，文字典雅婉麗，足與鄭玄儒學宗師之德範與地位相稱。又如〈重答王脩教〉云：

掾清身潔己，歷試諸難，謀而鮮過，惠訓不倦。余嘉乃勛，應乃懿德，用升爾於王庭，其可辭乎！

行文簡潔切當，足以彰顯王脩之懿德與孔融薦才之用心！《困學紀聞》曾評此教文曰：「文辭溫雅，有典誥之風，漢郡國之條教如此」[44]，可借以明瞭孔融「文教麗也」的本質；此外，孔融在北海雖然發揚儒術，禮敬賢士，施行仁德教化，惜乎用於政事，卻不切實際。《三國志·魏書·崔琰傳》注引張璠《漢記》云：「融在郡八年，僅以身免。」[45]司馬彪《九州春秋》亦云：

其（孔融）所任用，好奇取異，皆輕剽之才。至於稽古之士，謬為恭敬，禮之雖備，不與論國事也。高密鄭玄，稱之鄭公，執子孫禮。及高談教令，盈溢官曹，辭氣溫雅，可玩而誦。論事考實，難可悉行。但能張磔網羅，其自理甚疏。租賦少稽，一朝殺五部督郵。姦民污吏，猾亂朝市，亦不能治。幽州精兵亂，至徐州，卒到城下，舉國皆恐。融直出說之，令無異志。

---

44 收於《四部備要》子部卷十三，頁 7 下。
45 見於《三國志·魏書》卷十二〈崔琰傳〉注引張璠《漢記》，頁 372。

遂與別校謀夜覆幽州，幽州軍敗，悉有其眾。無幾時，還復叛
亡。黃巾將至，融大飲醇酒，躬自上馬，禦之涑水之上。寇令
上部與融相拒，兩翼徑涉水，直到所治城。城潰，融不得入，
轉至南縣，左右皆叛。連年傾覆，事無所濟，遂不能保鄣四境，
棄郡而去。後徙徐州，以北海相自還領青州刺史，治郡北陸。
欲附山東，外接遼東，得戎馬之利，建樹根本，孤立一隅，不
與共也。于時曹、袁、公孫共相首尾，戰士不滿數百，穀不至
萬斛。王子法、劉孔慈凶辯小才，信為腹心。左丞祖、劉義遜
清雋之士，備在坐席而已，言此民望，不可失也。丞祖勸融自
託彊國，融不聽而殺之。義遜棄去。遂為袁譚所攻，自春至夏，
城小寇眾，流矢雨集。然融憑几安坐，讀書論議自若。城壞眾
亡，身奔山東，室家為譚所擄。[46]

載錄孔融與黃巾作戰，連年傾覆，四境不保，被迫徙徐州；治北海
數陸，又為袁譚所攻陷，夜奔山東的窘況，故《抱朴子外篇・清鑒》
篇云：「孔融、邊讓文學邈俗，而並不達治務，所在敗績」[47]，蘇東
坡〈樂全先生文集敘〉亦云：「孔北海志大而論高，功烈不見於世」
[48]，皆剴切指陳孔融不達於政事的缺失，足為劉勰「文教麗而罕施，
乃治體乖也」之評議作註。今若以《文心雕龍・程器》篇所謂「文
士」之標準來看：「蓋士之登庸，以成務為用。……安有丈夫學文，
而不達於政事哉」，則孔融文域有成而事功未至，固非劉勰眼中理
想之作家矣！

四、章　表

孔融的章表，有亮麗的表現。《文心雕龍・章表》篇云：

---

46 見於《三國志・魏書》卷十二〈崔琰傳〉注引司馬彪《九州春秋》，頁 371。
47 收於《萬有文庫薈要》（台北：商務印書館，1965 年）卷二一，頁 555。
48 收於《蘇東坡全集》上冊，頁 277。

魏初章表，指事造實，求其靡麗，則未足美矣。至如文舉之薦
禰衡，氣揚采飛；孔明之辭後主，志盡文壯；雖華實異旨，並
表之英也。琳瑀章表，有譽當時；孔璋稱健，則其標也。陳思
之表，獨冠群才。

除了陳述魏初章表薈萃，作家輩出的盛況，同時也以孔融、諸葛亮
並列為魏初表文的英傑。按「表」之為體，乃臣下用以陳請之上書，
孔融奏請上書的作品有〈上書薦謝該〉、〈上書薦趙臺卿〉、〈薦
禰衡表〉意在舉才，〈上書請準古王畿制〉、〈上三府所辟稱故吏
事〉用於陳情，其中以〈薦禰衡表〉，作於建安初年，辭采華麗，
氣格遒壯，最為人所稱誦：

> 臣聞洪水橫流，帝思俾乂，旁求四方，以招賢俊。昔世宗繼統，
> 將弘祖業，疇咨熙載，群士響臻。陛下睿聖，纂承基業，遭遇
> 厄運，勞謙日昃。惟嶽降神，異人並出。竊見處士平原禰衡，
> 年二十四，字正平，淑質貞亮，英才卓躒。初涉藝文，升堂覩
> 奧，目所一見，輒誦於口，耳所暫聞，不忘於心，性與道合，
> 思若有神。弘羊潛計，安世默識，以衡準之，誠不足怪。忠果
> 正直，志懷霜雪，見善若驚，疾惡如讎。任座抗行，史魚屬節，
> 殆無以過也。鷙鳥累百，不如一鶚。使衡立朝，必有可觀。飛
> 辯騁辭，溢氣坌涌，解疑釋結，臨敵有餘。昔賈誼求試屬國，
> 詭係單于，終軍欲以長纓，牽致勁越，弱冠慷慨，前代美之。
> 近日路粹、嚴象，亦用異才擢拜臺郎，衡宜與為比。如得龍躍
> 天衢，振翼雲漢，揚聲紫微，垂光虹蜺，足以昭近署之多士，
> 增四門之穆穆。鈞天廣樂，必有奇麗之觀；帝室皇居，必蓄非
> 常之寶。若衡等輩，不可多得。激楚陽阿，至妙之容，掌技者
> 之所貪；飛兔、騕褭，絕足奔放，良、樂之所急。臣等區區，
> 敢不以聞。臣下篤慎取士，必須效試，乞令衡以褐衣召見。無

可觀采，臣等受面欺之罪。

文中首先讚美漢獻帝勤政不息，賢俊異士並出。次則頌揚禰衡才器出眾，學藝超卓，雖桑弘羊、張安世亦無以過之；且謂其稟性高潔，騁辭善辯，疾惡如讎，雖任座、史鰌亦難以比肩；繼則薦舉禰衡，若能立朝，必有可觀，可比擬賈誼、終軍、路粹、嚴象，為不可多得的人才。末則自言若有虛假，願受欺君之罪。全文時以四六對偶、排比的句式、今昔相襯的典故、人物的譬喻比較，來突顯禰衡性情的貞亮正直，及才學的出眾。按覈於《後漢書‧禰衡傳》的載錄：

> 少有才辯，而尚氣剛傲，好矯時慢物。……劉表及荊州士大夫先服其才名，甚賓禮之，文章言議，非衡不定。表嘗與諸文人共草章奏，並極其才思。時衡出，還見之，開省未周，因毀以抵地。表憮然為駭。衡乃從求筆札，須臾立成，辭義可觀。……衡為作書記，輕重疏密，各得體宜。祖持其手曰：「處士，此正得祖意，如祖腹中之所欲言也。」祖長子射，為章陵太守，尤善於衡。嘗與衡俱遊，共讀蔡邕所作碑文，射愛其辭，還恨不繕寫。衡曰：「吾雖一覽，猶能識之，唯其中缺二字為不明耳。」因書出之，射馳使寫碑還校，如衡所書，莫不歡伏。射時大會賓客，人有獻鸚鵡者，射舉卮於衡曰：「願先生賦之，以娛嘉賓。」衡攬筆而作，文無加點，辭采甚麗。

足證孔融〈薦禰衡表〉，非溢美之辭，且文字傳神，形象鮮活，能生動地刻劃出禰衡的特質。是知惟有孔融的遒文壯采，才能渲染出禰衡的奇氣縱橫，文才洋溢，劉勰評論文舉〈薦禰衡表〉：「氣揚采飛」，洵為深識之論！其文采之綺麗華美，又已不同於魏初章表之直陳事情，造語樸實，誠如劉師培《論文雜記》所說：「建安之世，七子繼興，偶有撰著，悉以排偶易單行。即非有韻之文，亦用

偶文之體；而華靡之作，遂開四六之先，而文體復殊於東漢」[49]，孔融〈薦禰衡表〉已開四六之先。若與諸葛亮之〈出師表〉相較，則武侯之忠勤誠懇，意周辭簡，確與孔融〈薦禰衡表〉「華實異旨」，判然有別，而因皆爲風力遒上，古意未漓之章表名作，故被劉勰譽爲「並表之英也」！至於另一位章表大家曹植，〈章表〉篇評曰：「體贍而律調，辭清而志顯，應物製巧，隨變生趣，執轡有餘，故能緩急應節矣」，其作品不但流露曹植公忠體國、急切用世之情，且辭采並茂，爲駢體文之形成推波助瀾，故能超逸冠群，成就在孔融之上！

五、書　牘

孔融的書牘，亦有名於世。《文心雕龍・書記》篇云：

> 魏之元瑜，號稱翩翩；文舉屬章，半簡必錄；休璉好事，留意詞翰，抑其次也。

列舉的魏代三位書記名家中，以孔融今存書信十八篇爲最多，當時如魏文帝即深好孔融文辭，歎爲楊班之儔，凡有收募孔融文章以上者，輒賞以金帛[50]；而李充《翰林論》云：「孔文舉之書，陸士衡之議，斯可謂成文也」[51]，對孔融書信亦有很高的評價。孔融的書牘，大抵可分三類：一爲稱美慰薦賢士，如〈喻邴原書〉、〈與邴原書〉、〈與王朗書〉、〈遺張紘書〉、〈又遺張紘書〉、〈與韋休甫書〉、〈與宗從弟書〉、〈與曹公書薦邊讓〉，文字流露孔融高遠磊落，思賢並立之襟懷，令人景仰；二爲論學，如〈答虞仲翔書〉、〈與諸卿書〉、〈與許博士書〉，講論《易傳》、鄭學等，均有獨到之見；三爲議論時政，如〈嘲曹公爲子納甄氏書〉、〈嘲曹公討烏桓

49　見於劉師培《論文雜記》（寧武南氏排印本，1934－1936年），頁7上。
50　見於《後漢書》〈孔融傳〉，頁2279。
51　引自《太平御覽》卷五八五文部一〈敘文〉，頁2636上。

書〉、〈難曹公禁酒書〉，將孔融博學多聞，才思敏捷的器識表露無遺。其中以〈喻邴原書〉、〈論盛孝章書〉，最能流露孔融之真性情。其〈喻邴原書〉云：

> 脩性保貞，清虛守高，危邦不入，久潛樂土。王室多難，西遷鎬京。聖朝勞邐，疇咨雋乂。我徂求定，策命懇惻。國之將隕，犛不恤緯，家之將亡，緹縈跋涉，彼匹婦也，猶執此義。實望根矩，仁為己任，授手援溺，振民於難。乃或晏晏居息，莫我肯顧，謂之君子，固如此乎！根矩，根矩，可以來矣！

孔融先以王事多艱、國勢將隕，動之以情；繼以緹縈匹婦，尚且救父為喻，訴之以理，勸邴原拯民於危，文末仿自《詩經·小雅·北山》的文句：「乃或晏晏居息，莫我肯顧，謂之君子，固如此乎」，除了懇切召喚邴原出仕，作者以國家興亡為己任的使命感亦溢於言表，充分發揮《文心雕龍·書記》篇所云：「條暢以任氣，優柔以懌懷。文明從容，亦心聲之獻酬也」書體的作用，頗能振聾發聵，令人動容！另如建安九年，孔融五十二歲時所著之〈論盛孝章書〉云：

> 歲月不居，時節如流。五十之年，忽焉已至。公為始滿，融又過二。海內知識，零落殆盡，惟會稽盛孝章尚存。其人困於孫氏，妻孥湮沒，單子獨立，孤危愁苦。若使憂能傷人，此子不得復永年矣。《春秋傳》曰：「諸侯有相滅亡者，桓公不能救，則桓公恥之。」今孝章實丈夫之雄也，天下譚士依以揚聲，而身不免於幽執，命不期於旦夕，是吾祖不當復論損益之友，而朱穆所以絕交也。公誠能馳一介之使，加咫尺之書，則孝章可致，友道可弘也。今之少年，喜謗前輩，或能譏平孝章；孝章要為有天下大名，九牧之民所共稱歎。燕君市駿馬之骨，非欲以騁道里，乃當以招絕足也。惟公匡復漢室，宗社將絕，又能

正之。正之之術，實須得賢。珠玉無脛而自至者，以人好之也，況賢者之有足乎？昭王築臺以尊郭隗，隗雖小才，而逢大遇，竟能發明主之至心，故樂毅自魏往，劇辛自趙往，鄒衍自齊往。嚮使郭隗倒縣而王不解，臨溺而王不拯，則士亦將高翔遠引，莫有北首燕路者矣。凡所稱引，自公所知，而復有云者，欲公崇篤斯義也。因表不悉。

孔融為解盛孝章困於孫氏之危，先述之以情，比曹操為齊桓公，欲其遣使者以致孝章；次論之以理，期曹公尊孝章以招眾賢；果能如此，則曹操遂其美名，盛孝章亦得全身，可謂一舉兩得。由於全篇首尾呼應，多用史實典故，且辭采富麗，頗有說服力，曹操因而採納孔融之議，任盛孝章為騎都尉，惜乎命書未至，而盛氏已遭孫權殺害；即使如此，本文之情理相生，與孔融為國惜才之德範已一併流芳後世，由蘇軾〈樂全先生文集敘〉的評論：「孔北海志大而論高，功烈不見於世，然英偉豪傑之氣，自為一時所宗，其論盛孝章、郄鴻豫書，慨然有烈丈夫之風」[52]，可知孔融的書牘見愛於文家，以重金收購，非無故也。

六、離合詩

孔融詩共八首，據《文心雕龍·明詩》篇云：「離合之發，則萌合圖讖」，應包括孔融〈離合作郡姓名字詩〉一首，寄寓孔融對聖王治世的嚮往，以及志不得伸，故而隱逸周遊的處境，為一首離合成文之四言詩。葉夢得《石林詩話》卷中曾分析此詩云：

> 古詩有離合體，近人多不解此體，始於孔北海。余讀《類文》，得北海四言一篇云：……此篇離合「魯國孔融文舉」六字。徐而考之，詩二十四句，每章四句離合一字。如首章云：「漁父

---

52 引自《蘇東坡全集》上冊，頁 277。

屈節，水潛匿方。與時進止，出寺弛張。」第一句漁字，第二句水字，漁犯水字而去水，則存者為魚字。第三句有時字，第四句有寺字，時犯寺字而去寺，則存者為日字。離「魚」與「日」而合之，則為「魯」字。下四章類此。殆古人好奇之過，欲以文字示其巧也。[53]

指出孔融四言遊戲之作，雖「總歸詩囿」[54]，然評價不高；胡應麟《詩藪・外篇》卷二亦評論曰：「孔融〈離合〉，……無補於詩，而反為詩病。自茲以降，摹倣實繁。字謎、人名、鳥獸、花木，六朝才子集中不可勝數。詩道之下流，學人之大戒也」[55]，認為此遊戲詩風實不可長。

此外，《文心雕龍・明詩》篇又云：「至於三、六、雜言，則出自篇什」，指出三、六、雜言詩與《三百篇》的淵源。而建安時期的六言詩，有曹丕〈董逃行〉、曹植〈妾薄命〉等，而以孔融三首六言詩為最早：

> 漢家中葉道微，董卓作亂乘衰，僭上虐下專威，萬官惶怖莫違，百姓慘慘心悲。
>
> 郭李分爭為非，遷都長安思歸，瞻望關東可哀，夢想曹公歸來。
>
> 從洛到許巍巍，曹公輔國無私，減去廚膳甘肥，羣僚率從祁祁，雖得俸祿常飢，念我苦寒心悲。

詩中描述漢末世亂，曹操輔國，朝臣先盼後困的境遇，頗能反映當時社會疾苦、政治實況，及作者對國勢清平的冀望，雖《古文苑》章樵注謂「此詩稱美曹操，又率直略無含蓄，必非其真」[56]，然驗諸於孔融〈與王朗書〉云：「曹公輔政，思賢並立」，〈論盛孝章書〉

---

53 見於《說郛》卷八三，卷中頁 3 下。
54 見於《文心雕龍・明詩》。
55 收於《曹操曹丕曹植資料彙編》，頁 294。
56 見於《文心雕龍注・明詩》卷二，頁 95。

云：「惟公（曹操）匡復漢室，宗社將絕，又能正之」，〈難曹公禁酒書〉云：「公初當來，邦人咸抃舞踊躍，以望我后」，曹公初輔獻帝，確使孔融有所期待，文意足與其六言詩聲氣相通，呈顯出建安時文「雅好慷慨，良由世積亂離，風衰俗怨，並志深而筆長，故梗概而多氣」之特質，應可確定為孔融的作品。至於孔融之五言詩，劉勰則隻字未提，由〈明詩〉篇云：

> 暨建安之初，五言騰躍；文帝、陳思，縱轡以騁節；王、徐、應、劉，望路而爭驅；並憐風月，狎池苑，述恩榮，敘酣宴，慷慨以任氣，磊落以使才；造懷指事，不求纖密之巧，驅辭逐貌，唯取昭晰之能；此其所同也。

描述建安時期五言詩的盛況，而不及孔融，即可得知。孔融五言詩流傳至今者尚存三首，其中〈雜詩〉二首寫道：

> 巖巖鍾山首，赫赫炎天路。高明曜雲門，遠景灼寒素。昂昂累世士，結根在所固。呂望老匹夫，苟為因世故。管仲小囚臣，獨能建功祚。人生有何常，但患年歲暮。幸託不肖軀，且當猛虎步。安能苦一身，與世同舉厝。由不慎小節，庸夫笑我度。呂望尚不希，夷齊何足慕？

> 遠送新行客，歲暮乃來歸。入門望愛子，妻妾向人悲。聞子不可見，日已潛光輝。孤墳在西北，常念君來遲。褰裳上墟丘，但見蒿與薇。白骨歸黃泉，肌體乘塵飛。生時不識父，死後知我誰。孤魂遊窮暮，飄颻安所依。人生圖嗣息，爾死我念追。俛仰內傷心，不覺淚沾衣。人生自有命，但恨生日希。

流露人生短促無常，圖建功祚於世之思想，與曹植〈薤露行〉云：「天地無窮極，陰陽轉相因。人居一世間，忽若風吹塵。願得展功勤，輸力於明君」，有異曲同工之妙，由方東樹《昭昧詹言》卷二所評：「此詩與劉琨〈贈盧諶〉同一激昂慷慨，諷詠之久，可使氣

王」[57]，可見孔融五言詩基本上仍高唱建安詩歌「慷慨以任氣，磊落以使才」之基調，其語言簡潔樸實，也表現出建安詩歌「造懷指事，不求纖密之巧，驅辭逐貌，唯取昭晰之能」的特色；惟其詩歌見志有餘，而文采風流，不及曹植、王粲工麗；雖放言豪蕩，而氣象意境不及曹操高遠。另一首五言詩〈臨終〉則寫：

> 言多令事敗，器漏苦不密。河潰蟻孔端，山壞由猿穴。涓涓江漢流，天窗通冥室。讒邪害公正，浮雲翳白日。靡辭無忠誠，華繁竟不實。人有兩三心，安能合為一？三人成市虎，浸漬解膠漆。生存多所慮，長寢萬事畢。

為孔融臨刑前由衷之言，有自省、有控訴、也有感懷，言盡而意顯，據胡應麟《詩藪》外編卷一所言：「《談藝》云：『孔融懿名，高列諸子，觀〈臨終〉諸詩，大類箴銘語耳。』北海不長於詩，讀此全篇可見。至結句『生存多所慮，長寢萬事畢』，詞理宏達，氣骨蒼然，可想見其人，不容以瑕掩也」[58]，評論此詩「大類箴銘」，以致評價不高。由是可以推知劉勰〈明詩〉所以未選列孔融五言詩的原因；更何況孔融五言詩並無「憐風月，狎池苑，述恩榮，敘酣宴」的作品，與劉勰所形容之建安詩歌風貌小有出入，此應與孔融大於曹操兩歲，為曹氏兄弟之父執輩，且逝於建安十三年，而以曹氏兄弟為首、建安諸子為從，所作之遊宴唱和詩，大抵集中於建安十六年南皮之遊時有關。

第四節　氣盛為筆

　　《文心雕龍・才略》篇曾總結性地評論孔融的文筆：

57　見於方東樹撰《昭昧詹言》卷二，頁66。
58　收於《曹操曹丕曹植資料彙編》，頁293。

孔融氣盛於為筆，禰衡思銳於為文，有偏美焉。

指出孔融作品富於氣勢，遒勁有力，為其一偏之長；張溥《漢魏六朝百三家集題辭‧孔少府集》亦云：「東漢詞章拘密，獨少府詩文，豪氣直上，孟子所謂浩然，非邪？」[59]可與〈才略〉篇的說法前後輝映。析而言之，劉勰評論「孔融氣盛於為筆」，應為涵蓋以下各項特點之統稱：

一、任氣慷慨

孔融各體作品之美，美在作者忠誠高潔，氣骨蒼然的人格特質。其薦禰衡「忠果正直，志懷霜雪，見善若驚，疾惡如讎」，論盛孝章「實丈夫之雄也，天下譚士依以揚聲，而身不免於幽執，命不期於旦夕」，讚張儉「稟乾剛之正性，蹈高世之殊軌，冰絜淵清，介然特立，雖史魚之勵操，叔向之正色，未足比焉」，實以彼等皆具備孔融人格之特質。孔融以傲岸高潔，無半點俗氣媚態許人，也以此人格風標自立，劉熙載《藝概‧文概》卷一云：「孔北海文，雖體屬駢麗，然卓犖遒亮，令人想見其為人」[60]，即一語道出孔融任氣慷慨，文道合一之特色。

二、文辭富麗

孔融散文善以對偶、排比，營造作品的偶麗，與磅礴的氣勢。如〈薦禰衡表〉云：

> 昔賈誼求試屬國，詭係單于；終軍欲以長纓，牽致勁越，弱冠慷慨，前代美之。近日路粹、嚴象，亦用異才擢拜臺郎，衡宜與為比。如得龍躍天衢，振翼雲漢，揚聲紫微，垂光虹蜺，足以昭近署之多士，增四門之穆穆。鈞天廣樂，必有奇麗之觀；

---

59 張溥《漢魏六朝百三家集題辭‧孔少府集》，頁57。
60 引自劉熙載《藝概‧文概》卷一，頁10上。

帝室皇居，必蓄非常之寶。若衡等輩，不可多得。激楚陽阿，
至妙之容，掌技者之所貪；飛兔、騕褭，絕足奔放，良、樂之
所急。臣等區區，敢不以聞。

整段或人物相對、或今昔對比、或語辭正對、或以音樂、居室聯對、
或以樂舞、走獸對舉，皆章句聯璧，對偶工巧，展現出作品的節奏
與氣勢。《文心雕龍・通變》篇云：「魏晉淺而綺」，〈麗辭〉篇
云：「魏晉群才，析句彌密，聯字合趣，剖毫析釐」，可舉孔融為
代表，呈顯其散文作品用語淺易，而多用對句，辭采綺麗的特色。
又如〈難曹公禁酒書〉云：

天垂酒星之燿，地列酒泉之郡，人著旨酒之德。堯不千鍾，無
以建太平。孔非百觚，無以堪上聖。樊噲解厄鴻門，非豕肩鍾
酒，無以奮其怒。趙之廝養，東迎其王，非引卮酒，無以激其
氣。高祖非醉斬白蛇，無以暢其靈。景帝非醉幸唐姬，無以開
中興。袁盎非醇醪之力，無以脫其命。定國非酣飲一斛，無以
決其法。

前三句以天地人排偶為式；後二十句，以一貫之式，排山倒海，綿
密相接，全篇文勢浩蕩，幾可漫天。劉師培《中古文學史》云：「魏
文與漢不同者，蓋有四焉：書檄之文，騁詞以張勢，一也」，孔融
散文即以句式整齊，文藻多排偶，形成其「騁詞以張勢」的效果，
此應與孔融承自兩漢辭賦發展之影響有關 61。

---

61 語出郭紹虞《中國文學批評史》（上海：商務印書館，1947 年）上卷第一篇第三章
〈文學觀念演進與復古文學的原因〉：「至於兩漢，……辭賦為體，由承前言則出
於韻文，由啟後言則衍為駢文，最可看出當時文學文之韻化與駢化。所以因當時辭
賦特別的發展，當然須有『文學』與『文章』的分別。更進而至魏晉南北朝，無論
韻散文之含有文學性質者都有駢化的傾向。」頁 6。

三、好使典故

　　由於孔融博涉該覽 [62]，才思敏捷，其論述往往事義密附，例證充足。如力排眾議，反對恢復肉刑的〈肉刑議〉：

> 夙沙亂齊，伊戾禍宋，趙高、英布，為世大患。不能止人遂為非也，適足絕人還為善耳。雖忠如鬻拳，信如卞和，智如孫臏，冤如巷伯，才如史遷，達如子政，一離刀鋸，沒世不齒。是太甲之思庸，穆公之霸秦，南睢之骨立，衛武之初筵，陳湯之都賴，魏尚之守邊，無所復施也。

二十二句中，孔融運用十六個歷史故實，正反交互立論，藉以證明肉刑之不可復，劉勰所謂孔融「氣盛於為筆」，誠然可信！又如〈汝穎優劣論〉云：

> 融以汝南士勝穎川士，陳長文難曰：「頗有蕪菁，唐突人參也。」融答之曰：「汝南戴子高親止千乘萬騎，與光武皇帝共揖於道中；穎川士雖抗節，未有頡頏天子者也。汝南許子伯，與其友人共說世俗將壞，因夜起，舉聲號哭；穎川士雖頗憂時，未有能哭世者也。汝南許掾教太守鄧晨圖開稻陂，灌數萬頃，累世獲其功，夜有火光之瑞；韓元長雖好地理，未有成功見效，如許掾者也。汝南張元伯身死之後，見夢范巨卿；穎川士雖有奇異，未有鬼神能靈者也。……汝南袁公著為甲科郎中，上書欲治梁冀；穎川士雖慕忠讜，未有能投命直言者也。」

通篇大量引用事例，比論人才之高下，固可見孔融之氣雄善辯，學博才敏，但也不免易遭以氣凌人，露才揚己之譏。

四、理不勝辭

　　孔融散文以剛健昂揚的稟氣，流露筆端，時有對偶、排麗，多用

典故，氣勢遒壯之表現；惟其負氣不屈，辭采富麗，相形反應其文
有部分說理不足之病，此其所以被劉勰稱爲「有偏美焉」的緣故。
《文心雕龍‧論說》篇云：「孔融〈孝廉〉，但談嘲戲；曹植〈辨
道〉，體同書抄；才不持論，寧如其已」，已指出其嘲戲文字無法
以理正人之短。陳祚明《采菽堂古詩選》卷四亦評孔融〈臨終〉詩
云：「文舉雖嚴正性，而儒者闊疏，既懷憂國之誠，奈何以空言相
訟」[63]，所謂「以空言相訟」，實可用指孔融論辯文善於旁徵博引，
而說理欠周延之情形，如〈難曹公禁酒書〉以「堯不千鍾，無以建
太平」、「孔非百觚，無以堪上聖」爲例，均語出僞書《孔叢子》，
立論不足以服人；而僅由「酒何負於治者哉」舉證，偏忽反面事例，
其說亦恐難以自圓！又如〈汝潁優劣論〉列舉汝南人士八人之行止，
以證明優於潁川，惟列舉式之論述法，雖孔融力求賅盡，亦無法以
部分取代全部，反遭以偏概全，辭例枝碎之議。曹丕《典論‧論文》
嘗云：「孔融體氣高妙，有過人者，然不能持論，理不勝辭」，允
爲的評！與劉勰評孔融「氣盛於爲筆，……有偏美焉」誠爲異曲同
工之論。

第五節　結　　語

　　劉勰對於孔融的評述，涵蓋其才性、思想淵源、各體文學特色、
及整體文學風格等，著墨可謂不少。其評論文舉，得多失少，具有
以下特色：

一、掌握作家特質　評述籠統概括

　　劉勰援引魏文的說法，論孔融「體氣高妙」，參酌劉楨的意見，

---

63 收於《曹操曹丕曹植資料彙編》，頁 296。

謂孔融「孔氏卓卓，信含異氣，筆墨之性，殆不可勝」，又說「孔融氣盛於為筆」，皆能掌握孔融為人操守、品藻摛文的特質；只是引述籠統，若非明瞭孔融之體氣高妙，實來自於其稟氣高潔、耿介不阿、傲岸不群的個性，及受時衰世亂、漢末士風的影響，表現出迥異於建安諸子的忠直之氣，將無從判知劉勰採信魏文、劉楨說法之所以然；亦無從明瞭《文心》所謂孔融「氣盛於為筆，……有偏美焉」之評論，實指其作品呈現任氣慷慨、文辭富麗、好使典故、理不勝辭之綜合面貌。換言之，劉勰對孔融的論述，雖或立言有據，或獨有創獲，惜乎失之概括不具體。

二、抑揚互見　取捨有故

劉勰對孔融的評論，並不因其為「名儒」，而有所偏袒，〈程器〉篇云：「文舉傲誕以速誅，…並文士之瑕累」，也能客觀指陳孔融個性上之偏差。又如除了標舉孔融的張、陳碑文，有慕伯喈，辨給足采，為蔡邕流亞；〈薦禰衡表〉氣揚采飛，為表中英傑；書牘洛陽紙貴，文帝特予庋錄；也評騭孔融〈孝廉論〉，但談嘲戲，才不持論；教文麗而罕施，不切致用，可見劉勰評論孔融之人格特質，與各體作品，往往美惡並論，抑揚互見，並不有所偏頗。尤其可貴者，在能表彰孔融碑文、章表、書記上的傑出表現，及其章表異乎同期作品，開後世駢麗文風的特點。至於孔融的五言詩，不但量少，且存者不工，故〈明詩〉篇隻字未提，足見劉勰於去取之間，有其慧見。

三、斷限不一　語意模糊

劉勰對孔融的評論，美中不足者，在於斷限不一，時以孔融為漢人，如〈才略〉篇云：「漢室……孔融氣盛於為筆」，時以孔融為魏人，如〈章表〉篇云：「魏初章表……文舉之薦禰衡，氣揚采飛」、

〈書記〉篇云:「魏……文舉屬章,半簡必錄」;〈時序〉篇於列舉眾多建安作家時,則未曾提及孔融。到底孔融屬漢?是魏?劉勰是否視孔融為建安七子之一?由文字無法確定。唯以劉勰論文,多依循魏文帝《典論·論文》,「建安七子」之名號,即由《典論·論文》提出,以及孔融詩文吻合建安詩歌「慷慨以任氣,磊落以使才;造懷指事,不求纖密之巧,驅辭逐貌,唯取昭晰之能」,時文「雅好慷慨,良由世積亂離,風衰俗怨,並志深而筆長,故梗概而多氣」的特質看來,孔融應屬《文心雕龍》評論「建安作家」之範疇,無可置疑。

第六章　《文心雕龍》論阮瑀

前　言

　　《典論・論文》中，阮瑀（西元?－212 年）名列七子之一，其章表書記，知名當時；迄至《文心雕龍》，則祖述魏文之說，阮瑀在文學史的成就於焉定調。可以說，阮瑀的蜚聲文壇，曹丕、劉勰的推舉揄揚，功不可沒。蓋阮瑀畢生的文學成就與限制，皆緣自其曹家幕客的身分，甚至阮瑀的著作，如《隋書・經籍志》載錄：「後漢丞相倉曹屬《阮瑀集》五卷。梁有錄一卷，亡」，張溥《漢魏六朝百三家集題辭》收輯《阮元瑜集》一卷共十九篇，亦幸賴曹丕收錄裒輯 [1]。故雖張溥曾慨歎曰：「然則元瑜俯首曹氏，嗣宗盤桓司馬，父子酒歌，蓋有不得已也」[2]，但對寄身曹氏的阮瑀而言，仍屬千古幸事，劉勰評論阮瑀亦深明其然！

第一節　下筆速成

　　《文心雕龍・神思》篇云：

　　　子建援牘如口誦，仲宣舉筆似宿構，阮瑀據案而制書，禰衡當
　　　食而草奏，雖有短篇，亦思之速也。

謂阮瑀在馬鞍上作書，援筆立成，文思敏速。其事載錄於《三國志・魏書・王粲傳》注引《典略》：「太祖嘗使瑀作書與韓遂，時太祖

---

1 曹丕〈又與吳質書〉云：「頃撰其遺文，都爲一集。觀其姓名，已爲鬼錄。」
2 見於張溥《漢魏六朝百三家集題辭・阮元瑜集》，頁81。

適近出，瑀隨從，因於馬上具草，書成呈之。太祖擥筆欲有所定，而竟不能增損」[3]，敘寫阮瑀馬上成文，曹操欲增改損益，而有所不能，此阮瑀運思神速，且文筆精鍊之明證。另據《太平御覽》卷三八五引《文士傳》所言：「阮瑀少有儁才，應機捷麗」[4]，亦褒美阮瑀之才思敏麗，是知劉勰「阮瑀據案而制書，……亦思之速也」的說法，乃信而有徵。

推究阮瑀為文所以俊捷過人者，固與其稟受之天賦有關，亦與其家世淵源、秉術得法密不可分。〈竹林七賢論〉嘗云：「諸阮前世皆儒學，善居室，唯咸一家尚道棄事，好酒而貧」[5]，《世說新語‧任誕》篇又云：「阮仲容、步兵居道南，諸阮居道北；北阮皆富，南阮貧」[6]，說明阮瑀先世博通儒學，且財富宅廣，應為陳留世族，此與魏晉南北朝以來，文士大抵出於世族之社會現象吻合，據劉師培《中古文學史‧宋齊梁陳文學概略》云：

> 自江左以來，其文學之士大抵出於世族，而世族之中，父子兄弟各以能文擅名。……惟當時之人，既出自世族，故其文學之成必於早歲，且均文思敏速，或援筆立成，或文無加點，此亦秦漢以來之特色。[7]

世族子弟能文博學，文思敏速，文不加點，阮瑀即為典型。

阮瑀臨文不費苦思，亦緣於其平日博學的準備工夫。據《太平御覽》所載，阮瑀少受學於同郡蔡邕，曾為蔡邕賞歎曰：「童子奇才，朗朗無雙」[8]；蔡邕赴洛，阮瑀輩曾為之餞別，並於蔡邕歿後，為之

---

3 見於《三國志‧魏書》卷二十一〈王粲傳〉，頁601。
4 見於《太平御覽》卷三八五引《文士傳》，頁1780。
5 引自江建俊著《建安七子學述‧阮瑀學述》（台北：文史哲出版社，1982年），頁145。
6 見於《世說新語箋疏》，頁732。
7 見於《中古文學史‧宋齊梁陳文學概略》，頁91。
8 見於《太平御覽》卷三八五，頁1780。

立廟[9]，足見二人師生情誼之篤厚。蔡邕「好辭章、數術、天文，妙操音律」[10]，阮瑀受其師承，亦精於樂理，以文章名世，有〈箏賦〉一篇云：

> 惟夫箏之奇妙，極五音之幽微，苞群聲以作主，冠眾樂而為師，稟清和於律呂，籠絲木以成資。身長六尺，應律數也，絃有十二，四時度也；柱高三寸，三才具位也。故能清者感天，濁者合地。五聲並用，動靜簡易。大興小附，重發輕隨。折而復扶，循覆逆開。浮沈抑揚，升降綺靡。殊聲巧妙，不識其為。

其文善解音聲律呂，為建安諸賦以樂器為題材者僅見之一篇，來自蔡邕〈琴賦〉的啓發，清晰可辨[11]。另如阮瑀〈苦雨〉詩結語二句：「登臺望江沔，陽侯沛洋洋」，描寫長江之浩蕩奔騰，興寄無窮，亦化用自蔡邕〈漢津賦〉：「納陽谷之所吐兮，兼漢沔之殊名。……陽侯沛以奔鶩，洪濤涌而沸騰」。尤其蔡邕為後漢之名儒，訂正六經文字，刻書熹平石經，著作宏富，而融鑄經誥，文字淵懿，曾將家中書籍文章盡與王粲[12]；王粲則以《尚書》難鄭玄，其嗣孫王弼注《易》專言義理，為上接東漢古文經學，下開魏晉玄談的樞紐，是知王粲家學古文經，而時出新義，開一代風氣；由王粲、阮瑀皆出於蔡邕門下，且王、阮交誼深厚[13]，則阮瑀受學古文經術，以孔、老並稱，亦可確知。故阮瑀的作品時見以儒學為根柢的思想，如〈止欲賦〉云：「稟純潔之明節，後申禮以自防。重行義以輕身，志高

---

9 明嘉靖《尉氏縣志》（見於《天一閣藏明代方志選刊》冊十五。台北：新文豐出版公司，1985年）卷四云：「蔡相公廟在縣西四十里燕子陂，其斷碑上截猶存，云：『蔡邕赴洛，其徒阮瑀輩餞之於此，繾綣不能別者累日。邕既歿，復相與追慕之，立廟焉。』」頁15上。

10 見於《後漢書》卷六十下〈蔡邕列傳〉，頁1980。

11 蔡邕〈彈琴賦〉云：「清聲發兮五音舉，韻宮商兮動徵羽，曲引興兮繁絲撫，然後哀聲既發，秘弄乃開，左手抑揚，右手徘徊，抵掌反覆，抑案藏摧，於是繁絃既抑，雅韻乃揚」（引自《蔡中郎集》卷四），與阮瑀〈箏賦〉前後相互輝映。

12 見於《三國志・魏書》卷二十一〈王粲傳〉，頁597。

13 阮瑀逝世，王粲曾為作〈寡婦賦〉，深致哀悼之意。

尙乎貞姜」，〈箏賦〉云：「不疾不徐，遲速合度，君子之衢也。
慷慨磊落，卓礫盤紆，壯士之節也」，文中以尙節義頌美淑女，以
君子壯士之節行比擬箏聲，實亦借以自喻，可見作者對儒家人格道
範之尊崇；除此以外，阮瑀作品又雜揉老莊思想，如〈隱士〉篇云：
「何患處貧苦，但當守明真」，其全生保真的處世態度，並影響其
子阮籍，行己寡欲，隱逸避禍，以莊周爲模，皆來自阮瑀的嫡傳。
故知阮瑀的博覽閎通，具有儒本道輔的學問基礎，及兼通音律的藝
術修養，爲其行文構思神速之泉源。

博學以外，臨時興感之際，能馭文有方，亦至關重要。一篇之內，
若思緒繁雜，拖沓煩冗，則勢必辭溺者傷亂，必須服以拯亂之藥，
故《文心雕龍・神思》篇云：「是以臨篇綴慮，必有二患：理鬱者
苦貧，辭溺者傷亂；然則博見爲饋貧之糧，貫一爲拯亂之藥，博而
能一，亦有助乎心力矣」，強調臨文須以「貫一」之術，確立中心
思想，首尾圓合，如此下筆雖快，而文不至於蕪雜。茲舉阮瑀〈文
質論〉爲例：

> 蓋聞日月麗天，可瞻而難附，群物著地，可見而易制。夫遠不
> 可識，文之觀也；近而得察，質之用也。文虛質實，遠疏近密，
> 援之斯至，動之應疾，兩儀通數，固無攸失。若乃陽春敷華，
> 遇衝風而隕落，素葉變秋，既究物而定體。麗物苦僞，醜器多
> 牢，華璧易碎，金鐵難陶。故言多方者，中難處也；術饒津者，
> 要難求也；意弘博者，情難足也；性明察者，下難事也。通士
> 以四奇高人，必有四難之忌。且少言辭者，政不煩也；寡知見
> 者，物不擾也；專一道者，思不散也；混濛蔑者，民不備也。
> 質士以四短違人，必有四安之報。故曹參相齊，寄託獄市。欲
> 令姦人有所容立，及爲宰相，飲酒而已。故夫安劉氏者周勃，
> 正嫡位者周勃。大臣木強，不至華言。孝文上林苑欲拜嗇夫，

> 釋之前諫，意崇敦朴。自是以降，其為宰相，皆取堅強一學之
> 士，安用奇才，使變典法。

按論體文的說理方式以論證為主 [14]，如本文作者歷舉自然、植物、
器物為證，說明文虛質實，樸實為貴，以為後文用人取士同理適用
之張本，最後並總結全文之旨歸：「皆取堅強一學之士，安用奇才，
使變典法」，主張重質輕文，敦尚樸實之理，其佈局主峰支脈，群
峰相應，頗能收綱舉目張，思理一貫之效。可見阮瑀文思雖速，卻
能如《文心雕龍‧神思》篇云：

> 若夫駿發之士，心總要術，敏在慮前，應機立斷；覃思之人，
> 情饒歧路，疑在慮後，研鑒方定。機敏故造次而成功，鑒疑故
> 愈久而致績。難易雖殊，並資博練。

具備「博學練才」的條件，乃能為文速而工，進而自立門戶，躋身
於建安七子之林，其才思駿發並與子建、仲宣齊驅，一變西漢以來
遲緩為文之習。

第二節　受知於曹氏父子

　　阮瑀的文學成就在書記，換言之，寄身曹氏父子的軍戎生活，為
其畢生的轉捩點；而《文心雕龍‧時序》篇亦能以簡要的文辭，確
切地掌握阮瑀與曹氏父子的關係，及其在建安文學的定位：

> 自獻帝播遷，文學蓬轉，建安之末，區宇方輯。魏武以相王之
> 尊，雅愛詩章；文帝以副君之重，妙善辭賦；陳思以公子之豪，
> 下筆琳瑯；並體貌英逸，故俊才雲蒸。……元瑜展其翩翩之
> 樂，……傲岸觴豆之前，雍容衽席之上，灑筆以成酣歌，和墨

---

14 參見郭錫良等編，王力等校訂《古代漢語‧古代的文體》（北京：北京出版社，1988
　年）中冊，頁 689。

以藉談笑。觀其時文,雅好慷慨,良由世積亂離,風衰俗怨,並志深而筆長,故梗概而多氣也。

阮瑀與三曹父子的關係密切,惟其早年並無意於仕途。《三國志·魏書·王粲傳》注引魚氏《典略》、摯虞《文章志》並云:「瑀,建安初辭疾避役,不爲曹洪屈」[15],《太平御覽》卷二百四十九引《典略》亦云:「阮瑀……以才自護,曹洪聞其有才,欲使報答書記,瑀不肯,榜笞瑀,瑀終不屈」[16],顯見自愛其才,託疾栖遁,以免辱害,原是阮瑀的避世存身之道,〈隱士〉詩云:「四皓潛南岳,老萊竄河濱。顏回樂陋巷,許由安賤貧。伯夷餓首陽,天下歸其仁。何患處貧苦,但當守明真」,爲此時期心志取向的代表作品,表現阮瑀希企隱逸的思想。建安三年(西元 198 年),曹操置軍謀祭酒,陳琳、阮瑀並爲太祖進用,任爲司空軍謀祭酒,管記室,軍國書檄,多出於琳、瑀之手,後阮瑀被徙爲倉曹掾屬 [17]。稽考《太平御覽》卷二四九引《典略》對曹操任用阮瑀一節的記述:「公知其無病,使人呼瑀,瑀終惶怖詣門。公見之,謂曰:『卿不肯爲洪,且爲我作之。』瑀曰:『諾』,遂爲記室」[18],說明阮瑀乃迫於威勢而就曹操,而由〈謝太祖牋〉云:「一得披玄雲,望白日,唯力是視,敢有二心」,則阮瑀身爲曹操文人侍從的敬畏之心,已溢於言表。

至於阮瑀與曹氏兄弟、建安作家則常行止相隨,賦詩唱和,情誼深厚,如曹丕與阮瑀相知甚早,自曹丕〈寡婦賦·序〉云:「陳留阮元瑜與余有舊」[19],可以得知。迨丕爲五官中郎將、植爲平原侯,眾人時相晏遊玩樂、同題奉作,如建安十六年(西元 211 年),阮

---

15 見於《三國志·魏書》卷二十一〈王粲傳〉注引,頁 600。
16 見於《太平御覽》卷二百四十九引《典略》,頁 1177。
17 見於《三國志·魏書》卷二十一〈王粲傳〉,頁 600。
18 同 16。
19 見於《文選》卷十六潘岳〈寡婦賦〉李善注引曹丕〈寡婦賦·序〉,頁 401。

瑀與吳質等隨曹丕遊南皮，曹植、王粲、劉楨、陳琳、阮瑀、應瑒同作〈公讌詩〉；並奉曹丕命，阮瑀與陳琳各作〈止欲賦〉，王粲作〈閑邪賦〉，應瑒作〈正情賦〉。及至建安二十三年（西元 218 年），曹丕作〈又與吳質書〉猶對昔日遊處追思憶往，而感傷知音莫逮，不勝唏噓！若乃曹丕為阮瑀之長逝作〈寡婦賦〉、結集詩文，王粲著〈阮元瑜誄〉、〈思友賦〉，則彼等故舊知交之情篤，已不言而喻。由是可知《三國志‧魏書‧王粲傳》的記載：「始文帝為五官將，及平原侯植皆好文學。粲與北海徐幹字偉長、廣陵陳琳字孔璋、陳留阮瑀字元瑜、汝南應瑒字德璉、東平劉楨字公幹並見友善」，誠為實錄，建安文學因而彬彬蔚盛，大備於時；並足為劉勰〈時序〉篇：「自獻帝播遷，文學蓬轉，建安之末，區宇方輯。魏武以相王之尊，雅愛詩章；文帝以副君之重，妙善辭賦；陳思以公子之豪，下筆琳瑯；並體貌英逸，故俊才雲蒸。……元瑜展其翩翩之樂，……傲岸觴豆之前，雍容袵席之上，灑筆以成酣歌，和墨以藉談笑」的說法做詮釋，證明阮瑀以才思俊捷受曹氏父子知遇、賞識，其於軍務冗傯之際，擅寫軍國書記，確也符合太祖弭平紛亂，開疆拓土的需要，然基本上同題奉作的屬性，或為摹習屬文，或為競能騁才，皆不改其為文人侍從的角色。

　　阮瑀自隱逸到入幕，其作品大致可分為五類，一述民間艱苦，為隨軍而行，親睹黎民疾苦所作，如〈駕出北郭門行〉生動刻畫孤兒喪母之悲苦；二寫軍國征戰，乃置身戎務所作，如〈紀征賦〉頌美曹操出師荊楚的功績，〈為曹公作書與孫權〉期望與孫權休兵和好；三記行役流離，流露客子的悲傷，如〈七哀詩〉、〈雜詩〉、〈苦雨〉、〈怨詩〉、〈失題〉等詩；四為詠物唱和，如〈公讌詩〉、〈詠史詩〉、〈止欲賦〉、〈鸚鵡賦〉、〈弔伯夷文〉等作；五為明志全道，如〈隱士〉詩、〈文質論〉等作。整體而言，阮瑀的作

品反映時代「世積亂離」，社會「風衰俗怨」者固然有之，流露一己慷慨的濟世之志者，則明顯不足，如〈謝太祖箋〉所云：「一得披玄雲，望白日，唯力是視，敢有二心」，文中雖有奮發之意，但出於威迫之意過濃，實不足以爲訓；其〈文質論〉甚有「安用奇才，使變典法」之結論，與曹操建安十五年令：「若必廉士而後可用，則齊桓其何以霸世？今天下得無有被褐懷玉而釣於渭濱者乎？又得無有盜嫂受金而未遇無知者乎？二三子其佐我明揚仄陋，唯才是舉，吾得而用之」，提倡無德唯才、能用兵尙法術的求賢標準顯然不合，則可推知阮瑀從宦，本非其志，復與曹操因理念不同而乏用世之熱忱。相對地，阮瑀明志全道，描寫羈旅悲思的作品，卻頗能展現其個人特色，如〈文質論〉云：

> 且少言辭者，政不煩也；寡知見者，物不擾也；專一道者，思不散也；混濛箴者，民不備也。質士以四短質人，必有四安之報。故曹參相齊，寄託獄市，欲令姦人有所容立，及為宰相，飲酒而已。故夫安劉氏者周勃，正嫡位者周勃。大臣木強，不至華言。孝文上林苑欲拜嗇夫，釋之前諫，意崇敦樸。

其言隱榮華，崇尙質樸，全道保真之政治思想，實更貼近於老莊。而〈七哀詩〉云：

> 丁年難再遇，富貴不重來。良時忽一過，身體為土灰。冥冥九泉室，漫漫長夜臺。身盡氣力索，精魂靡所能。嘉肴設不御，旨酒盈觴杯。出壙望故鄉，但見蒿與萊。
>
> 臨川多悲風，秋日苦清涼。客子易為戚，感此用哀傷。攬衣久躑躅，上觀星與房。三星守故次，明月未收光。雞鳴當何時，朝晨尚未央。還坐長歎息，憂憂難可忘。

〈苦雨詩〉云：

> 苦雨滋玄冬，引日彌且長。丹墀自殲殪，深樹猶沾裳。客行易

感悴，我心摧已傷。登臺望江沔，陽侯沛洋洋。

俱見阮瑀歎時憂生，哀傷不已的感慨。是知張溥嘗評阮瑀詩云：「悲風涼日，明月三星，讀其諸詩，每使人愁」[20]，洵為知言；而劉勰所謂建安時文「並志深而筆長，故梗概而多氣也」，對於阮瑀而言，則為與其他作家迥別的沖淡之志、憂生之嗟，此《文選》著錄阮瑀〈為曹公作書與孫權〉所以引《魏志》言：「阮瑀，字元瑜，宏才卓逸，不群於俗」[21] 之故也，其氣清樸悲弱，而缺乏建安文學特長之慷慨悲壯。

第三節　書記翩翩

文至魏晉，書信作者大增，被視為文學作品來創作、欣賞[22]，阮瑀即其中名家之一。《文心雕龍·書記》篇云：

> 魏之元瑜，號稱翩翩；文舉屬章，半簡必錄；休璉好事，留意詞翰，抑其次也。

由於「翩翩」係採自曹丕〈與吳質書〉的說法：「元瑜書記翩翩，致足樂也」，故曰「號稱」；而依據《說文》，「翩」有「疾飛」之意，意指阮瑀為曹操作書韓遂，能於馬上具草，援筆立成，其書記強力敏成，時所公認；另據《文選》六臣劉良注曹丕〈與吳質書〉又云：「翩翩，美貌，言其文雅之致，足為樂也」[23]，鍾嶸評潘岳詩亦有「翰林歎其翩翩然，如翔禽之有羽毛，衣服之有綃縠」[24] 之句，謂潘岳之詩辭藻綺麗，則「翩翩」在魏晉詩文已有「俊美」之意。今欲按驗阮瑀書記何以號稱俊捷，僅能自〈為曹公作書與孫權〉一

---

20 見於張溥《漢魏六朝百三家集題辭·阮元瑜集》，頁 81。
21 見於《文選》著錄阮瑀〈為曹公作書與孫權〉注引《魏志》，頁 1055。
22 參陳必祥著《古代散文文體概論》（台北：文史哲出版社，1987 年），頁 147。
23 見於《四部叢刊》卷四二，頁 786。
24 見於《詩品》卷上。

文予以檢視[25]：

> 離絕以來，於今三年，無一日而忘前好，亦猶姻媾之義，恩情已深，違異之恨，中間尚淺也。孤懷此心，君豈同哉？

> 每覽古今所由改趣，因緣侵辱，或起瑕釁，心恚意危，用成大變。若韓信傷心於失楚，彭寵積望於無異，盧綰嫌畏於已隙，英布憂迫於情漏，此事之緣也。孤與將軍恩如骨肉，割授江南，不屬本州，豈若淮陰捐舊之恨？抑過劉馥，相厚益隆，寧放朱浮顯露之奏？無匿張勝貸故之變，匪有陰構貫赫之告，固非燕王、淮南之釁也。而忍絕王命，明棄碩交，實為佞人所構會也。夫似是之言，莫不動聽，因形設象，易為變觀。示之以禍難，激之以恥辱，大丈夫雄心，能無憤發！昔蘇秦說韓，羞以牛後，韓王按劍，作色而怒；雖兵折地割，猶不為悔，人之情也。仁君年壯氣盛，緒信所嬖，既懼患至，兼懷忿恨，不能復遠度孤心，近慮事勢，遂齎見薄之決計，秉翻然之成議。加劉備相扇揚，事結釁連，推而行之，想暢本心，不願於此也。孤之薄德，位高任重，幸蒙國朝將泰之運，蕩平天下，懷集異類，喜得全功，長享其福；而姻親坐離，厚援生隙，常恐海內多以相責，以為老夫苞藏禍心，陰有鄭武取胡之詐，乃使仁君翻然自絕，以是忿忿，懷懃反側。常思除棄小事，更申前好，二族俱榮，流祚後嗣，以明雅素中誠之效，抱懷數年，未得散意。

> 昔赤壁之役，遭離疫氣，燒舩自還，以避惡地，非周瑜水軍所能抑挫也；江陵之守，物盡穀殫，無所復據，徙民還師，又非瑜之所能敗也。荊土本非己分，我盡與君，冀取其

---

25 阮瑀書記，今僅存〈謝太祖牋〉、〈為魏武與劉備書〉，皆為殘篇，僅存寥寥數句，唯〈為曹公作書與孫權〉一文完整。

餘，非相侵肌膚，有所割損也。思計此變，無傷於孤，何必自遂於此，不復還之？高帝設爵以延田橫，光武指河而誓朱鮪，君之負累，豈如二子？是以至情，願聞德音。往年在譙，新造舟舸，取足自載，以至九江，貴欲觀湖漢之形，定江濱之民耳，非有深入攻戰之計。將恐議者大為己榮，自謂策得，長無西患，重以此故，未肯迴情。然智者之慮，慮於未形；達者所規，規於未兆。是故子胥知姑蘇之有麋鹿，輔果識智伯之為趙禽；穆生謝病，以免楚難；鄒陽北遊，不同吳禍。此四士者，豈聖人哉？徒通變思深，以微知著耳。以君之明，觀孤術數，量君所據，相計土地，豈勢少力乏，不能遠舉，割江之表，晏安而已哉？甚未然也。若恃水戰，臨江塞要，欲令王師終不得渡，亦未必也。夫水戰千里，情巧萬端，越為三軍，吳曾不禦；漢潛夏陽，魏豹不意。江河雖廣，其長難衛也。

凡事有宜，不得盡言，將修舊好而張形勢，更無以威脅重敵人。然有所恐，恐書無益。何則？往者軍逼而自引還，今日在遠而興慰納，辭遜意狹，謂其力盡，適以增驕，不足相動，但明效古，當自圖之耳。昔淮南信左吳之策，隗囂納王元之言，彭寵受親吏之計，三夫不寤，終為世笑；梁王不受詭、勝，竇融斥逐張玄，二賢既覺，福亦隨之，願君少留意焉。若能內取子布，外擊劉備，以效赤心，用復前好，則江表之任，長以相付，高位重爵，坦然可觀，上令聖朝無東顧之勞，下令百姓保安全之福，君享其榮，孤受其利，豈不快哉！若忽至誠，以處僥倖，婉彼二人，不忍加罪，所謂小人之仁，大仁之賊，大雅之人不肯為此也。若憐子布，願言俱存，亦能傾心去恨，順君之情，更與從事，取其後善，但

禽劉備，亦足為效。開設二者，審處一焉。

　　聞荊、揚諸將，並得降者，皆言交州為君所執，豫章距命，不承執事，疫旱並行，人兵減損，各求進軍，其言云云。孤聞此言，未以為悅，然道路既遠，降者難信，幸人之災，君子不為。且又百姓，國家之有，加懷區區，樂欲崇和，庶幾明德，來見昭副。不勞而定，於孤益貴。是故按兵守次，遺書致意。古者兵交，使在其中，願仁君及孤，虛心回意。以應詩人補袞之歎，而慎周易牽復之義。濯鱗清流，飛翼天衢，良時在茲，勖之而已。

本文作於建安十三年（西元 208 年）赤壁之戰以後，乃曹操為聯手孫權合擊劉備而寫。要而言之，其寫作特色有三：

一、鋪敘井然　迭起波瀾

文中先感以姻親，示曹孫兩人違異之恨尚淺，以為開端，使敗戰之軍，欲重修舊好，而能不卑不亢，有詞可藉，《評注昭明文選》引方伯海言嘗云：

> 此番致書，是魏欲與吳和，扯出婚媾來伴講，求申前好，便有緣起。文字最難在開端，是其慘澹經營處。[26]

即推服作者起筆能精心構思。其次，作者曉以大義，多舉韓信、彭寵、盧綰、英布史事為例，三復斯言，條分縷析，謂孫權擯棄金石之誼，實乃內有小人進讒，外有劉備挑撥的結果，曹操於此自抒懷抱，重申修好之意，以呼應前文。繼而，作者明以利害，轉抑為揚，謂赤壁之戰，非周瑜能敗；譙縣造船，非攻戰之計，並徵引子胥、輔果、穆生、鄒陽事例為證，籲請孫權見微知著，否則將有不測之患；又引用淮南、隗囂等六個故實，利誘孫權內取張昭，外擊劉備，

---

26 見於《評注昭明文選》（台北：學海出版社，1981 年）卷十，頁 790。

如此則高位重爵，享用不盡。結尾，曹操重申勸孫權虛心回意，以歸舊好之意，而或「按兵守次」，或「飛翼天衢」，任孫權擇定，其威脅利誘之意，十分明顯，全文首尾一致，環環相應，正如《文選學》評騭第八引譚復堂所言：「章法變化，滔滔自運，繁而不厭」[27]，已指出本文佈局層疊往復，波瀾起伏之特色。

二、摠采騁辭　勢若江河

謝靈運《擬魏太子鄴中集詩》嘗云：「阮瑀，管書記之任，故有優渥之言」[28]，即指元瑜書記辭采優美，氣勢充足，證之於〈為曹公作書與孫權〉文，康樂所言極有見地。文中作者多用偶句、排比句、類疊之長短句，如「姻媾之義，恩情已深」、「示之以禍難，激之以恥辱」、「蘇秦說韓，羞以牛後；韓王按劍，作色而怒」、「竊見薄之決計，秉翻然之成議」、「智者之慮，慮於未形；達者所規，規於未兆」、「越為三軍，吳曾不禦；漢潛夏陽，魏豹不意」、「上令聖朝無東顧之勞，下令百姓保安全之福」、「以應詩人補袞之歎，而慎周易牽復之義」等，皆兩兩對偶，甚以頂針相續，使句式工整，文勢緊逼；又如「若韓信傷心於失楚，彭寵積望於無異，盧綰嫌畏於已隙，英布憂迫於情漏，此事之緣也」、「子胥知姑蘇之有麋鹿，輔果識智伯之為趙禽；穆生謝病，以免楚難；鄒陽北遊，不同吳禍」、「昔淮南信左吳之策，隗囂納王元之言，彭寵受親吏之計，三夫不寤，終為世笑」，皆排比為句，用典使事，廣徵博引，勢如浪潮，不僅有助於加強說理，且文辭繁富壯麗；另如：

> 昔赤壁之役，遭離疫氣，燒舡自還，以避惡地，非周瑜水軍所
> 能抑挫；江陵之守，物盡穀殫，無所復據，徙民還師，又非瑜

---

27 見於駱鴻凱撰《文選學》（台北：漢京文化公司，1982 年），頁 280。
28 見於謝靈運《擬魏太子鄴中集詩‧阮瑀序》收於《文選》卷三十，頁 795。

之所能敗也。……往年在譙，新造舟舸，取足自載，以至九江，
貴欲觀湖漢之形，定江濱之民耳，非有深入攻戰之計。

作者以「非…能…」類疊之長短句，營造生動活潑的節奏，磅礴恢
宏的氣勢，皆與文章中曹操欲壯大自己聲勢，恫赫孫權知所畏懼之
旨相合，《文心雕龍‧麗辭》篇云：「至魏晉群才，析句彌密，聯
字合趣，剖毫析釐」，謂魏晉以來文墨有漸趨駢儷的跡象，阮瑀書
記即為此中代表；劉師培《中古文學史》又云：

> 嵇康、阮籍之文，文章壯麗，摠采騁辭，雖闡發道家之緒，實
> 與縱橫家言為近者也。此派之文，盛於竹林諸賢，溯其遠源，
> 則阮瑀、陳琳已開其始。[29]

是知阮瑀散文辭采潤澤，文氣揚厲，並已影響後來嵇康、阮籍一派。

三、為文造情　流於虛飾

阮瑀〈為曹公作書與孫權〉一文，為掩飾曹操赤壁戰役之敗績，
曾提及曹軍火燒船失利、江陵棄城、荊州失守等，皆非周瑜之軍所
能抑挫，《評註昭明文選》引蒲二田言曾評述此節曰：「掩飾兵敗，
以遜詞為大言，起後段恐嚇張本」[30]，直指阮瑀之言，利辭善辯，縱
橫捭闔，有誇大不實之處。張溥《漢魏六朝百三家集題辭》亦曰：
「余觀彼書，潤澤發揚，善辨若觳。獨敘赤壁之敗，流汗發惄，口
重語塞，固知無情之言，即懸幡擊鼓，無能助其威靈也」[31]，則阮瑀
為文而造情，流於夸飾，實與書記體「優柔以懌懷」，為「心聲之
獻酬」[32]，注重情感的真實不合。惟其文章有失真實，不能有益於天

---

29 見於《中古文學史‧魏晉文學之變遷》，頁 39。
30 見於《評註昭明文選》卷十，頁 792。
31 見於張溥《漢魏六朝百三家集題辭‧阮元瑜集》，頁 81。
32 《文心雕龍‧書記》篇云：「詳總書體，本在盡言，所以散鬱陶，託風采，故宜條
　暢以任氣，優柔以懌懷。文明從容，亦心聲之獻酬也。」

下 [33]，致遭吳質有「不能持論」[34] 之譏。

　　除《文心雕龍‧書記》篇云：「魏之元瑜，號稱翩翩」以外，劉勰對阮瑀應用散文的評述，尚見於〈章表〉篇云：「琳瑀章表，有譽當時」，語出自曹丕《典論‧論文》：「琳瑀之章表書記，今之雋也」，惟阮瑀章表，今已缺佚，無法明其所以然。另如〈才略〉篇云：「琳瑀以符檄擅聲」，因陳琳、阮瑀均無符命，劉勰所言當泛指二人以章表書檄知名於世。是以綜合劉勰對阮瑀散文之評論看來，劉勰多依採成說立論，且語意含糊籠統，固然貴能發皇曹丕的說法，標明作家各以才情騁其所長，確立阮瑀書記在建安文學的突出表現，及其重要地位；然若參覈阮瑀〈為曹操作書與孫權〉表現之三點特色，則劉勰援引魏文成說，評論「魏之元瑜，號稱翩翩」者，僅能標幟阮瑀書記行文迅疾、文藻斐然的特點，並無法涵蓋其文全面之得失，為劉勰評騭作家而視野不足之處。又，曹丕《典論‧論文》將陳琳、阮瑀之書記相提並論，然劉勰〈書記〉篇卻對陳琳書信隻字未提，據本人所撰〈文心雕龍論陳琳〉一文，曾評論〈為曹洪與文帝書〉出於琳手，然信中矢口否認為傝人之作，言語失實，或即彥和所以未提陳琳書記之故；茲將陳琳〈為曹洪與文帝書〉，與阮瑀〈為曹操作書與孫權〉相較，二文皆有為文造情，飾辨強顏之處，誠如錢鍾書《管錐編》評陳琳〈為曹洪與文帝書〉曰：

　　　　明知人之不己信，而故使人覩己之作張致以求取信；明知人識
　　　　己語之不誠，而仍陽示以修詞立誠；己雖弄巧而人不為愚，則
　　　　適成己之拙而愈形人之智；於是誑非見欺，詐適貢諂，莫逆相

33　王師更生〈論中國散文之藝術特徵〉云：「所謂『文須有益於天下』，正可以為散文真實性下一注腳。」載於教學與研究第九期（1987 年 6 月），頁 45。
34　吳質〈答魏太子箋〉云：「往者孝武之世，文章為盛。若東方朔、枚皋之徒，不能持論，即阮陳之儔也。其唯嚴助壽王，與聞政事。然皆不慎其身，善謀於國，卒以敗亡，臣竊恥之」，意指阮瑀、陳琳之文無助於預聞政事，徒為雍容侍從而已。

視，同聲一笑[35]。

而阮瑀受蔡邕影響，文字典雅，風格沈穩；陳琳筆勢飛揚，譬喻生動，才情實較阮瑀略勝一籌，故陳柱《中國散文史》云：「七子之散文，自以孔融為最高，魏文稱為氣體高妙，誠可當之而無媿；王粲次之，陳琳又次之；餘則難以伯仲矣」[36]，顯示《文心雕龍·書記》篇獨讚阮瑀而遺漏陳琳，對陳琳未盡公平！

第四節　弔夷齊文　褒而無貶

《文心雕龍·哀弔》篇曾將童殤夭折者、成年死者的哀悼文字區別區分，加以論述，並舉阮瑀〈弔伯夷文〉為例，與胡廣、王粲同類型作品相互比較：

> 胡阮之〈弔夷齊〉，褒而無間，仲宣所制，譏呵實工。然則胡阮嘉其清，王子傷其隘，各其志也。

阮瑀〈弔伯夷文〉寫於建安十六年（西元 211 年），時曹操率軍西征馬超、韓遂，有曹植、阮瑀、王粲等隨行。八月，過首陽山，阮瑀、王粲皆著文哀悼夷齊，阮文云：

> 余以王事，適彼洛師。瞻望首陽，敬弔伯夷。東海讓國，西山食薇。重德輕身，隱景潛暉。求仁得仁，報之仲尼。沒而不朽，身沈名飛。

其敘寫本於《史記·伯夷列傳》，記載伯夷為孤竹君之子，讓國於叔齊，聞西伯昌善養老，即前往歸焉。後武王伐紂，天下宗周，伯夷、叔齊恥食周粟，隱於首陽，采薇而食，及餓且死，作〈采薇之歌〉，而餓死於首陽山。阮瑀因而稱賞夷齊的節行：「東海讓國，

---

35 見於錢鍾書著《管錐編》（台北：書林書局，1990－1996 年）第三冊六八則。
36 見於陳柱《中國散文史》（台北：商務印書館，1965 年），頁 155。

西山食薇。重德輕身，隱景潛暉」，並引用《論語‧述而》篇孔子所言：「求仁得仁，又何怨乎」，謂伯夷、叔齊乃巖穴之士，義行所以名彰後世者，實得力於孔子，此阮瑀所以讚美夷齊「求仁得仁，報之仲尼。没而不朽，身沈名飛」的緣故。相較於之前，東漢胡廣所作之〈弔夷齊文〉：

遭亡辛之昏虐，時繽紛以蕪穢；恥降志于汙君，溷雷同于榮勢，

抗浮雲之妙志，遂蟬蛻以偕逝；徼六軍於河渚，叩王馬而慮計。

雖忠情而指尤，匪天命之所謂；賴尚父之戒慎，鎮左右而不害。

除了歌頌伯夷、叔齊性「清」，有潔身自好的浮雲之志，也讚美伯夷、叔齊情「忠」，敢於叩武王之馬而諫諍。可見胡、阮之〈弔夷齊〉皆頌揚伯夷、叔齊清高的節行，嘉美其能甘於貧賤而與日月爭光，劉勰的評論：「胡阮之〈弔夷齊〉，褒而無間，……胡阮嘉其清」[37]，可謂深得二文旨要。至於王粲之〈弔夷齊文〉則寫道：

歲旻秋之仲月，從王師以南征；濟河津而長驅，踰芒阜之崢嶸。

覽首陽于東隅，見孤竹之遺靈；心於悒而感懷，意惆悵而不平。

望壇宇而遙弔，抑悲古之幽情；知養老之可歸，忘除暴之為念。

絜己躬以騁志，愆聖哲之大倫；忘舊惡而希古，退採薇以窮居。

守聖人之清槩，要既死而不渝；厲清風于貪士，立果志於懦夫。

到于今而見稱，為作者之表符；雖不同於大道，合尼父之所譽。

王粲以其一貫情感濃郁、悲思感人的筆法，既頌美夷齊清真的節概，所謂「不降其身，不辱其志」，足以使貪士清厲，懦夫立志；又批評夷齊「知養老之可歸，忘除暴之爲念；絜己躬以騁志，愆聖哲之大倫」，對夷齊僅知西伯養老可歸，而忘武王除暴爲仁，實識春馥而不知秋芳，有違聖哲人倫至理的做法，王粲並不苟同，此即劉勰

---

37 范注《文心雕龍‧哀弔》：「『胡阮之〈弔夷齊〉，褒而無聞』，『聞』，唐寫本作『間』，是。」頁 241。

〈哀弔〉篇所謂「仲宣所制，譏呵實工，……王子傷其隘」，已確切表述王粲〈弔夷齊〉不從眾而褒中寓貶的獨特觀點；而由〈哀弔〉篇劉勰援引《史記·伯夷列傳》的說法：「子曰：『道不同，不相為謀。』亦各從其志也」，評論「胡阮嘉其清，王子傷其隘，各其志也」看來，可見不論胡阮、王粲論夷齊，切入的角度如何不同，但基本上劉勰與胡阮、王粲，讚同孔子砥礪廉潔之士的價值標準是一致的。足徵《文心雕龍》行文雖然簡潔，卻能深入有得，對不同作家的同類作品予以評騭時，不僅能確切掌握各家作品的特色，且又能異中求同，扣緊不同作家為文共通的要旨。

阮瑀〈弔伯夷〉文，或隔句正對，或當句反對，對仗工整，且全文隔句用韻，同屬古韻十五部，聲和而韻諧，文中以「余以王事，適彼洛師。瞻望首陽，敬弔伯夷。東海讓國，西山採薇」，作史實的陳述；以「重德輕身，隱景潛暉。求仁得仁，報之仲尼。沒而不朽，身沈名飛」，合於仲尼褒揚之意，亦道出阮瑀之自我期許。其對伯夷之哀悼，誠如《文心雕龍·哀弔》篇云：「正義以繩理，昭德而塞違」，「哀而有正」，不僅內容哀傷而理正，且文辭質樸，與「華過韻緩，則化而為賦」[38]的形制有所不同，足見阮瑀之〈弔伯夷〉能符合哀弔文之寫作要領，故受劉勰青睞，特予選文定篇！

阮瑀另有詩〈駕出北郭門行〉、〈七哀〉、〈公讌〉、〈詠史〉、〈苦雨〉、〈雜詩〉、〈隱士〉、〈失題〉、〈怨詩〉十二首，其中以〈駕出北郭門行〉最為人所傳頌，為郭茂倩《樂府詩集》列入「雜曲歌辭」，詩以句首為題，乃依漢樂府民歌〈婦病行〉、〈孤兒行〉之舊曲，發揮「感於哀樂，緣事而發」的基調，採對話的方式，描述孤兒喪母的苦楚：

---

38 見於《文心雕龍·哀弔》篇：「夫弔雖古義，而華辭末造；華過韻緩，則化而為賦。固宜正義以繩理，昭德而塞違，剖析褒貶，哀而有正，則無奪倫矣！」

駕出北郭門，馬樊不肯馳。下車步踟躕，仰折枯楊枝。顧聞丘
林中，噭噭有悲啼。借問啼者出：「何為乃如斯？」「親母舍
我歿，後母憎孤兒。飢寒無衣食，舉動鞭捶施。骨消肌肉盡，
體若枯樹皮。藏我空室中，父還不能知。上塚察故處，存亡永
別離。親母何可見，淚下聲正嘶。棄我於此間，窮厄豈有貲。」
傳告後代人，以此為明規。

全詩採倒敘法，對孤兒的遭遇、受虐，描述詳盡，且言語質直，欠
缺曲折蘊蓄之美，尤其結語「傳告後代人，以此為明規」，語無餘
韻，規諫之意明顯，故徐禎卿《談藝錄》云：「樂府往往敘事，故
與詩殊，蓋敘事辭緩則冗不精，……阮瑀〈駕出北郭門〉視〈孤兒
行〉太緩弱不逮矣。」[39] 胡應麟《詩藪》內編亦云：「阮瑀〈孤兒〉，
畢露筋骨」[40]，是知阮瑀此詩，文辭非雅麗，「實韶夏之鄭曲」，而
哀憫民間疾苦，「辭不離於哀思」[41]，故同於三祖作品，皆未入選於
《文心雕龍·樂府》篇。阮瑀其他詩作則以描述感時之嗟歎、客子
之悲傷者為主，如〈七哀詩〉之一即為此類詩之典型：

丁年難再遇，富貴不重來。良時忽一過，身體為土灰。冥冥九
泉室，漫漫長夜臺。身盡氣力索，精魂靡所能。嘉肴設不御，
旨酒盈觴杯。出壙望故鄉，但見蒿與萊。

全詩文辭素樸，充滿「日月逝乎上，體貌衰於下」的悲弱之氣，而
風力不足，無怪乎《詩品》列阮瑀詩於下品，評為「平典不失古體」，
鍾嶸所評列為「警策」之建安五言詩，亦無阮瑀 [42]；《文心雕龍·

---

39 見於《四庫全書》冊一二六八，頁 780。
40 見於胡應麟《詩藪》（台北：廣文書局，1973 年）內編「古體中、五言」，頁 93。
41 《文心雕龍·樂府》篇云：「至於魏之三祖，氣爽才麗，宰割辭調，音靡節平。觀
其〈北上〉眾引、〈秋風〉列篇，或述酣宴，或傷羈戍，志不出於慆蕩，辭不離於
哀思，雖三調之正聲，實韶夏之鄭曲也。」
42 《詩品》中譽為「警策」之建安五言詩有陳思〈贈弟〉、仲宣〈七哀〉、公幹〈思
友〉。

明詩》篇則對阮瑀隻字未提。終竟阮瑀固非建安詩風「慷慨以任氣，磊落以使才」的代表詩人。

阮瑀尚有辭賦四篇，計有征戰類的〈紀征賦〉、閑邪類的〈止欲賦〉、詠物類的〈鸚鵡賦〉、〈箏賦〉，除〈箏賦〉以外，皆爲與其他建安文家唱和之作，如建安十三年曹操南征荊楚劉表，曹丕作〈述征賦〉、阮瑀作〈紀征賦〉，皆頌美曹操之軍功恩德，又如〈止欲賦〉乃規模宋玉〈神女〉而作，據俞紹初〈建安七子年譜〉於建安十六年條下云：「受曹丕命，阮瑀與陳琳各作〈止欲賦〉、王粲作〈閑邪賦〉、應瑒作〈正情賦〉」[43]，知爲阮瑀應命之作，以讚美淑女之容貌、才性，心嚮往之爲開端，以作者之抑情止欲終結，基本上吻合此類賦作「始則蕩以思慮，而終歸閑正，將以抑流宕之邪心，諒有助于諷諫」的模式[44]。阮瑀另有〈鸚鵡賦〉，曹植、王粲、陳琳亦有之，顯見爲同題競采之作，阮瑀〈鸚鵡賦〉云：

> 惟翩翩之豔鳥，誕嘉類于京都。穢夷風而弗處，慕聖惠而來徂。
> 被坤文之黃色，服離光之朱形。配秋英以離綠，苞天地以耀榮。

於歌詠鸚鵡形貌色澤之餘，「穢夷風而弗處，慕聖惠而來徂」，頗能自喻作者的特質、際遇；惟若相較於曹植〈鸚鵡賦〉自訴內心的高志、危懼：

> 身挂滯於重籠，孤雌鳴而獨歸。豈予身之足惜，憐眾雛之未飛。
> 分糜軀以潤鑊，何全濟之敢希。蒙含育之厚德，奉君子之光輝。
> 怨身輕而施重，恐往惠之中虧。常戢心以懷懼，雖處安其若危。
> 永哀鳴其報德，庶終來而不疲。

王粲〈鸚鵡賦〉描寫內心的悲傷、孤高：

---

43 收錄於俞紹初輯校《建安七子集》附錄，頁 420。
44 引用自陶淵明〈閑情賦·序〉，見於《陶淵明集》（台北：里仁書局，1982 年）卷五，頁 153。

步籠阿以躑躅，叫眾目之希稠。登衡幹以上干，噭哀鳴而舒憂。

聲嚶嚶以高屬，又慘慘而不休。聽喬木之悲風，羨鳴友之相求。

阮瑀的賦作顯然詠物的成分多，而情感內斂，個性表現不足，與建安辭賦尚抒情之風不同，阮瑀非以建安詩賦名家，由此皎然可見。

第五節　結　語

總而言之，《文心雕龍》對阮瑀的詮評，有其優劣得失，而以品評綦當者居多。其特色在於：

一、立言有據

如記阮瑀據鞌而制書，文思神速，出於史傳；論元瑜書記翩翩，係採魏文為言；謂琳瑀章表，有譽當時，亦祖述曹丕立說，雖辭費不多，但已確切掌握阮瑀文人侍從的身分，與隨軍代書的功用，及其在文學史上的定位與成就。

二、合於論文標準

如〈神思〉篇除了記述阮瑀文思敏捷，尚指出「博學練才」為饋貧之糧、拯亂之藥的理論基礎。以阮瑀為例，他受學蔡邕，研治古文經學，以儒為本，旁及老莊，兼通樂理，均為其作文運思之助力；而思理一貫，首尾呼應，熟諳御文之術，故能才思駿發而文不致於蕪亂。阮瑀之〈弔伯夷〉文也以能符合《文心雕龍》揭示哀弔文「正義以繩理，昭德而塞違」，「哀而有正」的寫作要領，而被劉勰所稱引。

三、著明個人文學成就

如劉勰評論元瑜書記「展其翩翩之樂」，肯定其書記馳騁才情，故能自立門戶；而應用散文為一時雋傑，也促使散文文體至魏晉漸

受重視，甚有漸趨駢化之跡象；至於阮瑀之詩讀之令人愁，缺乏「慷慨以任氣，磊落以使才」的慷慨悲壯、積極明朗的風格，辭賦多為與曹氏兄弟、建安作家同題競采的作品，個性情感表現不足，難與其他作家並駕齊驅，是以《文心雕龍》〈明詩〉、〈詮賦〉列舉代表作家均未選入阮瑀。足證劉勰對阮瑀書記文學的獨特表現，及其非屬建安主體文學、風格的代表作家，均有會心之體認。

四、善於比較異同

歷代以來，為夷齊節行撰文哀悼議論者不少，劉勰乃就胡廣、阮瑀、王粲之〈弔夷齊〉比較分析，並歸為「褒而無間」、「譏呵實工」兩類，而謂「胡阮嘉其清，王子傷其隘，各其志也」，顯見對同類作品的個別作家，劉勰不但能掌握各家作品的特色，且善於異中求同，析理的當。

五、以部分代替全體

劉勰評論作家時，多借重成說，以為張本，固然因而突顯阮瑀特殊之文學成就，卻也偶有各照隅隙之局限，如阮瑀書記以運思速捷，文采富麗著稱，然其文迭起波瀾，勢若江河，且為文造情，粉飾失真之特色，即無法以「書記翩翩」統稱；陳琳書記才情飛揚，文筆靈動，凌駕阮瑀之上，而未被論列於《文心雕龍·書記》，均為論述作家美中不足之處；尤其劉勰以多氣評論建安作家，而阮瑀呈顯之清樸、悲弱之氣，實乃迴異於建安作家的個別特色，故〈時序〉篇所謂：「觀其時文，雅好慷慨，良由世積亂離，風衰俗怨，並志深而筆長，故梗概而多氣也」，實無法涵蓋所有建安名家。換言之，建安作家群相非僅表現單一之共同風格，亦具有個別不同之風格差異，阮瑀的文學表現，印證劉勰之表述方式，有以部分代替全體的情形。

第七章 《文心雕龍》論王粲

前 言

　　無論曹植作書與楊脩，所提及之「今世作者」六人，或曹丕《典論·論文》，所列舉之「七子」之名，王粲（西元 177－217 年）均名列其中；《文心雕龍·才略》篇並云：「仲宣溢才，捷而能密，文多兼善，辭少瑕累，摘其詩賦，則七子之冠冕乎」，以王粲詩賦居於七子之冠，隱然有呼應陳壽《三國志》於〈王粲傳〉後始附劉楨等諸子事略，以王粲最號傑出之意。此一評價，顯與《詩品》云：「降及建安，曹公父子，篤好斯文。平原兄弟，鬱為文棟。劉楨、王粲為其羽翼」，以曹氏父子居於建安文壇盟主的首倡地位，劉楨、王粲並駕齊驅，合稱「劉王」，有所出入。為明瞭《文心雕龍》對王粲之評論，分析其觀點之然否，從而探究王粲作品之文學表現、地位及其與建安時代之關係，茲撰文分論如下：

第一節 才性短長

　　王粲思若有神，有揮筆即就的才華，《文心雕龍·神思》篇說：「仲宣舉筆似宿構」，係根據《三國志·魏書·王粲傳》的記載：

> 善屬文，舉筆便成，無所改定，時人常以為宿構，然正復精意覃思，亦不能加也。[1]

稱讚王粲的作品不但運思神速，且能思慮縝密。《文心雕龍·才略》

---

1 見於《三國志·魏書》卷二十一〈王粲傳〉，頁 599。

篇又云:「仲宣溢才,捷而能密」,謂王粲才思敏捷而能去除粗疏之患,綿密而能避免遲疑之病,與〈王粲傳〉的載錄說法一致。若非作者博物多識,才高機敏實不可兼此二長。由王粲在朝應詔時,「辯論應機」[2]、又精通算術,應變無差,並能與衛覬典理制度,草擬朝廷奏議,連鍾繇、王朗等人,雖位為魏之卿相,也都擱筆不能措手[3],王粲的博物彊識可見一斑;其高才敏捷,連才高八斗的曹植也讚賞不已,曹植〈王仲宣誄〉曾寫:「文若春華,思若湧泉,發言可詠,下筆成篇」,皆具足展現王粲在才性上的特長。

　　王粲的下筆立成,或與其個性的急切有關。《文心雕龍・體性》篇曾提到王粲個性上的急躁,與其作品的關係:

　　　　仲宣躁競,故穎出而才果。

〈程器〉篇也說:

　　　　仲宣輕脫以躁競,……文士之瑕累。

指出王粲的個性急躁,爭勝競逐,為其性情上的疵病。見諸史傳,王粲此一人格特質,實有跡可尋。由《三國志・魏書・杜襲傳》所載:

　　　　魏國既建,為侍中,與王粲、和洽並用。粲彊識博聞,故太祖游觀出入,多得驂參,至其見敬不及洽、襲。襲嘗獨見,至於夜半。粲性躁競,起坐曰:「不知公對杜襲道何也?」洽笑答曰:「天下事豈有盡邪?卿晝侍可矣,悒悒於此,欲兼之乎?」[4]

說明由於王粲性急爭勝,且行事輕率,使其對仕途易生競逐之心,不僅好與同僚比較,也因而受曹操敬重的程度不及和洽、杜襲。顏

之推《顏氏家訓》亦嘗曰:「王粲率躁見嫌」[5],再次證明王粲因個性輕率急躁,影響仕途的進用。此一急切的人格特質,形諸筆端,時可見王粲亟思建立事功,有所表現的心情。避亂於荊州時如此,如王粲〈贈士孫文始〉云:

> 爾之歸蕃,作式下國。無曰蠻裔,不虔汝德。慎爾所主,率由嘉則。龍雖勿用,志亦靡忒。悠悠澹澧,鬱彼唐林。雖則同域,邈其迥深。白駒遠志,古人所箴。允矣君子,不遐厥心!既往既來,無密爾音。

期許友人應立定安蕃報國的高遠之志,其實即自言己志。歸附曹操之後,也曾作詩表明輸忠納誠,效力疆場的心志,有〈從軍詩〉之二寫道:

> 棄余親睦恩,輸力竭忠貞。懼無一夫用,報我素餐誠。夙夜自怦性,思逝若抽縈。將秉先登羽,豈敢德金聲。

由於王粲持志之堅定積極,筆下因而鋒華外露,思想果斷,劉勰所謂「穎出而才果」之說,誠的論也。

第二節 生活際遇與作品風格

建安時期,除了政治的傾軋、軍事的紛爭,帶來社會的動亂,民生的流離;曹氏父子於兵馬倥傯之中,弘獎風流,薈萃文士,形成詩文唱和的風氣大盛,也是此一時期生活環境的重要特徵。《文心雕龍‧時序》篇評論建安時代對作家的影響,即頗能掌握此一時代的趨向與人文特質:

> 自獻帝播遷,文學蓬轉,建安之末,區宇方輯。魏武以相王之尊,雅愛詩章;文帝以副君之重,妙善辭賦;陳思以公子之豪,

---

5 見於顏之推《顏氏家訓‧文章》(台北:育賢出版社,1992年),頁237。

> 下筆琳瑯；並體貌英逸，故俊才雲蒸。仲宣委質於漢南，……
> 傲岸殤豆之前，雍容衽席之上，灑筆以成酣歌，和墨以藉談笑。
> 觀其時文，雅好慷慨，良由世積亂離，風衰俗怨，並志深而筆
> 長，故梗概而多氣也。

就王粲而言，這段文字，一則表述了建安時期政治、社會、文學環
境的共相，一則顯示其個人際遇的殊相。個人際遇方面：自初平三
年（西元 192 年）起，王粲年十七，便因董卓之亂，天子遷都，百
姓流離，而往荊州依劉表避亂，有〈七哀〉詩寫道：

> 西京亂無象，豺虎方遘患，復棄中國去，委身適荊蠻。親戚對
> 我悲，朋友相追攀，出門無所見，白骨蔽平原。路有飢婦人，
> 抱子棄草間，顧聞號泣聲，揮涕獨不還。未知生死處，何能兩
> 相完，驅馬棄之去，不忍聽此言。南登霸陵岸，回首望長安，
> 悟彼下泉人，喟然傷心肝。

乃道塗所見，感傷人民播遷流離的哀音。至建安十三年（西元 208
年），王粲因勸說劉琮降曹，被賜爵關內侯止，共羈留荊州（漢南）
十六年，此即《文心雕龍·時序》篇所謂：「仲宣委質於漢南」。
既云「委質」，二字含悲，兼有避亂與委身事人之意。根據《魏書·
王粲傳》記載：「表以貌寢而體弱通侻，不甚重也」，又云：「太
祖置酒漢濱，粲奉觴賀曰：『……士之避亂荊州者，皆海內之儁傑
也；表不知所任，故國危而無輔』」，及參考曹植〈王仲宣誄〉所
言：「我公奮鉞，耀威南楚。荊人或違，陳戎講武。君乃義發，算
我師旅。高尚霸功，投身帝宇」，似乎王粲在荊州，並不得意，無
法成就其自致於青雲之志。影響所及，詩文多流露憂生哀思之嗟，
建安十年所寫之〈登樓賦〉：「雖信美而非吾土兮，曾何足以少留」、
「情眷眷而懷歸兮，孰憂思之可任」，即見其羈旅未遇之憂思。

外緣環境方面：建安時期，為群雄割據，窮兵黷武，變亂相尋之

世，山簡上疏簡懷帝曾云：「自初平之世，訖於建安之末，三十年中，萬姓流散，死亡略盡，斯亂之極也」，道盡當時世衰亂離的現象；朝綱因而解紐，法紀隨之陵替，加以曹操秉政之後，四次頒令唯才是舉，不仁不孝而有治國用兵之術者，皆舉而用之，是以社會失去道德的瞻依，風衰俗怨，日益澆薄。據《抱朴子‧審舉》篇云：

> 靈獻之世，閹官用事，群姦秉權，危害忠良，臺閣失選用於上，州郡輕貢舉於下。夫選用失於上，則牧守非其人矣，貢舉輕於下，則秀孝不得賢矣。故時人語曰：舉秀才，不知書，察孝廉，父別居。……蓋疾之甚也。[6]

得知建安之世不僅人倫禮義大壞，士人才名相副者少，且知識份子紛競於仕途，求爲興朝佐命，已成爲時代風尚。《陔餘叢考》便說：「蓋自漢魏易姓以來，勝國之臣，即爲興朝佐命，久已習爲固然，其視國家禪代，一若無與於己，且轉藉爲遷，官受賞之資，故偶有一二耆舊，不忍遽背故君者，便已嘖嘖人口，不必其以身殉也」[7]，是以建安群彥，多有意於淑世立功，以「戮力上國，流惠下民」、「建永世之業，留金石之功」爲己志，甚以曹操爲人傑，冀望曹操能統一天下而投曹，王粲即是如此[8]。觀《魏書‧王粲傳》所言：「明公定冀州之日，下車即繕其甲卒，收其豪傑而用之，以橫行天下。及平江漢，引其賢雋而置之列位，使海內同心，望風而願治，文武並用，英雄畢力，此三王之舉也」[9]，則王粲對曹操平治天下之期待，及因被列位封侯，滿足功名之心，而稱曹操乃「三王之舉」的心情，可見一斑。只是投曹之後，未獲敬重，王粲亦有既「託身鸞鳳」，

---

6 見於《四部備要》外篇卷十五，頁2上。
7 見於《陔餘叢考》（台北：世界書局，1960年）卷十七，頁9下。
8 王粲曾說劉表之子琮曰：「如粲所聞，曹公故人傑也。……將軍能聽粲計，卷甲倒戈，應天順命，以歸曹公，……保全己宗，長享福祚，垂之後嗣，此萬全之策也。」見《魏書‧王粲傳》注引《文士傳》，頁598。
9 見於《三國志‧魏書》卷二十一〈王粲傳〉，頁598。

又「俛仰不得言」之苦。如〈雜詩〉之五云：

> 鷙鳥化為鳩，遠竄江漢邊。遭遇風雲會，託身鸞鳳間。天姿既
> 否戾，受性又不閑。邂逅見逼迫，俛仰不得言。

將建安之外緣環境，及王粲之個人際遇合而觀之，則吾人可以明瞭
《文心雕龍·時序》篇所謂：「觀其時文，雅好慷慨，良由世積亂離，
風衰俗怨，並志深而筆長，故梗概而多氣也」[10]，不僅反映了建安時
期的政治、社會環境，也顯示建安作家秉其用世熱忱，見諸筆端，
多情意深長，而且由於受到生活流離，與失志鬱結的影響，其詩文
常慷慨陳詞，表現憂時傷世的悲涼之氣。彥和此語，雖是概括建安
作家之言，對王粲來說，亦屬入木三分之論。

　　建安文學，所以能「彬彬之盛，大備於時」[11]，肇因甚遠。除曹
氏父子，雅好文藝，能文造詩，被以管弦，具備做為文壇領袖人物
的條件以外；自曹操破袁紹大軍後，便於建安八年令郡國各修文學，
據《魏書·武帝紀》云：

> 喪亂以來，十有五年，後生者不見仁義禮讓之風，吾甚傷之。
> 其令郡國各修文學，縣滿五百戶置校官，選其鄉之俊造而教學
> 之，庶幾先王之道不廢，而有以益於天下。[12]

試圖由選教才俊，以振興學術文化。建安九年，袁氏雄踞十餘年的
根據地鄴城，為曹操攻破，其時孔融、阮瑀、應瑒、劉楨，已經來
歸。建安十年至十三年之間，續有陳琳、徐幹、王粲歸附曹操。迨
至建安十六年，曹丕受封為五官中郎將，曹植被封為平原侯，曹操
為丕設置五官將文學，為植設置平原侯庶子，於是眾多文士齊集鄴
下，競馳文風，時有遊宴唱和之事，如《魏書·王粲傳》注引《魏

10　「梗概」即「慷慨」也。據《文心雕龍·時序》范注：「梗慨、慷慨，聲同通用。
　　袁宏〈詠史〉詩：『周昌梗慨臣』，亦慷慨之意。」頁682。
11　見於《詩品·序》。
12　見於《三國志·魏書》卷一〈武帝紀〉，頁24。

略》云：

> 其後大軍西征，太子南在孟津小城，與質書曰：「……每念昔
> 日南皮之遊，誠不可忘。既妙思六經，逍遙百氏，彈棋閒設，
> 終以博奕，高談娛心，哀箏順耳。馳騖北場，旅食南館，浮甘
> 瓜於清泉，沉朱李於寒水。皦日既沒，繼以朗月，同乘並載，
> 以游後園，輿輪徐動，賓從無聲，清風夜起，悲笳微吟，樂往
> 哀來，淒然傷懷。」[13]

乃述寫曹丕為太子之時，致書吳質，憶及往昔南皮讌遊，諸文士彈
棋博奕、吟詩論學之情景。王粲又有〈公讌〉詩，追憶當日以曹操
為首，與眾詩人讌遊，奉命同題作詩唱和的歡樂之情：

> 昊天降豐澤，百卉挺葳蕤。涼風撤蒸暑，清雲卻炎暉。高會君
> 子堂，並坐蔭華榱。嘉肴充圓方，旨酒盈金罍。管絃發徽音，
> 曲度清且悲。合坐同所樂，但愬杯行遲。常聞詩人語，不醉且
> 無歸。今日不極歡，含情欲待誰？見眷良不翅，守分豈能違？
> 古人有遺言，君子福所綏。願我賢主人，與天享巍巍。克符周
> 公業，奕世不可追。

故同時如曹植、應瑒、劉楨、阮瑀等都有〈公讌〉詩。《文心雕龍・
序志》篇所說：「自獻帝播遷，文學蓬轉，建安之末，區宇方輯。
魏王以相王之尊，雅愛詩章；文帝以副君之重，妙善辭賦；陳思以
公子之豪，下筆琳瑯；並體貌英逸，故俊才雲蒸」，即如實地反映
此一時期的文學嘉會及盛況。此外，《文心雕龍・明詩》篇所言：
「王、徐、應、劉，望路而爭驅；並憐風月，狎池苑，述恩榮，敘
酬宴」，則更具體的描述作家們文學活動的型式，也呈顯建安十三
年以後，王粲的生活環境，及應酬詩作出現的背景。

---

13 見於《三國志・魏書》卷二十一〈王粲傳〉，頁 607。

第三節 思想取向

　　《文心雕龍‧論說》篇云：「魏之初霸，術兼名法，傅嘏、王粲校練名理」，指出漢魏之際，名法學說盛行。此因漢代經學的末流，空守章句，既不能施用於世務，也不能饜足人心，儒學日趨淪歇；加以魏武喜好刑名法術，《魏書‧武帝紀》評曰：「太祖攬申、商之法術，該韓、白之奇策」[14]，於是闡述法家名實相符、刑賞並重的理論，盛極一時。王粲所著諸論，如〈務本論〉：「設農師以監之，置田畯以董之，黍稷茂則喜而受賞，田不墾則怒而加罰」，乃論述重農、賞罰分明的農業政策；〈爵論〉：「今誠循爵，則上下不失實，而功勞者勸，得古之道，合漢之法」，則申明循名責實，有功者依等封爵的觀點；〈難鍾荀太平論〉：「苟不可移，必或犯罪；罪而弗刑，是失所也；犯而刑之，刑不可錯也」，旨在駁難鍾荀之論，彰顯三聖太平之世，未嘗措刑罰，皆援用法家的思想學說以立論，其論理之文，辨正然否，析理精微，實開魏晉名理風氣之先聲。

　　惟王粲援引名法思想立說的同時，其亦援用儒學的理論。如〈務本論〉云：「先王籍田以力，任力以夫，議其老幼，度其遠近，種有常時，耘有常節，收有常期，此賞罰之本」，乃以先王爲準式，不同於法家法後王的思想。〈儒吏論〉又云：「先王見其如此也，是以博陳其教，輔和民性，達其所壅，祛其所蔽，吏服訓雅，儒通文法，故能寬猛相濟，剛柔自克也」，不但援例於先王，並提出儒吏應兼通文法，使其相濟相通之說，由此可見王粲融會各家的思想，及有意藉儒家舊典恢復社會綱常制度的論說。

　　稽考王粲名法儒家合流並用的思想，可謂其來有自：

---

14 見於《三國志‧魏書》卷一〈武帝紀〉評，頁55。

一、家學淵源

王粲曾祖王龔、祖父王暢，均曾為三公，王暢且為漢末名士，八俊之一，曾拜南陽太守，所在以嚴明著稱；又據《後漢書‧陳蕃傳》所載：

> 桓帝欲位陳蕃為太尉，陳蕃讓與王暢、李膺曰：「齊七政，訓五典，臣不如議郎王暢；聰明亮達，文武兼姿，臣不如弛刑徒李膺。」[15]

則王暢具備儒學素養，並以法家精神治事可知。劉師培《中古文學史‧魏晉文學變遷》亦云：「王弼、何晏之文，……雖闡發道家之緒，實與名、法家言為近者也」[16]，此正說明王弼等人之玄論與名、法家的關係。而王弼係王粲之嗣孫，也可見王氏家學淵源。另外，焦循於《周易補疏敘》云：

> 東漢非以易學名家者稱荀、劉、馬、鄭，荀謂慈明爽，劉謂景升表。表之學受於王暢，暢為粲之祖父，與表皆山陽高平人。粲族兄凱為劉表女婿，凱生業，業生二子：長宏次弼。……然則王弼者，劉表之外曾孫，而王粲之嗣孫，即暢之嗣玄孫也。弼之學蓋淵源於劉，而實根本於暢。宏字正宗，亦撰《易義》，王氏兄弟皆以《易》名，可知其所受者遠矣。[17]

謂王氏家學自王暢、王粲、王宏、王弼，一脈相承，且劉表曾受學於粲祖王暢，皆以《易》學著稱於世。故王粲於應詔時「辯論應機」、於〈荊州文學記官志〉云：「故曰物生而蒙，事屯而養，天造草昧，屯而養之。利而攸適，猶金之銷鑪，水之從器也」，皆譜於易理而

出之。是以王粲長於名公之家，先世且精通《易》學法術，其家學淵源可謂既深且遠矣。

二、蔡邕贈書

蔡邕贈書，亦使王粲之學博覽閎通。據《魏書·王粲傳》云：

> 獻帝西遷，粲徙長安，左中郎將蔡邕見而奇之。時邕才學顯著，貴重朝廷，常車騎填巷，賓客盈坐。聞粲在門，倒屣迎之。粲至，年既幼弱，容狀短小，一坐盡驚。邕曰：「此王公孫也，有異才，吾不如也。吾家書籍文章，盡當與之。」

蔡邕爲漢末之大儒，曾訂正六經，有書近萬卷，而載數車以贈王粲[18]，則對王粲之厚實學養必有助益。

三、荆州之學的啓發

劉表於鎮守荆州期間，「州界群寇既盡，表乃開立學官，博求儒士」[19]，於是學士蝟集，講論不輟，王粲有〈荆州文學記官志〉記述當時學術蓬勃發展的盛況：

> 乃命五業從事宋衷新作文學，延朋徒焉，宣德音以贊之，降嘉禮以勸之，五載之間，道化大行。耆德故老綦母闓等負書荷器，自遠而至者，三百有餘人。……遂訓六經，講禮物，諧八音，協律呂，修紀曆，理刑法，六略咸秩，百氏備矣。

其成果不但改定五經章句，刪除煩重，使探微知機者日多；又廣求遺書，恢復舊籍，普遍學術；並令杜夔作雅樂、曆修刑理，經史子學大備。王粲由於滯留荆州十六年，深受啓發，不但所寫詩賦受《風》、《騷》影響，合於怨悱而不亂之旨；疑經之作，如《尚書

---

18 載於《博物志》（收於《增訂漢魏叢書》，台北：大化書局，1983 年）卷六，頁 1 下。
19 見於《三國志·魏書》卷六〈劉表傳〉注引〈英雄記〉，頁 212。

問》四卷，駁難鄭玄《尚書注》，亦頗契合荊州之學不守鄭說，獨樹一幟，對鄭學「有所不愜，故益加刪落，以定義理之本」[20]的學風；至於〈荊州文學記官志〉，則屬記事之史作，顯示荊州之學亦能儒法融合，「然後太階平焉」的實況。是知王粲除了以「校練名理」，為劉勰所稱述，其深厚之儒學根柢，及名法儒家融合的理念，則來自於其家學、閱書，及荊州學術之啟導，為其能文作詩的活水泉源。與劉勰《文心雕龍・論說》篇僅云：「王粲校練名理」相較，劉師培《漢魏六朝專家文研究》所言：「王仲宣介乎儒法之間，其文大都淵懿，惟議論之文推析盡致，漸開校練名理之風，已與兩漢之儒家異貫」[21]，實為探本之論。

第四節　各體文學表現

一、兼善四、五言詩

劉勰對王粲的四、五言詩，評價很高。《文心雕龍・明詩》篇云：

> 若夫四言正體，則雅潤為本；五言流調，則清麗居宗，華實異用，惟才所安。故平子得其雅，叔夜含其潤，茂先凝其清，景陽振其麗，兼善則子建、仲宣，偏美則太沖、公幹。

在此，劉勰不但揭櫫四言、五言詩的寫作體要，將三百篇以四言為主，屬諸「正體」；五言後起，有迴轉周旋的餘地，視為「流調」，且列舉詩體之代表作家，而以曹丕、王粲為四、五言詩兼善的作家。

觀乎王粲現存之四言詩有五首，其中〈贈楊德祖〉詩存殘篇兩句。大抵作於避亂荊州之時，四首贈別，一首為潘文則思親而作。所述

---

20 引自余英時〈漢晉之際士之新自覺與新思潮〉，收於《中國知識階層史論─古代篇》（台北：聯經出版公司，1980年），頁205。

21 見於劉師培《漢魏六朝專家文研究》十，頁35。

內容不外寄寓離別之思念哀傷，並有祝勉友人「白駒遠志」、「既慎爾主，亦迪知幾」的用心；思親之作，則表達失親無以奉養之痛。其語言，多引自《詩經》風雅，其辭義，則持人情性，義歸無邪，誠陸時雍所謂「時激風雅之餘波」[22]，能深得四言詩典雅溫潤之體要。蓋四言詩自《三百篇》之後，為者日少，輒不能工，鍾嶸《詩品·序》便曾說：「夫四言，文約易廣，取效風騷，便可多得。每苦文繁而意少，故世罕習焉」，故王粲能被《南齊書·文學傳論》譽為「飛鸞諸制，四言之美，前超後絕」[23]，雖有溢美之嫌，而誠屬不易也。至於劉勰所言：「平子得其雅，叔夜含其潤」，其中張衡有〈怨篇〉、〈仙詩〉、〈緩歌〉等篇，皆為四言，據《文心雕龍·明詩》云：「張衡〈怨篇〉，清典可味，〈仙詩〉、〈緩歌〉，雅有新聲」，惟「得其雅」的〈仙詩〉、〈緩歌〉今已無考；尚可自〈怨篇〉：「猗猗秋蘭，植彼中阿。有馥其芳，有黃其葩。雖曰幽深，厥美猶嘉。之子芸遙，我勞如何」，一睹作者借景抒懷的比興之意。嵇康的〈贈兄秀才入軍〉、〈幽憤〉等四言詩，則體現詩人在困頓中猶不失從容氣定之神態，亦無怪乎劉勰謂其詩「含其潤」矣。子建之四言詩，比較完整而可信的，只得八首，大抵亦源於風雅，能於歌頌魏德、應詔、嘉會的一般主題以外，及於服食求仙、出獵等，對開拓四言詩的內容確有其貢獻。許學夷《詩源辨體》便將子建、仲宣四言並論，謂「其體出於二韋」[24]。是知劉勰以張衡、曹植、王粲、嵇康四家，為四言詩發展中、後期之代表詩人，且分析其異同，雖獨缺曹操，不免有遺珠之憾，但仍為有識之見。

---

22 見於陸時雍《詩鏡總論》，收於《歷代詩話續編》（無錫丁氏校刊本，1916 年），頁 3 下。
23 見於《南齊書·文學傳論》卷五二，頁 907。
24 見於許學夷《詩源辨體》（收於《續修四庫全書》冊一六九六，上海古籍出版社，2002 年，頁 298）卷四，頁 6 上。

　　王粲之五言詩，共十五首，自避亂荊州時所寫之〈七哀〉詩一、二首，集於鄴下所寫之〈公讌〉詩，迄乎王粲去世前一年即建安二十一年（西元 216 年），所寫之〈從軍〉詩，可分別代表王粲早、中、晚期心境之變化。據〈七哀〉詩之一云：「遠身適荊蠻，親戚對我悲。朋友相追攀，出門無所見。白骨蔽平原，路有飢婦人，抱子棄草間。顧聞號泣聲，揮涕獨不還」、之二云：「荊蠻非我鄉，何爲久滯淫。方舟泝大江，日暮愁我心。……羈旅無終極，憂思壯難任」，描寫的是避難荊州時期，反映時代亂離，及作者早年宣洩牢愁之感。方東樹《昭昧詹言》因稱：「仲宣〈七哀〉……其才氣噴薄似猶勝子建。感憤而作，氣激於中，而橫發於外，後惟杜公有之，……蒼涼悲慨，才力豪健，陳思而下，一人而已」[25]，將王粲〈七哀〉詩與曹植、杜甫比肩。沈德潛《古詩源》甚至將〈七哀〉詩視爲「杜少陵〈無家別〉、〈垂老別〉諸篇之祖」[26]，另如侍曹遊讌的〈公讌〉詩云：「高會君子堂，並坐蔭華榱。嘉肴充圓方，旨酒盈金罍。……今日不極歡，含情欲待誰。見眷良不翅，守分豈能違」，作於建安十六年，時王粲三十六歲，呈顯的是作者受曹操眷顧後的歡娛滿足，同時所作之〈雜詩〉云：「吉日簡清時，從君出西園。方軌策良馬，並馳屬中原。北臨清漳水，西看柏楊山。回翔遊廣圍，逍遙波渚間」、之二云：「列車息衆駕，相伴綠水湄。幽蘭吐芳烈，芙蓉發紅暉。白日已西邁，歡樂忽忘歸」，亦充滿宴遊的歡樂。故《建安七子學述・王粲學述》謂此時期的作品：「詩多寬和」[27]，以「憐風月，狎池苑，述恩榮，敍酣宴」[28]爲詩作的主要題材；惟值得注意的，王粲於建安十六年隨曹操西征馬超，經三良塚，作〈詠史〉

---

25 見於方東樹《昭昧詹言》卷二，頁 77。
26 見於沈德潛選輯《古詩源》卷六，頁 77。
27 見於江建俊著《建安七子學述・王粲學述》，頁 107。
28 見於《文心雕龍・明詩》。

詩云:「秦穆殺三良,惜哉空爾爲。結髮事明君,受恩良不訾。臨沒要之死,焉得不相隨。……生爲百夫雄,死爲壯士規。黃鳥作悲詩,至今聲不虧」,詩中有爲三良的徒死傷痛惋惜之意。蓋曹操主政天下,以刑爲先,屢爲排除異己,殺戮名士,如禰衡、孔融,在建安十六年前,均遭殺害,故王粲此詩或借「秦穆殺三良」,以爲咎在秦穆公,而託諷曹操之誅殺賢良。參阮瑀所作〈詠史〉詩云:「誤哉秦穆公,身沒從三良」,詩意相通,可爲佐證。〈雜詩〉之五亦云:「鷙鳥化爲鳩,遠竄江漢邊。遭遇風雲會,託身鸞鳳間。天姿既否戾,受性又不閑。邂逅見逼迫,俛仰不得言」,顯見王粲中期,雖有附曹歡宴之樂,但亦蘊藏難言之隱,似與曹氏無法完全契合。及至建安二十一年,王粲四十二歲,從曹操出征漢中,作〈從軍〉詩之五云:「悠悠涉荒路,靡靡我心愁。四望無煙火,但見林與丘。城郭生榛棘,蹊徑無所由。……客子多悲傷,淚下不可收」,又見社會殘破,詩人悲不可遏的情懷。雖然如此,其力圖爲朝廷效命的壯志不減,如〈從軍〉詩云:「懼無一夫用,報我素餐誠」,「雖無鉛刀用,庶幾奮薄身」,惜乎壯志未酬,建安二十二年(西元 217 年),王粲便因瘟疫大行病卒。綜觀王粲三個創作時期的五言詩,歡情少,悲涼多,「第以情至爲工」[29],爲主要特色。究其所以如此的原因,劉公任《三國新志》云:「粲以遭時喪亂,流寓四方,故其所作多哀苦之詞」[30],謝靈運《擬魏太子鄴中集・王粲詩序》亦云:「家本秦川,貴公子孫,遭亂流寓,自傷情多」[31],均爲剴切之論。其次,王粲五言詩除了讌遊之作騈辭競藻,較爲華麗之外,其餘則質樸清暢;故《文心雕龍・明詩》篇云:「茂先得其清,景

---

29 陳祚明《采菽堂古詩選》卷七云:「建安詩如此,第以情至爲工。」
30 見於劉公任《三國新志》(台北:世界書局,1960 年),頁 121。
31 見於《文選》卷三十,頁 792。

陽振其麗，兼善則子建、仲宣」，其中張華之詩，固然被鍾嶸《詩品》評爲「其體華豔，興託不奇，乃用文字，務爲妍冶」，然亦有言語自然樸直之句；張協之詩，則鍾嶸《詩品》謂爲：「文體華淨，少病累」，因此劉勰以張華、張協分別得五言詩清暢、華麗之一體，雖有以偏概全的現象，但認爲仲宣五言詩兼具清麗之美，則頗具卓見。王粲五言詩尤可貴者，在能抒情而兼寫實，反映現實，並流露出「摛文必在緯軍國，負重必在任棟樑」的致世熱忱。是知王粲五言詩誠如《文心雕龍‧明詩》篇所謂「慷慨以任氣，磊落以使才；造懷指事，不求纖密之巧，驅辭逐貌，唯取昭晰之能」，在文辭、內容、風格上，言語清麗，胸懷高遠，且慷慨悲歌，反映出時代的面貌。

二、辭賦靡密　發篇必遒

　　早在曹丕《典論‧論文》，便已指出王粲長於辭賦，劉勰在《文心雕龍‧詮賦》篇，則有進一步的說明，謂：「仲宣靡密，發篇必遒」，與徐幹、左思、潘岳、陸機、成公綏、郭璞、袁宏同被列爲魏晉之賦首。按王粲之賦，現存可見者有〈大暑〉、〈浮淮〉、〈閑邪〉、〈出婦〉、〈思友〉、〈寡婦〉、〈初征〉、〈登樓〉、〈羽獵〉、〈酒〉、〈神女〉、〈槐樹〉等二十餘篇，雖多有殘缺，但與兩漢宏篇巨製相較，則篇幅較爲短小。詠物之賦，如〈迷迭〉、〈槐樹賦〉、〈馬瑙勒賦〉、〈車渠椀賦〉等，皆爲小賦。受到篇幅較小影響，結構上，多佈局緊湊，如一首被曹丕《典論‧論文》評爲「雖張（衡）、蔡（邕）不過也」的代表作〈登樓賦〉，通篇以一「望」字爲線索，以「我」爲中心，三段三韻，情感由「聊暇日以銷憂」開始，至「心慆悵以感發兮，意忉怛而憯惻」作結，層層轉深，敘述作者的登樓懷鄉之感，便寫得前後貫串，情景交融。

言辭上，王粲之賦，多承楚辭句式，有「兮」字之用法。如〈初征賦〉云：「違世難以迴折兮，超遙集乎蠻楚。逢屯否而底兮，忽長幼以羈旅」、〈登樓賦〉云：「遭紛濁而遷逝兮，漫踰紀以迄今。情眷眷而懷歸兮，孰憂思之可任？」述其進退危懼，冀望平治之情，有屈子式的憂怨與情調，故許世瑛曾說：

> 〈離騷〉是一首很長的抒情詩，完全吐露屈子的愛國之忱，和被讒遭忌之厄，字字都含著血淚，為古今第一首抒情哀歌。仲宣一定熟記於心，時時吟詠，所以到了自己身處其地，想到自身的可憐，覺得和古人如出一轍，攤開楮墨，提筆一洩己身的感慨，就不知不覺模擬了屈子他們的句法筆調。[32]

劉熙載《藝概》亦云：「建安名家之賦，氣格遒上，意緒綿邈，騷人情深，此種尚延一線」[33]，可見王粲之賦，除了句法，還受《楚辭》憂怨情深、文辭綿麗之影響。賦中並常以領字提振文氣，以對句整鍊章法，而使得通篇讀來遒勁有力，如〈登樓賦〉云：「鍾儀幽而楚奏，莊舄顯而越吟」，便以事跡相反，用意相同，被劉勰〈麗辭〉篇舉為例證，謂之「反對為優」；又如〈閑邪賦〉云：「橫四海而無仇，超遐世而秀出。發唐棣之春華，當盛年而處室。恨年歲之方暮，哀獨立而無依。情紛拏以交橫，意慘悽而增悲。何性命之奇薄，愛兩絕而俱違。排空房而就衽，將取夢以通靈。目炯炯而不寐，心忉怛而惕驚」，文內俱以一字「橫」、「超」、「發」、「當」、「恨」、「哀」、「情」、「意」、「何」、「愛」、「排」、「將」、「目」、「心」等動詞、副詞、名詞領句，使字響句遒；「橫四海而無仇，超遐世而秀出」、「情紛拏以交橫，意慘悽而增悲」、「目

---

32 許世瑛〈寫在登樓賦之後〉，收於《許世瑛先生論文集》（台北：弘道出版社，1974年），頁681。
33 見於劉熙載《藝概》卷三〈賦概〉，頁5上。

炯炯而不寐,心忉怛而惕驚」等對句,也增加了行文氣勢,使文句工麗有勁。可見王粲不但能符合《文心雕龍・詮賦》篇所言賦之寫作要領:

> 原夫登高之旨,蓋睹物興情。情以物興,故詞必明雅;物以情睹,故詞必巧麗。麗詞雅義,符采相勝,……此立賦之大體也。

具備寫賦寄情雅正,文辭巧麗的條件;也表現出結構緊密,文句遒勁,劉勰所謂「仲宣靡密,發篇必遒」的特點。

三、論之英也

《文心雕龍・論說》篇中,曾由內容的觀點,謂「傅嘏、王粲校練名理」,又從同代作家比較的觀點,謂「蘭石之〈才性〉,仲宣之〈去伐〉,叔夜之〈辨聲〉,太初之〈本無〉,輔嗣之〈兩例〉,平叔之〈二論〉,並師心獨見,鋒穎精密,蓋論之英也。」[34],言王粲精練於辨名推理,乃論體文之精英俊秀。綜考王粲今存可見之論辨文字,有〈難鍾荀太平論〉、〈爵論〉、〈儒吏論〉、〈三輔論〉、〈安身論〉、〈務本論〉等六篇,其中並無〈去伐〉一篇,據孫詒讓〈札迻〉十二云:「《隋書・經籍志》儒家梁有《去伐論集》三卷,王粲撰,即此〈去伐〉,言去矜伐。《藝文類聚》二十三引袁宏〈去伐論〉,仲宣論意,當與彼同」[35],則王粲〈去伐論〉今已不存,其意尚可自晉人袁宏〈去伐論〉推之。袁宏〈去伐論〉云:

> 夫君者,必量才任以授官,參善惡以毀譽,課功過以賞罰者也,苟伐其善,必忘甚惡,於是怨責之情,必存乎心,希望之氣,必形乎色。此矜伐之士,自賢之人,所以為薄,而先王甚惡之者也。君子則不然,勞而不伐,施而不德,致恭以存其位,下

---

34 見於王師更生《文心雕龍讀本》上篇〈論說〉,頁331。
35 見於孫詒讓〈札迻〉十二,收於《續修四庫全書》冊一一六四,頁141。

人不隱其功，處不避汙，官不辭卑，惟懼不任，惟患弗能，故力有餘而智不屈，遠咎悔而行成名立也。

旨在論說君子務去矜伐之心。文中循名責實，賞罰分明的論點，及法先王以治世之用心，與王粲〈難鍾荀太平論〉、〈爵論〉、〈儒吏論〉、〈務本論〉之說法，如出一轍，顯示校練名理之餘，王粲又能會通儒家思想，自成一家，此即劉勰〈論說〉篇所謂「論也者，彌綸群言，研精一理」，並稱讚王粲能「師心獨見，鋒穎精密」之故也。今〈去伐論〉雖不可見，然吾人猶可自王粲其他論作，研覈其寫作之體製，如王粲〈儒吏論〉云：

> 士同風於朝，農同業於野，雖官職務殊，地氣異宜，然其致功成利，未有相害而不通者也。古者八歲入小學，學六甲、五方、書計之事；十五入大學，學君臣、朝廷、三事之紀，則文法典藝，具存於此矣。至乎末世則不然矣，執法之吏，不窺先王之典，搢紳之儒，不通律令之要。彼刀筆之吏，豈生而察刻哉？起於几案之下，長於官曹之間，無溫裕文雅以自潤，雖欲無察刻，弗能得矣。竹帛之儒，豈生而迂緩也？起於講堂之上，遊於鄉校之中，無嚴猛斷割以自裁，雖欲不迂緩，弗能得矣。先王見其如此也，是以博陳其教，輔和民性，達其所壅，祛其所蔽，吏服訓雅，儒通文法，故能寬猛相濟，剛柔自克也。

文中作者先立後破，首舉古代為例，說明古者吏通文法典藝，反襯今世執法之吏、搢紳之儒，各執一端，故前者察刻，後者迂緩，勢不能免。行文至此，二柱分論，條理分明。繼而呼應篇首，陳言先王使「吏服訓雅，儒通文法」，而終點出儒吏以「寬猛相濟，剛柔自克」為要之文旨。其文義以古證今，圓融通達，其語辭則簡鍊精要，無枝碎之病，又能如析薪之利斧，「越理而橫斷」，使結論具有說服力。其文可謂探得論說文之體要。

　　《文心雕龍‧論說》篇中，除了王粲〈去伐〉篇，尚有其他魏晉
作家作品同被列舉，包括傅嘏之〈才性論〉、嵇康之〈聲無哀樂論〉、
夏侯玄之〈本無論〉、王弼之〈易略例〉上下兩篇、及何晏之〈老
子道德論〉，如今猶可見者，僅有嵇康〈聲無哀樂論〉、王弼〈易
略例〉、何晏〈老子道德論〉三篇。嵇康之〈聲無哀樂論〉，一反
儒家教化為主要目的之樂論，提出「外內殊用，彼我異名」，認為
主觀的哀樂之情，與客觀的樂聲並無必然的關係，文曰：「聲音自
當以善惡為主，則無關於哀樂，哀樂自當以情感，則無關於聲音」。
王弼之〈易略例〉，則結合儒道以注《易》，提出「得意忘象」說，
〈略例明象〉篇云：「故言者所以明象，得象而忘言；象者所以存
意，得意而忘象」，欲人勿拘執於象數易之解釋，而失其指歸。何
晏之〈老子道德論〉則引述仲尼以釋老子《道德經》，〈無名論〉
云：「夏侯玄曰：『天地以自然運，聖人以自然用，自然者道也，道
本無名，故老氏曰：彊為之名，仲尼稱堯蕩蕩無能名焉，下云巍巍
成功，則彊為之名，取世所知而稱耳，豈有名而更當云無能名焉者
邪』夫惟無名，故可得遍以天下之名名之，然豈其名也哉」，認為
「無名」為「道」，夫惟無名，始可以言有名。綜觀三家之論，皆
詳辨異同，析理精微，且能彌綸群言，獨抒己見，與王粲之論說，
受名理風氣影響，能言出有據，辨正然否，又能援儒入法，確有共
通之特質。尤其值得注意的，劉勰所列舉之精英作家、作品，正代
表魏晉的兩大論題，據劉永濟《文心雕龍校釋‧論說》篇云：

　　　　魏晉之際，世極亂離，學靡宗主，俗好臧否，人競脣舌，而論
　　　　著之風，鬱然興起，……文帝兄弟倡其始，鍾傅王何繼其蹤。
　　　　迨風會既成，論題彌廣，……覈其大較，則不出兩宗：一則據
　　　　刑名以為骨幹，一則託老莊以為營魄。據刑名者以校練為家，
　　　　託老莊者用玄遠取勝，雖或宗致無殊，要各有其偏至。六朝論

　　著之文，以三學為其宗：一曰易，二曰老莊，三曰佛。大抵魏

　　晉之際，易與老莊為盛；劉宋以後，則老莊與佛相比，而儒學

　　者常與之爭衡。其餘如刑禮之論辨，人物之品藻，音樂文學之

　　平騭，世風時俗之譏彈，以及天文數理之研討，皆因緣風會，

　　隨時代興焉。綜而觀之，魏晉諸家，允推高矩；宋之初盛，尚

　　襲流風；齊梁繼跡，已見衰弱。……再降至陳，其風愈替。[36]

是知王粲等人所以被劉勰譽為「論之英也」，除了揭示其人其作，
足為論式，是為英傑，同時亦勾勒出論體文學發展之大勢，及魏晉
思潮之主流。

四、文多兼善　辭少瑕累

　　《文心雕龍・才略》篇云：「仲宣溢才，捷而能密，文多兼善，
辭少瑕累」，所言「文多兼善，辭少瑕累」，對王粲作品而言，為
極高的評價。劉勰除了對王粲的詩、賦、論文，高度予以肯定，如
前所論以外，他如〈哀弔〉篇云：

　　胡阮之〈弔夷齊〉，褒而無間，仲宣所制，譏呵實工。然則胡

　　阮嘉其清，王子傷其隘，各其志也。

將同性質而作者不同的作品加以比較，並指出胡廣、阮瑀、王粲因
人各有志，撰寫〈弔夷齊文〉的角度亦各有不同。按胡、阮二人之
〈弔夷齊〉，或說「遭亡辛之昏虐，時繽紛以蕪穢；恥降志於汙君，
溷雷同於榮勢，抗浮雲之妙志，遂蟬蛻以偕逝」，或說：「重德輕
身，隱景潛暉；求仁得仁，報之仲尼；沒而不朽，身沈名飛」，都
對恥食周粟，隱居首陽山而餓死的伯夷、叔齊，加以褒讚，此即劉
勰所謂「胡阮嘉其清」；至於王粲則不然，〈弔夷齊〉文中既讚美
夷齊「忘舊惡而希古，退採薇以窮居，守聖人之清概，要既死而不

---

36 見於劉永濟《文心雕龍校釋・論說》，頁 116。

渝。厲清風於貪士，立果志於懦夫。到於今而見稱，爲作者之表符」，
能堅守清操，爲貪士懦夫之表率；也批評夷齊「知養老之可歸，忘
除暴之爲念，潔己躬以驕志，愆聖哲之大倫」，但知潔身自愛，對
周武王伐紂乃爲除暴的認知，及顧全君臣的大節，則顯有不足，故
劉勰謂之「王子傷其隘」。可貴的是比較眾作之際，劉勰能以「知
人論世」之心，體察王粲因爲歸附曹操，以事功爲重的心志不同，
致使與胡廣、阮瑀撰文的角度有所差異，是以其稱讚王粲之文「譏
呵實工」，不但接受王粲譏呵夷齊的觀點，還肯定其用辭工巧。若
以撰寫弔文的體式來看，仲宣之〈弔夷齊〉文確較胡、阮技高一籌，
不僅能「正義以繩理，昭德而塞違，剖析褒貶」；而「覽首陽於東
隅，見孤竹之遺靈，心於悒而感懷，意惆悵而不平，望壇宇而遙弔，
抑悲古之幽情」之造語哀戚，情感真切，令人動容，所謂「弔文哀
詞貴抒己悲」[37]，同爲弔夷齊，王粲之文，誠非胡、阮所能倫比。

　　另外，《文心雕龍・雜文》篇中，劉勰亦對「仲宣〈七釋〉，致
辨於事理」，有所評論。按王粲〈七釋〉，乃奉曹植之命而作，其
文繼承枚乘〈七發〉之體，試由五味、宮室、音樂、遊獵、美色、
君子美行、賢王德政等各層面，喚起隱士出仕，於聖王之世，獻身
朝政，建功立業，此即劉勰所謂「致辨於事理」。據《文心雕龍・
雜文》篇所言：「自桓麟〈七說〉以下，左思〈七諷〉以上，枝附
影從，十有餘家，或文麗而義暌，或理粹而辭駁。觀其大抵所歸，
莫不高談宮館，壯語畋獵。窮瑰奇之服饌，極蠱媚之聲色。甘意搖
骨髓，豔詞動魂識，雖始之以淫侈，而終之以居正。然諷一勸百，
勢不自反」，顯見劉勰對漢末桓麟〈七說〉以來，七體之華艷浮誇，
偶以正道規諷的做法，並不表贊同，此紀昀評劉勰論七體：「仍歸

---

[37] 見劉師培《漢魏六朝專家文研究》十一，頁39。

重意理一邊」[38]的緣故，而王粲〈七釋〉，重理輕文，歸於儒道思想，故為劉勰所肯定。

王粲尚有書檄、頌讚、銘誄、連珠、詠史等各體作品，未見劉勰評述。其中〈為荀彧與孫權檄〉只存殘文四十八字，無法識其大概；書體有〈為劉表諫袁譚書〉、〈為劉表與袁尚書〉兩篇，分析利害，曉以大義，動之以情，寫來情辭懇摯，明快果決，張溥《漢魏六朝百三家集題辭》曾譽為「今讀其文，非獨詞章縱橫，其言誠仁人也」[39]；頌讚有〈太廟頌〉、〈靈壽杖頌〉、〈正考父讚〉、〈反金人讚〉四篇，以四言為句，二句一韻，或為開國樂章，或詠物讚人，內容典懿，措辭清麗，朱乾《樂府正義》以為「〈太廟頌〉三章，……恭敬安和，如不欲煩，最為得體。」[40]〈反金人讚〉一篇，則借反對金人之緘言免身，突顯自我立身行事之要求，所謂「君子亮直，行不柔辟。友賤不恥，誨焉是通。我能發蹤，彼用遠跡。一言之賜，過乎瑍璧」，其言語清新，足以振聾發聵，一新贊體之舊窠；銘誄有〈蕤賓鐘銘〉等六篇，〈阮元瑜誄〉一篇，銘文大抵前有序言敘事，正文則託物寓意，有所祈福勉勵。其中〈硯銘〉一篇，摯虞《文章流別論》評為「器銘之佳者」，〈阮元瑜誄〉則文有佚缺，無法體會「論其人也，曖乎若可覿；道其哀也，悽焉如可傷」[41]的寫作旨要。至於〈仿連珠〉一篇、記事的史作〈荊州文學記官志〉一篇，前者雖義正詞淨，然近乎箴規之言，內容煩濫，又為模擬之作，已無意趣可言；後者則務信棄奇，已成荊州之學之重要文獻。蕭繹《金樓子》所言「王仲宣昔在荊州，著書數十篇，荊州壞，盡焚其書。

---

38 見於《文心雕龍讀本·雜文》「集評」，頁253。
39 見於張溥《漢魏六朝百三家集題辭·王侍中集》，頁78。
40 見於朱乾《樂府正義》卷二，頁9下。
41 引自《文心雕龍·誄碑》。

今存者一篇,知名之士咸重之」[42],殆指此篇,其受學界之重視,可以想見。至於〈漢末英雄記〉一篇,今存佚文殘句,載錄漢末的英雄事跡,王世貞《藝苑巵言》曾取之與《十六國春秋》、《西京雜記》、《陳留耆舊》、《會稽典錄》相提並論,足見受後人重視之一斑。

稽考王粲各體作品,或抒情寫景,直率胸臆,沈鬱豪壯,或應和頌德,合於軌度,乃信《文心雕龍・才略》篇云:「仲宣溢才,捷而能密,文多兼善,辭少瑕累」,洵不誣也。

第五節 詩賦成就

劉勰《文心雕龍・才略》篇將王粲詩譽為七子冠冕,鍾嶸《詩品》將王粲的五言詩置於上品,次於陳思,列於公幹之後,均有高度的詮評。劉熙載《藝概・詩概》則有進一步的闡論:「公幹氣勝,仲宣情勝,皆有陳思之一體。後世詩率不越此兩宗」,按王粲之詩,極富情致,慷慨悲涼,為其特長;劉楨之詩以氣勢挺拔見稱,不重文辭修飾,故文評家論劉楨如《文心雕龍・體性》篇云:「公幹氣褊,故言壯而情駭」、《詩品》云:「氣過其文,雕潤恨少」,皆為定評。惟將二人詩作相較,公幹之詩較緊而狹,仲宣之詩則局面開闊[43],姚範《援鶉堂筆記》便曾將劉楨之〈贈從軍〉、〈贈五官中郎將〉,及〈公讌〉詩與王粲試作比較,認為「仲宣之詩過於公幹」;再者,子建、仲宣之詩四、五言兼善,而公幹獨以五言詩擅長,故《文心雕龍・明詩》篇云:「偏美則太沖、公幹」,亦足證明王粲之詩,洵為建安七子之首。

---

42 見於蕭繹《金樓子》,收於《四庫全書》冊八四八卷六,頁 13 下。
43 姚範《援鶉堂筆記》(台北:廣文書局,1971 年)卷四十四:「公幹之詩氣較緊而狹,仲宣局面闊大」,頁 10 下。方東樹《昭昧詹言》卷二,亦有類似說法。

　　王粲辭賦，於〈詮賦〉、〈才略〉篇兩度被劉勰譽為魏晉賦首、七子之冠冕，徵驗於摯虞《文章流別論》云：

> 建安中，魏文帝從武帝出獵，命陳琳、王粲、應瑒、劉楨並作。
> 琳為〈武獵〉、粲為〈羽獵〉、瑒為〈西狩〉、楨為〈大閱〉。
> 凡此各有所長，粲其最也。

亦指出眾人同題奉旨唱和的賦作，以王粲表現最佳。文中雖未提及阮瑀，但若將王粲之〈閑邪賦〉，與同主題的阮瑀〈止欲賦〉比較參看，則無論文采之動人、感染力之強烈，阮瑀皆不如王粲。而由曹丕《典論·論文》所言：「王粲長於辭賦，徐幹時有齊氣，然粲之匹也」，則王粲之賦，高於其他五子（現存作品，不見孔融有賦），與徐幹齊名，已成定論。至於其代表作〈登樓賦〉，陸雲以為不可超越，朱熹譽為「蓋魏之賦極此矣。」[44] 則魏賦之首、七子冠冕，王粲顯然是當之無愧了。

第六節　結　語

　　綜觀《文心雕龍》對王粲的評述，著明得失，研覈精當，有其品評的標準與特色：

一、品評標準

　　首先，劉勰選取的代表作家、作品，多能符合各體文學寫作的要領。如〈明詩〉篇云：「若夫四言正體，則雅潤為本；五言流調，

---

44 陸雲〈與兄平原書〉（見於《陸士龍文集》卷八，頁 9 上，收於《四部叢刊正編》，台北：台灣商務，1979 年）云：「〈登樓〉名高，恐未可越爾」；朱熹《楚辭後語卷四》（收於《四庫全書》集部冊一〇六二，頁 432）云：「〈登樓賦〉者，魏侍中王粲之所作也。歸閑子曰：『粲詩有古風。〈登樓〉之作，去《楚辭》遠，又不及漢，然猶過曹植、潘岳、陸機〈愁詠〉、〈閑居〉、〈懷舊〉眾作，蓋魏之賦極此矣。』」

則清麗居宗，……故平子得其雅，叔夜含其潤，茂先凝其清，景陽振其麗，兼善則子建、仲宣，偏美則太沖、公幹」，乃依循四、五言詩的風格準式，選取王粲以彰其論說。其他文體各篇，大抵亦皆如此。至於各體文學寫作要領的揭示，則或依據前人詩歌的創作理則，如《詩經》乃四言之祖，其內容、文辭雅正潤澤，足為典式；或參循前人的文學理論，如根據摯虞的《文章流別論》：「夫詩雖以情志為本，而以成聲為節。然則雅音之韻，四言為正；其餘雖備曲折之體，而非音之正也」，提出「四言正體」、「五言流調」之說；並沿續曹丕的《典論‧論文》：「詩賦欲麗」的說法之後，亦強調五言詩尚「麗」的創作原則，突出詩歌形式華麗的要求，王粲便因四言詩典雅溫潤，五言詩言語清麗而被劉勰評為「兼善」。其次，劉勰論文，有重理輕文，重內容甚於重文采的傾向，自《文心雕龍‧情采》篇云：「夫水性虛而淪漪結，木體實而花萼振，文附質也」，即可得知。故其評論王粲作品也是持此一標準，其中以《文心雕龍‧雜文》篇論：「仲宣〈七釋〉，致辨於事理」，最為明顯。蓋〈七釋〉一文，辭采華美，備極形容，為七體之典型文字，對這方面的表現劉勰隻字不提，只說其以辨說事理見長，最後並舉馬融〈七厲〉為例，謂其「歸以儒道，雖文非拔群，而意實卓爾矣」，如此，則劉勰以儒家思想做為評騭文章優劣之準據，昭彰分明。不符合此一諷喻之義，而表現「甘意搖骨髓，豔詞動魂識」的作品，顯然都在劉勰摒棄之列。

二、評論特色

（一）全面性評論

　　劉勰對王粲的評論，散見於《文心》各處，涵蓋面廣，為全面的考察。首先，劉勰受到魏晉以來重視才性之辨，及前人將人物才性

與文學批評結合的影響，對王粲才性與其作品的關係有所論述。如〈程器〉篇云：「仲宣輕脫以躁競，……文士之瑕累」，敘述王粲個性上之特質與瑕疵；〈體性〉篇云：「仲宣躁競，故穎出而才果」，進而提及其個性帶來創作上的優勢。至如〈神思〉篇云：「仲宣舉筆似宿構」、〈才略〉篇云：「仲宣溢才，捷而能密」，又足證明才性因素，與王粲的文學表現息息相關。甚而，劉勰在評比不同作家同性質的作品時，也能考慮其才性因素，而不妄下斷語，如〈哀弔〉篇云：「胡阮嘉其清，王子傷其隘，各其志也」，顯示劉勰可謂「覘文則知其心」的「知音君子」[45]。其次，劉勰善於掌握生活環境對王粲作品內容、風格的影響。所謂生活環境包括政治、社會、學術、文學上的外緣環境，及個人的際遇，合而觀之，足以呈顯王粲作品的特色。顯示王粲早期因「世積亂離，風衰俗怨」，「委質於漢南」，作品能反映社會現實；後歸附曹操帳下，「憐風月，狎池苑，述恩榮，敘酣暢」，形成其生活的分期，及早期作品宣洩牢愁，歸曹之後漸趨寬和，繼以悲涼終結的不同風格。劉勰用「志深筆長，梗概多氣」八字概括建安作家的文學特色，用以評論王粲作品特色，也頗的當。至於建安時期學術思潮的變遷，劉勰亦有論述，〈論說〉篇所言「魏之初霸，術兼名法，傅嘏、王粲，校練名理」，已具體而微地指出當時「魏武好法術，而天下貴刑名」[46]的風氣，及「研覈名理，而論難生焉」的因果關係[47]，也為王粲成為論體的英傑，提供當時的學術思想背景。第三，劉勰評論王粲能將理論與實例兼顧，並選取各時期之代表作家、作品，或將同性質不同作家相比較，既顯示當時文學的流變，也力求作家評論的縝密、客觀。如

---

45 見於《文心雕龍·知音》。
46 見《晉書·傅玄傳》卷四十七，頁1317。
47 見李充《翰林論》，收於《太平御覽》卷五九五，頁2678。

言四言詩以雅潤爲本、五言詩以清麗居宗，便舉「兼善則子建、仲宣」爲例，使義不孤行，理論能落實於例證。又如列述仲宣、偉長、太沖、安仁、士衡、子安等爲魏晉之賦首，將胡廣、阮瑀、王粲所寫之〈弔夷齊〉文互做比較，既陳述了魏晉賦體的流變，也證明劉勰言出有據，既不掛一漏萬，也不失於主觀。第四，劉勰對王粲的評論，優劣並舉，並不隱惡揚善，如指王粲輕脫躁競，乃個性行爲上之缺失；論王粲〈七釋〉，則讚賞其致辨於事理，對其「高談宮館，壯語畋獵。窮瓌奇之服饌，極蠱媚之聲色」，則間接不表贊同；〈才略〉篇也褒多貶少地評論「仲宣文多兼善，辭少瑕累」。憑心而論，劉勰對王粲各體文學的表現，就字面來看，不論是論詩、賦、論、七體，皆稱讚有加，沒有直指任何缺失，但〈才略〉篇仍云：「辭少瑕累」，可見其力求避免覘文「各執一隅之解，欲擬萬端之變」[48]的偏執。第五，劉勰論及王粲在文學史上的地位，如〈詮賦〉篇云：「仲宣，……魏晉之賦首」，〈才略〉篇云：「摘其詩賦，則七子之冠冕乎」，肯定王粲在詩賦方面的高度成就，而詩賦乃漢魏文學的主流，故劉勰此言，真乃王粲無上的殊榮。按建安爲崇文之盛世，文家不知凡幾，建安七子於眾作家中獨領風騷，而王粲又最號傑出，允稱建安作家中之巨擘矣！

（二）獨創性評論

　　劉勰之前，有曹丕〈與吳質書〉云：「公幹……其五言詩之善者，妙絕時人」，以劉楨爲五言詩之冠；曹植〈與楊德祖書〉云：「當此之時，人人自謂握靈蛇之珠，家家自謂抱荊山之玉」，指建安各家，相互頡頏；劉勰之後，有鍾嶸《詩品》云：「自陳思以下，楨稱獨步」，以劉楨詩歌僅次於陳思；只有劉勰對王粲，有獨到的文

---

48 見於《文心雕龍・知音》。

學評價。其獨出新裁,推崇王粲爲建安七子冠冕,洵爲開創性且足昭公信的評論。其次,劉勰標舉王粲詩賦文章的特色,重視其個人特質的表現。如〈詮賦〉篇論王粲辭賦:「仲宣靡密,發篇必遒」,乃針對作家個人的特殊表現,評論仲宣所作辭賦,以篇幅較短,而特重結構之緊密,並以領字、對句加強文章的遒勁;又如論王粲〈去伐〉,「師心獨見,鋒穎精密,蓋論之英也」,亦強調〈去伐論〉能言前人所未言,析論精微。今〈去伐論〉雖已亡佚,但若將與〈去伐論〉並列爲「論之英也」者,如「叔夜之〈辨聲〉、輔嗣之〈兩例〉、平叔之〈二論〉」加以分析,則上述眾作,皆具備論體「彌綸群言,而研精一理」、「辨正然否」、「鑽堅求通」的寫作原則,是知劉勰評騭王粲,在體現各文體應具備的普遍法則之餘,也不忘標舉作家之個別特色。

(三)概括性評論

　　受到駢文寫作的限制,劉勰評論王粲,評語多爲概括性的用語。如謂「仲宣靡密,發篇必遒」、「師心獨見,鋒穎精密」,皆用語抽象,不易明其所以然。至如「文多兼善,辭少瑕累」,更是所言籠統,難以確指。雖然如此,劉勰批評作家卻又語無虛發,頗爲允當,遠較魏晉南北朝其他評論王粲者,全面而深刻。至於《文心雕龍》評論王粲詩賦之成就,未能述及其原本風騷,及以「情致」取勝,以「詩史」著稱的特質;謂仲宣「校練名理」,而忽略其儒法會通之精神等,則顯示劉勰對王粲作品特色、思想之探源,有所不足,此或亦受限於概括性評論所致!

第八章 《文心雕龍》論劉楨

前　　言

建安七子，各有類型，劉楨（西元？－217年）屬於帶有名士氣質，行為曠達不羈，而心性堅貞磊落的典型。他的作品以詩最受當時及後人矚目，曹丕謂其詩妙絕時人，六朝重要文家如謝靈運、鮑照、江淹等亦模擬其詩作；各家評論大抵皆能掌握劉楨人格特質對於作品風格的影響，劉勰亦復如此。尤其評騭劉楨優缺，持理若衡，不受前人定見左右；並以慧眼特識，切中文學批評發展的特色，與作家在時代洪流中扮演的獨特地位，應是劉勰評論公幹，最令人激賞之處。

劉勰對於劉楨的評述，歸納而言，涵蓋以下各層面：

第一節　情高會采

劉勰曾對劉楨的才性與作品風格的關係予以評論，《文心雕龍·才略》篇云：「劉楨情高以會采」，指劉楨作品能以高潔的情志內容，結合文采形式。此一評論，既突顯劉勰向來注重情采，應「為情而造文」的理念，又給予劉楨極高的評價。劉楨何以「情高」，推原其故，應指其蘊含以下數項特質：

一、骨　　勝

劉楨的氣骨嶙峋，由其行事與翰墨可見一斑。行事方面，《世說新語·言語》第二「劉公幹以失敬罹罪」條下，曾引《典略》、《文

士傳》云：

> 《典略》曰：「……建安十六年，世子為五官中郎將，妙選文
> 學，使楨隨侍太子。酒酣坐歡，乃使夫人甄氏出拜，坐上客多
> 伏，而楨獨平視。他日公聞，乃收楨，減死輸作部。」《文士
> 傳》曰：「楨性辯捷，所問應聲而答。坐平視甄夫人，配輸作
> 部，使磨石。武帝至尚方觀作者，見楨匡坐正色磨石。武帝問
> 曰：『石何如？』楨因得喻己自理，跪而對曰：『石出荊山懸
> 巖之巔，外有五色之章，內含卞氏之珍。磨之不加瑩，雕之不
> 增文，稟氣堅貞，受之自然。顧其理枉屈紆繞而不得申。』帝
> 顧左右大笑，即日赦之。」[1]

言劉楨以平視甄后獲罪，魏武問之，而劉楨以紋石自比稟性之堅貞，
談吐之間不卑不亢，不屈不撓，無受刑人衰餒之氣，正《詩品》評
劉楨為「真骨凌霜，高風跨俗」[2]之氣概；明人王世貞《藝苑巵言》
亦曾評論此事曰：「自古文人，多陷輕薄。……劉楨屈強輸作，王
粲率躁見嫌，……皆紛紛負此聲者何也？內恃則出入弗矜，外忌則
攻摘加苦耶故爾。然寧為有瑕璧，勿作無瑕石」[3]，可見劉楨的高風
勁節，實乃曹操所以赦免其罪，獨為諸王子所親[4]的緣故。述作方面，
劉楨有〈諫平原侯植書〉，勸曹植不可對其禮遇盡節，而怠慢彥士
邢顒，以免遭致「昵近不肖，禮賢不足」的譏謗，其為君國設想，
不存己私，胸懷之仁厚磊落可見一斑；又有〈遂志賦〉一篇，自陳
其志在於佐助曹操「戢干戈於內庫，我馬繫而不行。揚洪恩於無涯，

---

1 見於《世說新語・言語》第二「劉公幹以失敬罹罪」條下，引《典略》、《文士傳》。
　收於《世說新語箋疏》，頁70。
2 見於《詩品》卷上。
3 見於王世貞《藝苑巵言》卷六，收於《傳世藏書・集庫・文藝論評》(湖南：誠成文化，
　1996年)冊1，頁833—834。
4 見於宋人葛立方《韻語陽秋》(收於《百部叢書集成》，台北：藝文印書館，1965年)
　卷二十：「建安七子，惟劉公幹獨為諸王子所親。曹操威焰蓋世，甄夫人出拜，諸
　人皆伏，而公幹獨平視」，頁6上。

聽頌聲之洋洋。四寓尊以無為，玄道穆以普將。翼雋乂於上列，退仄陋於下場」，以舉賢用能，政清國統為理想；個人則「襲初服之蕪穢，託蓬廬以遊翔。豈放言而云爾，乃旦夕之可忘」，以功成身退，歸隱漁樵為所願，顯示劉楨確為一介坦蕩磊落，卓然特立之士，故能出言壯偉，氣度不凡。曹丕《典論‧論文》謂其「壯而不密」，劉勰《文心雕龍‧體性》篇謂其「言壯而情駭」，都共同指出劉楨氣骨為裡，言壯為表的特質。

二、放　達

建安作家多有個性放達、不拘小節的一面，劉師培《中古文學史‧論漢魏之際文學變遷》云：「迨及建安，漸尚通侻」[5]，魯迅於〈魏晉風度及文章與藥及酒之關係〉一文中也指出：

在他（曹操）的統治之下，第一個特色便是尚刑名，……此外還有一個特點，就是尚通脫。……通脫即隨便之意。[6]

據魯迅的說法，通脫之習，起於漢末崇尚清流太過的反動，故太祖「為人佻易無威重」[7]；王粲好驢鳴，而文帝於臨喪時，召同遊各作一聲驢鳴以送之[8]；劉楨因「失敬」而獲罪不屈，均為作家個性的逸宕不羈所使然。具有此一特質者，可貴之處在於不為世俗價值羈絆的真性情、赤子心，也是使創作超逸灑脫的本質。劉楨不為禮法所羈，敢於直視甄后；面對魏武質問，神色自若；〈答曹丕借廓落帶書〉文字優游從容，此其以放達之氣，被劉勰許為「情高」的原因。而劉楨此一特質，早為同時之人所公認，曹丕〈與吳質書〉云：「公幹有逸氣，但未遒耳」，「遒」有「好」之意，指出此一非繩墨所

5　見於劉師培《中古文學史‧論漢魏之際文學變遷》，頁9。
6　見於魯迅《魯迅全集‧而已集》〈魏晉風度及文章與藥及酒之關係〉，頁502。
7　見於《三國志‧魏書》卷一〈武帝紀〉注引《曹瞞傳》，頁54。
8　見於《世說新語‧傷逝》第十七，頁636。

能檢束的氣質，亦有未盡妥適之處；劉勰〈體性〉篇云：「公幹氣褊，故言壯而情駭」，則自另一種說法，同樣表達劉楨放達之氣對為人、創作的影響。為人方面，王昶〈戒子書〉嘗云：「東平劉公幹，博學有高才，誠節有大意，然性行不均，少所拘忌，吾愛之重之，不願兒子慕之」，其中「性行不均，少所拘忌」之語，適足以說明劉楨以逸氣獲罪的根由，也為「公幹氣褊，故言壯而情駭」作了詮釋，指出劉楨任性使氣，平視甄氏，固非中和之道，乃氣有偏狹所致。創作方面，曹丕《典論·論文》云：「劉楨壯而不密」，張溥《漢魏六朝百三家集題辭》亦說：「劉楨表章書記，壯而不密。……今公幹書記，傳者絕少，知其物化以後，遺失多矣」[9]，指出劉楨的章表書記由於其個性逸氣奔放，直抒胸臆，雖言辭壯偉，而有思慮不周、鍊辭不精之處，至於其詩多直語，少切對，亦可使吾人明瞭劉楨創作上「逸駕終存」[10]的局限性。

三、辯　捷

《世說新語》引《文士傳》曰：「楨性辯捷，所問應聲而答」[11]，劉楨善於言辯的特長，與其博涉多聞有關，據《太平御覽》卷三百八十五引《文士傳》曰：「劉楨……少以才學知名，年八、九歲，能誦《論語》、詩論及篇賦數萬言」[12]，博學多才為其長於論辯的基本條件。自〈答曹丕借廓落帶書〉一文，猶可見其辭鋒之機敏：

> 楨聞荊山之璞，曜元后之寶；隨侯之珠，燭眾士之好；南垠之金，登窈窕之首；龜貂之尾，綴侍臣之幘：此四寶者，伏朽石之下，潛汙泥之中，而揚光千載之上，發彩疇昔之外，亦皆未

---

9 見於張溥《漢魏六朝百三家集題辭·劉公幹集》，頁 84。
10 見於唐人殷璠《河岳英靈集》敘文，引自《曹操曹丕曹植資料彙編》，頁 246。
11 見於《世說新語·言語》第二引《文士傳》，頁 70。
12 見於《太平御覽》卷三八五引《文士傳》，頁 1780。

能初自接於至尊也。夫尊者所服，卑者所修也；貴者所御，賤者所先也。故夏屋初成而大匠先立其下，嘉禾始熟而農夫先嘗其粒。恨楨所帶，無他妙飾，若實殊異，尚可納也。

文中先喻四種人間至珍，所以為貴，乃初接於賤者之手，為尊者「崇遠賤近」之心理所致，一則對曹丕來函「夫物因人為貴，故在賤者之手，不御至尊之側」，暗諷劉氏為「賤者」之說，有所回應；一則婉示對曹丕借索廓落帶有所不滿，謂若有異珍，納之不遲。其言辭溫婉，而暗藏諷諭，顯示劉楨不阿附求榮、應對機敏得體的處世態度，劉勰譽之為「情高」，誠乃實至名歸。

至於劉楨文采的表現，《詩品》或評為「篇章之珠澤，文彩之鄧林」，謂其用字鬱然有彩；或論為「氣過其文，雕潤恨少」，謂其言辭質樸無華[13]。揆諸劉楨詩文，表現壯麗錦繡之文辭者，如〈魯都賦〉：

> 昔大廷氏肇建厥居。少昊受命，亦都茲焉。山則連岡屬嶺，暗魆峽北。紫金揚暉於鴻崖，水精潛光乎雲穴。岱宗邈其層秀，乾氣霧以高越。其木則赤梀青松，文莖蕙棠，洪幹百圍，高徑穹皇。竹則填彼山陝，根彌阪域，夏蕩攢包，勁條並殖，蒙雪含霜，不渝其色，翠實離離，鳳皇攸食。

多用典故，盛言魯都之自然景觀；又如〈公讌詩〉云：「芙蓉散其華，菡萏溢金塘。靈鳥宿水裔，仁獸遊飛梁。華館寄流波，豁達來風涼」，亦用字講究，屬對工巧；然大抵而言，劉楨作品，質直如其為人，如〈失題〉詩之三：「翩翩野青雀，棲窠茨棘蕃。朝拾平田粒，夕飲曲池泉。猥出蓬蒿中，乃至丹丘邊」，文辭平實無華、

---

13 見於鍾嶸《詩品》評劉楨：「其源出於古詩，仗氣愛奇，動多振絕。真骨凌霜，高風跨俗；但氣過其文，雕潤恨少。然自陳思以下，楨稱獨步」，又說：「陳思〈贈弟〉，仲宣〈七哀〉，公幹〈思友〉，阮籍〈詠懷〉，……斯皆五言之警策者也。所以謂篇章之珠澤，文彩之鄧林。」

〈遂志賦〉云:「幸遇明君,因志東傾。披此豐草,乃命小生。生之小矣,何茲云當?牧馬于路,役車低昂。愴愴惻切,我獨西行。去峻溪之鴻洞,觀日月於朝陽,……襲初服之蕪穢,託蓬廬以遊翔。豈放言而云爾,乃旦夕之可忘」,則志在抒懷,平鋪直敘,不見鑿痕、〈與曹植書〉云:「譬之疾病,乃使炎農分藥,歧伯下鍼,疾雖未除,就沒無恨」,亦口語自然,順勢而下,情感真摯動人,故皎然《詩式》曾評劉楨詩曰:「其中不拘對屬,偶或有之,語與興趣,勢逐情起,不由作意,氣格自高」[14],洵不誣也。所言「勢逐情起,不由作意」,實切中劉楨創作不為文造情,專以氣骨取勝的本色,正劉勰所謂「情高以會采」,以述志為本之意,也是鍾嶸《詩品》評論公幹之詩「雕潤恨少」的根本原因。可見對於劉楨稟性自然,為情造文,不尚雕潤文采,鍾嶸、劉勰、皎然均有相同的看法,足為定評。

第二節　徇質於海隅

劉楨為東平寧陽宗室之後,於建安年間入幕曹操,《文心雕龍・時序》篇有云:

> 自獻帝播遷,文學蓬轉,建安之末,區宇方輯。魏武以相王之尊,雅愛詩章;文帝以副君之重,妙善辭賦;陳思以公子之豪,下筆琳瑯;並體貌英逸,故俊才雲蒸。……公幹徇質於海隅,……傲岸觴豆之前,雍容衽席之上,灑筆以成酣歌,和墨以藉談笑。觀其時文,雅好慷慨,良由世積亂離,風衰俗怨,並志深而筆長,故梗概而多氣也。

文中「公幹徇質於海隅」一語,出自曹植〈楊德祖書〉:「公幹振

---

14 見於皎然《詩式》,收入《百部叢書集成》卷一,頁4上。

藻於海隅」，簡要地說明劉楨來自山東海邊，爲曹操徵辟入幕的過程。謝靈運《擬魏太子鄴中集詩·劉楨》亦云：

> 貧居晏里閒，少小長東平。河兗當衝要，淪飄薄許京。廣川無逆流，招納廁群英。北渡黎陽津，南登紀郢城。既覽古今事，頗識治亂情。歡友相解達，敷奏究平生。矧荷明哲顧，知深覺命輕。朝遊牛羊下，暮坐括揭鳴。終歲非一日，傳巵弄新聲。
> 辰事既難諧，歡願如今并。唯羨肅肅翰，繽紛戾高冥。[15]

顯然劉楨於未被徵辟之前，貧居晏里，研讀經籍，修身以待時，〈贈從弟詩〉有「何時當來儀，將須聖明君」之語，可資證明。待淪飄許京，《三國志·魏書·王粲傳》云：「瑒、楨各被太祖辟，爲丞相掾屬」，劉楨北渡黎陽、南登紀郢城，從太祖遠征袁紹、劉表；建安十六年，曹丕爲五官中郎將，妙選文學，使楨隨侍太子[16]，後轉爲平原侯庶子，並於建安十九年曹植徙封臨淄侯後，仍爲曹植庶子[17]。擔任文學侍從期間，劉楨與曹氏兄弟、諸文士或從遊出獵、或「酒酣坐歡」、或同題奉和[18]，作〈大閱賦〉、〈大暑賦〉、〈瓜賦〉、〈公讌〉詩；並爲曹丕、曹植各失稚子作哀辭等，賓主情篤；劉楨曾有〈贈五官中郎將〉詩之二云：「所親一何篤，步趾慰我身。清談同日夕，情眄敘憂勤」，爲一己久病，曹丕前來探望的雲情，

15　見於《文選》卷三十，頁794。

16　見於《世說新語·言語》注引《典略》云：「建安十六年，世子爲五官中郎將，妙選文學，使楨隨侍太子」，頁70。

17　《三國志·魏書》卷十二〈邢顒傳〉：「（顒）遂以爲平原侯植家丞，顒防閑以禮，無所屈撓，由是不合，庶子劉楨書諫植」，頁383。《晉書·元四王傳》卷六四載尚書令刁協奏語稱：「昔魏臨淄侯以邢顒爲家丞，劉楨爲庶子」，可見劉楨先爲平原侯庶子，曹植於建安十九年後爲臨淄侯，劉楨仍爲庶子。頁1729。

18　摯虞《文章流別論》稱：「建安中，魏文帝從武帝出獵，命陳琳、王粲、應瑒、劉楨並作。陳琳爲〈武獵〉、粲爲〈羽獵〉、瑒爲〈西狩〉、楨爲〈大閱〉。」「建安中，文帝、臨淄侯各失稚子，命徐幹、劉楨等爲之哀辭」。《三國志·魏書》卷二十一〈王粲傳〉引《典略》云：「其後太子嘗請諸文學，酒酣坐歡，命夫人甄氏出拜」，頁602。此外，楨有〈瓜賦·序〉：「在曹植坐，廚人進瓜，植命爲賦，促立成。」由此可以想見劉楨爲文學侍從的主要生活情形。

深表致意，及〈與曹植書〉云：「明使君始垂哀憐，意眷日崇。……
疾雖未除，就沒無恨」，銘感曹植的憐顧，表示雖死無憾，顯示《文
心雕龍·時序》所謂「文帝以副君之重，……陳思以公子之豪，……
並體貌英逸」，「傲岸觴豆之前，雍容衽席之上，灑筆以成酣歌，
和墨以藉談笑」，確能如實地反映劉楨於曹操統一北方後，入幕曹
氏，由於曹氏兄弟愛士心切，劉楨為其賓友，從容公讌，珥筆詠歌，
相濡以沫的生活型態。觀劉楨與曹植、陳琳、王粲同題奉和所作的
〈大暑賦〉云：

> 其為暑也，羲和總駕發扶木，太陽為輿達炎燭，靈威參垂步朱
> 轂。赫赫炎炎，烈烈暉暉，若熾燎之附體，又溫泉而沈肌。獸
> 喘氣於玄景，鳥戢翼於高危。農畯捉鎛而去疇，織女釋杼而下
> 機。溫風至而增熱，歊悒憎而無依。披襟領而長嘯，冀微風之
> 來思。

藉由羲和、太陽、靈威三神並出，形容炎暑的酷熱景象。又如奉命
立成的〈瓜賦〉：

> 含金精之流芳，冠眾瓜而作珍。三星在隅，溫風節暮。枕翹於
> 藤，流美遠布。黃花炳曄，潛實獨著。豐細異形，圓方殊務。
> 揚暉發藻，九采雜揉。厥初作苦，終然允甘。應時湫熟，含蘭
> 吐芳。藍皮密理，素肌丹瓤。乃命圃師，貢其最良。投諸清流，
> 一浮一藏。……析以金刀，四剖三離。承之以雕盤，冪之以纖
> 絺。甘逾蜜房，冷亞冰圭。

描述蜜瓜生長結實、進瓜剖瓜的情狀、及品瓜的清涼甘甜。尚有敘
寫月夜遊宴，與王粲、阮瑀、應瑒同作的〈公讌〉詩：

> 永日行遊戲，歡樂猶未央。遺思在玄夜，相與復翱翔。輦車飛
> 素蓋，從者盈路傍。月出照園中，珍木鬱蒼蒼。清川過石渠，
> 流波為魚防。芙蓉散其華，菡萏溢金塘。靈鳥宿水裔，仁獸遊

飛梁。華館寄流波，谿達來風涼。生平未始聞，歌之安能詳？
投翰長歎息，綺麗不可忘。

及形容出征來歸，眾賓歡慶飲宴的〈贈五官中郎將〉之一，寫道：

昔我從元后，整駕至南鄉。過彼豐沛郡，與君共翱翔。四節相
推斥，季冬風且涼。眾賓會廣坐，明鐙熺炎光。清歌製妙聲，
萬舞在中堂。金罍含甘醴，羽觴行無方。長夜忘歸來，聊且為
大康。四牡向路馳，歡悅誠未央。

以上這些同題唱和，描寫衽席酣歌、歡遊談笑的作品，在題材、內
容的表現上，並不深刻，文學價值不高，亦無法代表建安文學的全
面，但卻被劉勰視為建安代表性的面向，原因在於「傲岸觴豆之前，
雍容衽席之上，灑筆以成酣歌，和墨以藉談笑」，反映了安定的生
活環境，使文士薈萃，騁才競藻，提供建安文學繁盛的發展條件，
而文士也確因王侯公子的雅好文學、「體貌英逸」，不但「俊才雲
蒸」，而且作品蠭出並作；以劉楨為例，現存十三首有詩題的作品
中，有五首與遊宴、文會有關，近二分之一；僅存六首賦中，即有
兩篇與同題奉和有關，占三分之一，可見遊宴之餘，援筆興文，切
磋品騭，確實促成作家文學作品的激增，使建安文學蔚為大盛；故
劉勰所謂「傲岸觴豆之前，雍容衽席之上，灑筆以成酣歌，和墨以
藉談笑」，倘由文學史的角度切入，呈現密集的聚會、創作、切磋
詩文，對建安文學興盛的推動貢獻，則更能符合篇名〈時序〉的深
意。

至於〈時序〉篇所言：「觀其時文，雅好慷慨，良由世積亂離，
風衰俗怨，並志深而筆長，故梗概而多氣也」，以憫時傷世，為建
安文士表現「志深筆長，故梗概而多氣」的主要原因，此說對劉楨
而言，並不切當。劉楨作品鮮少反映世道喪亂，民生疾苦之音，僅
有〈失題〉詩之三云：「天地無期竟，民生甚局促」；因自身遭遇，

發愀愴之辭，無寧是劉楨最主要的創作動機，如〈公讌〉詩末云：
「生平未始聞，歌之安能詳？投翰長歎息，綺麗不可忘」，自寫對
當前歡樂美景的珍惜、〈贈五官中郎將〉云：「四節相推斥，歲月
忽欲殫。壯士遠出征，戎事將獨難。涕泣灑衣裳，能不懷所歡」，
為歲月飛逝，曹丕即將遠征而悲傷、〈贈徐幹〉云：「仰視白日光，
皦皦高且懸。秉燭八紘內，物類無偏頗。我獨抱深感，不得與比焉」，
為獲罪不得親近曹氏而懷憂、〈雜詩〉云：「職事相填委，文墨紛
消散。馳翰未暇食，日昃不知晏。沈迷簿領書，回回自昏亂」，為
文墨瑣事羈身而苦悶、〈贈從弟〉之三云：「豈不常勤苦，羞與黃
雀群。何時當來儀，當須聖明君」，言個人志趣的規劃、期待、〈遂
志賦〉云：「牧馬于路，役車低昂。愴悢惻切，我獨西行」，則為
一己顛簸於征途而哀傷，其作品多傾向於個人的抒情、感懷；雖然
如此，但吾人仍可見其對人生無常的感喟，不滿其位之愁苦，及濟
世致用的宏志，誠劉勰所謂「志深而筆長，故梗概而多氣」，能於
悲涼的情調中，蘊含深遠、雄壯的志氣。只是相對於曹植慷慨悲壯
的生命情調、文學特質而言，劉楨對自己沒有如曹植一般「憂國忘
家，捐軀濟難」、「志在授命，庶立毛髮之功」[19]的強烈的使命感，
詩文中卻常流露嚮往自由、歸隱的訊息，如〈雜詩〉云：「釋此出
西城，登高且遊觀。方塘含白水，中有鳧與雁。安得肅肅羽，從爾
浮波瀾」、〈遂志賦〉云：「襲初服之蕭穢，託蓬廬以遊翔」，換
言之，劉勰所謂「梗概而多氣」，對劉楨而言，實較其他建安作家
更多一份清氣、逸氣；尤其他的作品於悲涼的主調中，含藏著向上、
不屈的積極性，如〈失題〉詩云：「風雨雖急疾，根株不傾移」，
展現生命的韌性，〈黎陽山〉賦云：

---

19 見於趙幼文校注《曹植集校注》卷三〈求自試表〉，頁369。

雲興風起，蕭瑟清冷。延首南望，顧瞻舊鄉。桑梓增敬，慘切
懷傷。河源汩其東遊，陽鳥飄而南翔。睹眾物之集華，退欣欣
而康樂。

由始而「慘切懷傷」，終能「退欣欣而康樂」，亦見劉楨心境的轉
折與超拔，與曹操、曹植的不向年歲、逆境屈服 [20]，同樣展現建安
作家旺健的生命力。

第三節　偏美於五言詩

建安五言詩，緣於樂府，由於指事、造形、窮情、寫物較四言詳
切 [21]，而二二一或二一二的雙音詞與單音詞的交錯，使表情達意更
為靈活，也更富音樂性，故《文心雕龍·明詩》篇云：「暨建安之
初，五言騰躍」，又云：

> 文帝、陳思，縱轡以騁節；王、徐、應、劉，望路而爭驅；並
> 憐風月、狎池苑、述恩榮、敘酣宴，慷慨以任氣，磊落以使才；
> 造懷指事，不求纖密之巧，驅辭逐貌，唯取昭晰之能，此其所
> 同也。

統論建安五言詩家、題材、風格，及言辭的表現，《文心雕龍札記》
轉錄《詩品講述》曾對此段文字有所闡述：

> 自魏文已往，罕以五言見諸品藻。至文帝〈與吳質書〉，始稱
> 公幹五言詩之善者妙絕時人。蓋五言始興，惟樂歌為眾。辭人

---

20 自曹操〈步出夏門行〉云：「驥老伏櫪，志在千里，烈士暮年，壯心不已」，及曹
　　植〈九愁賦〉云：「念先寵之既隆，哀後施之不遂。雖危亡之不豫，亮無遠君之心。……
　　寧作清水之沈泥，不為濁路之飛塵」，均可見父子二人不向天命、逆境屈服之昂揚
　　精神。

21 見於鍾嶸《詩品·序》：「夫四言，……每苦文繁而意少，故世罕習焉。五言居文
　　詞之要，是眾作之有滋味者也。故云會於流俗，豈不以指事造形，窮情寫物，最為
　　詳切者邪！」。

競效，其風隆自建安。既作者滋多，故工拙之數可得而論矣。

22

謂曹丕之後，始多見對五言詩之評論，而劉楨之五言詩獨見稱於魏文，被譽為「妙絕時人」，知名於當時。蓋劉楨之五言詩，以數量而言，由今所流傳劉楨之詩十三首及殘缺的失題詩十四則，俱為五言，建安七子中，僅次於王粲的十五首，劉楨確為建安五言詩的主要作家。以題材而言，劉楨遊宴詩五篇、贈答七篇、抒懷一篇，劉勰所謂「憐風月，狎池苑，述恩榮，敘酣宴」[23]之詩，為其五言詩的主要題材；其中如〈公讌〉詩云：

> 永日行遊戲，歡樂猶未央。遺思在玄夜，相與復翱翔。輦車飛
> 素蓋，從者盈路傍。月出路園中，珍木鬱蒼蒼。清川過石渠，
> 流波為魚防。芙蓉散其華，菡萏溢金塘。靈鳥宿水裔，仁獸遊
> 飛梁。華館寄流波，豁達來風涼。生平未始聞，歌之安能詳？
> 投翰長歎息，綺麗不可忘。

詩言遊從之盛，景物之美，清新流暢，沒有纖密工巧的典故，亦無華縟阿諛的言辭，王夫之《船山古詩評選》卷四評曰：「〈公讌〉諸詩，如無公幹，則當日群飲，酒肉氣深，文章韻短矣」[24]，可見即便是酬酢之詩，劉楨仍以剛健的人格、氣格取勝，相較於應瑒的〈公讌〉詩：「巍巍主人德，嘉會被四方。開館延群士，置酒于新堂。辯論釋鬱結，援筆興文章。穆穆眾君子，好合同歡康」，起結一片頌揚之聲，益顯劉楨的清健之氣，不落俗套。足徵劉楨的遊宴詩，大致能符劉勰所謂「慷慨以任氣，磊落以使才；造懷指事，不求纖密之巧，驅辭逐貌，唯取昭晰之能」的特點。

---

22 見於黃侃著《文心雕龍札記・明詩》，頁 35。
23 《文心雕龍注・明詩》云：「如《文選》所載公讌詩、遊覽詩、贈答詩是。」
24 見於《曹操曹丕曹植資料彙編》，頁 354。

劉楨詩歌，以贈答詩數量最多，如〈贈從弟〉三首：

汎汎東流水，磷磷水中石。蘋藻生其涯，華葉紛擾溺。采之薦
宗廟，可以羞嘉客。豈無園中葵，懿此出深澤。

亭亭山上松，瑟瑟谷中風。風聲一何盛，松枝一何勁。冰霜正
慘悽，終歲常端正。豈不羅凝寒，松柏有本性。

鳳凰集南嶽，徘徊孤竹根。於心有不厭，奮翅凌紫氛。豈不常
勤苦，羞與黃雀群。何時當來儀，將須聖明君。

分別以蘋藻、松、鳳凰為喻，既比擬其從弟之守志不阿、卓爾不群，
亦用以自況人品的高潔，及待時以用世的壯懷，吳淇《六朝選詩定
論》卷六曾說：「公幹詩，質直如其人，譬之喬松，挺然獨立。公
幹不倣古人，後人亦不能倣公幹。其體蓋以骨勝」[25]，可謂詮評至當；
陳祚明《采菽堂古詩選》卷七亦論曰：

「泛泛東流水」篇此首言其潔清。……「亭亭山上松」篇此首
言其正直。……「鳳凰集南嶽」篇此首言其高遠。三章皆比，
言簡意盡。[26]

謂劉楨〈贈從弟〉三首全用比喻，言語簡直，內容明晰，所言足可
做為《文心雕龍·比興》篇云：「曹、劉以下，圖狀山川，影寫雲
物，莫不織綜比義，以敷其華，驚聽回視，資此效績」，及〈明詩〉
篇云：「慷慨以任氣，磊落以使才；造懷指事，不求纖密之巧，驅
辭逐貌，唯取昭晰之能」的最佳佐證。又如〈贈五官中郎將〉二、
三首云：

余嬰沈痼疾，竄身清漳濱。自夏涉玄冬，彌曠十餘旬。常恐遊
岱宗，不復見故人。所親一何篤，步趾慰我身。清談同日夕，

25　見於《曹操曹丕曹植資料彙編》，頁352。
26　見於陳祚明《采菽堂古詩選》（收於《續修四庫全書》冊一五九○，頁701）卷七，
　　頁14下。

情眄敘憂勤。便復為別辭，遊車歸西鄰。素葉隨風起，廣路揚塵埃。逝者如流水，哀此遂離分。追問何時會，要我以陽春。望慕結不解，貽爾新詩文。勉哉修令德，北面自寵珍。

秋日多悲懷，感慨以長歎。終夜不遑寐，敘意於濡翰。明鐙曜閨中，清風淒已寒。白露塗前庭，應門重其關。四節相推斥，歲月忽欲殫。壯士遠出征，戎事將獨難。涕泣灑衣裳，能不懷所歡。

前首劉楨以久病未癒，答謝曹丕探望與知遇之情，後首則描述爲曹丕出征送別之情景，全篇情感真摯濃烈，呈顯建安詩歌中，重視友誼、惜時憂生的重要主題，而且直抒胸臆，語言質樸，王闓運《論漢唐詩家流派》曰：「清而不冷，骨重故也。『明鐙曜閨中』四句，勁氣流轉，亦他人所不能到」[27]，顯見劉楨贈答詩無論在數量、內容、情感上均較遊宴詩豐富、寬廣、深切，「慷慨任氣，磊落使才」的風格亦更爲顯豁，而由《詩品》云：「公幹〈思友〉，……斯皆五言之警策也」，以劉楨〈贈五官中郎將〉、〈贈徐幹〉等贈答詩爲其五言之佳麗，亦足證真正代表劉楨的詩歌在贈答。

《文心雕龍．明詩》篇繼而評論漢末以來，四、五言詩的代表詩人：

若夫四言正體，則雅潤為本；五言流調，則清麗居宗，華實異用，惟才所安。故平子得其雅，叔夜含其潤，茂先凝其清，景陽振其麗，兼善則子建、仲宣，偏美則太沖、公幹。

曹植、王粲以四、五言詩兼善，被劉勰選爲最優，劉楨則以獨擅五言，名列於後；〈才略〉篇又云：「仲宣溢才，捷而能密，文多兼善，辭少瑕累，摘其詩賦，則七子之冠冕乎！」對王粲詩賦的整體

27 見於汪中選注《詩品注．序》所引，頁 37。

評價仍高過於劉楨；惟「偏美」之說，卻又顯示劉勰並未偏忽劉楨在五言詩的崇高地位。鍾嶸《詩品》則明白標舉劉楨、王粲的五言詩同列上品，而以劉楨居前，曾云：「自陳思以下，楨稱獨步」、「昔曹劉殆文章之聖」。尋繹鍾嶸所以視陳思以下，劉楨一人而已，其故在於公幹雖氣過其文，雕潤恨少，但「仗氣愛奇，動多振絕，真骨凌霜，高風跨俗」，為江左以後篇製所未有，在感慨「建安風力盡矣」之餘，鍾嶸特重劉楨的清貞剛健之氣，此亦即劉熙載《藝概》所謂：「公幹氣勝，仲宣情勝，皆有陳思之一體」[28]。相形之下，劉勰僅以「五言清麗」交待劉楨所以「偏美」之故，便不及鍾嶸所言明確而切實。紀評曾曰：「此論卻局於六朝習徑，未得本原。夫雅潤清麗，豈詩之極則哉？」[29]按劉勰「雅潤清麗」之說，只能述明詩歌本質必具之法，如曹植、劉楨詩氣骨豐健之特質，則無法涵蓋，此固與劉勰論詩僅有〈明詩〉一篇，而《詩品》專書品藻，故詳略有別耳。至於劉楨、王粲五言詩之優劣如何？據曹丕云：「（公幹）五言詩之善者，妙絕時人」，劉勰云：「公幹箋記，……若略名取實，則有美於為詩矣」[30]，可見曹丕的稱賞劉詩是有選擇的，而劉勰對劉楨詩似有名過其實的議論；茲以劉、王二人現存之詩相較，王粲五言詩之題材除遊宴、抒懷之外，尚及於詠史、征戰，顯然對今古社會、人生的關懷廣於劉楨，而羈旅客子的悲涼，建功濟世的壯志，都較劉楨慷慨濃烈，文字的雕琢潤飾亦較工整，可以說劉楨是極富個人小我特質的詩家，王粲則更適合代表建安時期文學的典型。

28　見於劉熙載著《藝概》卷二〈詩概〉，頁 3 下。
29　見於王師更生注譯《文心雕龍讀本‧明詩》「集評」，頁 102。
30　曹丕所言見於〈與吳質書〉，劉勰所言見於《文心雕龍‧書記》篇。

第四節　箋記雅麗　有益規諫

劉勰評論作家常有慧眼獨具的識見，《文心雕龍·書記》篇云：

> 公幹箋記，文麗而規益，子桓弗論，故世所共遺，若略名取實，
> 則有美於為詩矣。

認為劉楨箋記文字雅麗，而內容有益勸諫，就實質而言，較詩為美，惜乎世人不察，即便曹丕〈與吳質書〉妙識建安諸子之文，譽劉楨為「五言詩之善者，妙絕時人」，讚元瑜「書記翩翩，致足樂也」，亦對劉楨的箋記忽而不論。劉勰此一不苟從隨俗的觀點，與《南齊書·陸厥傳》云：「劉楨奏書，大明體勢之致」[31]，頗有相互發明之處；可惜劉楨奏書二體，大多散佚，今惟存四篇，其中〈答曹丕借廓落帶書〉云：

> 楨聞荊山之璞，曜元后之寶；隨侯之珠，燭眾士之好；南垠之
> 金，登窈窕之首，鼲貂之尾，綴侍臣之幘：此四寶者，伏朽石
> 之下，潛汙泥之中，而揚光千載之上，發彩疇昔之外，亦皆未
> 能初自接於至尊也。夫尊者所服，卑者所修也；貴者所御，賤
> 者所先也。故夏屋初成而大匠先立其下，嘉禾始熟而農夫先嘗
> 其粒。恨楨所帶，無他妙飾，若實殊異，尚可納也。

全文疊用比喻，有詩家反覆詠歎之妙，以委婉曲折之筆，隱含「夫尊者所服，卑者所修也；貴者所御，賤者所先也」的哲理，諷勸曹丕「物因人為貴」理念之不當，並婉轉表述對曹丕索借廓落帶的不以為然，其不卑不亢的應對態度，雅麗如貫珠的語言，頗為符合《文心雕龍·書記》篇所說：「原牋記之為式，既上窺乎表，亦下睨乎書，使敬而不懾，簡而無傲，清美以惠其才，彪蔚以文其響，蓋箋

---

31 見於《南齊書·陸厥傳》卷五二，頁898。

記之分也」的寫作體式，無怪乎劉勰推許其爲「略名取實，則有美
於爲詩矣」。又如〈諫平原侯植書〉一文云：

> 家丞邢顒，北土之彥。少秉高節，玄靜澹泊，言少理多，真雅
> 士也。楨誠不足同貫斯人，並列左右。而楨禮遇殊特，顒反疏
> 簡，私懼觀者將謂君侯習近不肖，禮賢不足，採庶子之春華，
> 忘家丞之秋實。為上招謗，其罪不小，以此反側。

劉楨善用轉筆，先讚邢顒格高，次以己下之，三謂待顒之禮，反不
如己，繼爲君侯近不肖、遠賢臣，容易招謗而反側不安，所謂「短
章而有萬里之勢」，此篇足以當之。其以反襯之句：「言少理多」、
「楨禮遇殊特，顒反疏簡」，與上下對句：「習近不肖，禮賢不足」、
「採庶子之春華，忘家丞之秋實」交互爲用的方式，突顯曹植對待
雅士之不當，進而達成針砭渡人的效果，是知劉勰「公幹箋記，文
麗而規益」之評，允爲切當。[32]

第五節　文氣說評述

　　自曹丕《典論·論文》首開以文體、文氣論文的先聲，文學批評
以氣論文，漸蔚爲風尙，《文心雕龍·定勢》篇便曾分析文章體勢
與氣勢的關係，云：

> 劉楨云：「文之體指貴強，使其辭已盡而勢有餘，天下一人耳，
> 不可得也。」公幹所談，頗亦兼氣。然文之任勢，勢有剛柔，
> 不必壯言慷慨，乃稱勢也。[33]

---

32 近人李詳《文心雕龍補注》(收於《文心雕龍校注》，台北：世界書局，1962年，頁
190)引《三國志·魏書·邢顒傳》載劉楨〈諫曹植書〉與〈王粲傳〉注引《典略》劉
楨〈答魏文帝書〉，認爲「此皆彥和所言麗而規益者」。

33 個人以爲劉勰所謂文勢（文章之體勢）包括形勢、氣勢而言，形勢由文的體裁、辭
句來決定；氣勢則取決於文的聲調、作者氣力。〈定勢〉篇云：「形生勢成」，〈通
變〉篇云：「文辭氣力，通變則久」，足資爲證。

劉楨所言,今已遺佚,原作「文之體指實強弱」,據《文心雕龍札記》云:「『文之體指實強弱』句,有誤。細審彥和語,疑此句當作『文之體指貴強』,下衍『弱』字」[34],改作今文。按覈劉勰所以引劉楨此論,在說明劉楨重視詩文體勢旨趣的強健有力,故以文辭已盡而氣勢有餘的作品,為不可多得;惟劉勰認為劉楨所言,徒以壯言慷慨之氣釋勢,忽略勢賅剛柔,並不完備。此即《文心雕龍・序志》篇所以論「君山、公幹之徒,……汎議文意,往往間出」的緣故。雖說劉楨之文已不可考,然自其詩文以勁健之氣骨取勝,知其論文亦必強調強健之氣勢。至於劉勰謂勢有剛柔,以補劉楨所論不足者,《文心雕龍校釋》有進一步的闡述:

> 富才氣者,其勢卓舉而奔縱,陽剛之美也;崇情韻者,其勢舒徐而妍婉,陰柔之美也。漢魏之作,陽美為多;晉宋以後,陰柔漸盛。陰柔之極,至於闡緩,既病闡緩,遂務新詭,而色媚聲柔,對工典切之文作矣,此固風土時尚使然,而國勢偏安,人多媮惰,實足以影響斯文。[35]

顯示文勢之剛柔,與作家之情性、時尚風潮、國力興衰皆有關係;而漢魏之作,「文以氣為主」,大體流露陽剛之氣,作家以情性為述文之本,進而促成緣情觀成為六朝文論的主流[36];晉宋以後,競為新巧,習於華辭,陰柔至極,漸忽因情立體之必要,故建安之氣骨,遂湮滅不傳,至盛唐方為詩人取資的養料。是知就文論而言,文之任勢固應剛柔兼備,劉勰所論,無可置疑;然自文學的發展變遷來看,劉楨的文氣論,實有其時代意義,並對後世文論(包括劉勰論風骨)有深遠之影響。

---

34 見於《文心雕龍札記・定勢》,頁110。
35 見於《文心雕龍校釋・定勢》,頁21。
36 見於蔡英俊著《六朝風格論之理論與實踐探究》(台北:台大中研所碩士論文,1980年),頁39。

曹丕「文以氣爲主」的說法，主張文學的創作取決於作者的才性稟氣，故其論建安諸子，也以氣爲主；劉楨生於斯時，也以類似的說法評論孔融，《文心雕龍・風骨》篇曰：

> 昔潘勗錫魏，思摹經典，群才韜筆，乃其骨髓峻也；相如賦仙，氣號凌雲，蔚爲辭宗，乃其風力遒也。……故魏文稱：「文以氣爲主，氣之清濁有體，不可力強而致」；故其論孔融，則云「體氣高妙」；論徐幹，則云：「時有齊氣」；論劉楨，則云：「有逸氣」。公幹亦云：「孔氏卓卓，信含異氣，筆墨之性，殆不可勝」，並重氣之旨也。

劉勰論文，以氣爲風骨之本，兩者依存的關係，正如《漢魏六朝專家文研究》云：「勁氣貫中，則風骨自顯」[37]。爲突顯「氣」的重要，劉勰因而列舉曹丕、劉楨對氣的應用與看法。按曹丕、劉楨所言之「氣」，義有二指，即才氣、辭氣是也。存乎內者爲才氣，發於外者爲辭氣[38]。故曹丕以才氣爲文學創作之本，才氣之清明混濁乃天生而成，不可改移；其論孔融、徐幹、劉楨，則融合才氣、辭氣而言，才氣充於內，辭氣溢於外，故論孔融的作品「體氣高妙」，徐幹的文體如齊俗舒緩，劉楨的詩文洋溢清逸不羈之氣。至於劉楨對孔融的評論，今雖不見，然亦以才氣、辭氣合言，以示對孔融之推重。《後漢書・孔融傳》嘗謂文舉「負其高氣，志在靖難」，而劉楨所言，則指出孔融的才氣稟性，使其筆墨蘊含不同流俗之氣，非常人所可比擬。劉勰這段引述文字，不僅闡明氣對風骨形成的重要，也富有保存文獻的意義，既呈顯建安作家將漢魏以氣品鑒人物的習尚，繼而發皇爲以氣論文的普遍性，也使劉楨論氣的佚文、文論得

---

37 見於《漢魏六朝專家文研究》七，頁 26。
38 見於葉慶炳主講《中國文學講話（五）魏晉南北朝文學》（台北：巨流圖書公司，1988 年）「魏晉文學概說」，頁 14。

以流傳；更證明建安時期確有爲文多氣的時尚，否則「重氣」的文
學批評與理論將無從出現 [39]。

第六節　結　語

劉勰對於劉楨的評論共有十則，大別而言，分爲兩部分：

一、共通略論

劉勰通論建安文學與政治、社會、文學活動的關係，及建安文學
內容、語言、風格的特色時，自然也包括劉楨及其作品。只是對於
劉楨的創作而言，入幕曹操的政治因素固然重要，個人際遇的抒情、
感懷，則爲其作品主要的動力來源，故其鮮有攸關時代動亂、關心
民生的反映現實的作品；而於人生無常的感喟、才非所用的悲歎、
及對理想政治的寄望中，則大抵呈顯「志深而筆長，梗慨而多氣」
的時代特質，惟其「多氣」者，在於清健之氣，此乃劉楨自成一家
之特質。此外，當劉勰於〈明詩〉篇評論建安詩歌的特色：「並憐
風月，狎池苑，述恩榮，敘酣宴，慷慨以任氣，磊落以使才；造懷
指事，不求纖密之巧，驅辭逐貌，唯取昭晰之能」時，大抵與〈時
序〉篇「傲岸觴豆之前，雍容衽席之上，灑筆以成酣歌，和墨以藉
談笑」的說法相呼應。以劉楨而言，其遊宴詩、贈答詩，無論情感
之深切，言語之質樸，及建安風格「慷慨任氣，磊落使才」之顯豁，
均充分表露劉勰所述建安詩歌之特色。

---

39 參朱榮智著《文氣論研究》（台北：台灣學生書局，1986 年）：「可見建安的文壇，
　不只在創作方面，慷慨多氣，在批評方面，也是以氣爲主。文學批評往往要在文學
　作品臻於成熟之後，才會產生，文學批評的理論，也常常是探討當代的文學創作，
　曹丕的文氣論，正是反映建安時代爲文多氣的風氣」，頁 122。

二、個別專論

相較於曹丕、謝靈運、鍾嶸等人對於劉楨情性與作品關係的析論[40]，劉勰所言「情高以會采」，可謂言簡意賅，既道出了劉楨「骨勝」的特質，也呈顯其「不由作意，氣格自高」，致使雕潤不足的局限性。對於劉楨享有盛譽的五言詩，劉勰則未言其詳，「五言清麗，……偏美則太沖、公幹」的說法，相較於《詩品》所言「仗氣愛奇，動多振絕，真骨凌霜，高風跨俗。但氣過其文，雕潤恨少」，不免失之籠統；「偏美」之形容，雖未否定劉楨五言詩的成就，然合觀〈書記〉篇云：「公幹箋記，……若略名取實，則有美於為詩矣」，及〈明詩〉篇云：「兼善則子建、仲宣」，則劉勰實已為王粲、劉楨之五言詩判定高下矣：劉楨「氣褊」，局面較狹，其詩「情高以會采」，無法舒文載實[41]，文質相勝，應為不及王粲之主因。此外，劉勰對於劉楨的箋記，特別青睞，不僅獨發新議，而且稱其「美於為詩」，給予極高的評價，此以其既符合劉勰評論箋記的體式，又能麗而益規，情采相生。至於劉楨論文強調剛健之氣，雖被劉勰評為未備，但此一勁健之文氣，正是建安風骨力量的來源，亦是建安文風所以受劉勰肯定的原因，且劉楨之佚文、觀點因而被保留，並足以輔證建安為文多氣、以氣論文的普遍性，甚至影響劉勰的風骨論，確為劉楨論文之貢獻。

---

40 曹丕〈與吳質書〉云：「公幹有逸氣，但未遒耳」，謝靈運《擬魏太子鄴中集詩序》云：「劉楨卓犖偏人，而文最有氣，所得頗經奇」，鍾嶸《詩品》云：「仗氣愛奇，動多振絕，真骨凌霜，高風跨俗。但氣過其文，雕潤恨少」。
41 見於《文心雕龍‧明詩》。

第九章　《文心雕龍》論陳琳

前　言

　　身爲建安七子之一的陳琳（西元？－西元 217 年），字孔璋，爲江蘇廣陵人 1。其高名早著，才華縱橫 2，適爲天下分崩，割據自立的羣雄操持文柄，已註定其爲文人侍從的身分與命運；其有筆而無劍，在爭權角力的亂世中，也預種其沒沒無功的失落。溫庭筠〈過陳琳墓〉云：「莫怪臨風倍惆悵，欲將書劍學從軍」3，正道盡陳琳的失志與寡歡。面對此一才秀之士，劉勰既對其行事作風不假辭色，有所訾議；於文學上的獨特成就，也能推許稱讚，深予肯定，由是可見劉勰立論的力求持平客觀。茲由《文心雕龍》對陳琳的嗟賞批評，探究其評人論文之優劣得失：

第一節　行事風格

　　《文心雕龍‧程器》篇曾比論作家才行的疵病與無瑕，雖推翻了曹丕文人無行的定見，卻也使陳琳行事風格在史頁上留下負面的形象：

　　　　孔璋偬恫以麤疎，……文士之瑕累。

據《抱朴子‧交際》篇云：「偬恫官府之間」，「偬恫」意指爲仕

1　《三國志‧魏書》卷二十一〈王粲傳〉云：「廣陵陳琳字孔璋」，頁 599。
2　《三國志‧吳書》卷五十二〈張昭傳〉云：「（張昭）少好學，善隸書，從白侯子安受《左氏春秋》，博覽眾書，與琅邪趙昱、東海王朗俱發名友善。弱冠察孝廉，不就，與朗共論舊君諱事，州里才士陳琳等皆稱善之。」頁 1219。
3　引自《溫飛卿詩集》卷四。

途而奔競;而魚豢《典略》引韋仲將云:「孔璋實自麤疏」[4],應即劉勰所本,謂陳琳汲於鑽營奔走,不免行事粗率。推察劉勰「傯恫」之論,當與陳琳更迭事主有關。由《三國志·魏書·王粲傳》所言:「琳前為何進主簿。……進不納其言,竟以取禍。琳避難冀州,袁紹使典文章。袁氏敗,琳歸太祖」[5],知陳琳本追隨何進,任大將軍府主簿,何進引董卓進京誅黜宦官,身死事敗,袁紹、陳琳皆奔逃冀州,陳琳逐為袁紹從事公文書之制作,俟袁紹官渡之役戰敗發病,於建安七年憂死[6],陳琳轉事袁紹少子袁尚,於曹操攻破鄴城之際,袁尚遣陰夔、陳琳乞降,曹操不聽;袁氏敗,陳琳於建安十年(西元205年)歸附曹操,為司空軍謀祭酒,管記室,後徙門下督之職。其頻改立場,轉事四主之歷程,同鄉且有姻親關係之臧洪曾復書云:「行矣孔璋!足下徼利於境外,臧洪投命於君親;吾子託身於盟主,臧洪策名於長安。子謂余身死而名滅,僕亦笑子生而無聞焉」[7],臧洪恥笑陳琳的徼逐名利,節操不堅,順風以託勢,應即劉勰評論陳琳「傯恫」的緣故;而若與臧洪率兵赴救廣陵太守張超(臧洪曾為張超功曹),恪守君臣之義,凜然不受陳琳勸降之書,寧城破被俘,不屈而死的義風相較,陳琳所為,顯然不符漢末對節士義行之期許。

至於陳琳所以遭致「麤疎」之議,則與其言行前後不一有關。《資治通鑑·孝獻皇帝丁》卷六十二云:

> 中平以來,天下亂離,民棄農業,諸軍並起,率乏糧穀,無終
> 歲之計,飢則寇掠,飽則棄餘,瓦解流離,無敵自破者不可勝
> 數。袁紹在河北,軍人仰食桑椹,袁術在江淮取給蒲蠃,民多

---

4 見於《三國志·魏書》卷二十一〈王粲傳〉,頁604。
5 同4,頁600。
6 引自《三國志·魏書》卷六〈袁紹傳〉,頁201。
7 引自《後漢書》卷五十八〈臧洪傳〉,頁890。

相食，州里蕭條。[8]

記敘袁紹用兵之際，軍民不飽之苦況，而陳琳所撰〈為袁紹檄豫州〉云：「幕府奉漢威靈，折衝宇宙，長戟百萬，胡騎千群，奮中黃、育、獲之士，騁良弓勁弩之勢，……雷霆虎步，並集虜庭」，〈武軍賦〉亦云：「於是啟明戒旦，長庚告昏，火烈具舉，鼓角並震。千徒從唱，億夫求和，聲訇隱而動山，光赫奕以燭夜」，誇讚袁紹部眾、軍容之盛壯威武，顯然與事實大有出入；而陳琳初為袁紹興師罵曹，對曹氏指控嚴厲，不留餘地，嘗云：「操贅閹遺醜，本無懿德，僄狡鋒俠，好亂樂禍。……承資跋扈，肆行凶忒，割剝元元，殘賢害善」[9]，然繼又降曹、歸曹，故顏之推於《顏氏家訓‧文章》篇評曰：「陳孔璋居袁裁書，則呼操為豺狼；在魏制檄，則目紹為虵虺。在時君所命，不得自專，然亦文人之巨患也。」[10] 張溥《漢魏六朝百三家集題辭‧陳記室集》亦言：「棲身冀州，為袁本初草檄，詆操，心誠輕之，奮其怒氣，詞若江河。及窮窘歸操，預管記室，移書吳會，即盛稱北方，無異劇秦美新。文人何常，唯所用之，茂惡爾矛，夷懌相醻，固恒態也」[11]，均對陳琳之立場失據，持論不一，有所訾議。是知陳琳歸附曹操，如《文心雕龍‧時序》篇云：「孔璋歸命於河北」，與其當初詆諛曹操之說辭背道而馳，應即劉勰評為「疏」，謂陳琳行事欠考量之所由。

惟若稽考陳琳言行一、二，則其並非文家所評定之無義、無識之輩。當何進欲引兵董卓以匡漢危之際，陳琳有諫辭曰：

今將軍總皇威，握兵要，龍驤虎步，高下在心，以此行事，無異於鼓洪爐以燎毛髮。但當速發雷霆，行權立斷，違經合道，

8 見於《資治通鑑‧孝獻皇帝丁》卷六十二，頁 11 下。
9 文載〈為袁紹檄豫州〉，引自俞紹初輯校《建安七子集》，頁 55。
10 引自《顏氏家訓新譯》（台北：育賢出版社，1992 年），頁 258。
11 見於張溥《漢魏六朝百三家集題辭‧陳記室集》，頁 75。

> 天人順之,而反釋其利器,更徵於他。大兵合聚,強者為雄,
> 所謂倒持干戈,授人以柄,功必不成,祇為亂階。

是見其有先見之明,能預斷何進不智之行,將未蒙其利反受其害。
何進錯棋一步,導致局勢丕變,群雄據地自立的局面,影響漢室存
亡、民生凋弊至鉅,益反襯陳琳臨事決斷之精當。再者,陳琳著有
〈應譏〉一篇,為應答賓客質疑袁紹不圖抗節服義,與主存亡,而
獨據冀州之辭:

> 夫世治則責人以禮,世亂則考人以功,斯各一時之宜。……是
> 以達人君子必相時以立功,必揆宜以處事。

其說辭固欲為袁紹脫解,實則亦為陳琳之政治觀,所提出亂世以立
軍功為重的主張,實與曹操「治平尚德行,有事賞功能」[12]的思想如
出一轍,表現不拘小節,但圖立功的權變處世態度,為陳琳在政治
理念上的堅持與理想。又如當袁紹卒,二子交爭之際,仁德之士崔
琰稱疾力辭徵召,因而獲罪,幽於囹圄,幸賴陰夔、陳琳營救得免
[13],可見陳琳非無義風之人;當時如荀彧、崔琰等清貞守道之士,皆
去袁紹而從曹操者,然而歷史上並不以此貶抑荀、崔之人格。四據
《三國志·魏書·王粲傳》附傳云:

> 袁氏敗,琳歸太祖。太祖謂曰:「卿昔為本初移書,但可罪狀
> 孤而已,惡惡止其身,何乃上及父祖邪?」琳謝罪,太祖愛其
> 才而不咎。[14]

《御覽》卷五百九十七引《魏書》,言琳曰:「矢在弦上,不得不
發。」[15]此語道盡陳琳身為文人侍從,各為其主,有不得不然的無奈。
其歸附曹操之後,雖有相時立功的宏願,但文士從屬的身分,仍限

---

12 見於《曹操集·論吏士行能令》,頁32。
13 語出自《三國志·魏書》卷十二〈崔琰傳〉,頁367。
14 同5。
15 見於《御覽》卷五百九十七引《魏書》,頁2689。

制其在曹營的發展，由其〈失題〉詩之二、四云：

> 沈淪眾庶間，與世無有殊。紆鬱懷傷結，舒展有何由。
>
> 仲尼以聖德，行聘遍周流。遭斥厄陳蔡，歸之命也夫。

字裡行間流露濃郁的失志鬱結，及爲時命所限的感懷。〈大荒賦〉又云：

> 日延年其可留兮，何勤遠以苦躬。紛吾情之駘蕩兮，嗟有願而
> 弗遑。

一吐其嗟時逝而志不遂的憾恨。是知陳琳之本質，爲有情義、有識見、有理想之士，惜迫於時勢，天命所限，使其轉主而仕；而曹氏掾屬的身份，亦不能使其有所作爲，不免時發怨嗟之歎。故劉勰所謂「孔璋惚恫以麤疏，……並文士之瑕累」之批評，實陳琳囿於文人侍從之職，缺乏自主性的抉擇能力下，所產生的表象，其內心的悲痛，並未被文學評論家所諒察；尤其他善於文事，用筆富麗誇飾，更爲陳琳日後的人生轉折帶來負擔，使其詆曹而又仕曹，頗受「今是而昨非」之譏議。綜觀劉勰所推崇之作家，如〈程器〉篇列舉：「屈賈之忠貞，鄒枚之機覺，黃香之淳孝，徐幹之沈默」，皆爲忠孝節烈，不耽世榮，表裡純一之文士，陳琳不符此一儒家價值判斷下之標準，無法「文德合一」，故被劉勰責爲「文士之瑕累」，亦可理解矣！

第二節　歸命於河北

《文心雕龍·時序》篇曾指出陳琳與三曹父子的關係，並述及其作品能反映時代的特質，表現建安文學的特色：

> 魏武以相王之尊，雅愛詩章；文帝以副君之重，妙善辭賦；陳
> 思以公子之豪，下筆琳瑯；並體貌英逸，故俊才雲蒸。仲宣委

質於漢南，孔璋歸命於河北，偉長從宦於青土，公幹徇質於海隅，德璉綜其斐然之思，元瑜展其翩翩之樂；……傲岸觴豆之前，雍容衽席之上，灑筆以成酣歌，和墨以藉談笑。觀其時文，雅好慷慨，良由世積亂離，風衰俗怨，並志深而筆長，故梗概而多氣也。

三曹父子的愛好詩文，親身力為，及夜接詞人[16]，與「穆穆眾君子，和合同樂康」[17]，無疑是建安尚文，作家輩出，作品雲興霞蔚的主要動力；而陳琳自建安十年「歸命於河北」[18]，係陳琳與曹操父子賓主關係的開始。其初為曹操「司空軍謀祭酒，管記室」，掌理章表書記，迄至建安十三年，徙為丞相門下督之職[19]。任職期間，主要從事兩種活動：一為隨軍征戰，如曹公東征烏桓、曹洪破漢中張魯、南征孫權等戰役，均見諸於陳琳文翰，可見其亦隨行在側；二為鄴下從遊，他曾參與曹丕與鄴下文士高談宴飲的南皮之遊[20]，隨曹公、曹丕行遊出獵[21]。陳琳與曹丕、曹植、及建安文士遊處之密切，情誼之深厚，有曹丕〈與吳質書〉為證：

昔年疫疾，親故多離其災，徐、陳、應、劉，一時俱逝，痛可言邪！昔日遊處，行則接輿，止則接席，何曾須臾相失。每至

16 胡應麟《詩藪·外編》卷一云：「魏武朝攜壯士，夜接詞人」，頁411。
17 曹丕〈于譙作詩〉云：「清夜延貴客，明燭發高光，豐膳漫星陳，旨酒盈玉觴。……穆穆眾君子，和合同樂康。」收於夏傳才、唐紹忠《曹丕集校注》，頁7。
18 《文心雕龍·時序》篇云：「孔璋歸命於河北」，語本自曹植〈與楊德祖書〉云：「孔璋鷹揚於河朔」。
19 據《建安七子學述·陳琳學述》云：「《後漢書·獻帝紀》云：『（建安十三年）六月癸巳，曹操自為丞相。』門下督為直屬長官，想琳即在此時任為門下督。」頁64。
20 據俞紹初《建安七子年譜》建安十六年條下云：「陳琳約五十五歲，有預鄴中宴事，作〈宴會〉詩，又作〈止欲賦〉。……蓋南皮讌遊之際，諸文士多所創制，故為史家所稱，疑陳琳、徐幹、王粲、劉楨、應瑒等人亦預其事。」收錄於《建安七子集》，頁416—417。
21 《古文苑》（台北：台灣商務印書館，1939年）卷七章樵注引摯虞《文章流別論》云：「建安中，魏文帝從武帝出獵，命陳琳、王粲、應瑒、劉楨並作，琳為〈武獵〉、粲為〈羽獵〉、瑒為〈西狩〉、楨為〈大閱〉」，頁169。

觴酌流行，絲竹並奏，酒酣耳熱，仰而賦詩。當此之時，忽然不自知樂也。謂百年己分，可長共相保，何圖數年之間，零落略盡，言之傷心。

陳琳所寫〈答東阿王箋〉，亦述及與曹植詩文往還，頌美其作品的情形，箋云：

琳死罪死罪。昨加恩辱命，並示〈龜賦〉，披覽粲然。君侯體高亦之才，秉青萍、干將之器，拂鐘無聲，應機立斷，此乃天然異稟，非鑽仰者所庶幾也。音義既遠，清辭妙句，焱絕煥炳，譬猶飛兔流星，超山越海，龍驥所不敢追，況於駑馬可得齊足！夫聽〈白雪〉之音，觀〈綠水〉之節，然後東野〈巴人〉蚩鄙益著。載歡載笑，欲罷不能，謹韞櫝玩耽，以為吟誦。琳死罪死罪。

顯示陳琳雖與曹氏兄弟相從甚密，情誼篤厚，然其恪守主從尊卑的分際亦由此可見一斑。另自《三國志·魏書·王粲傳》所言：「始文帝為五官將，及平原侯植皆好文學。粲與北海徐幹字偉長、廣陵陳琳字孔璋、陳留阮瑀字元瑜、汝南應瑒字德璉、東平劉楨字公幹並見友善」[22]，亦可見當時文學活動，以曹氏兄弟為軸心，陳琳與其他建安五子博好文采，交遊篤好的情形。是知劉勰〈時序〉篇對三曹尚文，體貌英逸，使俊才雲蒸，文士來歸的描述中，陳琳誠為重要的成員，與三曹及建安作家在政治、文學上的關係均極密切。

陳琳隨軍出征、鄴下從遊的生活經歷，使其作品表現四種類型：一為憂生歎時之作，謝靈運《擬魏太子鄴中集詩·陳琳序》所言甚是：「陳琳，袁本初書記之士，故述喪亂事多」[23]，指出文人侍從的身分，使陳琳親臨戰亂，頗多流寓經驗，形諸筆墨，如〈遊覽〉詩

---

22 同5，頁599。
23 見於《文選》卷三十，頁793。

之二寫道：

> 騁哉日月逝，年命將西傾。建功不及時，鐘鼎何所銘？收念還
> 房寢，慷慨詠墳經。庶幾及君在，立德垂功名。

有對世亂時逝的悲慨，也有濟世立功的壯志；又如〈大荒賦〉云：

> 過不死之靈域兮，仍羽人之丹丘。惟民生之每每兮，又診余以
> 嘉夢。

〈柳賦〉云：

> 救斯民之絕命，擠山岳之隕顛。匪神武之勤恪，幾踣斃之不振。

表現陳琳對於民生疾苦的憂憫情懷。二為軍檄應用文書，據《三國
志‧魏書‧王粲傳》云：「太祖並以琳、瑀為司空軍謀祭酒，管記
室，軍國書檄，多琳、瑀所作也」[24]，記載陳琳為曹操撰制軍國書檄，
其實不僅如此，他也曾為袁紹、曹洪典掌文章，撰寫許多書記檄文，
如〈為曹洪與魏文帝書〉、〈為袁紹檄豫州〉、〈檄吳將校部曲文〉
等，皆攸關軍國大事，以豪氣健筆著稱。三為頌美曹氏武功之作，
如〈神武賦〉云：

> 佇盤桓以淹次，乃申命而後征。觀狄民之故土，追大晉之遐蹤。
> 惡先縠之懲寇，善魏絳之和戎。受金石而弗伐，蓋禮樂而思終。
> 陵九城而上躋，起齊軌乎玉繩。車軒轔於雷室，騎浮屬乎雲宮。
> 暉曜連乎白日，旌旗繼於電光。斾既軼乎白狼，殿未出乎盧龍。
> 威凌天地，勢括十衝。單鼓未伐，虜已潰崩。克俊馘首，梟其
> 魁雄。

文中對建安十二年曹公東征烏丸，軍容之威武、戰役之竟功，備極
誇讚。又有〈答東阿王箋〉云：「君侯體高世之才，秉青蓱、干將
之器，拂鐘無聲，應機立斷，此乃天然異稟，非鑽仰者所庶幾也」，

---

24 同5。

對曹植之才性器分，稱賞不已。此類文字，由於阿諛媚上，為陳琳作品中較不受重視的部分。四為應酬唱和之作，陳琳與曹氏兄弟及建安諸子記遊寫讌，同題奉和的詩賦作品極多，如〈宴會〉詩云：

> 凱風飄陰雲，白日揚素暉。良友招我遊，高會宴中闈。玄鶴浮
> 清泉，綺樹煥青葩。

以寫景起興，敘述宴會明朗歡娛的景象，文情平順，並無特殊之處。另一首〈遊覽〉詩亦以讌遊為主題，而寫景寓情，情景合一：

> 高會時不娛，羈客難為心。慇懃從中發，悲感激清音。投觴罷
> 歡坐，逍遙步長林。蕭蕭山谷風，黯黯天路陰。惆悵忘旋反，
> 歔欷涕露襟。

> 節運時氣舒，秋風涼且清。閒居心不娛，駕言從友生。翔翔戲
> 長流，逍遙登高城。東望看疇野，迴顧覽園庭。嘉木凋綠葉，
> 芳草纖紅榮。騁哉日月逝，年命將西傾。建功不及時，鐘鼎何
> 所銘？收念還房寢，慷慨詠墳經。庶幾及君在，立德垂功名。

一般學者認為「憐風月，狎池苑，述恩榮，敘酣宴」的作品，藝術技巧雖有成功之處，但內容脫離時代脈動，較為空泛，故而採否定的看法[25]，然此詩可貴之處在於：證明《文心雕龍‧時序》篇所言「傲岸觴豆之前，雍容衽席之上，灑筆以成酣歌，和墨以藉談笑」的宴遊作品，不盡然皆以寫景、敘事、頌德為內容，無真情實感的表現，也有呈顯「志深而筆長，梗概而多氣」，既悲且壯的建安文學風格的佳作。至於陳琳其他同題競采的作品，如與曹植、王粲、劉楨同作〈大暑賦〉，與曹丕、曹植、王粲、徐幹、應瑒皆寫〈車渠椀賦〉，與曹丕、王粲、應瑒、繁欽皆著〈柳賦〉，與曹丕、王

---

25 胡世厚、衛紹生撰〈文學的自覺與消沈－建安文學三題〉對「文學侍從與公宴酬唱」、「感慨人生與仙境神游」等作品，所流露的消沈趨勢，持負面的看法，文收入《建安文學新論》（鄭州：中州古籍出版社，1992年），頁38。

粲等俱作〈馬瑙勒賦〉等。茲以〈馬瑙勒賦〉序、文爲例：

> 五官將得馬瑙以爲寶勒，美其英綵之光豔也，使琳賦之。

> 託瑤溪之寶岸，臨赤水之珠波。

> 爾乃他山爲錯，荊和爲理。制爲寶勒，以御君子。

雖文已殘佚，然知爲與其他作家競馳才華，誇耀麗藻，同題唱和的詠物作品，而體物爲主，內容平泛，陳琳其他詠物之作大多類此。

綜觀陳琳四種類型的作品，雖然多爲同題奉作，以公牘官書、應酬唱和爲主，抒發己意之作，其實不多；然而藉由曹氏兄弟的獎掖提倡，與建安作家同聲相應的結果，確使陳琳的文學作品增多，文采趨於富麗，印證曹植〈娛賓賦〉：「文人騁其妙說兮，飛輕翰而成章」所言不虛；而藉由陳琳之作品及創作過程，亦有助於吾人明瞭劉勰〈才略〉篇推譽建安爲「崇文之盛世，招才之嘉會」的成因。作家與一代政治、文學風氣互爲推波助瀾的情形已不言而喻。

陳琳四類作品，大抵而言，表現出兩種風格：一爲悲壯之聲，如表現建功須及時，以立德垂名的〈遊覽詩〉，反映世亂，民生艱苦的〈大荒賦〉，以掃平群雄，一統天下爲願望的〈神武賦〉，主張達人君子相時以立功的〈應譏〉文，及邀烈士立非常之功的〈檄豫州文〉，俱屬此類。一爲婉麗之音，如寫神女丰姿玉質，願結好合的〈神女賦〉，及鋪采摛文，體物助興的詠物賦，則屬此類。是知《文心雕龍・時序》篇所謂「觀其時文，雅好慷慨，良由世積亂離，風衰俗怨，並志深而筆長，故梗概而多氣也」，對陳琳而言，只能涵蓋其部分的作品；劉勰〈才略〉篇所謂「宋來美談，亦以建安爲口實」者，實僅概括陳琳第一類的作品；建安作家作品的題材、風格其實更多元、更多樣。只因劉勰有意爲宋齊以後柔靡綺麗之文風振衰起弊，故而選擇以風遒骨勁，文有生氣的作品，做爲建安的主調而已。

第三節 文體、創作表現

劉熙載《藝概·文概》卷一云:「遒文壯節,於漢季得兩人焉,孔文舉、臧子源是也。曹子建、陳孔璋文為建安之傑,然尚非其倫比」[26],確指陳琳以散文著稱於世,而高志直情,豪氣正性,固不比孔融、臧洪,然文筆亦足為建安之傑。稽考於千載之前,劉勰已早具慧眼,再三推重陳琳散文之表現:

一、符檄擅聲

《文心雕龍·才略》篇云:

琳、瑀以符檄擅聲。

謂陳琳、阮瑀特以符檄標美名世。符,為符命公牘文體之一種。古帝王受命,其臣作為文字,鋪張功德之隆盛,旁及瑞應,以侈上天眷保之意者,謂之符命,其體與頌相近[27]。而檄之為文,在討賊問罪,揚己威武,猶如符契一般明斷[28],故劉勰以「符檄」連言,其實陳琳並無符命之作。所謂「琳、瑀以符檄擅聲」者,仍指陳琳以檄文之體式擅一代之勝。《三國志·魏書·王粲傳》注引《典略》曾曰:「琳作諸書及檄,草成呈太祖。太祖先苦頭風,是日疾發,臥讀琳所作,翕然而起曰:『此愈我病』」[29],可見陳琳書檄在當代即受歡迎。《文心雕龍·檄移》篇又云:

陳琳之〈檄豫州〉,壯有骨鯁。雖奸閹攜養,章實太甚,發丘摸金,誣過其虐;然抗辭書釁,皦然暴露。敢矣!櫻曹公之鋒;

---

26 見於劉熙載《藝概·文概》卷一,頁10上。
27 引自李曰剛著《文心雕龍斠詮·才略》下編,頁2182。
28 《文心雕龍·檄移》云:「故檄移為用,事兼文武;其在金革,則逆黨用檄,順命資移;所以洗濯民心,堅明符契。」〈定勢〉篇亦云:「符檄書移,則楷式於明斷」,故知符檄兩體有共同的寫作要求為明確果斷。
29 同5,頁601。

幸哉！免袁黨之戮也。

論列陳琳〈檄豫州文〉為歷代檄文的代表作之一。據《昭明文選》卷四十四載本文引《魏氏春秋》云：「袁紹伐許，乃檄州郡」，及《魏志》曰：「琳避難冀州，袁本初使典文章，作此檄以告劉備，言曹公失德，不堪依附，宜歸本初也」[30]，知乃陳琳為據冀州之袁紹，作檄文給當時為左將軍，領豫州刺史之劉備，籲其共同出兵擊曹而作[31]。觀其檄文所以被劉勰評為「壯有骨鯁」者，實具備兩大特色：

（一）騁辭張勢

命意方面：本檄文有五個重點，一言大臣誅夷逆暴，立非常之功，史有前例，為袁紹出師有名立基；二討曹操出身不正，肆行妄為，殺害忠良，而袁紹有恩於曹操；三責曹操挾主專權，發丘摸金，為政苛酷，帝民怨嗟。四美袁軍軍力強盛，曹營以烏合之眾，聯軍出兵，必土崩瓦解。五約幽并青冀四州並進，舉師擊曹，以匡社稷，立非常之功。如云：

> 左將軍領豫州刺史、郡國相守：蓋聞明主圖危以制變，忠臣慮難以立權。是以有非常之人，然後有非常之事；有非常之事，然後立非常之功。夫非常者，故非常人所擬也。……書到，荊州便勒見兵，與建忠將軍協同聲勢；州郡各整戎馬，羅落境界，舉師揚威，並匡社稷，則非常之功，於是乎著。

全文以「立非常之功」始筆，以「著非常之功」收結，迴復環抱，

---

30 見於《文選》卷四十四載本文引《魏氏春秋》、《魏志》，頁1103。
31 陳琳〈檄豫州文〉，或以為標題有誤：據江建俊著《建安七子學述・陳琳學述》云：「沈家本曰：『《文選》此文檄首有左將軍領豫州刺史郡國相守云云，如為所告之人，則其時偏檄州郡，不應獨舉豫州；如為立言之人，則檄乃紹之辭，不應稱左將軍云云。』按《通鑑》作移檄州郡，是時備方奔紹，自以移檄州郡為是。那麼，《文選》左將軍豫州刺史郡國相守云云，乃以豫州刺史列於郡國相守之前，仍為通告各州之文字，同文分寄，後來存豫州一紙，後人見前有『左將軍領豫州刺史郡相守』等字樣，因題曰『檄豫州』，今《魏氏春秋》即作〈檄州郡〉，從《文選》此文篇末有州郡各整戎馬之語可證。」頁62，茲仍據齊梁人如劉勰、蕭統之說法，以〈檄豫州〉篇名為是。

首尾相應，故有一氣呵成之勢。用筆方面，〈檄豫州文〉揚袁抑曹，正反立論，使文有吞吐。如云：

> 幕府奉漢威靈，折衝宇宙，長戟百萬，胡騎千群，奮中黃、育、獲之士，騁良弓勁弩之勢，并州越太行，青州涉濟、漯，大軍汎黃河而角其前，荊州下宛、葉而掎其後，雷霆虎步，並集虜庭，若舉災火以焫飛蓬，覆滄海以沃熛炭，有何不滅者哉！又操軍吏士，其可戰者皆出自幽冀，或故營部曲，咸怨曠思歸，流涕北顧。其餘兗、豫之民，及呂布、張揚之遺眾，覆亡迫脅，權時苟從，各被創夷，人為讎敵。若迴師方徂，登高岡而擊鼓吹，揚素揮以啟降路，必土崩瓦解，不俟血刃。

篇中形容袁強曹弱，我勝敵敗，頗能體現《文心雕龍‧檄移》篇所說：「凡檄之大體，或述此休明，或敘彼苛虐，指天時，審人事，算彊弱，角權勢，標著龜於前驗，懸鞶鑑於已然；雖本國信，實參兵詐，譎詭以馳旨，煒曄以騰說」，符合檄文之寫作要領，雖辭氣慷慨，使聞其言者，無不激揚，然亦不免語多誇飾，情侈意奢。鍊句方面，本文多用典故成辭，對偶排比，及層遞推衍以成文，如云：

> 蓋聞明主圖危以制變，忠臣慮難以立權。是以有非常之人，然後有非常之事；有非常之事，然後立非常之功。夫非常者，故非常人所擬也。曩者彊秦弱主，趙高執柄，專制朝權，威福由己。時人迫脅，莫敢正言，終有望夷之敗。祖宗焚滅，汙辱至今，永為世鑒。及臻呂后季年，產祿專政，內兼二軍，外統梁趙，擅斷萬機，決事省禁，下凌上替，海內寒心。於是絳侯、朱虛興兵奮怒，誅夷逆暴，尊立太宗，故能王道興隆，光明顯融，此則大臣立權之明表也。

首即引述司馬相如〈難蜀父老〉文，說明「是以有非常之人，……然後立非常之功」，又舉趙高弄權，秦二世於望夷宮見誅、呂后專

政，周勃、劉章興兵討逆之史事，陳琳不惜文墨，再三援例，引古喻今，以申大義，意在使師出有名，增強說服力；而起筆即兩兩相對，句式整齊，多用排比，並以「是以有非常之人，……故非常人所擬也」，層遞說理，詞若江河，滾滾而下，皆使其散文駢儷化，具有騁辭張勢的行文效果。劉師培《中古文學史‧論漢魏之際文學變遷》附錄云：「魏文與漢不同者，蓋有四焉，書檄之文，騁詞以張勢，一也」，陳琳之〈檄豫州文〉，洵為代表。同書〈魏晉文學之變遷〉又云：「嵇康、阮籍之文，文章壯麗，摠采騁辭，雖闡發道家之緒，實與縱橫家言為近者也。此派之文，盛於竹林諸賢，溯其遠源，則阮瑀、陳琳已開其始」[32]，足見陳琳之檄文騁辭麗采，頗慕縱橫騁辭之風，已體現建安散文由簡樸趨於繁富之風貌，並下開嵇阮一派，影響後世深遠。

（二）暴惡聲罪

陳琳於〈檄豫州文〉首先攻訐曹操先世之惡行：

> 司空曹操祖父，（故）中常侍騰，與左悺、徐璜並作妖孽，饕餮放橫，傷化虐民。父嵩，乞匃攜養，因贓假位，輿金輦璧，輸貨權門，竊盜鼎司，傾覆重器。操贅閹遺醜，本無懿德，儡狡鋒俠，好亂樂禍。

謂曹操之父曹嵩為宦官曹騰之養子，並歷敘其先祖之醜行劣跡十餘事，雖《一切經音義》卷四十九「符檄」條下云：「檄書者，所以罪責當伐者也。又陳彼之惡，說此之德，曉慰百姓之書也」[33]，然揭發曹操出身之隱私，未免為德不厚，此劉勰〈檄移〉篇所以評為：「雖奸閹攜養，章實太甚」的緣故。陳琳次復指摘曹軍殘虐掠奪之

---

32 上述劉師培《中古文學史‧論漢魏之際文學變遷》附錄，見於頁 37；此引《中古文學史‧魏晉文學之變遷》，見於頁 39。
33 見於《一切經音義》卷四十九（台北：大通書局，1970 年），頁 1059。

暴行：

> 又梁孝王，先帝母昆，墳陵尊顯，桑梓松柏，猶宜肅恭，而操
> 帥將吏士，親臨發掘，破棺裸尸，掠奪金寶，至今聖朝流涕，
> 士民傷懷。操又特置發丘中郎將、摸金校尉，所過隳突，無骸
> 不露。

責曹軍挖掘梁孝王先帝母昆之陵墓，掠奪財物，且設置發丘中郎將、摸金校尉，舉止震世駭俗；惟陳琳此一指控，劉勰認為「誣過其虐」，謂有誣衊不實之情形。然據《文選》載〈為袁紹檄豫州〉注引《曹瞞傳》曰：「曹操破梁孝王棺，收金寶。天子聞之哀泣」[34]，及清人李兆洛《駢體文鈔》卷十七此篇下譚獻之批語云：「罪狀皆實跡，故操見而駭」[35]，則陳琳所指曹軍盜墓掘金之事未必為誣。至於劉勰心有所感云：「抗辭書釁，皦然暴露。敢矣！攖曹公之鋒；幸哉！免袁黨之戮也」[36]，卻誠哉斯言！陳琳坦直無畏，歷數曹操罪惡，敢攖曹操鋒芒，張溥曾評說「後世即有善罵者，俱不及也」[37]，足見陳琳之大膽耿直！後來歸曹，曹操以嘉其才而不咎者，誠屬徼幸！

　　陳琳〈檄豫州文〉不僅因為具備上述二項特色，被劉勰評為「壯有骨鯁」，呈顯檄文「植義颺辭，務在剛健；插羽以示迅，不可使辭緩；露板以宣眾，不可使義隱；必事昭而理辨，氣盛而辭斷」的文體特色，又被劉勰將其與陳琳〈移檄告郡國文〉、鍾會〈檄蜀將吏士民文〉、桓溫〈檄胡文〉，並列為四大檄文代表作品，四篇佳作所體現之宣己德威，懾敵心魄的聲勢，洵無愧於劉勰「壯筆」之美譽。

---

34 見於《文選》卷四十四〈為袁紹檄豫州〉注引《曹瞞傳》，頁1106。
35 見於李兆洛《駢體文鈔》（收於《四部備要》集部）卷十七，頁1下。
36 日人鈴木虎雄《校勘記》云：「案矣敢當作敢矣，與下句幸哉相對。」紀昀校「指」當作「攖」。據改是文。
37 張溥《漢魏六朝百三家集題辭·陳記室集》云：「後世即有善罵者，俱不及也」，頁77。

二、章表有譽當時

《文心雕龍·章表》篇云：「琳、瑀章表，有譽當時；孔璋稱健，則其標也」，其說本自曹丕《典論·論文》：「琳、瑀之章表書記，今之雋也」，及〈又與吳質書〉：「孔璋章表殊健，微為繁富」，指陳琳章表書記，早已著名當時，行文遒健有力，惟略嫌繁富，為其缺點。雖陳琳章表今已不存，無法確知其所以然，惟據《文體明辨》所言：章，用以謝恩；表，用以陳請，皆為臣下對君之上書[38]；其作法，《文心雕龍·章表》篇有云：「章以造闕，風矩應明，表以致策，骨采宜耀」，「章式炳賁，志在典謨；使要而非略，明而不淺。表體多包，情位屢遷，必雅義以扇其風，清文以馳其麗。然懇惻者辭為心使，浮侈者情為文屈，必使繁約得正，華實相勝，脣吻不滯，則中律矣」，故章表文辭，貴在文情相生，立言得體，不在駢羅事實，切忌繁冗浮侈，造語靡麗，是以劉勰稱引曹操「為表不必三讓」、「勿得浮華」的說法，認為魏初章表，以質實為主，頗能得章表「尚簡」之旨要，惜乎文采不足；而如孔融〈薦禰衡表〉，表彰禰衡之性情貞亮，為國舉才，且遒文壯采，氣揚采飛，被劉勰譽為「表之英也」；曹植諸表，陳請用世之忱，文情並茂，故被譽為「獨冠群才」。陳琳之章表雖今無法得知其內容，然以其遒文壯節，筆力雄健，幾與孔融比肩[39]，故亦備受時人讚賞；唯因行文不夠簡要，而被曹丕評為「微為繁富」。比對而觀，顯然曹丕與劉勰對章表作品之評騭，有共通之標準：內容上，「言必貞明，義必弘

---

38 引自《文體明辨序說》（台北：長安出版社，1978年），頁121。

39 劉熙載《藝概·文概》卷一云：「遒文壯節，於漢季得兩人焉，孔文舉、臧子源是也。曹子建、陳孔璋文為建安之傑，然尚非其倫比。」頁10上。倪志儻著《中國散文演進史·三國時代的散文》(台北：長白出版社，1985年)云：「陳琳、阮瑀，文帝稱其為書記表章之雋，展其翩翩之才，而琳尤健爽。七子之散文，孔融可以比肩王粲，而陳琳次之；其餘則難以伯仲矣」，頁152。

偉」；文辭上，「君子秉文，辭令有斐」，陳琳章表即因符合此一標準，卓然出塵，成爲一代雋傑。

　　劉勰曾於〈書記〉篇列舉阮瑀書信「號稱翩翩」，孔融屬章「半簡必錄」，但對陳琳書體之作隻字未提，與曹丕《典論·論文》稱「琳、瑀章表書記，今之雋也」有所不同。按陳琳之書牘如〈爲袁紹上漢帝書〉、〈與公孫瓚書〉，被張溥收錄於《漢魏六朝百三家集題辭·陳記室集》中，嚴可均則編入《全後漢文·袁紹文》，俞紹初謂此二篇容或出於琳手，但無實證[40]。確知爲陳琳所作者則有〈諫何進召外兵〉、〈答東阿王箋〉、〈更公孫瓚與子書〉、〈答張紘書〉、〈爲曹洪與魏文帝書〉等篇。除〈答張紘書〉爲私函外，其餘幾乎全以文人侍從的身分而寫，勘能表達《文心雕龍·書記》篇所云：「詳總書體，本在盡言，所以散鬱陶，託風采，故宜條暢以任氣，優柔以懌懷。文明從容，亦心聲之獻酬也」，以抒發一己情志爲目的之作用；而陳琳代人立言的作品，以〈爲曹洪與魏文帝書〉爲力作，據李善注引曹丕《陳琳集·序》曰：「上平定漢中，族父都護還書與余，盛稱彼方土地形勢。觀其辭，知陳琳所敍爲也」[41]，是知本文乃建安二十年（西元215年），曹洪以都護將軍隨曹操西征漢中張魯獲勝，陳琳代曹洪致書曹丕所寫[42]。此次西征，曹丕留守鄴城，而自〈爲曹洪與魏文帝書〉所言：「十一月五日，洪白：前初破賊，情參意奢，說事頗過其實。得九月二十日書，讀之喜笑，把玩無厭」，可以得知本文爲曹洪致書曹丕，曹丕覆信之後，曹洪再予回應之辭：

　　　　漢中地形，實有險固，四嶽、三塗皆不及也。彼有精甲數萬，

40　語出於俞紹初輯校《建安七子集·陳琳集附》，頁77。
41　見於《文選》卷四十一〈爲曹洪與魏文帝書〉，頁1050。
42　曹丕時爲五官中郎將，尚未立爲太子，追論稱帝，〈爲曹洪與魏文帝書〉一題應爲後人所擬。

臨高守要，一人揮戟，萬夫不得進，而我軍過之，若駭鯨之決
細網，奔兕之觸魯縞，未足以喻其易。雖云王者之師，有征無
戰，不義而強，古人常有。故唐虞之世，蠻夷猾夏，周宣之盛，
亦讎大邦，詩書歎載，言其難也。斯皆憑阻恃遠，故使其然。
是以察茲地勢，謂為中才處之，殆難倉卒。來命陳彼妖惑之罪，
敘王師曠蕩之德，豈不信然！是夏殷所以喪，苗扈所以斃，我
之所以克，彼之所以敗也。不然，商周何以不敵哉？昔鬼方聾
昧，崇虎讒凶，殷辛暴虐，三者皆下科也。然高宗有三年之征，
文王有退修之軍，盟津有再駕之役，然後殪戎勝殷，有此武功。
焉有星流景集，飆奮霆擊，長驅山河，朝至暮捷，若今者也？
由此觀之，彼固不逮下愚，則中才之守，不然明矣。在中才則
謂不然，而來示乃以為彼之惡稔，雖有孫、田、墨、翟，猶無
所救，竊又疑焉。何者？古之用兵，敵國雖亂，尚有賢人，則
不伐也。是故三仁未去，武王還師，宮奇在虞，晉不加戎，季
梁猶在，強楚挫謀。暨至眾賢奔絀，三國為墟。明其無道有人，
猶可救也。且夫墨子之守，縈帶為垣，高不可登；折箸為械，
堅不可入。若乃距陽平，據石門，擄八陣之列，騁奔牛之權，
焉肯土崩魚爛哉！設令守無巧拙，皆可攀附，則公輸已陵宋
城，樂毅已拔即墨矣。墨翟之術何稱？田單之智何貴？老夫不
敏，未之前聞。

據《昭明文選》李善注引曹丕來函，殘文重點之一在於：「今魯包
凶邪之心，肆蠱惑之政，天兵神拊，師徒無暴，樵牧不臨」，而陳
琳附和其說，乃覆信曰：「來命陳彼妖蠱之罪，敘王師曠蕩之德，
豈不信然！是夏殷所以喪，苗扈所以斃，我之所以克，彼之所以敗
也」，讚同曹操之軍乃王者之師，德化所被，未擾樵牧，是以能克
凶逆張魯；惟其文又不忘頌讚曹軍之武功：「漢中地形，實有險固，

四嶽三塗，皆不及也。彼有精甲數萬，臨高守要，一人揮戟，萬夫不得進。而我軍過之，若駭鯨之決細網，奔兕之觸魯縞，未足以喻其易。……是以察茲地勢，謂爲中才處之，殆難倉卒」，以偉細強柔之對比：「駭鯨之決細網，奔兕之觸魯縞」，突顯漢中地勢雖然險絕，而曹軍之勇武非同凡響；陳琳又歷數史實典故：「高宗有三年之征，文王有退脩之軍，盟津有再駕之役，然後殪戎勝殷，有此武功。焉有星流景集，飈奪霆擊，長驅山河，朝至暮捷，若今者也」，說明曹軍獲勝不易，繼以三個誇飾、排比句，形容曹軍之武功超軼高宗、武王、文王之成就。可見其立言既呼應世子之說法，歌頌王師之仁德浩蕩；復表彰曹軍之武功卓越，可謂有守有進，立論完備，且出言有據，文采斑爛，氣勢壯盛，令人歎服。

　　曹丕答曹洪來函的另一重點，爲「今魯罪兼苗、桀，惡稔厲、莽，縱使宋翟妙機械之巧，田單聘奔牛之誑，孫、吳勒八陣之變，猶無益也」，按曹丕之來函應寫於曹軍久攻張魯不下之時，故其對曹軍之戰術能力有疑，而陳琳乃爲之釋疑云：「而來示乃以爲彼之惡稔，雖有孫、田、墨、翟猶無所救，竊又疑焉」。他先採取守勢，說明三月西征，七月始破陽平關之原因在於：「古之用兵，敵國雖亂，尚有賢人，則不伐。是故三仁未去，武王還師；宮奇在虞，晉不加戎；季梁猶在，強楚挫謀，暨至眾賢奔絀，三國爲墟。明其無道有人，猶可救也」，孔璋三舉古史爲訓，以明國有賢人，未可言伐，藉此說明曹軍久攻城不下之緣故，使曹洪立於不敗之地；進而辯析墨子守城拒公輸般、田單火牛破燕，乃「設令守無巧拙，皆可攀附，則公輸已陵宋城，樂毅已拔即墨矣」，藉以暗喻曹軍攻守有術，曹丕之慮，爲杞人之憂。由此可見，陳琳書記應答不卑不亢，且旁徵博引，筆勢勁健，應即曹丕評爲「章表書記，今之雋也」的主要原因。

　　末段，陳琳迭用對偶儷語，比喻排句，以證曹洪之文辭，乃力學而來，非倩於人手，如云：「蓋聞過高唐者，效王豹之謳；遊睢渙者，學藻繢之綵」，「夫綠驥垂耳於林埛，鴻雀戢翼於汙池，褻之者固以為園圃之凡鳥，外廄之下乘也。及整蘭筋，揮勁翮，陵厲清浮，顧盼千里，豈可謂其借翰於晨風，假足於六駿哉！」雖然行文雅麗，並表現書信「優柔懌懷，文明從容」，委婉致辭之特質，惜乎陳琳所言與事實不符，此信確非曹洪所作。按書信之體，為「心聲之獻酬」，立言未以誠信為本，實與書信強調真情實感的本質有所扞格，故劉勰〈書記〉篇「選文以定篇」時，並未提及陳琳，非無故也！

三、引說評陳琳辭賦

　　《文心雕龍・知音》篇云：「陳思論才，亦深排孔璋，……故魏文稱：『文人相輕』，非虛談也」，所引述曹植之評論，語出自曹植〈與楊德祖書〉：「以孔璋之才，不閑於辭賦，而多自謂能與司馬長卿同風，譬畫虎不成，反類狗也」，意指曹植品評陳琳不善辭賦，有崇己抑人之病，乃所謂文人相輕。劉勰此說，非持平之論。稽考陳琳辭賦，今可知者共十四篇，有寫歲時地理的〈大暑賦〉、〈大荒賦〉，征戰狩獵的〈武軍賦〉、〈神武賦〉、〈武獵賦〉[43]，神女閑邪的〈神女賦〉、〈止欲賦〉，草區禽族的〈迷迭賦〉、〈柳賦〉、〈鸚鵡賦〉、〈悼龜賦〉，庶品雜類的〈瑪瑙勒賦〉、〈車渠椀賦〉，及列於雜賦為對問體式之〈應譏〉[44]。其中十首為與曹氏兄弟、建安文士同題奉和，騁辭競采之作；六首為詠物賦，居陳琳賦作之半。工於對仗，音韻和諧，善於用典，篇幅短小，而個性、

---

43 同 21，今陳琳〈武獵〉僅存目。
44 費振剛、胡雙寶、宗明華輯校之《全漢賦》（北京：北京大學出版社，1993 年），收入陳琳〈應譏〉一文。

真情不足爲陳琳辭賦共同之特色。曾爲文家所稱賞者，有〈武軍賦〉，見於《三國志‧吳書‧張紘傳》注引《吳書》云：「紘見陳琳作〈武庫（軍）賦〉、〈應譏論〉，與琳書深歎美之。」[45]張溥《漢魏六朝百三家集題辭》亦云：「〈武軍〉之賦，久乃見許於葛稚川，今亦不全，他賦絕無空群之目」[46]，惜乎〈武軍賦〉今僅存殘文，賦云：

> 赫赫哉！烈烈矣！于此武軍。當天符之佐運，承斗剛而曜震。漢季世之不辟，青龍紀乎大荒，熊狼競以挈攫，神寶播乎鎬京。於是武臣赫然，颺炎天之隆怒，叫諸夏而號八荒。爾乃擬北落而樹表，晞壘壁以結營。百校羅峙，千部列陳。彌方城，掩平原，耿目耶眇，不同乎一邊。於是啟明戒旦，長庚告昏，火烈具舉，鼓角並震。千徒從唱，億夫求和，聲訇隱而動山，光赫奕以燭夜。其劍也則楚金越冶，棠谿名工，清堅皓鍔，修刺銳鋒。陸陷玄犀，水截輕鴻。鎧則東胡、闕鞏，百煉精剛。函師振椎，韋人制縫。玄羽縹甲，灼爚流光。弩則幽都筋角，恆山礜幹。通肌暢骨，崇緼曲煙。大黃沈紫，朱繡別緣。客機庭臂，直矢輕弦。當鋒摧決，貫遏洞堅。其弓則烏號、越棘，繁弱角端，象弭繡質，晰弸文身。矢則申息、肅慎，箘簬空流。焦銅毒鐵，鞻鏃鳴鏑，麗轂撻軔。馬則飛雲、絕景，直鬣駬驪。走駿驚颷，步象雲浮。斂鞚則止，受銜斯遊。

據《資治通鑑‧建安三年紀》卷六十二云：「袁紹連年攻公孫瓚，不能克，以書論之，欲相與釋憾連和」[47]，知本文乃建安三年，陳琳爲袁紹興兵討公孫瓚而作，旨在鋪寫袁紹之軍容壯盛，劍鎧弓弩之鋒銳，及車騎兵馬之精良。由於作者多用誇飾、對偶、排比、典故，

---

45 見於《三國志‧吳書》卷五十三〈張紘傳〉注引韋昭《吳書》，頁 1246。
46 見於張溥《漢魏六朝百三家集題辭‧陳記室集》，頁 75。
47 見於《資治通鑑》卷六十二〈建安三年紀〉，頁 32

依次鋪陳，使場面壯觀，聲勢浩大，爲兩漢大賦之遺響。而二、三、四句一韻，音節錯落，聲調鏗鏘，誠爲意氣剛勁之壯筆，故能享有盛名；然若較諸王粲之〈初征賦〉、徐幹之〈西征賦〉、〈序征賦〉，同爲征戰題材之作，陳琳〈武軍賦〉則顯然客觀述寫，壯盛有餘，而主觀的情志表現不足。徵驗於摯虞《文章流別論》論賦體創作：「假象過大，則與類相遠；逸辭過壯，則與事相違；辯言過理，則與義相失；麗靡過美，則與情相悖」[48]，則辭賦雖主敷采，不避麗言，然抒情寫志，符采相勝，亦不可或缺。另有陸雲〈與兄平原書〉云：「陳琳〈大荒〉甚極，自雲作必過之」[49]，是知〈大荒賦〉描寫窮盡八荒，爲一篇大賦，在魏晉間傳誦於世，而用韻奇古，尤爲難知[50]。至於建安十八年，曹丕從武帝出獵，陳琳奉命與王粲、應瑒、劉楨並作之〈武獵賦〉，據《古文苑》卷七章樵注引摯虞《文章流別論》云：「凡此各有所長，粲其最也」[51]，是知建安諸子同題奉作中，仍以王粲辭賦評價最高。所謂人各有長，陳琳並不以辭賦著稱，張溥所云：「孔璋賦詩，非時所推」[52]，誠然可信！故曹植評論孔璋不擅長辭賦，自比爲司馬長卿，缺乏自知之明，並非妄言；劉勰舉曹植「崇己抑人」之事例，爲文學批評者昭炯戒，亦未必爲是。

四、取資事類　得失互見

陳琳不僅深諳字學，用韻奇古，其作品亦摻用俗語、諺語、成辭，以爲文助。《文心雕龍・書記》篇曾云：

48 見於摯虞《文章流別論》（收於《叢書集成續編》，台北：新文豐出版，1989 年，冊一八二），頁 807。
49 收錄於嚴可均校輯《全上古三代秦漢三國六朝文・全晉文》卷一〇二，頁 2041。
50 宋人吳棫《韻補書目》「陳琳」條下（收於《四庫全書》冊二三七，頁 59）曰：「（陳琳）在建安諸子中字學最深。〈大荒賦〉幾三千言，用韻極奇古，尤爲難知」。由是可知〈大荒賦〉今所存者，十不及二。
51 同 21。
52 同 46。

至於陳琳諫辭，稱「掩目捕雀」，潘岳哀辭，稱「掌珠伉儷」，

並引俗說而為文辭者也。夫文辭鄙俚，莫過於諺，而聖賢詩書，

採以為談，況踰於此，豈可忽哉！

「掩目捕雀」一辭，見於陳琳〈諫何進召外兵〉，云：「易稱：『即鹿無虞』，諺有『掩目捕雀』。夫微物尙不可欺以得志，況國之大事，其可以詐立乎？」藉以曉諭何進行事不可自欺欺人。雖採自鄙俚的諺語，卻有助於文義之生動明白，故劉勰說「聖賢詩書，採以為談，況踰於此，豈可忽哉！」頗為肯定諺語在文學上的應用與價值；換言之，亦肯定陳琳不辭俗說，用語新鮮的作法。《文心雕龍·事類》篇又云：

夫以子建明練，士衡沈密，而不免於謬；曹洪之謬高唐，又曷足以嘲哉！

其中所謂「曹洪之謬高唐」，指陳琳為曹洪所作〈與文帝書〉，書云：「蓋聞過高唐者效王豹之謳」，據李善注引《孟子》淳于髡曰：「昔王豹處淇，而西河善謳；綿駒處高唐，而齊女善歌」，知陳琳之文誤作「王豹」，應改為「效綿駒之歌」，顯為陳琳以博學多才，引古證今，卻不察而誤用典故使然。惟劉勰認為曹、陸用事尙且有誤，則陳琳誤用舊典，並不足嘲；雖然如此，陳琳文墨有用事之瑕，亦隨《文心》傳後，成為百世之玷矣！

陳琳各體作品，除章表、書檄、辭賦以外，今尙存詩歌四首（含五言三首、雜言一首）。張溥《漢魏六朝百三家集題辭·陳記室集》嘗云：「孔璋賦詩，非時所推，……詩則〈飲馬〉、〈遊覽〉諸篇，稍見寄託，然在建安諸子中篇最寥寂」，所言若比對於《文心雕龍》、《詩品》，亦頗適切，如〈明詩〉篇歷數曹丕、曹植、王、徐、應、劉之五言詩，而對孔璋之詩隻字未提，《詩品》亦未提及孔璋。其實陳琳詩作雖少，卻能表現建安詩風之典型，如〈遊覽〉詩：

> 高會時不娛，羈客難為心。慇懷從中發，悲感激清音。投觴罷
> 歡坐，逍遙步長林。蕭蕭山谷風，黯黯天路陰。惆悵忘旋反，
> 歔欷涕霑襟。

> 節運時氣舒，秋風涼且清。……騁哉日月逝，年命將西傾。建
> 功不及時，鐘鼎何所銘？收念還房寢，慷慨詠墳經。庶幾及君
> 在，立德垂功名。

內容表現對際遇、時命之感慨，與極欲立功之志趣，對應於孔融〈雜
詩〉之一、王粲〈雜詩〉之五、徐幹〈室思〉之四等作品，頗富有
建安詩歌「慷慨以任氣，磊落以使才」的爽朗豪氣，及感傷世積亂
離，歲月倏忽，而良志不遂的悲況，文辭則「造懷使事，不求纖密
之巧，驅辭逐貌，唯取昭晰之能」，不尚雕琢，文辭明晰，洵為建
安詩歌的典型，惜陳琳以五言詩歌數量過少[53]，代表性不足，未受
劉勰青睞。至於〈飲馬長城窟行〉，詩云：

> 飲馬長城窟，水寒傷馬骨。往謂長城吏：「慎莫稽留太原卒！」
> 「官作自有程，舉築諧汝聲！」「男兒寧當格鬥死，何能怫鬱
> 築長城？」長城何連連，連連三千里。邊城多健少，內舍多寡
> 婦。作書與內舍：「便嫁莫留住。善事新姑章，時時念我故夫
> 子。」報書往邊地：「君今出語一何鄙！」「身在禍難中，何
> 為稽留他家子？生男慎莫舉，生女哺用脯。君獨不見長城下，
> 死人骸骨相撐拄。」「結髮行事君，慊慊心意關。明知邊地苦，
> 賤妾何能久自全。」

本詩為樂府古題，屬相和歌辭之瑟調曲，又稱「飲馬行」，據《樂

---

53 建安五言詩蔚為大盛，據逯欽立輯校《先秦漢魏晉南北朝詩》統計：曹操詩二十三
首，五言有七首；曹丕詩四十七首，五言有二十四首；曹植詩一二三首，五言有七
十六首；據俞紹初輯校《建安七子集》孔融詩七首，五言有三首；王粲詩二十六首，
五言有十七首；徐幹詩九首，全是五言；劉楨詩十四首，全是五言；阮瑀詩十二首，
全是五言；應瑒詩七首，五言有六首；陳琳詩四首，五言有三首，二首皆存殘詩。

府解題》所言:「古詞,傷良人遊蕩不歸,或云蔡邕之辭。若魏陳琳辭云:『飲馬長城窟,水寒傷馬骨』,則言秦人苦長城之役也」[54],是知徐陵《玉臺新詠》題為蔡邕所作之古辭:「青青河畔草,綿綿思遠道」,係描寫閨婦思夫之辭;而借古題詠歎,以首句揭題,內容切合詩題,直接描敘長城勞役之苦者,則始於陳琳;其通篇五七雜言,採官吏督責,夫婦書問的對話形式,以第一人稱的行為與語言展開情節,表現主題,言淺語真,格律自由,並化用民歌「生男慎勿舉,生女哺用脯。不見長城下,尸骸相支拄」於其中,陳琳〈飲馬長城窟行〉實繼承漢民間樂府「感於哀樂,緣事而發」之精神,而貴能敘事、抒情並重。陳去病《詩學綱要》因有「洵〈羽林〉、〈羅敷〉之流業也」之譽,宋長白《柳亭詩話》卷十四亦云:「以長短句行之,遂為鮑照先鞭,思王所謂鷹揚於河朔者,良不誣也」[55],足證陳琳〈飲馬長城窟行〉承上啟下,不但在漢古辭中,推為上乘,自魏而降,亦尟嗣音[56],在樂府詩歌史上有其意義與價值。惟《文心雕龍·樂府》篇僅以三祖之作,概括有魏其餘之樂府:

> 魏之三祖,氣爽才麗,宰割辭調,音靡節平。觀其〈北上〉眾引,〈秋風〉列篇,或述酣宴,或傷羈戍,志不出於慆蕩,辭不離於哀思,雖三調之正聲,實韶夏之鄭曲也。

按曹操〈苦寒行〉有「北上太山行」之句,通篇寫征人之苦;而曹丕〈燕歌行〉有「秋風蕭瑟天氣涼」之語,則託辭於思婦,皆非中和雅正之音,故被劉勰詆為「鄭曲」,舉一反三,則陳琳〈飲馬長城窟行〉不受重視,亦可知矣!由是可見劉勰受限於儒家「宗經」

---

54 引自《樂府詩集》(台北:里仁書局,1980 年)卷三十八相和歌辭瑟調曲〈飲馬長城窟行〉下說明,頁 55。
55 見於宋長白《柳亭詩話》(上海:上海雜誌公司,1935 年)卷十四,頁 311。
56 引自張玉穀《古詩賞析》卷九,收錄於《曹操曹丕曹植資料彙編·附錄二建安七子·陳琳》,頁 306。

思想,以「八音攡文,樹辭爲體」爲樂府評騭之標準,視征人、思
婦之詩爲淫辭,音調爲蕩曲,即使被評爲「絕唱」[57]的陳琳樂府,亦
未予以論列!

第四節　結　語

　　《文心雕龍》提及與陳琳相關的評論,共有八則,表現以下數項
特質:

一、品人論文　言有準據

　　以劉勰對陳琳個性、行事的評論,所謂「孔璋愡恫以麤疏」而言,
並未能掌握陳琳的政治參與期望,及其歸曹前後的心理變化,惟如
〈程器〉篇所說:

　　　瞻彼前修,有懿文德,聲昭楚南,采動梁北。雕而不器,貞幹
　　　誰則。豈無華身,亦有光國。

文德合一,既爲劉勰對作家立身行文之要求,不符此一標準,氣節
未堅,言行不一如陳琳,只有抱憾立於「文人無行」之林。此外,
劉勰知人論文,亦多參循前賢意見爲準,如云「孔璋歸命於河北」,
語出曹植〈與楊德祖書〉;謂「陳琳章表,有譽當時」,亦引自曹
丕的文論,可見劉勰評論作家頗能參覈眾論,使立言有本,易見取
信;惟其又自出新意,不苟異同,如曹丕稱賞陳琳的書信,而劉勰
隻字未提;曹植論陳琳不閑於辭賦,而劉勰謂其崇己抑人;至於陳
琳〈飲馬長城窟行〉,以敘寫征人思婦之情,未入選爲「樂府」的
佳作,顯見劉勰選文定篇固然有其評騭的標準,然偶亦有魚目混珠,
或受儒家思想局限的情形。

---

57 張玉穀《古詩賞析·論古詩四十首之十三》卷首云:「〈飲馬長城〉絕唱雙,陳琳
　　寧肯蔡邕降?後除煬帝稱餘勁,都算洪鐘莛亂撞。」同 56,頁 305。

二、全面評論　顯優辨劣

　　劉勰對於陳琳的評論，知人部分關涉其人品、際遇、經歷、行事風格各方面，論世部分則探索其與曹氏父子、建安文學的關係，規範文體則標舉其文學上的特殊表現；評論創作則肯定陳琳不辭諂語，採以爲談；並指出爲曹洪書一文，有用事失實之誤。可見劉勰係以全面開闊的視野，務求持平立論的態度，優劣並舉，及以文學評論而非學術的角度，來評論陳琳。

三、觀照與時代文學的共通表現

　　陳琳身爲文人侍從，其創作以曹氏父子爲軸心，不僅題材以隨軍出征、鄴下從遊爲主，多爲公牘官書，應酬唱和之作，他的作品亦因而增多，爲曹魏散文由質趨於文的表徵，陳琳可謂是〈時序〉篇所言「魏武以相王之尊，雅愛詩章；文帝以副君之重，妙善辭賦；陳思以公子之豪，下筆琳瑯，並體貌英逸，故俊才雲蒸」的典型文家。其作品除了反映曹氏兄弟與建安文士情誼篤善，而尊卑主從分明的關係；大量同題奉作的表現，及與曹植的切磋論文，也顯示當時作家對作品文學性的重視。陳琳實可做爲建安文學盛世的代言人，由其創作歷程及作品，吾人足以明瞭當時作家與時代、文會相互激盪、影響的情形。

　　陳琳的作品，以表現悲壯的風格爲主，也有寫神女閑邪，詠物助興的婉麗部分，然而此部分並未獲劉勰重視；吐露世積亂離，慷慨任氣，志深筆長的作品，被視爲建安文學的基調，畢竟它們才真正反映建安時代的特色，寫下建安作家的心聲。大抵而言，陳琳作品氣盛筆健，摠采騁辭，惜於二十九篇作品中，抒發一己真情實性者，僅有八篇，致使其作品在建安文會中，評價不高。可以說，文人侍從的身分雖增加陳琳的作品數量，卻也限制其創作品質。

　　《文心雕龍》〈明詩〉、〈時序〉曾兩度提及「憐風月，狎池苑，述恩榮，敘酣宴」的生活方式，對建安文士珥筆詠歌的影響；惟此等宴遊唱和之作，往往僅能用以說明建安文學繁盛的背景因素，及建安文學形式技巧上的成就。以四、五言詩被劉勰譽爲「兼善」之曹植、王粲爲例，曹植〈公讌〉詩云：

> 公子愛敬客，終宴不知疲。清夜游西園，飛蓋相追隨。明月澄清景，列宿正參差。秋蘭被長坂，朱華冒綠池。潛魚躍清波，好鳥鳴高枝。神飈接丹轂，輕輦隨風移。飄颻放志意，千秋長若斯。

其詩對仗工整，文辭清麗，足與清朗之景物相互輝映，而內容開放，與劉勰所謂「梗概而多氣」之建安文學特色不符。王粲〈公讌〉詩則寫道：

> 昊天降豐澤，百卉挺葳蕤。涼風撤蒸暑，清雲卻炎暉。高會君子堂，並坐蔭華榱。嘉肴充圓方，旨酒盈金罍。管絃發徽音，曲度清且悲。合坐同所樂，但愬杯行遲。常聞詩人語，不醉且無歸。今日不極歡，含情欲待誰？見眷良不翅，守分豈能違？古人有遺言，君子福所綏。願我賢主人，與天享巍巍。克符周公業，奕世不可追。

以歌功頌美宴會之主人作結，內容亦乏善可陳。惟陳琳〈遊覽〉詩敘酣宴、寫秋景之餘，並抒發內心的嗟歎與抱負，表現建安詩歌悲涼慷慨的一面，足以證明劉勰〈明詩〉篇所說：「並憐風月，狎池苑，述恩榮，敘酣宴，慷慨以任氣，磊落以使才」，非徒託空言，陳琳確有宴遊作品足以呈顯建安文學的時代風貌。

四、突顯個人文學成就

　　陳琳的作品除表現時代文學的風格，也展露其個人特色，《文心

雕龍‧才略》篇即肯定陳琳「以符檄擅聲」的文學成就，〈檄移〉篇並標美孔璋〈檄豫州文〉「壯有骨鯁」，為四大檄文代表名作之一。推原其故，陳琳受魏晉思潮縱橫論辯的風氣影響，其檄文首尾相應，一氣呵成，且多用麗詞偶句，排比故實，故能騁辭張勢，暴惡聲罪，使我強敵弱，懾人心魄，洵為千古壯筆。至於陳琳章表，今雖不傳，然據劉勰「選文以定篇」之標準看來，遒文壯采，文情並茂，應即陳琳章表有譽當時，以健麗著稱之主因。後人以陳琳為魏代散文悲壯派之代表，下開陸機、徐庾尚氣勢等文家[58]，大抵不脫《文心雕龍》評論範疇，可見劉勰品評的慧眼過人；而人各有長，陳琳以駢儷化散文著稱，其詩賦非時所推，益證劉勰「隨性適分，鮮能圓通」[59]之言不誣。

---

58 語出陳柱《中國散文史》第三章第三節，頁157。
59 引自《文心雕龍‧明詩》。

第十章 《文心雕龍》論應瑒

前 言

應瑒（西元？－217年），字德璉，河南汝南人，其在曹魏，爲志高情哀之侍從文人。雖長於文事，然各體文學並無特殊成就，劉勰對德璉的評論亦僅五則，分就應瑒的學識與文章的關係、作品與建安文會的互動、詩歌及文論的表現，有所褒貶抑揚。以下即就《文心雕龍》評論應瑒之利病得失，予以探究：

第一節 學優以得文

《文心雕龍·才略》篇論及作家才學與創作的關係時，曾舉應瑒爲例：

> 仲宣溢才，捷而能密，文多兼善，辭少瑕累，摘其詩賦，則七子之冠冕乎！琳瑀以符檄擅聲；徐幹以賦論標美；劉楨情高以會采；應瑒學優以得文。

標明建安七子之中，諸子皆以各體文學自成一家，惟德璉以學識淵雅見稱於劉勰。雖係根據曹丕〈與吳質書〉：「德璉常斐然有述作之意，其才學足以著書。美志不遂，良可痛惜」的說法，然脫胎轉化，劉勰更能精準地概括德璉以學術爲膏澤，擅於著文的優點。

按德璉之「學優」，實緣自其出身汝南世族，秉承家學，博學而多識。其祖應奉精思彊記，嘗作《感騷》三十篇，並刪《史記》、

《漢書》及《漢記》，著書《漢事》十七卷[1]，又據華嶠《漢書》所言：「瑒祖奉，字世叔，才敏善諷誦，故世稱『應世叔讀書，五行俱下』。著《後序》十餘篇。」[2]知應奉仿劉向《新序》之例，別爲《後序》十餘篇，乃知名之世儒。德璉之伯父應劭則刪定律令，寫成《漢儀》上奏，獻帝善之[3]。又綴集所聞，著《漢官禮儀故事》，訂立朝廷制度，百官典式。另著有《狀人紀》、《中漢輯序》、《風俗通》、《漢書集解》等[4]，爲博覽洽聞之學者。應瑒弟名璩，亦博學好屬文，與璩子應貞皆以文章顯名[5]。據《後漢書·應劭傳》云：

中興初，有應嫗者，生四子而寡，見神光照社，試探之，乃得黃金。自是諸子宦學，並有才名，至瑒，七世通顯。[6]

可見汝南應氏七世顯揚，以弘富的才學名世。如曹植〈與楊德祖書〉云：「昔仲宣獨步於漢南；孔璋鷹揚於河朔；偉長擅名於青土；公幹振藻於海隅；德璉發跡於大魏」，即說明應瑒亦早以才聞。其著〈讚德賦〉云：「抗六典之崇奧，辨九籍之至言」，推尊儒家典籍，奉爲思想根柢，言行規矩的觀點，溢於言表。是以應瑒寫詩作賦，善用比興，乃承諸《詩經》而來，〈慜驥賦〉、〈正情賦〉、〈別詩〉並化用《易經》、《左傳》、古詩等文辭爲句；論辨〈文質〉，則約取經籍，援古證今；尺牘佳作〈報龐惠恭書〉亦全引成辭，語出《詩經》、〈離騷〉、《論語》等，都足以顯示應瑒淵雅，博學多識，學養之功既至，操翰之際，自然靈妙。

---

1 語出《後漢書·應奉傳》卷四十八注引《袁山松書》，頁1608。
2 見於《三國志·魏書》卷二十一〈王粲傳〉注引，頁601。
3 語見《後漢書·應劭傳》卷四十八，頁1613。
4 同3，頁1614。
5 《三國志·魏書》卷二十一〈王粲傳〉附傳云：「瑒弟璩，璩子貞，咸以文章顯。」引《文章敘錄》亦云：「璩字休璉，博學好屬文，善爲書記。……貞字吉甫，少以才聞，能談論。」頁604。
6 同3，頁1615。

德璉以「得文」見稱，早見於曹丕、曹植之評論[7]，謂其長於文事。據《魏書・王粲傳》附傳云：「瑒、楨各被太祖辟，爲丞相掾屬。瑒轉爲平原侯庶子，後爲五官將文學」[8]，即說明應瑒以才學富美，長於翰墨而能歷事三主，任職文學官屬；王僧虔、孫筠〈與諸兒書論家世集〉亦謂「史傳稱安平崔氏，及汝南應氏，並累世有文才」[9]，則應瑒能文，已爲世所公認。應瑒之著述，依《三國志・魏書・王粲傳》載錄，著有「文賦數十篇」、《隋書・經籍志》著錄《應瑒集》一卷，注稱：「梁有五卷，錄一卷，亡」。今惟存詩賦、書牘、論說文二十七篇傳世[10]，篇數居建安七子第四，是知《文心雕龍・才略》篇評論應瑒「學優以得文」，係指應瑒爲鋪采摛文之作家，與曹丕謂德璉「常斐然有述作之意，其才學足以著書。美志不遂，良可痛惜」，非爲興論立說，結連篇章之鴻儒[11]，意義相通，可謂得論。

第二節　文思斐然

《文心雕龍・時序》篇曾述及曹氏父子篤好文章，招攬文士，天下才學煥乎俱集的情形，並概括當時社會治亂，對建安文學風貌的影響：

> 自獻帝播遷，文學蓬轉，建安之末，區宇方輯；魏武以相王之

---

7 曹丕《典論・論文》云：「今之文人，魯國孔融文舉……汝南應瑒德璉，……斯七子者，於學無所遺，於辭無所假，咸以自騁驥騄於千里，仰齊足而並馳。」曹植〈與楊德祖書〉：「今世作者可略而言也：……德璉發跡於大魏。」

8 見於《三國志・魏書》卷二十一〈王粲傳〉附傳，頁601。

9 引自《建安七子學述・應瑒學述》，頁162。

10 據俞紹初輯《建安七子集》統計，應瑒詩賦文章共二十七篇。〈失題文〉文殘題失，故不列。

11 據王充《論衡・超奇》（台北：台灣中華書局，1966年）云：「杼其義旨，損益其文句，而以上書奏記；或興論立說，結連篇章者，文人、鴻儒也。」又云：「采掇傳書以上書奏記者爲文人，能精思著文連結篇章者爲鴻儒」，卷十三，頁12上。

尊，雅愛詩章；文帝以副君之重，妙善辭賦；陳思以公子之豪，下筆琳瑯，並體貌英逸，故俊才雲蒸。……德璉綜其斐然之思，……傲岸觴豆之前[12]，雍容衽席之上，灑筆以成酣歌，和墨以藉談笑。觀其時文，雅好慷慨，良由世積亂離，風衰俗怨，並志深而筆長，故梗概而多氣也。

對於應瑒而言，曹操於建安十三年（西元 208 年）六月始任丞相，應瑒任丞相掾屬當於此時，曾預赤壁之役，從征劉表[13]；建安十六年（西元 211 年）正月曹丕封為五官中郎將、曹植封為平原侯，應瑒任平原侯庶子，後轉為五官將文學，當在此年之後。由於君王獎倡，文士悉集，同聲酬唱之際，應瑒作品紛出，公讌遊戲、同題奉和之作，高達十二首[14]，幾達作品總量二分之一。曹丕〈敘詩〉嘗云：「為太子時，北園及東閣講堂並賦詩，命王粲、劉楨、阮瑀、應瑒等同作」，謝靈運《擬魏太子鄴中集詩》八首〈應瑒詩〉亦云：「晚節值眾賢，會同庇天宇。列坐蔭華榱，金樽盈清醥。始奏延露曲，繼以闌夕語。調笑輒酬答，嘲謔無慚沮」[15]，皆言應瑒與曹氏兄弟、諸文士遊宴酬唱的情形，是知劉勰所謂「魏武以相王之尊，雅愛詩章；文帝以副君之重，妙善辭賦；陳思以公子之豪，下筆琳瑯，並體貌英逸，故俊才雲蒸。……德璉綜其斐然之思」，不但緊扣曹氏父子博好文采，有助文學興盛的實況；且言簡意賅，表述應瑒身

---

12 據王師更生選注《文心雕龍選讀》（台北：巨流圖書公司，1994 年）〈時序〉篇：「舊本有作『傲雅』、『俊雅』者，徐燉疑『雅』為『岸』字。按『雅』字蓋涉次行『雅好慷慨』句而誤。茲依楊明照《校注》徵〈序注〉『傲岸泉石』之文例改」，頁 385。

13 謝靈運《擬魏太子鄴中集詩》八首〈應瑒詩〉云：「天下昔未定，託身早得所。官度廁一卒，烏林預艱阻」，烏林在長江北岸，與赤壁相對，曹軍於此潰敗，知應瑒曾預其役，收於《文選》卷三十，頁 795。

14 應瑒遊宴、唱和之作，有〈公讌詩〉、〈侍五官中郎將建章臺集詩〉、〈鬥雞詩〉、〈愁霖賦〉、〈正情賦〉、〈西征賦〉、〈西狩賦〉、〈神女賦〉、〈車渠椀賦〉、〈迷迭賦〉、〈楊柳賦〉、〈鸚鵡賦〉十二篇。

15 同 13。

為曹氏父子僚屬，為其文采紛披之時期。

綜觀應瑒的作品，以兩種風格為主：

一、憂傷低迴

以詩歌而言，應瑒四言詩如〈報趙淑麗〉云：

> 朝雲不歸，久結成陰。離群猶宿，永思長吟。有鳥孤栖，哀鳴
> 北林。嗟我懷矣，感物傷心。

表達遊子孤寂飄蕩之哀傷，為應瑒詩作常見之主題；而因景興感，以物為喻，委婉寄情，則為應瑒作詩之特色。五言詩如〈別詩〉二首云：

> 朝雲浮四海，日暮歸故山。行役懷舊土，悲思不能言。悠悠涉
> 千里，未知何時旋。

> 浩浩長河水，九折東北流。晨夜赴滄海，海流亦何抽。遠適萬
> 里道，歸來未有由。臨河累太息，五內懷傷憂。

詩以寫景開端，以情語終結，充滿行役之憂思。即便是描寫歡宴場合的〈侍五官中郎將建章臺集詩〉云：

> 朝雁鳴雲中，音響一何哀。問子遊何鄉？戢翼正徘徊。言我塞
> 門來，將就衡陽棲。往春翔北土，今冬客南淮。遠行蒙霜雪，
> 毛羽日摧頹。常恐傷肌骨，身隕沈黃泥。……公子敬愛客，樂
> 飲不知疲。和顏既以暢，乃肯顧細微。贈詩見存慰，小子非所
> 宜。為且極歡情，不醉其無歸。凡百敬爾位，以副飢渴懷。

侍宴的歡樂場合，仍不減作者羈旅失志的哀情。

以辭賦來說，應瑒亦不時流露悲傷的感懷，如〈愁霖賦〉寫道：

> 聽屯雷之恒音兮，聞左右之歎聲。情慘愴而含欷兮，起披衣而
> 遊庭。……排房帳而北入，振蓋服之沾衣。還空牀而寢息，夢
> 白日之餘暉。惕中寤而不效兮，意悽悵而增悲。

借景寓情，音調憂傷，可說是應瑒作品的基調。此肇因於其入仕前，身遭世亂，流離辛苦，謝靈運《擬魏太子鄴中集詩‧應瑒序》云：「汝穎之士，流離世故，頗有飄薄之歎」，〈應瑒詩〉又寫：「顧我梁川時，緩步集穎許。一旦逢世難，淪薄恒羈旅。天下昔未定，托身早得所。官度厠一卒，烏林預艱阻」[16]，顯見應瑒早年因戰亂飄零的際遇，影響其作品的基調。其次則與其懷才不遇，美志不遂有關。吳質〈答魏太子箋〉嘗云：「陳徐劉應，才學所著，誠如來命，惜其不遂，可為痛切。……若乃邊境有虞，羣下鼎沸，軍書幅至，羽檄交馳，於彼諸賢，非其任也」，謂戰亂之世，窮兵黷武，非文士之擅場，是以應瑒等人職事翰墨，時懷不遇之歎，有〈侍五官中郎將建章臺詩〉云：

> ……常恐傷肌骨，身隕沈黃泥。簡珠墮沙石，何能中自諧？欲因雲雨會，濯翼陵高梯。良遇不可值，伸眉路何階？……

據《昭明文選》李善注本詩云：「簡珠喻賢人也，沙石喻群小也」[17]，可見應瑒有身陷污濁，志不得伸的感傷。〈愍驥賦〉則藉良驥自喻，悲歎未遇的意向更為明顯：

> 愍良驥之不遇兮，何屯否之弘多！抱天飛之神驥兮，悲當世之莫知。

〈正情賦〉亦藉思美女不得，自述託求之意：

> 愍伏辰之方逝，哀吾願之多違。步便旋以永思，情憭慄而傷悲。

顯示應瑒才志不為人知，無法用世的悽愴十分深切，其作品既無王粲的豪氣：「雖無鉛刀用，庶幾奮薄身」[18]，「生為百夫雄，死為壯士規」[19]；也無劉楨的勁骨：「豈不羅凝寒，松柏有本性」，「豈不

---

16 同 13。
17 見於《文選》卷二十〈侍五官中郎將建章臺集詩〉注引，頁 508。
18 引自王粲〈從軍詩〉之三。
19 引自王粲〈詠史詩〉之一。

常勤苦，羞與黃雀群」[20]，此即徐禎卿《談藝錄》謂應瑒「巧思逶迤，失之靡靡」[21] 之故也。

二、和而不壯

應瑒入仕以後，同題奉和之作增多，如〈公讌詩〉云：

> 巍巍主人德，嘉會被四方。開館延群士，置酒于新堂。辨論釋鬱結，援筆興文章。穆穆眾君子，好合同歡康。

既頌贊宴會主人之德，並描述賓主盡歡，和樂融融的情景。〈鬥雞〉詩云：「四坐同休贊，賓主懷悅欣。博弈非不樂，此戲世所珍」，亦充滿遊戲取樂的閒逸情調，〈神女賦〉、〈車渠椀賦〉、〈迷迭賦〉、〈楊柳賦〉等則寫景詠人（物），與建安作家唱和往還，情韻溫婉，誠吳質〈答魏太子箋〉所謂「陳徐劉應，……凡此數子，於雍容侍從，實其人也」[22]，乃身為侍從文人的稱職表現。故曹丕《典論·論文》評論應瑒「和而不壯」，胡應麟《詩藪》內編卷二所謂：「德璉諸作頗雅馴」[23]，應即指此類題材及風格的作品，為劉勰〈時序〉篇「傲岸觴豆之前，雍容衽席之上，灑筆以成酣歌，和墨以藉談笑」的典型產物，可見應瑒的作品充分反映其個人生活時期，由哀音轉致平和的變化。相較於《文心雕龍·時序》篇所揭示的建安文學的旗幟：「良由世積亂離，風衰俗怨，並志深而筆長，故梗概而多氣也」，應瑒的作品，實鮮少對社會動亂關懷的主題，及慷慨遒壯的情感表現。

---

20 引自劉楨〈贈從弟〉之一、之二。
21 徐禎卿《談藝錄》，見於《迪功集》附錄，收於《四庫全書》冊一二六八，頁781。
22 引自《文選》卷四十，頁1018。
23 見於胡應麟《詩藪》內編卷二，頁112。

第三節 王徐應劉 望路爭驅

應瑒各體文學作品中，劉勰只提到五言詩，〈明詩〉篇云：

> 暨建安之初，五言騰躍。文帝、陳思，縱轡以騁節；王、徐、
> 應、劉，望路而爭驅；並憐風月，狎池苑，述恩榮，敘酣宴，
> 慷慨以任氣，磊落以使才；造懷指事，不求纖密之巧，驅辭逐
> 貌，唯取昭晰之能，此其所同也。

應瑒詩現存六首中 [24]，除一首為四言，其餘均為五言，確能表現建
安文壇「五言騰躍」的情形。應瑒之五言詩，計有遊宴三首、離別
兩首，題材上亦以劉勰所謂「憐風月，狎池苑，述恩榮，敘酣宴」
為主體內容，其中為前人評價甚高之〈侍五官中郎建章臺集詩〉，
寫道：

> 朝雁鳴雲中，音響一何哀。問子遊何鄉，戢翼正徘徊。言我塞
> 門來，將就衡陽棲。往春翔北土，今冬客南淮。遠行蒙霜雪，
> 毛羽日摧頹。常恐傷肌骨，身隕沈黃泥。簡珠墮沙石，何能中
> 自諧。欲因雲雨會，濯翼陵高梯。良遇不可值，伸眉路何階？
> 公子敬愛客，樂飲不知疲。和顏既以暢，乃肯顧細微。贈詩見
> 存慰，小子非所宜。為且極歡情，不醉其無歸。凡百敬爾位，
> 以副飢渴懷。

前半段本於周公〈鴟鴞〉之詩，以旅雁相比，自傷羈流之苦，且有
欲乘雲雨之會，濯翼高飛，而不可得之幽怨；後半段詩則寫侍從公
子宴飲之歡娛，聊以極歡盡醉，各敬爾位，以奉主人愛賓之情。蓋
希遇之意前路已透，此處不再辭費。本詩之委婉款曲，有陳祚明《采
菽堂古詩選》卷七評曰：「吞吐低徊，宛轉深至，意將宣而復頓，

---

24 據俞紹初輯校《建安七子集》統計，另有一首〈失題詩〉殘存一句，不列其中。

情欲盡而終含」[25]；而吳淇《六朝選詩定論》卷六所謂：「首二句，將欲代雁為詞，未開口之先，先寫其音響之哀。此『哀』字直貫到底，即下良遇難獲，伸眉無階者，此哀豈區區飲酒贈詩之小惠所能慰止已哉！」[26]則直指本詩之詩眼在於「哀」字。其音調悲切，實迥異於王粲〈公讌詩〉的知足守分：

> 昊天降豐澤，百卉挺葳蕤。涼風撤蒸暑，清雲卻炎暉。高會君子堂，並坐蔭華榱。嘉肴充圓方，旨酒盈金罍。管絃發徽音，曲度清且悲。合坐同所樂，但愬杯行遲。常聞詩人語，不醉且無歸。今日不極歡，含情欲待誰？見眷良不翅，守分豈能違？古人有遺言，君子福所綏。願我賢主人，與天享巍巍。克符周公業，奕世不可追。

也不同於劉楨〈公讌詩〉的流連綺麗：

> 永日行遊戲，歡樂猶未央。遺思在玄夜，相與復翱翔。輦車飛素蓋，從者盈路傍。月出照園中，珍木鬱蒼蒼。清川過石渠，流波為魚防。芙蓉散其華，菡萏溢金塘。靈鳥宿水裔，仁獸遊飛梁。華館寄流波。豁達來風涼。生平未始聞，歌之安能詳？投翰長歎息，綺麗不可忘。

可見應瑒之〈侍集〉詩，異於眾作，王壬秋評為「全自敘其轗軻，殊非侍宴之體」[27]，誠屬確說。是知應瑒遊宴詩終缺劉勰所謂「慷慨以任氣，磊落以使才」的剛健之氣，而描摹物貌，抒情寫志，皆能文意明晰，不求纖麗之巧。至於應瑒之離別詩，如〈別詩〉二首云：

> 朝雲浮四海，日暮歸故山。行役懷舊土，悲思不能言。悠悠涉千里，未知何時旋。

---

25 見於陳祚明《采菽堂古詩選》卷七頁 15 下，收於《續修四庫全書》冊一五九０，頁702。
26 見於《曹操曹丕曹植資料彙編》，頁346。
27 引自汪中選注《詩品注》，頁231

　　　浩浩長河水，九折東北流。晨夜赴滄海，海流亦何抽。遠適萬
　　　里道，歸來未有由。臨河累太息，五內懷傷憂。

本詩未言與誰離別而作；惟曹植〈送應氏〉之一云：「游子久不歸，
不識陌與阡」、之二云：「我友之朔方，親昵並集送，置酒此河陽」，
情景與應瑒此詩相合，或為與曹植相別而作。詩中描述客居他鄉，
思歸不得之憂傷，言語淺白樸實，以詩情懇切取勝，陳祚明《采菽
堂古詩選》嘗曰：「淺淺語，自然入情」[28]，洵為的評。故應瑒之五
言詩確如劉勰〈明詩〉篇所言，內容題材以「憐風月，狎池苑，述
恩榮，敘酣宴」為主，其遣辭用語則「造懷指事，不求纖密之巧，
驅辭逐貌，唯取昭晰之能」，惟風格傾向沈抑，與建安文學的時代
風貌：「慷慨以任氣，磊落以使才」迥異其趣，此亦為應瑒五言詩
難與王粲、劉楨、徐幹並肩齊驅的主因。按覈《文心雕龍‧明詩》
篇「王、徐、應、劉，望路而爭驅」的說法，係出自曹丕《典論‧
論文》：

　　　斯七子者，於學無所遺，於辭無所假。咸以自騁驥騄於千里，
　　　仰齊足而並馳，以此相服，亦良難矣！

以建安七子，齊足並馳；惟《文心雕龍‧明詩》篇又云：「若夫四
言正體，則雅潤為本；五言流調，則清麗居宗，華實異用，惟才所
安。……兼善則子建、仲宣，偏美則太沖、公幹」，劉勰僅以曹植、
王粲、劉楨做為建安詩人之典則，其他諸子略而不言，則眾人之材
具高下瞭然。復徵驗於曹丕〈與吳質書〉云：「德璉常斐然有述作
之意，其才學足以著書」，亦未提及應瑒詩歌之成就；另如《詩品‧
序》云：「陳思為建安之傑，公幹、仲宣為輔」，「陳思〈贈弟〉，
仲宣〈七哀〉，公幹〈思友〉，……斯皆五言之警策者也。所以謂

---

28 見於陳祚明《采菽堂古詩選》卷七頁15下，同25。

篇章之珠澤，文采之鄧林」，亦標舉曹植、王粲、劉楨之五言詩，文采特出，並列爲詩作之上品，其中王粲詩「慷慨有餘」[29]，劉楨詩以「氣勝」[30]擅長；徐幹詩則被鍾嶸譽爲「閒雅」[31]，列於下品，皆各有專美，文才超軼羣英，是知劉勰「王徐應劉，望路而爭驅」之說，實有詩才高下之分，應瑒詩作較彼眾人顯有不及，唯有「低回建章，仰送朝雁」一詩，善其足傳[32]。

第四節　應論華而疏略

《文心雕龍·序志》篇詮評各代文論家得失時，曾提及應瑒：

> 詳觀近代之論文者多矣：至如魏文述《典》，陳思序〈書〉，應瑒〈文論〉，陸機〈文賦〉，仲治《流別》，宏範《翰林》，各照隅隙，鮮觀衢路，或臧否當時之才，或銓品前修之文，或汎舉雅俗之旨，或撮題篇章之意。魏《典》密而不周，陳〈書〉辯而無當，應〈論〉華而疏略，陸〈賦〉巧而碎亂，《流別》精而少功，《翰林》淺而寡要。

評論應瑒〈文質論〉「華而疏略」，有辭采華美而論理疏略之敝。茲載錄應瑒〈文質論〉如下：

> 蓋皇穹肇載，陰陽初分，日月運其光，列宿曜其文，百穀麗於土，芳華茂於春。是以聖人合德天地，稟氣淳靈，仰觀象於玄表，俯察式於群形，窮神知化，萬國是經。故否泰易趍，道無攸一，二政代序，有文有質。若乃陶唐建國，成周革命，九官咸乂，濟濟休令，火龍黼黻，暐韠於廊廟，袞冕旂旐，烏奕乎

29　引自汪中選注《詩品注》徐禎卿曰：「仲宣流客，慷慨有餘」，頁85。
30　引自劉熙載《藝概·詩概》卷二，頁3下。
31　引自《詩品》卷下。
32　語出〈漢魏六朝百三家集題辭·應德璉休璉集〉，指〈侍五官中郎將建章臺集詩〉，頁87。

朝廷，冠德百王，莫參其政。是以仲尼歎煥乎之文，從郁郁之盛也。夫質者端一，玄靜儉嗇，潛化利用。承清泰，御平業，循軌量，守成法，至乎應天順民，撥亂夷世，擒藻奮權。赫奕丕烈，紀禪協律，禮儀煥別。覽〈墳〉、〈丘〉於皇代，建不刊之洪制，顯宣尼之典教，探微言之所弊。若夫和氏之明璧，輕穀之絓棠，必將遊玩於左右，振飾於宮房，豈爭牢偽之勢，金布之剛乎？且少言辭者，孟僖所以不能答郊勞也；寡智見者，慶氏所以困〈相鼠〉也。今子棄五典之文，闇禮智之大，信管、望之小，尋老氏之蔽，所謂循軌常趍，未能釋連環之結也。且高帝龍飛豐、沛，虎據秦、楚，唯德是建，唯賢是與。陸、酈摛其文辯，良、平奮其權謀，蕭何創其章律，叔孫定其庠序，周、樊展其忠毅，韓、彭列其威武，明建天下者非一士之術，營造宮廟者非一匠之矩也。逮自高后亂德，損我宗劉，朱虛軫其慮，辟強釋其憂，曲逆規其模，酈友詐其遊，襲據北軍，實賴其疇。冢嗣之不替，誠四老之由也。夫諫則無義以陳，問則服汗沾濡，豈若陳平敏對，叔孫據書，言辨國典，辭定皇居，然後知質者之不足，文者之有餘。

其文首自日月星宿的天文說起，次論聖人治世，舉凡政教禮儀，朝章國典，皆文質並重。進而辯駁質之不足，針對阮瑀「麗物多偽，醜器多牢，華璧易碎，金鐵難陶」的觀點，予以反擊，批評其「棄五典之文，闇禮智之大，信管、望之小，尋老氏之蔽，所謂循軌常趍，未能釋連環之結也」。末則列舉漢室功臣「摛其文辯，奮其權謀」，「言辨國典，辭定皇居」，才能安邦興國，拯危解難的例證，以申明全篇「質者之不足，文者之有餘」的結論。

　　析而言之，應瑒〈文質論〉具有兩大特色：

一、辭采華美

文辭上，應〈論〉層次分明，條理清晰，且能引古證今，立論有據，並迭用對偶，如「仰觀象於玄表，俯察式於群形」、「濟濟休令，火龍黼黻，暐曄於廊廟，袞冕旂旒，焜奕乎朝廷」、「少言辭者，孟僖所以不能答郊勞也；寡智見者，慶氏所以困相鼠也」；多見排比，如文末連舉六例：「陸、酈摛其文辯，良、平奮其權譎，蕭何創其章律，叔孫定其庠序，周、樊展其忠毅，韓、彭列其威武」，以證明濟濟多士，足創天下大業；復述四事：「朱虛軫其慮，辟強釋其憂，曲逆規其模，酈友詐其遊」，做為善辯多謀的言辭足以安邦平亂的例證。由此可知，應瑒的〈文質論〉辭采華美，既實踐作者「質者之不足，文者之有餘」的觀點，也顯示劉勰評論的精審。

二、論文疏略

內容上，應瑒所謂「文質」，一指朝章政教的文質相濟，如《禮記‧表記》云：「子曰：『虞夏之道，寡怨於民；殷周之道，不勝其敝』」，鄭注稱：「言殷周極文，民無恥而巧利，後世之政難復」，〈表記〉又云：「子曰：『虞夏之質，殷周之文，至矣。虞夏之文，不勝其質；殷周之質，不勝其文』」[33]，與秦漢時將「文質」界義為「政教繁簡」相合；一指治國術士、器物不可無文，進而論及人物之言語辭令，基本上仍不脫魏晉品藻人物的議題，由《藝文類聚》卷二十二選錄阮瑀、應瑒〈文質論〉，入「人部質文」一章，即可得知應〈論〉與品評人物有關的屬性。顯然，應瑒文質之辨的內涵，與王充《論衡‧超奇》篇云：「實誠在胸臆，文墨著竹帛，外內表裡，自相副稱」、陸機〈文賦〉云：「理扶質以立幹，文垂條而結繁」、魚豢〈王繁阮陳路傳論〉云：「譬之朱漆，雖無楨幹，其為

---

33 見於《禮記‧表記》（收於《四部備要》經部）卷五四，頁10上。

光澤，亦壯觀也」[34]，討論屬文之內容與形式的議題，並不相同。

再者，對劉勰而言，文質並重爲其重要的文學觀之一，《文心雕龍·情采》篇嘗云：

> 夫水性虛而淪漪結，木體實而花萼振，文附質也。虎豹無文，
> 則鞟同犬羊；犀兕有皮，而色資丹漆，質待文也。

視情辭相稱，文質並濟，爲立文之大本，不但文體的源頭－五經「義既挺乎性情，辭亦匠於文理」[35]；文體的創作也必須文質得中，如論辨文的寫作便要求符合「心與理合，彌縫莫見其隙；辭共心密，敵人不知所乘」[36]的原則；而文能宗經，體有「六義」，其中「情深而不詭、文麗而不淫」[37]，尤爲評文不可少之重要準據。是見劉勰的文質論有本有源，立論周延，自成一嚴整的體系；相形之下，應瑒〈文質論〉屬於政治、文化的範疇[38]，被劉勰以論文的角度，評騭爲應論「疏略」，自是不免！

應瑒另有辭賦十五首，可分爲自然類如〈愁霖賦〉、〈靈河賦〉；詠物類如〈迷迭賦〉、〈楊柳賦〉、〈鸚鵡賦〉、〈慜驥賦〉、〈車渠椀賦〉；畋獵類如〈西狩賦〉、〈馳射賦〉、〈校獵賦〉；征戰類如〈撰征賦〉、〈西征賦〉；頌德類如〈讚德賦〉；神女閑邪類如〈神女賦〉、〈正情賦〉；其特色在於：一、題材多樣，全爲短篇，取代兩漢的巨製。二、以酬唱之作居多，如〈迷迭賦〉、〈楊柳賦〉、〈鸚鵡賦〉、〈車渠椀賦〉、〈西狩賦〉、〈校獵賦〉、〈神女賦〉、〈正情賦〉等，多爲與曹氏兄弟、鄴下作家相互唱和，

---

34 見於《三國志·魏書·王粲傳》注引，頁604。
35 見於《文心雕龍·宗經》。
36 見於《文心雕龍·論說》。
37 見於《文心雕龍·宗經》。
38 羅根澤《魏晉六朝文學批評史》（台北：學海出版社，1980年）第八章〈論文專家之劉勰〉云：「應瑒的文質論，是政治的（或者說是文化的），不是文學的，劉勰說『華而疏略』，或者就是指其疏略於文學吧。」頁104。范文瀾注引〈文質論〉全文，曰：「此論無關於文，姑錄之。」頁735。

同題競采之作。三、流露作者哀婉憂傷的情調，如〈愁霖賦〉：「惕中寤而不效兮，意悽悢而增悲」，描寫霖雨的悲愁；〈正情賦〉：「愍伏辰之方逝，哀吾願之多違。步便旋以永思，情慘慄而傷悲」，借由對淑女的仰慕追求，隱寓流光飛逝，美志不遂的憂傷；〈慜驥賦〉：「慜良驥之不遇兮，何屯否之弘多！抱天飛之神驥兮，悲當世之莫知」，則以千里馬自比，悲良士之不遇，為托物言志的作品，基本上皆表現應瑒委婉哀傷的基調。由於應瑒的辭賦情感低沈，既不如「仲宣靡密，發篇必遒」，亦不似「徐幹博通，時逢壯采」[39]，故與其同時的君王曹丕僅讚美王粲、徐幹的辭賦[40]，齊梁文家劉勰標舉「魏晉賦首」[41]時，應瑒亦未入選，由明人張溥《漢魏六朝百三家集題辭·應德璉集》所評：「德璉善賦，篇目頗多，取方弟書，文藻不敵」，益信辭賦非應瑒所長。

應瑒書記之文，僅存〈報龐惠恭書〉一篇，以蕭艾之歌、〈子衿〉之思喻己對友人之思念；以不親九族，骨肉相怨的〈角弓〉之詩，譏刺友人的未加存問；並以「值鷺羽於苑丘，騁駿足於株林，發明月之輝光，照妖人之窈窕，斯亦所以眩耳目之視聽，亡聲命於知友者」，譏斥友人的荒淫昏亂，歌舞無度。全文多援引典故，言婉意深，可以推見作者不諛權貴的高潔心性，誠為條暢任氣，優柔懌懷[42]的佳篇，惟尚無法匹美建安尺牘大家禰衡、孔融、阮瑀[43]等，以盛氣騁辭名世的作品。

---

39 見於《文心雕龍·詮賦》。
40 曹丕《典論·論文》云：「王粲長於辭賦，徐幹時有齊氣，然粲之匹也。」
41 見於《文心雕龍·詮賦》。
42 見於《文心雕龍·書記》。
43 《文心雕龍·書記》篇云：「魏之元瑜，號稱翩翩；文舉屬章，半簡必錄。……禰衡代書，親疏得宜，斯又尺牘之偏才也。」

第五節　結　語

綜覈劉勰對應瑒的評論，可歸納爲以下兩項特色：

一、言而有據　信而可徵

應瑒出身世族，文才早著，有詩賦、論文、尺牘等作品二十七篇，數量之多，於建安七子中僅次於孔融、王粲、陳琳，惟其並未如王粲「摘其詩賦，則七子之冠冕」[44]，名列建安七子詩賦之首；亦未如劉楨以詩歌偏美[45]，徐幹爲魏晉賦首[46]，琳瑀章表，有譽當時[47]，在各體文學，有卓爾超群的表現。劉勰對他的評論，僅只五則，謂其「學優以得文」，乃肯定其學富而能文，表裡相資的才學；譽其有「斐然之思」，則敘述應瑒任職曹氏父子之僚屬，成就其文采紛披的創作。凡此皆針對應瑒泛論概述，而言出有據，確然可信。

二、謬解之失　論理未愜

應瑒早年羈旅行役，飄泊流離，投曹以後，酬唱詩賦，美志未申，或見其撰文寄寓悲歎未遇的傷懷，輒有憂傷低迴的情調；或見其同題競采，雍容平和，而失之柔靡，故其作品鮮少對社會現實的關懷，及慷慨遒健的風格，是以《文心雕龍・時序》篇以「志深而筆長，故梗概而多氣」，做爲建安文學的風貌特色，並不適指應瑒的作品。應瑒的詩賦也因如此，雖被〈明詩〉篇列名「王、徐、應、劉，望路而爭驅」，但實有材具高下之別，詩賦實非應瑒之特長，是見劉勰概括統稱的表述方式，有時也未盡妥切，易遭以一概全之議。即便是應瑒唯一受劉勰青睞，與歷代文論並列的〈文質論〉，〈序志〉

---

44 見於《文心雕龍・才略》。
45 見於《文心雕龍・明詩》。
46 見於《文心雕龍・詮賦》。
47 見於《文心雕龍・章表》。

篇亦評爲「華而疏略」，優缺並舉，謂其辭采華美，而論文粗疏。憑心而論，應瑒〈文質論〉無關文章情意、辭采之宏旨，劉勰將之列入文論一系，予以評述，實非切當。

第十一章 《文心雕龍》論徐幹

前 言

　　曹丕曾爲徐幹（西元 171－218 年）等文士，結集遺文，至《隋書·經籍志》又著錄：「徐氏《中論》六卷」，注云：「魏太子文學徐幹撰，梁目一卷。」[1] 惟流傳迄今，徐幹作品僅存少數詩賦，而以論體爲大宗，著有《中論》二十篇。作品中充分流露其婉曲真摯之深情，及尚德篤行、修身治國之高遠思想。爲建安七子中，文行體現特立獨行之一家。劉勰對徐幹之評論，大抵足以掌握其人格、作品之特質，然亦不乏品藻失當，略而未盡者，茲分論如下：

第一節 性行沈默

　　《文心雕龍·程器》篇列舉作家之懿德美行時，特指「徐幹沈默」，不同於大多文人之不護細行。意謂徐幹的性情沈靜淡默，處事又能不慕虛名，甘於避世。驗證於徐幹的行誼及各家對他的評論，徐幹確實具備此一人格特質。徐幹數次推辭入仕，安於歸隱，見於《中論·原序》云：「此時靈帝之末年也，國典隳廢，冠族子弟，結黨權門，交援求售，競相尚爵號。君病俗迷昏，遂閉戶自守，不與之群」，《魏書·王粲傳》注引〈先賢行狀〉又言「建安中，太祖特加旌命，以疾休息。後除上艾長，又以疾不行」[2]。徐幹「輕官忽祿，

---

1 見於《隋書·經籍志》卷三十四，頁 998。
2 見於《三國志·魏書》卷二十一〈王粲傳〉注引〈先賢行狀〉，頁 599。

不耽世榮」[3] 的行誼，由此可見。故《中論·原序》云：「淵默難測，誠寶偉之器也」[4]，《中論·審大臣》云：「大賢爲行也，裒然不自見，儃然若無能，不與時爭是非，不與俗辯曲直，不矜名，不辭謗，不求譽，其味至淡，其觀至拙」，實足以做爲時人對徐幹性行「沈默」的註解；曹丕〈又與吳質書〉亦云：「偉長獨懷文抱質，恬淡寡欲，有箕山之志，可謂彬彬君子者矣」，則顯示徐幹於建安諸子之中，淡泊名世，著論名山，是僅有的標竿，故曹丕譽爲「獨」懷文抱質，而《魏書·王粲傳》注引韋仲將云：「仲宣傷於肥戇，休伯都無格檢，元瑜病於體弱，孔璋實自魑疏，文蔚性頗忿鷙」[5]，對建安作家負面的缺點如數家珍之際，唯對徐幹未譏一辭，《顏氏家訓·文章》亦復如此：「陳琳實號魑疏；劉楨屈強輸作；王粲率躁見嫌；孔融、禰衡誕傲致殞；楊脩、丁廙扇動取斃」[6]，指摘建安作家德行之瑕累，獨不見對徐幹的訾議，與《文心雕龍·程器》篇於歷詆建安文士疵病之餘：「文舉傲誕以速誅，正平狂憨以致戮，仲宣輕脫以躁競，孔璋傯恫以魑疏，丁儀貪婪以乞貨，路粹餔啜而無恥」，獨讚徐幹之性行，有相似之處，顯見徐幹不競逐鑽營，澹然自守的德行，不僅劉勰讚揚，已爲歷史上的定評。

劉熙載《藝概·文概》曾評論徐幹的文理辭氣，並分析其以然，云：

> 曾子固《徐幹〈中論目錄〉序》謂幹「能考六藝，推仲尼、孟

---

3 同2。

4 《中論·原序》一篇，未提作者名姓，陳振孫《直齋書錄解題》（台北：廣文書局，1968 年）卷九云：「《中論》二卷，漢五官將文學北海徐幹偉長撰。《唐志》六卷，今本二十篇，有序而無名氏，蓋同時人所作」，頁 604。《四庫全書總目提要》子部一云：「書前有〈原序〉一篇，不題名字，陳振孫以爲幹同時人所作，今驗其文，頗類漢人體格，似振孫所言爲不誣」，頁 466。周中孚《鄭堂讀書記》（北京：中華書局，1993 年）亦云：「此本前有〈原序〉，不著名氏，末稱『余數侍坐，觀君之言云云』，知即同時人所作」，頁 667。

5 見於《三國志·魏書》卷二十一〈王粲傳〉，頁 604。

6 引自《顏氏家訓新譯》，頁 238。

子之旨。」余謂幹之文，非但其理不駁，其氣亦雍容靜穆，非

有養不能至焉。[7]

認為徐幹「有養」，所以其氣靜穆，其文不雜，誠《文心雕龍‧程器》篇云：「蓄素以弸中，散采以彪外」的具體表現。徐幹的素養，除緣於其家風的薰陶，也來自於其潛心向學。《中論‧原序》云：「其先業以清亮臧否為家，世濟其美，不隕其德，至君之身十世矣」，所謂「清亮臧否」，據《人物志‧流業》篇云：

> 若夫德行高妙，容止可法，是謂清節之家……清節之流，不能
> 弘恕，好尚譏訶，分別是非，是謂臧否。[8]

可見徐幹先祖以德業傳家，容止有度，明辨是非，為徐幹之立身處世奠立軌範；而其又力學不倦，自幼及長，未嘗稍怠，《中論‧原序》云：

> 君含元休清明之氣，持造化英哲之性，放口而言，則樂誦九德
> 之文，通耳而識，則教不再告。未志乎學，蓋已誦文數十萬言
> 矣。年十四，始讀五經，發憤忘食，下帷專思，以夜繼日，父
> 恐其得疾，常禁止之。

是以未至弱冠，徐幹已熟記五經，博覽傳記，出口成章，文采班爛[9]，此即《文心雕龍‧詮賦》篇所謂「偉長博通」。尤可貴者，徐幹之學以大義為先，物名為後，不同於「鄙儒之博學也，務於物名，詳於器械，矜於詁訓，摘其章句，而不能統其大義之所極，以獲先王之心」[10]，與漢儒治經之方式有別，是知徐幹於家傳蘊蓄其清風亮節，「以六籍娛心」，深有所得，故能沈潛守道，不為流俗虛名所惑，

7 見於《藝概‧文概》，頁10上。
8 見於《人物志》（台北：世界書局，2000年）卷上〈流業〉，頁9上。
9 見於《中論‧原序》云：「未至弱冠，學五經悉載於口，博覽傳記，言則成章，操翰成文矣。」
10 見於《中論‧治學》。

致有劉勰所謂「沈默」之清譽。

第二節　從宦於青土

《文心雕龍·時序》篇著明曹氏父子對建安文學的推動之功,並表述作家的同聲相應,翕然來歸,嘗云:

> 自獻帝播遷,文學蓬轉,建安之末,區宇方輯。魏武以相王之尊,雅愛詩章;文帝以副君之重,妙善辭賦;陳思以公子之豪,下筆琳瑯;並體貌英逸,故俊才雲蒸。仲宣委質於漢南,孔璋歸命於河北,偉長從宦於青土,⋯⋯。

其中所謂徐幹「從宦於青土」,語出曹植〈與楊德祖書〉:「偉長擅名於青土」,謂徐幹爲北海人[11]。「北海」係由漢景帝時改置北海國,屬青州統轄,在今山東省。據《魏書·王粲傳》云:「幹爲司空軍謀祭酒掾屬,五官將文學」[12],按曹操於建安元年拜司空,三年初置軍師祭酒,十三年拜丞相,則幹爲司空軍謀祭酒,應在建安三年(西元 198 年)至十三年(西元 208 年)之間。迄至建安十六年,丕爲五官中郎將,徐幹任五官將文學。而《晉書·鄭袤傳》又載:「魏武帝初封諸子爲侯,精選賓友,袤與徐幹俱爲臨淄侯文學」[13],則建安十九年,曹植任臨淄侯,徐幹爲其文學侍從。他與曹氏兄弟、建安文士的情誼極爲深厚,曹丕〈又與吳質書〉曾云:「昔年疾疫,親故多離其災,徐、陳、應、劉,一時俱逝,痛可言邪!昔日游處,行則接輿,止則接席,何曾須臾相失。每至觴酌流行,絲竹並奏,酒酣耳熱,仰而賦詩。當此之時,忽然不自知樂也。謂百年己分,可長共相保。何圖數年之間,零落略盡,言之傷心」,道

---

11 見於《三國志·魏書》卷二十一〈王粲傳〉附傳:「北海徐幹字偉長」,頁 599。
12 同 11。
13 見於《晉書》卷四十四〈鄭袤傳〉,頁 1249。

盡賓主交游的和樂融融，同文又云：「著《中論》二十餘篇，成一
家之言，辭義典雅，足傳於後，此子為不朽矣」，足見曹丕對徐幹
的讚賞，於建安作家中為第一。曹植亦有〈贈徐幹〉詩：「良田無
晚歲，膏澤多豐年。亮懷璵璠美，積久德愈宣。親交義在敦，申章
復何言」，贊嘆徐幹既懷美玉，久而愈顯，並表明兩人交情之篤厚。
《魏書·王粲傳》亦云：「始文帝為五官將，及平原侯植皆好文學。
粲與北海徐幹字偉長、廣陵陳琳字孔璋、陳留阮瑀字元瑜、汝南應
瑒字德璉、東平劉楨字公幹，並見友善」[14]，可見曹丕兄弟均極敬重
徐幹，徐幹為建安文學集團的重要成員。鄴下文人的活動，如隨軍
出征，徐幹亦曾參與，見於《中論·序》云：「會上公撥亂，王路
始闢，遂力疾應命，從戎征行，歷載五、六」，包括建安十三年的
赤壁之戰、建安十六年隨曹操西征馬超等。其描述征戰之作品，如
〈序征賦〉、〈西征賦〉、〈從征賦〉、〈哀別賦〉等，皆完成於
從征時期；敘寫閨婦離情的〈室思〉、〈情詩〉，及任太子文學所
作的〈答劉楨詩〉，亦完成於此一時期，故徐幹任職曹氏賓客期間，
確實有助於其創作題材、文體的多樣化，正可印證曹丕《典論·論
文》所言：「斯七子者，於學無所遺，於辭無所假，咸以自騁驥騄
於千里，仰齊足而並馳」，反映曹操的愛才授官、曹丕兄弟的提倡
文會，使作家文學相接的盛況，體現劉勰所謂「並體貌英逸，故俊
才雲蒸」的情形。

　　《文心雕龍·時序》篇又云：「傲岸觴豆之前，雍容衽席之上，
灑筆以成酣歌，和墨以藉談笑。觀其時文，雅好慷慨，良由世積亂
離，風衰俗怨，並志深而筆長，故梗概而多氣」，對徐幹而言，擔
任文學侍從確曾刺激其文學創作，然由其流傳迄今之作品，卻鮮

---

14 同11。

有「傲岸觴豆之前，雍容衽席之上」之宴遊的題材，僅自謝靈運《擬魏太子鄴中集詩》八首之四擬徐幹詩云：「行觴奏悲歌，永夜繫白日」[15]中，知徐幹曾作〈公讌詩〉，惟此詩已亡佚不存；而如〈圓扇賦〉云：「惟合歡之奇扇，肇伊洛之纖素。仰明月以取象，規圓體之儀度」、〈車渠椀賦〉云：「圓德應規，巽從易安。大小得宜，容如可觀。盛彼清醴，承以瑚盤。因歡接口，媚于君顏」，自僅存殘文中，應可認定為同題競采，即席賦詠之作品，故自徐幹作品中，幾乎無法見到徐幹與曹氏兄弟、其他作家從容公讌，和墨酬歌的情狀，更無法自其酬唱作品中，一睹劉勰所謂「志深而筆長，梗概而多氣」的建安文學風貌。倒是徐幹因疾稍沈篤，不堪王事[16]，而潛身窮巷，著書《中論》，〈考偽〉、〈譴交〉、〈曆數〉、〈亡國〉、〈民數〉等篇皆能反映世衰道微、姦心並生的時代背景，體現作者匡正世道人心之意。其憂心之深遠，以天下為己任之壯懷，曹植〈贈徐幹詩〉曾有「慷慨有悲心，興文自成篇」的形容，是知劉勰所謂「觀其時文，雅好慷慨，良由世積亂離，風衰俗怨，並志深而筆長，故梗概而多氣也」，倘用指徐幹著書《中論》，其說可從；惟《中論》一書以聖賢之道為依歸，言辭吐屬，不失醇儒本色，茲以〈考偽〉篇為例：

> 故《禮》稱：「君子之道，闇然而日彰。小人之道，的然而日亡。君子之道，淡而不厭，簡而文，溫而理，知遠之近，知風之自，知微之顯，可與入德矣。」君子之不可及者，其惟人之所不見乎？夫如是者，豈將反側於亂世，而化庸人之末稱哉？

君子之沖淡溫雅，正徐幹之自我期許與寫照，故其言語中和，不同於建安其他作家，其「多氣」者，實為醇和之氣也。

---

15 見於《文選》卷三十，頁794。
16 《中論·原序》云：「從戎征行，歷載五、六，疾稍沈篤，不堪王事。」

第三節　建安五言代表詩家

劉勰在〈明詩〉篇中，對建安時期五言詩大備、五言詩的代表作家，及詩的題材、風格、語言用典等，均有概括的論述：

> 建安之初，五言騰躍；文帝、陳思縱轡以騁節；王、徐、應、劉，望路而爭驅，並憐風月，狎池苑，述恩榮，敘酣宴，慷慨以任氣，磊落以使才；造懷指事，不求纖密之巧，驅辭逐貌，唯取昭晰之能，此其所同也。

篇中以「憐風月，狎池苑，述恩榮，敘酣宴」之宴遊作品，作為建安詩歌的代表題材，此一陳述，對於徐幹而言，並不愜當。徐幹現存之詩歌，均為五言，其侍宴詩已不可考；另有〈答劉楨詩〉寫於劉楨以不敬被刑之時，流露兩人交誼篤厚之情、〈情詩〉描述思婦之憂傷、〈室思〉五首為閨人之思 [17]，則「憐風月，狎池苑，述恩榮，敘酣宴」固可做為建安文會興盛的生活背景，卻無法反映建安文學多面向的題材，如徐幹擅長表現之敦友朋、篤匹偶的題材，便無法含蓋。徐幹之詩，如〈情詩〉云：

> 高殿鬱崇崇，廣廈淒冷冷。微風起閨闥，落日照階庭。峙嶸雲屋下，嘯歌倚華楹。君行殊不返，我飾為誰榮。鑪薰闔不用，鏡匣上塵生。綺羅失常色，金翠暗無精。嘉肴既忘御，旨酒亦常停。顧瞻空寂寂，惟聞燕雀聲，憂思連相囑，中心如宿酲。

〈室思〉之一、之二云：

> 沈陰結愁憂，愁憂為誰興？念與君相別，各在天一方。良會未有期，中心摧且傷。不聊憂飡食，慊慊常饑空。端坐而無為，

---

17 另有一首〈為挽船士與新娶妻別〉，《藝文類聚》作徐幹詩，而《玉台新詠》作曹丕詩，依陳祚明《采菽堂古詩選》卷七云：「借蟬說下變宕不羈，味其聲調，則與子桓為近，不類偉長。」詩應為曹丕之作。

髮鬢君容光。

峨峨高山首，悠悠萬里道。君去日已遠，鬱結令人老。人生一
世間，忽若暮春草。時不可再得，何為自愁惱。每誦昔鴻恩，
賤軀焉足保。

詩中多怨婦思君之詞，並流露對人生短暫的悲感，乃古詩十九首之
餘韻，猶迴盪於建安者，而〈室思〉詩之四：「自恨志不遂，泣涕
如涌泉」、之六：「寄身雖在遠，豈忘君須臾。既厚不為薄，想君
時見思」之句，則描寫懷才不遇之哀思，為建安詩歌所特有，沈德
潛《古詩源》卷六嘗評此詩云：「自處於厚而望君不薄，情極深致」
[18]，故自來有謂徐幹詩乃「寄託作者的理想人格和政治追求，……情
志合一」[19]的說法，徐幹胸懷的坦蕩，節概之高遠由此可見一斑，誠
劉勰所謂「磊落以使才」；惟王闓運《湘綺樓論唐詩》評徐幹詩「寬
和，饒有真情」，錢基博論「幹之〈情詩〉、〈室思〉，纏綿悽惻，
略似枚乘，得植之一體」[20]，則徐幹以真摯質樸、絕少用事、平鋪直
敘之語言，抒寫婉曲繾綣之深情見長，雖反映了「造懷指事，不求
纖密之巧，驅辭逐貌，唯取昭晰之能」的建安五言詩的形式特色，
卻無法與「慷慨以任氣」的悲壯激昂的詩歌情調契合，劉勰用指「此
其所同也」之建安詩歌之特色，顯然並不全然適用於各建安作家。

劉勰於〈情采〉篇云：「諸子之徒，心非鬱陶，苟馳夸飾，鬻聲
釣世，此為文而造情也；故為情者要約而寫真，為文者淫麗而煩濫」，
足見造情虛飾之文，為劉勰所鄙棄，而徐幹五言詩之誠真情篤，陸

18 見於《古詩源・魏詩》，頁 79。
19 見於錢志熙《魏晉詩歌藝術原論》（北京：北京大學出版社，1993 年）第二章〈建
安詩歌及其文化背景〉：「曹植和徐幹的愛情詩，是寄託作者的理想人格和政治追
求的，是言志之作，這最能說明建安詩人已將情志合一。當然也有一些作品，如曹
丕的描寫女性美、歌舞美的詩，保持著漢末緣情詩的傳統，抒寫比較單純的情感和
感官感受，沒有著意寄託某種志願。」頁 148。
20 見於駱建人著《徐幹中論研究》（台北：台灣商務印書館，1973 年）第六章，頁 149。

時雍曾評為「淺淺生動，為詩中小品」[21]，此應即劉勰將徐幹與王粲、
應瑒、劉楨並列，謂之為「望路而爭驅」的原因。然徐幹詩歌在內
容上缺乏深刻廣闊的命意，語言上則樸質無華，故劉勰於〈明詩〉
篇特舉四、五言詩之代表時，建安詩家獨標曹植、王粲、劉楨，徐
幹並未列名在內；鍾嶸《詩品》亦云：「偉長與公幹往復，雖曰以
莛扣鐘，亦能閑雅矣」[22]，揚劉抑徐，認為偉長詩雖不及公幹，而沈
靜優雅，故列劉楨詩於上品，徐幹詩於下品。綜觀劉楨之詩，不僅
題材較徐幹廣泛，且善用比興，寄託高節，茲舉劉楨之〈贈徐幹〉
與徐幹之〈答劉楨〉詩相較，即可了然。劉楨〈贈徐幹〉詩云：

> 誰謂相去遠，隔此西掖垣。拘限清切禁，中情無由宣。思子沈
> 心曲，長嘆不能言。起坐失次第，一日三四遷。步出北寺門，
> 遙望西苑園。細柳夾道生，方塘含清源。輕葉隨風轉，飛鳥何
> 翩翩。乖人易感動，涕下與衿連。仰視白日光，皦皦高且懸。
> 兼燭八紘內，物類無頗偏。我獨抱深感，不得與比焉。

徐幹〈答劉楨〉詩云：

> 與子別無幾，所經未一旬。我思一何篤，其愁如三春。雖路在
> 咫尺，難涉如九關。陶陶朱夏別，草木昌且繁。

二詩相較，劉楨詩心物交感，借景抒情，而寓意深遠，形容生動者，
顯然較徐幹更高一籌，無怪乎陳延傑注《詩品》卷下「偉長與公幹
往復」句曰：「一贈一答，則偉長不如公幹遠矣」[23]，陳延傑又於《魏
晉詩研究》云：「徐幹〈室思〉學古詩，以情緯文，良多鄙促，較
之劉楨，不啻以莛扣鐘，王漁洋乃云實勝公幹，乖謬甚矣」[24]，其評

---

21 見於澤田總清著《中國韻文史》（台北：台灣商務印書館，1965 年）第三期第二章
　　〈魏的韻文〉，頁 158。
22 見於汪中選注《詩品注》，頁 225。
23 見於陳延傑注《詩品注》（台北：台灣開明書店，1981 年），頁 32。
24 見於駱建人著《徐幹中論研究》，頁 172。

論足以做爲徐幹詩歌所以未獲劉勰、鍾嶸特別青睞之輔證。

第四節　以賦論標美

　　《文心雕龍・才略》篇於詮評文才時，歷舉建安作家在文學上之傑出表現，並指出：「徐幹以賦論標美」，肯定徐幹文學以賦、論兩體的成就最高。其實徐幹的辭賦 [25] 在建安時便已備受矚目。魏文的評騭文章，以峻刻著稱 [26]，而徐幹的辭賦卻能名留冊籍，《典論・論文》云：「王粲長於辭賦，徐幹時有齊氣，然粲之匹也。……幹之〈玄猿〉、〈漏卮〉、〈圓扇〉、〈橘賦〉，雖張、蔡不過也；然於他文，未能稱是」，評徐幹辭賦與王粲比肩。《文心雕龍・詮賦》篇亦將徐幹與王粲並列，號爲「魏之賦首」，可見劉勰稱美徐幹辭賦乃言出有據；只是徐幹辭賦今多餘殘句，難與王粲一爭長短，兩人同題競采之作品，也僅見〈車渠椀賦〉。王粲之〈車渠椀賦〉云：

> 侍君子之宴坐，覽車渠之妙珍。挺英才於山岳，含陰陽之淑真。
> 飛輕縹與浮白，若驚風之飄雲。光清朗以內曜，澤溫潤而外津。
> 體貞剛而不撓，理修達而有文。兼五德之上美，超眾寶而絕倫。

徐幹之〈車渠椀賦〉云：

> 圓德應規，異從易安。大小得宜，容如可觀。盛彼清醴，承以
> 琱盤。因歡接口，媚於君顏。

---

25 徐幹之辭賦，於今可知者，有嚴可均《全後漢文》卷九三輯錄八篇，《典論・論文》稱引〈玄猿〉、〈漏卮〉、〈橘賦〉等篇，僅存篇名，另有〈七喻〉及俞紹初《建安七子集》所輯之〈從征賦〉，共十三篇。大別而言，可分京殿類的〈齊都賦〉、征戰類的〈西征賦〉、〈序征賦〉、〈從征賦〉、〈哀別賦〉、神女閑邪類的〈喜夢賦〉、詠物的〈圓扇賦〉、〈車渠椀賦〉、〈冠賦〉、〈漏卮賦〉、〈橘賦〉、〈玄猿〉，及其他類的〈七喻〉等。
26 見於駱建人著《徐幹中論研究》，頁77。

就寫作的由來、車渠椀的形制、特質的描述而言，王粲〈車渠椀賦〉結構的完整、文采的修飾、形容的生動，無疑勝過徐幹；至於徐幹與其他建安作家辭賦相較，則只有〈西征賦〉，為與應瑒同題的作品。應瑒的〈西征賦〉云：

> 鷺衡東指，弭節逢澤。

僅存兩句，難窺全豹，無法評比；而徐幹的〈西征賦〉云：

> 奉明辟之渥德，與遊軫而西伐。過京邑以釋駕，觀帝居之舊制。
> 伊吾儕之挺力，獲載筆而從師。無嘉謀以云補，徒荷祿而蒙私。
> 非小人之所私，雖身安而心危。庶區宇之今定，入告成乎后皇。
> 登明堂而飲至，銘功烈乎帝裳。

描寫隨曹操西征的緣由、過程、心境，及對征戰凱旋的期盼，雖未能反映征途的艱困、民生的疾苦，內容不夠深刻，不及王粲〈初征賦〉的反映現實生活，但「無嘉謀以云補，徒荷祿而蒙私」之句，顯示作者個人的胸懷及理想，展現其願為國立功的赤忱，乃建安辭賦重抒情的典型，可見徐幹辭賦在建安文學中富有代表性。其與王粲並名為「魏晉賦首」，不無原因。

　　查考徐幹辭賦所以被劉勰標美的原因，由曹丕《典論·論文》云：「幹之〈玄猿〉、〈漏卮〉、〈圓扇〉、〈橘賦〉，雖張、蔡不過也」，可略知一、二；惟曹丕所稱引的四篇辭賦，只〈圓扇賦〉尚存四句：

> 惟合歡之奇扇，肇伊洛之纖素。仰明月以取象，規圓體之儀度。

自其歌詠用器、對句工麗、講究用典之情形看來，徐幹此賦，確實有與張衡辭賦語言駢體化、內容生活化、篇幅短小化一脈相承的痕跡 27；但由於殘佚過多，無法充分領略徐幹辭賦之特色，倒是《文

---

27 馬積高《賦史》（上海：古籍出版社，1998 年）云：「（2）……張衡創造了一種基本上是駢體的抒情小賦——〈歸田賦〉。（3）詠物的範圍有所擴展，即已由宮

心雕龍‧詮賦》云:「偉長博通,時逢壯采」,足以說明梗概,指出徐幹辭賦有識見博達,辭采壯麗之美。茲以徐幹兩篇較完整的辭賦為例,如描寫故鄉京殿的〈齊都賦〉云:

> 齊國者,元龜之精,降為厥野,實坤德之膏腴,而神州之奧府。其川瀆則洪河洋洋,發源崑崙,九流分逝,北朝滄淵,驚波沛屬,浮沫揚奔。南望無垠,北顧無鄂,蒹葭蒼蒼,莞蒩沃若。駕鵝鶬鴰,鴻雁鷺鴇,連軒翬霍,覆水掩渚。瑰禽異鳥,群萃乎其閒。戴華蹈縹,披紫垂丹,應節往來,翕習翩翻。靈芝生乎丹石,發翠華之煌煌。其寶玩則玄蛤抱璣,駮蚌含璠。構夏殿以宏覆,起層榭以高驤,龍楹螭角,山岊雲牆。其後宮內庭,嬪妾之館,眾偉所施,極巧窮變。然後修龍榜,遊洪池,折珊瑚,破琉璃,日既仄而西舍,乃反宮而棲遲。……王乃乘華玉之輅,駕玄駁之駿。翠幄浮遊,金光皓旰,戎車雲布,武騎星散。鉦鼓雷動,旌旗虹亂。盈乎靈囿之中。於是羽族咸興,毛群盡起,上蔽穹庭,下被皋藪。

文中以豐沛的用典偶句、奇語僻字,形容黃河之浩蕩、地域之遼闊、珍奇之富饒、宮室之華美、宴飲之奢靡,及軍容之盛大,並有助瞭解古代春季上除的習俗,足徵作者的見多識廣,氣勢恢宏,及言辭的富麗誇飾。又如寫於建安十三年赤壁之役失利北歸後的〈序征賦〉云:

> 余因茲以從邁兮,聊暢目乎所經。觀庶士之繆殊,察風流之濁清。沿江浦以左轉,涉雲夢之無陂。從青冥以極望,上連薄乎天維。刊梗林以廣塗,填沮洳以高蹊。譬循環其萬艘,互千里之長湄。行兼時而易節,迄玄氣之消微。道蒼神之受謝,遍鶉

___

廷及士大夫的案頭室內之物擴展到其他與生活有關的動植物和器物。如張衡有〈鴻賦〉……。」見於第四章〈漢賦〉(下),頁118。

鳥之將栖。慮前事之既終，亦何為乎久稽。乃振旅以復蹤，泝
朔風而北歸。及中區以釋勤，超栖遲而無依。

此賦屢以誇大之文采，描寫雲夢之遼闊、軍容之盛狀，及行役之勞
苦，具體呈現《文心雕龍・體性》篇所謂「壯麗者，高論宏裁，卓
爍異采者也」的文貌，《文心雕龍札記》曾釋「壯麗」一語云：「陳
義俊偉，措辭雄瓌，皆入此類。揚雄〈河東賦〉、班固〈典引〉之
流是也」，則徐幹辭賦，也當歸入此類，足證劉勰「徐幹博通，時
逢壯采」的說法，可謂審辨精當，獨得徐幹辭賦之精髓。

　　《文心雕龍・風骨》篇又徵引魏文的見解，謂：「論徐幹，則云：
『時有齊氣』」，察考曹丕《典論・論文》的原文為：「王粲長於
辭賦，徐幹時有齊氣，然粲之匹也」，審其上下文義，「齊氣」應
用指對徐幹辭賦的負面批評，下接轉折語「然粲之匹也」，才能文
通義順。故歷來「齊氣」之義雖有「舒緩」[28]、「高氣」[29]、「齋氣」
[30] 等說，但余以為仍以較早之注釋：《論衡・率性》篇：「楚越之人
處莊嶽（齊街里名）之間，經歷歲月，變為舒緩，風俗移也。故曰

28　《文心雕龍》范註云：「徐幹為人恬淡優柔，性近舒緩，故曰時有齊氣。李善注曰：
　　『言齊俗文體舒緩，而徐幹亦有斯累。』《漢書地理志》曰：『故齊詩曰：『子之
　　營兮，遭我乎嶩之間兮。』此亦得其舒緩之體也」，見於《文心雕龍註・風骨》，頁
　　517。
29　廖蔚卿著《六朝文論》（台北：聯經出版社，1978 年）第五章〈文氣論〉云：「有
　　箕山之志的徐幹，高逸恬淡，所以曹丕稱他『有齊氣』」（《魏書・王粲傳》注引
　　作『逸氣』），這氣也指性情。」頁 55。《文心雕龍斠詮・風骨》云：「近人廖蔚
　　卿教授云：『齊氣』實應作『高氣』。《三國志》卷二十一〈王粲傳〉裴注引《典
　　論・論文》『齊氣』作『逸氣』，徐堅《初學記》卷二十一引此文，『齊氣』作『高
　　氣』，近人范寧〈魏文帝《典論論文》齊氣解〉（開明書店國文月刊第三十六期）
　　認為『齊』字是『高』字之誤寫，『齊氣』應作『高氣』。因為徐幹『懷文抱質，
　　恬淡寡欲。』（見曹丕〈與吳質書〉）所以他的文章有高邁的意趣。在此段文字之
　　中所列舉之他們高峻的風骨，『高氣』是對的。」頁 1271。
30　王夢鷗《古典文學論探索・試論曹丕怎樣發現文氣》（台北：正中書局，1984 年）
　　認為：曹丕稱「徐幹時有齊氣」，並非如李善所云：「齊俗迂緩」之謂，「齊」、
　　「齋」二字古時通用，其涵義只是「端莊嚴肅」，而丕又稱其「辭義典雅」，「典
　　雅」正是端莊嚴肅之「齊」，頁 75。

齊舒緩」[31]、李善《文選注》:「言齊俗文體舒緩,而徐幹亦有斯累」,
釋爲「舒緩」較妥。此因釋爲「高氣」,與《典論‧論文》云:「孔
融體氣高妙」,文義重疊,不似曹丕作文之法,且「高氣」爲正面
的讚詞,形容性格辭氣的超逸,與曹丕指論徐幹辭賦之瑕累不合;
至於以「齊氣」爲「齋氣」之說,義指「端莊嚴肅」,固切用於徐
幹著《中論》之「辭義典雅」,然曹丕「徐幹時有齊氣」的評論原
用指徐幹辭賦之疵病,故亦有枘鑿不合之處。再驗證於徐幹的賦作,
以上舉的〈序征賦〉爲例,賦文前三分之二,描述曹操用兵赤壁,
氣勢磅礴渾厚;後三分之一,則文勢轉弱,節奏不如前文勁健,步
調轉爲舒緩,致使全文有先盛後衰之憾,其原因或與征途勞累,徐
幹體氣轉弱所致,不盡然與《漢書‧地理志》云:「故齊詩曰:『子
之營兮,遭我乎嶩之間兮』……此亦其舒緩之體也」[32],《寰宇記》
云:「太公治齊,……至今其士好經術,矜功名,舒緩闊達而足智」
[33]有直接關係。

　　至於徐幹的論文,今有〈四孤祭議〉存於《通典》卷六九所引之
兩句殘文,及《中論》二十篇。據《中論‧原序》云:「君之性常
欲損世之有餘,益俗之不足,見辭人美麗之文,並時而作,曾無闡
弘大義,敷散道教,上求聖人之中,下救流俗之昏者。故廢詩賦頌
銘贊之文,著《中論》之書二十篇」,可見徐幹傷時慨世之餘,爲
闡揚聖人之宏旨,以有助於治道,匡正世俗人心,故著《中論》。
其思想博涉通達,務本尚用,涵蓋有哲學思想:指出人事爲貴、駁
斥神權、才性分三等之說法,如〈夭壽〉、〈脩本〉、〈考僞〉等
篇;政治思想:標舉明君道、選賢能、慎賞罰、知民數等主張,如

---

31 見於《論衡》卷二〈率性〉,頁 13 下。
32 見於《漢書》卷二十八下〈地理志〉,頁 1659。
33 見於《寰宇記》卷十八,收於《四庫全書》冊四六九,頁 149。

〈務本〉、〈亡國〉、〈審大臣〉、〈爵祿〉、〈賞罰〉等篇；教學思想：闡述學以立志為本、大義為先、重智育、先藝能的觀點，如〈治學〉、〈智行〉、〈藝紀〉等篇；士行觀念：強調敬慎幽獨、明哲保身立功、慎於交遊之處世態度，如〈法象〉、〈智行〉、〈譴交〉等篇，為繼王充、王符、荀悅之後的思想大家，能補充修正前賢論說之不足。茲舉以下三篇為立論之本，〈覈辯〉篇云：

> 故辯之為言別也，為其善分別事類，而明處之也，非謂言辭切給，而以陵蓋人也，故傳稱《春秋》「微而顯，婉而辯」者。然則辯之言必約以至不煩而諭，疾徐應節，不犯禮教，足以相稱，樂盡人之辭，善致人之志，使論者各盡得其願，而與之得解，其稱也無名，其理也不獨顯，若此則可謂辯。……君子之辯也，欲以明大道之中也，是豈取一坐之勝哉？

文中徐幹引經據典，論如析薪，以判別「辯」之真義，並說明「辯」之目的，在於「明大道之中」，頗能闡發儒家之中道思想。〈考偽〉篇云：

> 仲尼之沒，于今數百年矣。其間聖人不作，唐虞之法微，三代之教息，大道陵遲，人倫之中不定。於是惑世盜名之徒，因夫民之離聖教日久也，生邪端，造異術，假先王之遺訓以緣飾之，文同而實違，貌合而情遠，自謂得聖人之真也。……仲尼之所貴者，名實之名也。貴名，乃所以貴實也。……人徒知名之為善，不知偽善者為不善也，惑甚矣。

作者痛斥當時聖道不彰，教化跡息，世人多尚虛名，以偽為真之情形，商素菴評曰：「此傷時慨世之論，讀之令人憤激悲痛，且一氣呵成，無斧鑿痕，卓乎西漢之文」[34]。〈賞罰〉篇則云：

---

[34] 見於《諸子彙評・徐子文評綜述》「中論・考偽」篇後。

賞罰不可以疏，亦不可以數。數則所及者多，疏則所漏者多。
賞罰不可以重，亦不可以輕。賞輕則民不勸，罰輕則民亡懼，
賞重則民僥倖，罰重則民無聊。故先王明恕以聽之，思中以平
之，而不失其節也。故《書》曰：「罔非在中，察辭於差。」
夫賞罰之於萬民，猶轡策之於駟馬也。轡策不調，非徒遲速之
分也，至於覆車而摧轅。賞罰之不明也，則非徒治亂之分也，
至於滅國而喪身，可不慎乎！可不慎乎！故《詩》云：「執轡
如組，兩驂如舞」，言善御之可以為國也。

徐幹以立柱分論之式，因果相生、借譬喻理之法，闡述賞罰得中之
要旨，可謂義正辭雅，井然有序，故范文瀾《中國通史簡編》評論
〈覈辯〉一篇，最為精闢[35]，李景華《建安文學述評》認為〈考偽〉、
〈賞罰〉亦有真知卓見[36]，均為有識之論。觀微知著，可以得知《中
論》所以為世標美者，乃具有以下特色：

一、義理允當　發而中節

曾鞏《元豐類稿・中論目錄序》云：「幹獨能考六藝，推仲尼、
孟軻之旨述而論之，求其辭時，若有小失者，要其歸不合於道者少
矣，其所得於內者又能信而充之。」[37]郝經《續後漢書・高士傳》卷
六十九中云：「幹乃傑然著論，推本堯舜之初，非有所得，能若是
乎？觀其切於畏敬，篤於力行，其辭緩，其旨遠，無非誠信為己之
學，進德修業之方，則真知夫中者也」[38]，皆肯定徐幹《中論》思想
合乎中道，以義理取勝的特點。

---

35 見於范文瀾《中國通史簡編》第二編第三章第十一節，頁 251。
36 見於李景華《建安文學述評》（北京：首都師範大學，1994 年），頁 56。
37 見於曾鞏《元豐類稿・中論目錄序》，收於《四部備要》集部卷十一，頁 13 下。
38 收於《四庫全書》冊三八六，頁 21。

二、言辭雅正　條理分明

曹丕〈又與吳質書〉云：「（偉長）著《中論》二十餘篇，……辭義典雅，足傳於後」，歸有光輯《諸子彙函·徐子文評綜述》引虞伯生語亦云：「偉長之文，沖融雅澹，不似當時詞人，競爲靡麗相高者」[39]，又引林對山語云：「枝葉相生，有經有緯，而局調端莊可喜」[40]，則徐幹《中論》言辭樸實，敘理成論，不以華采爲工，已爲文家公認。

三、成一家之言

思想淵源上，徐幹推本經籍，不言五行、符瑞、災異，不尙章句訓詁，注重微言大義，對漢代經學有摧陷廓清的作用；學術思想上，徐幹認爲人生而有知理之心，已開宋儒「理具於心」之說的先河[41]。「實先名後」的論點，已然有「無名實際上就是最大的名」的觀念，爲魏晉玄學中重要之課題[42]。史料運用上，徐幹抨擊時弊，反映東漢末年的社會實況，對學術研究頗有助益；故曹丕《典論·論文》云：「融等已逝，唯幹著《論》，成一家之言」，表彰徐幹論著，不同於辭人專事抒情競藻之文，而以繼軌儒門，立足傳統，推陳出新爲務，期致風俗歸厚，世治淸平，爲建安作家中獨以學術思想立言的大儒；淸代凌揚藻《蠡勺編》亦云：「然偉長著《中論》二十篇，有合於儒者立言之旨，其傳世行遠，殆非仲宣、子建、孔璋所可及」[43]，肯定徐幹爲其他建安作家不及的學術地位，則劉勰標美徐幹論體之說，誠爲異口同聲，百代不遷。

39　見於歸有光輯《諸子彙函》卷三十二〈徐子文評綜述〉，明天啓五年刊本，頁 54 上。
40　同 39。
41　見於李文獻著《徐幹思想研究》（台北：文津出版社，1992 年）第七章結論，頁 268。
42　見於任繼愈《中國哲學發展史·秦漢之部》（北京：人民出版社，1985 年），頁 746。
43　見於凌揚藻《蠡勺編》（台北：世界書局，1963 年）卷二十二，頁 362。

第五節　哀辭差善

　　所謂哀辭，乃爲童殤夭折者，著文寄託傷悼之情，此即《文心雕龍・哀弔》篇所謂：「不在黃髮，必施夭昏」。建安時期寫作哀辭者，摯虞《文章流別論》曾有載錄：「建安中，文帝與臨淄侯各失稚子，命徐幹、劉楨等爲之哀辭」，惟偉長、公幹哀辭今皆亡佚，尚存曹植〈行女〉、〈金瓠〉、〈仲雍〉哀辭行世。然《文心雕龍・哀弔》篇云：「建安哀辭，惟偉長差善，〈行女〉一篇，時有惻怛」，顯示在劉勰的評論中，徐幹的哀辭優於曹植。曹植〈金瓠〉哀辭云：

> 在襁褓而撫育，向孩笑而未言。不終年而夭絕，何見罰於皇天。信吾罪之所招，悲弱子之無辜。去父母之懷抱，滅微骸於糞土。天長地久，人生幾時？先後無覺，從爾有期。

〈行女〉哀辭云：

> 伊上帝之降命，何短修之難哉：或華髮以終年；或懷妊而逢災。感前哀之未闋，復新殃之重來！方朝華而晚敷，比晨露而先晞。感逝者之不追，悵情忽而失度。天蓋高而無階，懷此恨其誰訴。

由於曹植於三年之中，二女先後夭喪，其悲痛難以自已，故兩篇哀辭寫來真情流露，傷慟至極；惟按覈劉勰對哀辭寫作的標準，不僅在於「原夫哀辭大體，情主於痛傷，而辭窮乎愛惜」，「隱心而結文則事愜，觀文而屬心則體夸。夸體爲辭，則雖麗不哀；必使情往會悲，文來引泣」，要能真情感人，不流於浮辭；除此以外，尚須「幼未成德，故譽止於察惠；弱不勝務，故悼加乎膚色」，對夭喪者之形容、性情之特質亦應有所描述。換言之，哀辭尚有「敘事如傳」的作用。而徐幹之哀辭，今雖不可見，然以劉勰形容其「〈行女〉一篇，時有惻怛」，故雖較曹植略勝一籌，仍被劉勰評爲「建

安哀辭，惟偉長差善」；反觀潘岳哀辭，所以被劉勰譽為兼具眾美，莫之或繼者，可自〈金鹿〉一篇得其消息：

> 嗟我金鹿，天資特挺；鬒髮凝膚，峨眉蠐領；柔情和泰，朗心聰警。嗚呼上天，胡忍我門？良嬪短世，令子夭昏。既披我幹，又翦我根；槐如瘣木，枯荄獨存。捐子中野，導我歸路；將反如疑，迴首長顧。

潘岳之辭，感傷幼子早夭，極寫哀情沈痛之餘，尚將金鹿資質情性、眉目髮膚之美，形容殆盡，是知上乘之哀辭，不能僅耽溺於宣洩哀悼者的悲傷，猶應顧及表現傳主的特質，故《文心雕龍·哀弔》篇云：「潘岳繼作，實鍾其美。觀其慮瞻辭變，情洞悲苦，敘事如傳。結言摹詩，促節四言，鮮有緩句；故能義直而文婉，體舊而趣新。〈金鹿〉、〈澤蘭〉，莫之或繼也」，對潘岳哀辭稱賞備至。相對亦反映出曹植、徐幹哀辭唯表悲痛，意有不足。徵驗於王隱《晉書》所言：「潘岳善屬文，哀誄之妙，古今莫比，一時所推」[44]，顯示劉勰提出的寫作哀辭的標準，及對代表文家的評騭，具有公信力。

第六節　結　　語

劉勰對於徐幹的評論，散見於《文心雕龍》，共得七條，茲分析其得失如下：

一、切中為人行文特質

徐幹的人格特質與行事風格，在於「袞然不自見，儡然若無能，不與時爭是非，不與俗辯曲直，不矜名不辭謗，其味至淡」，其外表閒雅靜穆，而內在淵深博識，有守有方的典型，劉勰論為「沈默」，

---

44 見於劉師培《中古文學史·魏晉文學之變遷》引錄，頁 70。

讚賞其文行無玷，頗能識察徐幹爲人處世態度之精髓；而徐幹潛心著述，博涉各體文章，以賦、論表現最爲出色，早爲文史哲學家咸所公認，故劉勰所言「徐幹以賦論標美」，可謂恰如其分，能表彰徐幹的特殊成就。

二、推陳出新　論有創獲

　　爲期評論之精當切要，劉勰廣閱、甄採前人對徐幹的評論，乃理之必然。如謂「偉長從宦於青土」，即語出曹植〈與楊德祖書〉；「王、徐、應、劉，望路而爭驅」一語，則化用自曹丕《典論‧論文》：「今之文人，孔融…陳琳…王粲…徐幹…阮瑀…應瑒…劉楨…斯七子者，於學無所遺，於辭無所假，咸以自騁驥騄於千里，仰齊足而並馳」，並援引曹丕「論徐幹，則云『時有齊氣』」的說法等，做爲立論之本；借由曹氏兄弟與徐幹關係之密切、瞭解之深厚，相對亦提昇劉勰評論之可信度。除祖述立說以外，劉勰亦有後出轉精之發明，如曹丕僅於《典論‧論文》云：「王粲長於辭賦，徐幹時有齊氣，然粲之匹也。……幹之〈玄猿〉、〈漏巵〉、〈圓扇〉、〈橘賦〉，雖張、蔡不過也」，劉勰除有所參循，將王粲、徐幹並稱爲「魏晉賦首」，惟又補述「仲宣靡密，發端必遒；偉長博通，時逢壯采」的說法，藉以闡明王、徐辭賦的特點，及他們所以成爲一代賦傑的原因，此即劉勰獨到的慧見。哀辭亦然，摯虞《文章流別論》云：「哀辭之體，以哀痛爲主，緣以歎息之辭」[45]，表明哀辭之文，以寄寓哀悼者之悲歎爲主，惟劉勰進而提出「情洞悲苦，敘事如傳」的衡文標準，並據以評論潘岳〈金鹿〉、〈澤蘭〉所以爲後人不及，偉長〈行女〉所以差善的緣故，乃爲歷來文論家所未言。

---

45 收於《叢書集成續編》冊一八二，頁 808 上。

三、遷就時代共通性　忽略個別差異

　　《文心雕龍‧時序》篇以觴豆之前、衽席之上的筆墨談笑，做為建安作家的生活背景，說明建安文學所以興盛的緣由，尚能與〈時序〉之篇旨—述明文學變遷與時移世易的關係有所契合，而〈明詩〉篇以「並憐風月，狎池苑，述恩榮，敘酣宴」，做為建安五言詩的代表題材，便有以部分代替全體、代表性不足的問題。以徐幹為例，其所擅長之敦夫婦、篤友誼的題材，〈明詩〉篇即無法涵蓋；而徐幹五言詩纏綿多情致的詩風，也顯然與「慷慨以任氣，磊落以使才」的風格扞格不入，此乃劉勰為遷就「此其所同也」的時代共通性，以致忽略作家的個別差異使然；尤其對徐幹而言，其人格反映於作品，多屬辭典雅，表現為儒者的醇和之氣，而鮮少建安文學所標幟的梗概之氣。至於徐幹之《中論》，宗本儒家思想，切中時弊，匡濟人心，實足以振聾發聵，故能傳世久遠，成為一家之言，而《文心雕龍》評論徐幹僅用「以賦論標美」一句帶過，甚至於〈論說〉篇隻字未提，實為劉勰從文學而捨學術的面向評論作家所致。[46]

---

46 參本書第一章緒論第一節二「何謂作家」。

第十二章 《文心雕龍》論建安
其他作家

前　　言

　　建安文學的起訖時間，據本書緒論所言，係由漢獻帝初平元年（西元 190 年）至魏明帝太和六年(西元 232 年)，依此斷限，劉勰論及之建安作家，除三曹父子、建安七子以外，尚有禰衡、路粹、潘勖、繁欽、楊脩、丁儀、衛覬、邯鄲淳、劉廙、王朗十位[1]，甄毅、司馬芝則以卒年不詳，不予列入。以下茲就《文心雕龍》對上述建安十家的評論予以探究：

第一節　論禰衡

　　禰衡字正平，山東平原人。生於漢靈帝熹平二年（西元 173 年），卒於獻帝建安三年（西元 198 年）。其著作據《隋書》卷三十五《經籍志》載錄有集二卷，錄一卷，已亡佚。《全後漢文》卷八十七則存有〈鸚鵡賦〉、〈書〉、〈魯夫子碑〉、〈顏子碑〉、〈弔張衡文〉五篇。

　　《文心雕龍》對禰衡的評論計有五則，足見對這位建安才子[2]

---

1 禰衡等十位作家生卒年表，參本書附錄一。
2 王世貞《藝苑巵言》卷三云：「正平、子建，直可稱建安才子。其次文舉，又其次為公幹、仲宣」，於建安濟濟多士中，給予禰衡的奇才最高的肯定，收入《歷代詩話續編》卷三，頁 4 上。

的重視：

一、評騭才性

〈神思〉篇曾對禰衡的才性有所評述：

> 禰衡當食而草奏，雖有短篇，亦思之速也。

禰衡文思敏捷，由其天賦異稟，資質不凡已兆端倪：「初涉藝文，升堂覩奧，目所一見，輒誦於口，耳所瞥聞，不忘於心。性與道合，思若有神」[3]；〈神思〉所言，則舉二事爲證：一爲《後漢書·文苑列傳》第七十下所載，劉表嘗與諸文人共草章奏，而禰衡乃從求筆札，須臾立成，辭義最爲可觀，劉表因而大悅，對其益加看重；二亦見於同傳，述寫江夏太守黃祖善待禰衡，其子黃射時任章陵太守，於大會賓客時，人有獻鸚鵡者，遂請禰衡即席作賦，其擎筆而作，文無加點，而辭采甚麗。由此可知禰衡的文才俊捷，爲衆所歎服。如其作品〈鸚鵡賦〉，文僅五五九字，雖爲提筆立就，卻是建安詠物抒情小賦的代表作。辭賦首寫鸚鵡之姿質性情：「性辯慧而能言兮，才聰明以識機」，「飛不妄集，翔必擇林」。次述鸚鵡陷入羅網及哀淒的聲情：「爾迺歸窮委命，離群喪侶。閉以雕籠，翦其翅羽。流飄萬里，崎嶇重阻」，「長吟遠慕，哀鳴感類。音聲悽以激揚，容貌慘以顋頷。聞之者悲傷，見之者隕淚」。末尾則歸總其對故鄉的思念，及自述守死效愚，歷久不渝的忠誠：「想崑山之高嶽，思鄧林之扶疏。顧六翮之殘破，雖奮迅其焉如。心懷歸而弗果，徒怨毒于一隅。苟竭心于所事，敢背惠而忘初」，乃作者奮筆直書，以氣運詞，借物自比，寄託其身世之悲，及憂生之感，淒切地道盡其以才高，被孔融荐於曹操，後爲曹操所不能容，遣送至荆州劉表處，又將其轉送黃祖的窘困失意，故何焯論此賦云：「全是寄託，

---

3 見於《後漢書·文苑列傳》第七十下，頁 2653。

分明爲才人寫照。正平豪氣，不逸有樊籠之感，讀之爲之慨然」；
且全文六四爲句，對仗工整，聲和韻諧，溢氣坌涌，正《文心雕龍·
才略》篇所謂：「禰衡思銳於爲文，有偏美焉」，讚賞禰衡才思敏
銳，爲文有辭義可觀之美，其言信然！

　　此外，〈程器〉篇也指出禰衡才性上的缺失：

　　　　正平狂憨以致戮。

禰衡才性之狂傲憨直，實緣自於其個性「尙氣剛傲，好矯時慢物」[4]。
綜其一生，雖僅二十六年，禰衡始終如一的性格特質與致命關鍵正
是「狂憨」二字。據《後漢書·文苑列傳》第七十下所載：

　　　　或問衡曰：「盍從陳長文、司馬伯達乎？」對曰：「吾焉能從
　　　　屠沽兒耶！」又問：「荀文若、趙稚長云何？」衡曰：「文若
　　　　可借面弔喪，稚長可使監廚請客。」[5]

陳群、司馬朗、荀彧、趙稚長皆一時之俊彥謀士，而禰衡心存輕眇，
言有怠慢；其對曹操亦素相輕疾，不但自稱狂病，不肯往見曹操，
且數有恣言；並解衣裸身，擊鼓〈漁陽曲〉，使曹操受辱；又侮慢
劉表、對黃祖出言不遜，終招恚而被黃祖下令殺之。盧弼《三國志
集解》引王補曾評論禰衡這些行爲：

　　　　禰衡徒以侮辱曹操，取快一時，操以雀鼠視衡，一再假手，斃
　　　　於黃祖。奸雄意忌，自古所歎。然解袒裸立，果大雅所當爾邪？
　　　　適以長後進輕猥之談，而授殺士者以口實也。無行才士，遂爲
　　　　世詬，流宕忘返，君子懼旃。[6]

恃才傲物，徒爲一時之快，而遭殺身之禍，此即劉勰所謂「狂憨以
致戮」，顏之推評曰「誕傲致殞」[7]，皆已深切著明禰衡才性上狂傲

4　同3，頁2652。
5　同3。
6　見於《三國志集解》（台北：藝文印書館，1982年）卷十，頁12上。
7　見於《顏氏家訓新譯·文章》第九，頁238。

任性的缺失。

二、文學成就與得失

劉勰又評論禰衡的文學成就與利弊得失，《文心雕龍·書記》篇云：「禰衡代書，親疏得宜，斯又尺牘之偏才也」，其說法引述自《後漢書·文苑列傳》：「衡為作書記，輕重疏密，各得體宜。祖持其手曰：『處士，此正得祖意，如祖腹中之所欲言也』」[8]，皆謂禰衡的書記能因關係的尊卑、親疏，而下筆輕重有別，恰如其分，表現「尊貴差序，則肅以節文」[9]的寫作體式，故被黃祖認為深得其心、劉勰譽為擅長尺牘之奇才，惜乎今已不傳，無法得見禰衡書記之作。〈哀弔〉篇又云：「禰衡之〈弔平子〉，縟麗而輕清」，張衡字平子，禰衡〈弔張衡文〉見於《太平御覽》卷五九六，其辭曰：

> 南嶽有精，君誕其姿；清和有理，君達其機。故能下筆繡辭，
> 揚手文飛。昔伊尹值湯，呂尚遇旦；嗟矣君生，而獨值漢！蒼
> 蠅爭飛，鳳皇已散；元龜可羈，河龍可絆。石堅而朽，星華而
> 滅；惟道興隆，悠永靡絕。（此下脫四字），君音永浮；河水
> 有竭，君聲永流；周旦先沒，發夢孔丘。余生雖後，身亦存游；
> 士貴知己，君其弗憂。[10]

對東漢張衡極盡歌頌之能事。首先，他讚賞平子的文業：「下筆繡辭，揚手文飛」，如〈二京〉賦「迅拔以宏富」[11]，氣勢磅礴；〈四愁〉詩「遠摹正則」[12]，文辭雅麗；文章則學識淹通，慮周而藻密[13]；繼而稱揚張衡的道心：「昔伊尹值湯，呂望遇旦。嗟矣君生，而獨值

---

8 同3，頁2657。
9 引自《文心雕龍·書記》。
10 見於《太平御覽》卷五九六，頁2686。
11 見於《文心雕龍·詮賦》。
12 見於張溥著《漢魏六朝百三家集題辭·張河間集》，頁39。
13 《文心雕龍·體性》篇云：「平子淹通，故慮周而藻密。」

漢」,「惟道興隆,悠永靡絕」,按張衡曾作〈二京〉,以諷諫承平日久,王侯以下莫不踰侈的惡習,並於圖讖繁興之世,上疏陳論,務矯時枉,道心微危;末則弔慰張衡的德範,有志不得行,邪佞當道[14]的憂傷,所以禰衡一則頌揚張衡的偉業如「周旦先沒,發夢孔丘」,一則寬慰其「士貴知己,君其弗憂」,既表彰張衡志節的高遠,也表現作者見賢思齊之意。其文以四字句為主,兩句為韻,正對、反襯交互輝映,而以伊尹、呂望為喻,南嶽、河聲比附,氣象宏闊;惟弔文中「蒼蠅爭飛,鳳皇已散」的形容,則不免文字流於輕巧,與全篇深偉之風不合,故劉勰評為「縟麗而輕清」,兼論其作品的優劣,所言切當。

第二節 論路粹

路粹,字文蔚,河南陳留人,少學於蔡邕。生年不詳,卒於漢獻帝建安二十年(西元 215 年)。據《隋書》卷三十五《經籍志》載錄:「魏國郎中令《路粹集》二卷,錄一卷,……亡」,其文集今已散佚,而《全後漢文》卷九四則收錄其作品〈枉狀奏孔融〉、〈為曹公與孔融書〉[15]兩篇。

《文心雕龍》對路粹的評論有四則:

一、與建安文會的關係

《文心雕龍・時序》篇云:

> 建安之末,區宇方輯。魏武以相王之尊,雅愛詩章;文帝以副

---

14 張衡有〈思玄賦〉云:「行頗僻而獲志兮,循法度而離殃」,見於《文選》卷十五,頁 363。

15 嚴可均校輯《全後漢文》卷九四收錄路粹〈為曹公與孔融書〉文末按語云:「《文選》任昉《王文憲集序》注引路粹〈為曹公與孔融書〉云:『邀一言之譽者,計有餘矣』,證知此文是路粹作,今此無『邀一言之譽者』,范史有刪節也。」頁 979。

君之重,妙善辭賦;陳思以公子之豪,下筆琳瑯;並體貌英逸,故俊才雲蒸。……文蔚、休伯之儔,……傲岸觴豆之前,雍容衽席之上,灑筆以成酣歌,和墨以藉談笑。觀其時文,雅好慷慨,良由世積亂離,風衰俗怨,並志深而筆長,故梗概而多氣也。

路粹以文才著稱,早見於史傳,《三國志·魏書·王粲傳》附傳云:「自潁川邯鄲淳、繁欽、陳留路粹、沛國丁儀、丁廙、弘農楊脩、河內荀緯等,亦有文采,而不在此七人之例」[16],可見路粹雖不及建安七子之富於盛名,亦以高才享譽當時。其與曹氏父子關係之密切,始於擔任曹操之軍謀祭酒,與陳琳、阮瑀等典記室,書檄多為彼等所作。及孔融有過,曹操並使路粹偽奏,承指數致孔融罪狀。迨至建安二十年(西元 215 年),路粹從軍至漢中,以罪見誅,而曹丕素與路粹相善,聞路粹死,為之歎惜,及即帝位後,特用路粹之子為長史[17],由此可見路粹與曹氏父子淵源深厚,基本上扮演曹氏僚屬,侍從文人的角色。惟自路粹今傳之著作,已無法得知其與曹氏兄弟、建安文士「傲岸觴豆之前,雍容衽席之上,灑筆以成酣歌,和墨以藉談笑」的情形,亦無從得見其「志深而筆長,梗概而多氣」的作品。

二、刀筆險士

劉勰對路粹的文人無行,頗有摘斥。〈奏啟〉篇云:「路粹之奏孔融,則誣其釁惡。名儒之與險士,固殊心焉」,所言路粹偽奏孔融,致使孔融下獄棄市一事,見於《後漢書·孔融列傳》[18],載錄孔融由於個性貞亮誕傲,見曹操雄詐漸著,時有乖忤之辭,曹操遂命

---

16 見於《三國志·魏書》卷二十一〈王粲傳〉附傳,頁 602。
17 上述數事,見於《三國志·魏書》卷二十一〈王粲傳〉附傳注引《典略》,頁 603。
18 引自《後漢書》卷七十〈孔融列傳〉,頁 2278。

郄慮承望風旨，奏免融官，繼令路粹枉狀奏孔融，書曰：

> 少府孔融，昔在北海，見王室不靜，而招合徒眾，欲規不軌，云「我大聖之後，而見滅於宋，有天下者，何必卯金刀」。及與孫權使語，謗訕朝廷。又融為九列，不遵朝儀，禿巾微行，唐突宮掖。又前與白衣禰衡跌蕩放言，云「父之於子，當有何親？論其本意，實為情欲發耳。子之於母，亦復奚為？譬如寄物瓶中，出則離矣」，既而與衡更相贊揚。衡謂融曰：「仲尼不死」融答曰：「顏回復生。」大逆不道，宜極重誅。

孔融即因奏書舉述之違天反道，敗倫亂理的事由被下獄棄市，誠可謂欲加之罪，何患無辭。孔融〈臨終〉詩因有「讒邪害公正，浮雲翳白日。靡辭無忠誠，華繁竟不實」的慨歎，是見劉勰對路奏「誣其釁惡」的評論，誠然不假！孔融以名儒為天下風教所繫，海內英俊莫不敬服其提倡儒學，以進賢自任，心繫漢室，忠誠悃悃的高志直情；相形之下，路粹雖以侍從文人的身分，奉旨行事，然違心按劾，史傳文論皆無法諒宥其所為。《三國志‧魏書‧王粲傳》注引韋仲將所言：「文蔚性頗忿鷙」[19]，《顏氏家訓‧文章》篇亦謂「路粹隘狹已甚」[20]，都與劉勰異口同聲，指路粹為刀筆「險士」，居心殊惡。《文心雕龍‧程器》篇更批評路粹「餔啜而無恥」，斥責路粹貪求名祿，不擇所從，實為無恥之尤，乃文士之瑕累，不足為法。

三、工於筆記

　　路粹身為曹氏幕僚的重要活動之一，為起草軍檄文書，《文心雕龍‧才略》篇嘗云：「路粹、楊脩頗懷筆記之工」，顯示路粹創作的特長亦在書記。據《三國志‧魏書‧王粲傳》「路粹」注引《典

---

19 見於《三國志‧魏書》卷二十一〈王粲傳〉注引魚豢問韋仲將所言，頁 604。
20 同 7。

略》所言：「融誅之後，人覿粹所作，無不嘉其才而畏其筆也」[21]，是知路粹之文，筆端振風，簡上凝霜，表面看來義正而辭嚴，如〈為曹公與孔融書〉一文歷數典故，責孔融與郗慮以人臣克讓之道：「鼂錯念國，遘禍於袁盎；屈平悼楚，受譖於椒蘭；彭寵傾亂，起自朱浮；鄧禹威損，失於宗馮。由此言之，喜怒憂愛，禍福所因，可不慎與」；實則包藏禍心，躁言醜句，意在陷人入罪：「又知二君，羣小所搆，孤為人臣，進不能風化海內，退不能建德和人，然撫養戰士，殺身為國，破浮華交會之徒，計有餘矣」。可以說路粹的筆記文書形式雖然工巧，惟以不脫「詞場之讒賊，忠義之鴟鴞」[22]的本質，無怪乎為人所畏也。

第三節　論潘勖

　　潘勖字元茂，初名芝，改名勖，河南中牟人。以建安二十年（西元 215 年），卒年五十餘歲上推，當生於漢桓帝延熹中（西元 160 年左右）。據《三國志·魏書·衛覬傳》所言，建安之世，潘勖與王象、衛覬並以文章顯名 [23]，惜乎《隋志》載錄：「後漢尚書右丞《潘勖集》二卷，梁有錄一卷，亡」，其文集已佚；《全後漢文》卷八十七尚收其作品〈玄達賦〉、〈冊魏公九錫文〉、〈擬連珠〉、〈尚書令荀彧碑〉四篇，以〈冊魏公九錫文〉最富盛名。

　　《文心雕龍》對潘勖的評論計有五則，涵蓋其各體作品之優劣得失：

---

21 同 17。
22 引自胡應麟《詩藪》外編卷一：「路粹承孟德旨劾奏孔融，乃詞場之讒賊，忠義之鴟鴞。郗慮等輩，何足道哉」，頁 414。
23 見於《三國志·魏書》卷二十一〈衛覬傳〉，頁 612。

一、〈符節箴〉要而失淺

〈銘箴〉篇云：「潘勗〈符節〉，要而失淺」，認爲潘勗〈符節箴〉內容簡要而失之淺陋，按箴之爲體，旨在針對過失，予以刺戒，故文字要能確切，取材當求其覈實明辨，行文貴能簡潔深刻，而潘勗〈符節箴〉規戒之意不夠深遠，是爲美中不足。其文今已亡佚。

二、〈擬連珠〉多貫魚目

〈雜文〉篇云：「劉珍、潘勗之輩，欲穿明珠，多貫魚目」，批評潘勗〈擬連珠〉之作，魚目混雜，弄巧成拙。傅玄〈敘連珠〉有言：「所謂連珠者，……其文體辭麗而言約，不指說事情，必假喻以達其旨，而覽者微悟，合於古詩諷興之義。欲使歷歷如貫珠，易看而可悅，故謂之連珠」[24]，沈約注〈制旨連珠表〉也說：「連珠者，蓋謂辭句連續，互相發明，若珠之結排也」[25]，由此推知，以借物爲喻的方法，藻麗的言辭，結體相同的句式，聲韻和諧地表達諷勸的意涵，爲「連珠」體之特色，而潘勗〈擬連珠〉云：

> 臣聞媚上以布利者，臣之常情，主之所患；忘身以憂國者，臣之所難，主之所願，是以忠臣背利而脩所難，明主排患而獲所願。

雖文寓諷勸之旨，卻未能表現「連珠」特重麗辭藻飾，纍如貫珠的形式，劉勰因有「邯鄲學步」之譏。

三、〈九錫〉典雅逸群

〈詔策〉篇云：「潘勗〈九錫〉，典雅逸群」，〈才略〉篇又云：「潘勗憑經以騁才，故絕群於錫命」，稽考〈冊魏公九錫文〉的作

---

24 見於《文選》卷五十五「連珠」下所引，頁1348。
25 引自《藝文類聚》卷五十七雜文部三「連珠」。

者，昔人有謂出於王粲之手，如段成式《酉陽雜俎》前集卷十二〈語資〉云：「九錫或稱王粲」[26]；惟據《後漢藝文志》卷四云：「《太平御覽》五九三引殷洪《小說》曰：『魏國初建，潘勗爲策命文。自漢武以來，未有此制。勗乃依商周，憲章唐虞，辭意溫雅，與典誥同風。』」[27]《隋書經籍志考證》卷三十九之二曾引此條，自注：「案殷洪當是殷芸之誤。」[28]《三國志·魏書·衛覬傳》注引《文章注》亦曰：「〈魏公九錫策命〉，勗所作也」[29]，是知〈册魏公九錫文〉的作者確爲潘勗無疑。乃建安十八年（西元 213 年）天子策命曹操爲魏公，加九錫，賜諸侯有大功者衣物等凡九事，以表彰殊勳，而由潘勗於任職尚書右丞時所作。其文首先稱頌曹操討滅逆賊，救危存亡，安定天下，宣教慎刑的功績，雖伊尹、周公無與倫比，曰：

> 昔者董卓初興國難，群后失位，以謀王室。君則攝進，首啟戎行，此君之忠於本朝也。後及黃巾，反易天常，侵我三州，延于平民。君又討之，剪除其迹，以寧東夏，此又君之功也。韓暹楊奉，專用威命，又賴君勳，克黜其難。遂建許都，造我京畿，設官兆祀，不失舊物，天地鬼神，於是獲乂，此又君之功也。袁術僭逆，肆于淮南，慴憚君靈，用丕顯謀，蘄陽之役，橋蕤授首，稜威南屬，術以殞潰，此又君之功也。迴戈東指，呂布就戮，乘軒將反，張揚沮斃，眭固伏罪，張繡稽服，此又君之功也。袁紹逆亂天常，謀危社稷，憑恃其眾，稱兵內侮。當此之時，王師寡弱，天下寒心，莫有固志。君執大節，精貫日月，奮其武怒，運諸神策，致屆官渡，大殲醜類，俾我國家，

---

26 見於段成式《酉陽雜俎》前集卷十二〈語資〉，收於《叢書集成簡編》（台北：台灣商務印書館，1966 年），頁 89。

27 引自陸侃如著《中古文學繫年》（北京：人民文學出版社，1985 年）下册，頁 391。

28 見於《隋書經籍志考證》卷三十九之二，頁 52 下。

29 見於《三國志·魏書·衛覬傳》注引《文章注》，頁 613。

拯於危墜，此又君之功也。……君有定天下之功，重之以明德，班敘海內，宣美風俗，旁施勤教，恤慎刑獄，吏無苛政，民不回慝，敦崇帝族，援繼絕世，舊德前功，罔不咸秩。雖伊尹格于皇天，周公光于四海，方之蔑如也。

其次再進爵曹操為魏公，以丞相領冀州牧如故，並加九錫備物，以崇顯其勳績：

今以冀州之河東、河內、魏郡、趙國、中山、鉅鹿、常山、安平、甘陵、平原凡十郡，封君為魏公。使使持節御史大夫慮授君印綬冊書，金虎符第一至第五，竹使符第一至第十，錫君玄土，苴以白茅，爰契爾龜，用建冢社。昔在周室，畢公毛公，入為卿佐，周邵師保，出為二伯，外內之任，君實宜之。其以丞相領冀州牧如故。……以君經緯禮律，為民軌儀，使安職業，無或遷志，是用錫君大輅戎輅各一，玄牡二駟。……是用錫君袞冕之服，赤舄副焉。……是用錫君軒懸之樂，六佾之舞。……是用錫君朱戶以居。……是用錫君納陛以登。……是用錫君虎賁之士三百人……是用錫君鈇鉞各一……是用錫君彤弓一，彤矢百，旅弓十，旅矢千……是用錫君秬鬯一卣，珪瓚副焉。……簡恤爾眾，時亮庶功，用終爾顯德，對揚我高祖之休命。

本文遠祖《尚書‧周書》「文侯之命」，周平王念晉文侯之功的錫命之辭，近法《漢書‧王莽傳》張竦草奏頌諛王莽功德的文字，體式與典誥同風；且為文用事惟經典是則，多援舉《詩經》、《書》、《左傳》、《孝經》等典故成辭為句，故能典贍溫雅，超邁群倫，劉勰謂潘勗〈冊魏公九錫文〉「憑經以騁才，故絕群於錫命」，應即對其稟經以製式，酌雅以富言的肯定，故《文心雕龍‧風骨》篇又讚美曰：「昔潘勗錫魏，思摹經典，群才韜筆，乃其骨髓峻也」，評論潘勗本文能鎔鑄經典。據《文心雕龍‧宗經》篇云：

文能宗經，體有六義：一則情深而不詭，二則風清而不雜，三
則事信而不誕，四則義直而不回，五則體約而不蕪，六則文麗
而不淫。

則宗經之文具有內容精當、文辭端直、組織井然有序的「骨髓峻」
的藝術風格，此潘勗〈冊魏公九錫文〉乃為九錫文首選之故也。除
了劉勰予以稱賞，《文選學・評騭》引譚復堂批語亦云：「所言不
夸飾，淵乎茂乎，精神肌理與典誥相通」，又云：「神完氣足，樸
茂淵懿，楊班儔也」[30]，是知劉勰評論，足昭公信。

第四節　論繁欽

繁欽，字休伯，生年無考，卒於建安二十三年（西元 218 年）。
據《隋書》卷三十五《經籍志》載錄：「後漢丞相主簿《繁欽集》
十卷，梁錄一卷，亡」，其文集今已不存。嚴可均校輯《全後漢文》
卷九三則收錄其作品二十二篇：〈暑賦〉、〈抑檢賦〉、〈明□賦〉、
〈愁思賦〉、〈弭愁賦〉、〈述征賦〉、〈述行賦〉、〈避地賦〉、
〈征天山賦〉、〈建章鳳闕賦〉、〈三胡賦〉、〈桑賦〉、〈柳賦〉、
〈與魏太子書〉、〈為史叔良作移零陵檄〉、〈川里先生訓〉、〈硯
頌〉、〈硯讚〉、〈尚書箴〉、〈威儀箴〉、〈嘲應德璉文〉、〈丘
雋碑〉；丁福保編《全三國詩》卷三則載有繁欽詩六首：〈贈梅公
明詩〉、〈遠戍勸戒詩〉、〈蕙詠〉、〈定情〉、〈槐樹〉、〈雜
詩〉，為文備眾體，創作領域寬廣的作家。

《文心雕龍》對繁欽的評論，僅見於〈時序〉篇，舉述繁欽為曹
氏文學集團的成員，及其與建安作家遊宴往還、詩酒酬酢的情形：

自獻帝播遷，文學蓬轉，建安之末，區宇方輯。魏武以相王之

---

30 見於駱鴻凱《文選學》評騭第八，頁 276。

尊，雅愛詩章；文帝以副君之重，妙善辭賦；陳思以公子之豪，下筆琳瑯；並體貌英逸，故俊才雲蒸。……文蔚、休伯之儔，子叔、德祖之侶，傲岸觴豆之前，雍容衽席之上，灑筆以成酣歌，和墨以藉談笑。觀其時文，雅好慷慨，良由世積亂離，風衰俗怨，並志深而筆長，故梗概而多氣也。

繁欽文名早著，見於《三國志・魏書・王粲傳》附傳注引《典略》的載錄：「欽字休伯，以文才機辯，少得名於汝、潁」，尤以書記、詩賦擅長。他曾任丞相主簿，從曹操東征孫權，自其〈撰征賦〉云：「有漢丞相武平侯曹公，仗節東征，□六軍于三江，浮五湖以耀武」31可以得知；而由曹丕〈答繁欽書〉云：「披書歡笑，不能自勝」，則顯示曹丕與繁欽情誼篤厚，繁欽〈柳賦〉即與曹丕、王粲、陳琳同題賦詠之作，曹丕〈柳賦序〉嘗云：「昔建安五年，上與袁紹戰于官渡，時余始植斯柳，自彼迄今，十有五載矣，感物傷懷，乃作斯賦」，乃曹丕爲懷念故舊所作之賦，由此可以想見當時同題應和之文士，彼此交誼之深厚。他如繁欽之〈暑賦〉、〈述征賦〉、〈述行賦〉、〈愁思賦〉、〈抑檢賦〉均爲與建安文士唱和往還之作，足證其與曹氏父子、建安作家互動關係的密切。而自繁欽〈與魏太子書〉云：

正月八日壬寅，領主簿繁欽死罪死罪，近屢奉牋，不足自宣。頃諸鼓吹，廣求異妓，時都尉薛訪車子，年始十四，能喉囀引聲，與笳同音，白上呈見，果如其言。即日故共觀試，乃知天壤之所生，誠有自然之妙物也。潛氣內轉，哀音外激，大不抗越，細不幽散，聲悲舊笳，曲美常均。及與黃門鼓吹溫胡，迭

---

31 嚴可均於《全後漢文》卷九三載〈征天山賦〉題下注云：「案《御覽》三百五十三題作〈撰征賦〉。」頁977。陸侃如《中古文學繫年》以爲這標題較〈征天山賦〉爲妥，頁375。

唱迭和，喉所發音，無不響應，曲折沈浮，尋變入節。自初呈
試，中間二旬，胡欲憿其所不知，尚之以一曲，巧竭意匱，既
已不能。而此孺子遺聲抑揚，不可勝窮，優遊轉化，餘弄未盡；
暨其清激悲吟，雜以怨慕，詠北狄之遐征，奏胡馬之長思，悽
入肝脾，哀感頑豔。是時日在西隅，涼風拂衽，背山臨谿，流
泉東逝。同坐仰歎，觀者俯聽，莫不泫泣殞涕，悲懷慷慨。自
左駢、史娷、謇姐名倡，能識以來，耳目所見，僉曰詭異，未
之聞也。竊惟聖體，兼愛好奇，是以因牋，先白委曲，伏想御
聞，必含餘懽。冀事速訖，旋侍光塵，寓目階庭，與聽斯調，
宴喜之樂，蓋亦無量，欽死罪死罪。

信牋所言：「是時日在西隅，涼風拂衽，背山臨谿，流泉東逝。同
坐仰歎，觀者俯聽，莫不泫泣殞涕，悲懷慷慨」，正呈顯出曹丕與
眾文士同席聽曲賞遊的生活情形，而繁欽信中描寫薛訪車子的歌
聲，令人動容者，適為悲懷慷慨之音，是知〈時序〉篇所述「傲岸
觴豆之前，雍容衽席之上，灑筆以成酣歌，和墨以藉談笑。觀其時
文，頗好慷慨」，亦為繁欽與曹丕、文士之間的生活實錄，並反映
當時無論為文、宴樂皆好慷慨之音的習尚。此外，本文摹寫歌妓薛
訪車子的歌聲，逼真生動，對偶工麗，曹丕有〈敘繁欽〉曰：「上
西征，余守譙，繁欽從。時薛訪車子能喉囀，與笳同音。欽牋還與
余盛歎之，雖過其實，而其文甚麗。」即接獲繁欽〈與魏太子書〉
後所寫，雖不讚同來信的說法，卻誇讚其文綺麗，繁欽果不負「長
於書記」[32] 之名。

　　繁欽詩六首，以〈定情〉詩最富盛名。為五言詩，郭茂倩《樂府
詩集》列入「雜曲歌辭」體。詩以第一人稱敘寫女子深情款款，與

---

32 同 17。

人約定，而空守不至的傷情。前半部以十一組類疊之句式，表述內心的深情：

> 何以致拳拳，綰臂雙金環；何以致慇勤，約指一雙銀；何以致區區，耳中雙明珠；何以致叩叩，香囊繫肘後；何以致契闊，繞腕雙跳脫；何以結恩情，珮玉綴羅纓；何以結中心，素縷連雙針；何以結相於，金薄畫搔頭；何以慰別離，耳後玳瑁釵；
>
> 何以答歡悅，紈素三條裙；何以結愁悲，白絹雙中衣。

後半部則以「與我期何所，乃期東山隅，日旰兮不至，谷風吹我襦。遠望無所見，涕泣起踟躕」的句式，而期於山南、山西、山北，如此類疊數次，形成全首排比重覆的形式，纏綿迴盪的情感，胡應麟《詩藪》內編有云：「繁欽〈定情〉，氣骨稍弱陳思，而整贍都雅，宛篤有情，〈同聲〉之後，此作為最」[33]，《玉臺新詠》卷一本詩題下注曰：「按魏雜曲歌辭，唐喬知之〈定情〉篇、施肩吾〈定情樂〉皆本此」[34]，可見本詩除文句工麗，並影響後世樂府。

繁欽的辭賦有十三首，部分有脫誤、逸文，以征戰、詠物為主，其中〈柳賦〉寫道：「有寄生之孤柳，託余寢之南隅。順肇陽以吐牙，因春風以揚敷。交綠葉而重葩，轉紛錯以扶疏。鬱青青以暢茂，紛冉冉以陸離。浸朝露之清液，曜華朵之猗猗」，不但雙聲、疊韻，聲和韻協，且講究詞性、色彩相對，辭采工麗而有光澤。另有〈愁思賦〉云：

> 何旻秋之慘悽，處寒夜而懷愁。風清涼以激志兮，樹動葉而鼓條。雲朝隮于西氾兮，遂憤薄于丹丘。潛白日于玄陰兮，翳朗月于重幽。零雨濛其迅集，潢潦汨以橫流。聽峻階之回霤，心沈切以增憂。嗟王事之靡監，士感時而情悲。願出身以徇役，

33 見於胡應麟《詩藪》內編「古體上‧雜言」，頁 69。
34 見於徐陵《玉臺新詠》（台北：世界書局，2001 年）卷一，頁 31。

> 式簡書以忘歸。時陟岵以旋顧，涕漸纓而鮮晞。聽鳴鶴之哀音，
> 知我行之多違。悵俯仰而自憐，志荒咽而摧威。聊弦歌以屬志，
> 勉奉職于閨閫。

流露作者悲秋感時之餘，不忘為國效命，自我惕厲的思想，展現建
安文學「志深而筆長，故梗概而多氣」的特色，惜乎繁欽此類作品，
今只存此作。基本上，繁欽書記、詩賦仍以巧麗見長，氣骨稍弱，
未受劉勰標美，良有以也。

<h1 style="text-align:center">第五節　論楊脩</h1>

楊脩，字德祖，才性捷悟，為太尉楊彪之子，陝西華陰人。生於
漢靈帝熹平四年（西元 175 年），卒於漢獻帝建安二十四年（西元
219 年）。據《隋書》卷三十五《經籍志》載錄：「後漢丞相主簿《楊
脩集》一卷，梁二卷，錄一卷」，其文已有散佚。《全後漢文》卷
五十一尚收存〈節遊賦〉、〈出征賦〉、〈許昌宮賦〉、〈神女賦〉、
〈孔雀賦〉、〈答臨淄侯牋〉、〈司空荀爽述贊〉七篇。

《文心雕龍》對楊脩的評論共有兩則：

一、與建安作家齊集鄴下

楊脩與建安作家雅尚文詠，文會蔚盛的情形，如〈時序〉篇云：
> 自獻帝播遷，文學蓬轉，建安之末，區宇方輯。魏武以相王之
> 尊，雅愛詩章；文帝以副君之重，妙善辭賦；陳思以公子之豪，
> 下筆琳瑯；並體貌英逸，故俊才雲蒸。……文蔚、休伯之儔，
> 子叔、德祖之侶，傲岸觴豆之前，雍容衽席之上，灑筆以成酣
> 歌，和墨以藉談笑。觀其時文，雅好慷慨，良由世積亂離，風
> 衰俗怨，並志深而筆長，故梗概而多氣也。

劉勰的說法，出自《三國志‧魏書》卷二十一〈王粲傳〉附傳：「自

潁川邯鄲淳、繁欽、陳留路粹、沛國丁儀、丁廙、弘農楊脩、河內荀緯等，亦有文采，而不在此七人之例」，言楊脩爲建安七子之外，以文才著稱的建安作家。其與曹氏父子關係深厚：早年，以名公子有才能，受曹操賞識 35，曾舉孝廉，除郎中，丞相請署倉曹屬主簿，是時，軍國多事，而楊脩總知內外，事皆稱意，故自魏太子曹丕以下，皆爭相交好 36。其尤以才思敏捷，深獲臨淄侯曹植愛幸，《三國志‧魏書‧陳思王植傳》嘗云：「植既以才見異，而丁儀、丁廙、楊脩等爲之羽翼」37，曹植並於〈柳頌序〉說：「予以閑暇，駕言出遊，過友人楊德祖之家，視其屋宇寥廓，庭中有一柳樹，聊戲刊其枝葉，故著斯文，表之遺翰」，可見植、脩兩人雖賓主關係，而交從甚密。曹植〈與楊德祖書〉又云：

> 數日不見，思子為勞，想同之也。……然今世作者，可略而言也。昔仲宣獨步於漢南，孔璋鷹揚於河朔，偉長擅名於青土，公幹振藻於海隅，德璉發迹於大魏，足下高視於上京。當此之時，人人自謂握靈蛇之珠，家家自謂抱荊山之玉，吾王於是設天網以該之，頓八紘以掩之，今悉集茲國矣。……其言之不慚，恃惠子之知我也。

文中，曹植除表達對楊脩的思念，並將他列爲「今世作者」之一，與曹丕《典論‧論文》將孔融、阮瑀列入「建安七子」不同，又以惠施比擬楊脩：「其言之不慚，恃惠子之知我也」，曹植賞識楊脩的文才，視其爲知交，友誼深厚，可見一斑；依《續漢書》的載錄：「人有白脩與臨淄侯曹植飲醉共載，從司馬門出，謗訕鄢陵侯章。太祖聞之大怒，故遂收殺之」38，則曹植違令走馬於司馬門，應爲楊

---

35 見於《三國志‧魏書》卷十九〈陳思王植傳〉注引《世語》，頁 560。
36 見於《三國志‧魏書》卷十九〈陳思王植傳〉注引《典略》，頁 558。
37 見於《三國志‧魏書》卷十九〈陳思王植傳〉，頁 557。
38 見於《後漢書》卷五十四〈楊脩傳〉注引《續漢書》，頁 1790。

脩獻策,而自招殺身之禍;楊脩爲曹植所親信、倚重,由此不言而
喻。是知〈時序〉篇所說「魏武以相王之尊,雅愛詩章;文帝以副
君之重,妙善辭賦;陳思以公子之豪,下筆琳瑯;並體貌英逸,故
俊才雲蒸」,對楊脩而言,誠然如此。

由於曹氏父子獎倡文風,文士樂從,同題競采的情形,也就不絕
於時,楊脩有〈孔雀賦序〉云:「魏王園中有孔雀,久在池沼,與
眾鳥同列,其初至也,甚見奇偉,而今行者莫眂,臨淄侯感世人之
待士,亦咸如此,故興志而作賦,并見命及,遂作賦曰」,〈節遊
賦〉亦云:「爾乃息偄暇豫,攜手同征。遊乎北園,以娛以逞。欽
太皞之統氣,樂乾坤之布靈。誕烟熅之純和,百卉挺而滋生。谷風
習以順時,橈百物而有成。……御于方舟,載笑載言。仰沂涼風,
俯渥纖腕。極歡欣以從容,乃升車而來反」,均顯示楊脩侍遊在側,
與曹植、賓友酬唱往還,和樂融融的歡娛。他如〈節遊賦〉、〈出
征賦〉、〈許昌宮賦〉、〈神女賦〉皆爲楊脩與建安作家同題唱和
的作品,故〈時序〉篇說:「文蔚、休伯之儔,子叔、德祖之侶,
傲岸觴豆之前,雍容衽席之上,灑筆以成酣歌,和墨以藉談笑」,
確如實地反映楊脩爲曹氏幕僚的生活、創作型態;惟迥異於其他多
位建安作家者,自今傳的作品中,無法得見其憫亂、失志的慷慨悲
壯之音,此應與楊脩深受曹操父子的寵信有關。

二、書記工巧

《文心雕龍》另一則對楊脩的評論,見於〈才略〉篇:「楊脩頗
懷筆記之工」,獨標美楊脩書記的作品。茲據《後漢書·楊脩列傳》
所載,楊脩所著賦、頌、碑、讚、詩、哀辭、表、記、書,凡十五
篇,今存之筆記,惟有〈答臨淄侯牋〉一篇:

　　脩死罪死罪!不侍數日,若彌年載,豈由愛顧之隆,使係仰之

情深邪，損辱嘉命，蔚矣其文，誦讀反覆，雖諷雅頌，不復過此！若仲宣之擅漢表，陳氏之跨冀域，徐劉之顯青豫，應生之發魏國，斯皆然矣。至於脩者，聽采風聲，仰德不暇，自周章於省覽，何遑高視哉！伏惟君侯少長貴盛，體發旦之資，有聖善之教，遠近觀者，徒謂能宣昭懿德，光贊大業而已。不復謂能兼覽傳記，留思文章，今乃含王超陳，度越數子矣。觀者駭視而拭目，聽者傾首而竦耳，非夫體通性達，受之自然，其孰能至於此乎？又嘗親見執事，握牘持筆，有所造作，若成誦在心，借書於手，曾不斯須少留思慮。仲尼日月，無得踰焉，脩之仰望，殆如此矣。是以對鶡而辭，作暑賦彌日而不獻，見西施之容，歸憎其貌者也。伏想執事，不知其然，猥受顧錫，教使刊定。春秋之成，莫能損益，呂氏淮南，字值千金，然而弟子箝口，市人拱手者，聖賢卓犖，固所以殊絕凡庸也。今之賦頌，古詩之流，不更孔公，風雅無別耳。脩家子雲，老不曉事，強著一書，悔其少作，若此仲山周旦之儔，為皆有譽邪。君侯忘聖賢之顯跡，述鄙宗之過言，竊以為未之思也。若乃不忘經國之大美，流千載之英聲，銘功景鍾，書名竹帛，斯自雅量，素所畜也，豈與文章相妨害哉！輒受所惠，竊備曨瞍誦詠而已，敢望惠施，以忝莊氏，季緒璅璅，何足以云，反答造次，不能宣備，脩死罪死罪！

本牋係爲回覆曹植〈與楊德祖書〉而作，其寫作特色在於：一、條理分明，井然有序。針對曹植來信所言，包括對德祖的思念、誇讚其文才、請其刊定辭賦、自陳志業，並比德祖爲惠子等逐一予以回應，文理清晰；二、應對得體，進退合宜。德祖面對曹植對自己的讚賞、請其定文等一以謙遜對應，不但自言才德平庸：「至於脩者，聽采風聲，仰德不暇，自周章於省覽，何遑高視哉」，並反頌曹植

天資高遠,德業峻偉:「仲尼日月,無得踰焉,脩之仰望,殆如此矣」,退而自省如「見西施之容,歸憎其貌者也」,其意在突顯曹丕囑託刊定一事,實力所未逮;又謙述先祖揚雄「老不曉事」,所言「辭賦小道,壯士不為」,為未思之論,誠不可信。史傳嘗謂德祖其人「謙恭」[39],觀本文,知德祖雖受寵信,猶能益事謙謹,恪守其為曹植僚屬的身分;不僅如此,楊脩又能說之以理,提醒曹植「銘功景鍾,書名竹帛,斯自雅量,素所畜也」,進而曉諭其經國大業與著作文章並不相妨,倘非曹植之知友,曷能發此「知言」之論?其識見實較曹植「庶幾戮力上國,流惠下民,建永世之業,留金石之功。豈徒以翰墨為勳績,辭賦為君子哉」更為思慮周延。是知楊脩〈答臨淄侯牋〉吐屬進退得宜,充分體現〈書記〉篇云:「尊貴差序,則肅以節文」,「條暢以任氣,優柔以懌懷」的寫作要則。此外,本文善用譬喻、典故、對偶以敘事抒情,使致言委婉,文辭雅麗,楊脩洵不愧為書記能手,其聲名與文舉相亞,皆為當時矯矯之士[40]。

第六節　論　丁　儀

　　丁儀,字正禮,江蘇沛郡人。生年不可考,卒於魏文帝黃初元年(西元 220 年)。《隋書》卷三十五《經籍志》載錄云:「後漢尚書《丁儀集》一卷,梁二卷,錄一卷」;《全後漢文》卷九四則收錄其作品〈厲志賦〉、〈周成漢昭論〉及〈刑禮論〉三篇。

　　劉勰對丁儀的品評,有兩則如下:

---

39 同 36:「楊脩……謙恭才博。」
40 王世貞《藝苑卮言》卷三云:「當時孔文舉為先達,其于文特高雄,德祖次之。」頁 22 下。胡應麟《詩藪》外編卷一云:「考鄴中諸子,德祖聲名與文舉相亞,二子當時亦矯矯。」

一、性行有瑕累

〈程器〉篇云:「丁儀貪婪以乞貨」,事載於史傳。據《三國志‧魏書‧陳思王植傳》注引《魏略》曰:

> 丁儀,……父沖,宿與太祖親善,……太祖以沖前見開導,常德之。聞儀為令士,雖未見,欲以愛女妻之,以問五官將。五官將曰:「女人觀貌,而正禮目不便,誠恐愛女未必悅也。以為不如與伏波子楙。」太祖從之。尋辟儀為掾,到與論議,嘉其才朗,曰:「丁掾,好士,即使其兩目盲,尚當與女,何況但眇?是吾兒誤我。」時儀亦恨不得尚公主,而與臨淄侯親善。

敘述丁儀因目眇,為曹丕阻撓,不得尚魏公主,轉而黨於臨淄侯曹植;同傳注引《魏略》又曰:

> 太祖既有意欲立植,而儀又共贊之。及太子立,欲治儀罪,轉儀為右刺姦掾,欲儀自裁而儀不能。乃對中領軍夏侯尚叩頭求哀,尚為涕泣而不能救。後遂因職事收付獄,殺之。[41]

曹丕為太子,欲丁儀自裁不能,而向夏侯尚叩頭乞求貸免一死。此二事應即劉勰批評丁儀個性貪婪,好邀榮祿,甚而乞求赦免之故。稽諸丁儀兄弟與曹植善,為其羽翼[42],於建安二十年(西元 215 年),曹操西征張魯之際,曹植、丁儀、王粲亦隨行,曹植有〈贈丁儀王粲〉詩云:「丁生怨在朝,王子歡自營。歡怨非貞則,中和誠可經」,可見丁儀確因位卑而心有怨恨,其〈厲志賦〉寫道:「恨驥驪之進庭,屏騏驥於溝壑」,自比為不遇之騏驥,意甚明顯。另據《三國志‧魏書‧徐奕傳》注引《傅子》曰:「武皇帝,至明也。崔琰、徐奕,一時清賢,皆以忠信顯於魏朝;丁儀閒之,徐奕失位而崔琰

---

41 見於《三國志‧魏書》卷十九〈陳思王植傳〉注引《魏略》,頁 562。
42 《三國志‧魏書》卷二十一〈陳思王植傳〉云:「植既以才見異,而丁儀、丁廙、楊脩等為之羽翼。」頁 557。

被誅」[43]，又同書卷十二亦曰：「時丁儀兄弟方進寵，儀與夔不合。
尚書傅巽謂夔曰：『儀不相好已甚，子友毛玠，玠等儀已害之矣。
子宜少下之。』夔曰：『爲不義適足害其身，焉能害人？且懷姦佞
之心，立於明朝，其得久乎？』夔終不屈志，儀後果以凶慝敗」[44]，
則丁儀於受寵幸期間，崔琰、徐奕、何夔等忠良輒爲其所間害，行
爲頗具爭議性，劉勰指爲「文士之瑕累」，豈不其然？

二、論述足可稱道

《文心雕龍·才略》篇云：「（丁儀）亦含論述之美，有足算焉」，
謂丁儀的著述，有令人稱道之處；實則不論行誼，丁儀有美才，善
屬文，乃文家定評。曹操曾親與議論，嘉美其才朗[45]，《三國志·
魏書·王粲傳》附傳亦云：「沛國丁儀、丁廙，……亦有文采，而
不在此七人之例」，今其作品雖僅存三篇，仍可窺豹一斑。〈厲志
賦〉云：

> 嗟世俗之參差，將未審乎好惡。咸隨情而與議，固真僞以紛錯。
> 穢杯盂之周用，令瑚璉以抗閣。恨騾驢之進庭，屏騏驥於溝壑。
> 疾青蠅之染白，悲小弁之靡託。惡晨婦之蒙厚，痛三代之見薄。
> 惟受性之樸拙，亮未達乎測度。顧鍾子之既沒，牙輟絃而不作。
> 敦三思之彌憤，動循牆之茲恪，勉夕改以補朝，履日新而悔昨。

言下頗爲慨歎現實社會的同流合污，善惡不分，風俗澆薄，足見作
者內心的忿激；雖然如此，其猶能以勤奮、改過、日新自勉，正禮
可謂好學矣！劉熙載《藝概·賦概》嘗云：「建安名家之賦，氣格
遒上，意緒綿邈，騷人情深，此種尚延一線」[46]，丁儀此作可爲代表。

---

43 見於《三國志·魏書》卷十二〈徐奕傳〉注引《傅子》，頁378。
44 見於《三國志·魏書》卷十二〈何夔傳〉注引《魏書》，頁381。
45 同41，《魏略》云：「（太祖）尋辟儀爲掾，到與論議，嘉其才朗。」
46 見於劉熙載《藝概》卷三〈賦概〉，頁5上。

另如〈周成漢昭論〉，比較周成、漢昭之優劣，曹丕、曹植亦有同題作品，爲建安俗好臧否人物的典型。一般品評人物，皆褒周成而貶漢昭，而曹丕獨排眾議，論周成不如漢昭，曹植則借題發揮：「若以堯舜爲成王，湯禹作管蔡，召公周公之不見疑必也」，暗指倘有堯舜爲王、湯禹爲輔，曹植必不見疑。丁儀夾居二人之間，其爲難可以想見，〈周成漢昭論〉寫道：

> 成王昭帝，俱以襁褓之幼，託于冢宰。流言讒興，此其所值，艱險相似者也。夫以發金縢，然後垂泣，與計日而便覺詐書，明之遲速，既有差矣。且叔父兄子，非相嫌之處；異姓君臣，非相信之地。霍光罹人謗而不出，周公賴天變而得入。推此數者，齊本而論末，計重而況輕，漢昭之優周成，甚明者也。成王秀而獲實，其美在終，昭帝苗而未秀，其得在始。必不得已，而論二主，余與夫始者。

「必不得已，而論二主，余與夫始者」一語，道盡丁儀左右爲難的處境，其云「叔父兄子，非相嫌之處」，一面借成王、周公不應相疑之理，適度爲曹植緩頰；又以明察之遲速、處境之易難、處理結果之重輕有別，析論漢昭優於周成，與曹丕觀點相同，丁儀之口才辯給，可見一斑；而相較於曹丕同題所論，丁儀比較同異，對仗工整，言簡意賅，使語句整飭，言辭有力；其行文先分論後總結，也能收條理清晰之效。至於〈刑禮論〉一篇，倡議「會當先別男女，定夫婦，分土地，班食物，此先以禮也；夫婦定而後禁淫焉，貨物正而後止竊，此後刑也」，先禮後刑的議論，合於古制，可爲治世之恒久準則，劉師培《中古文學史‧論漢魏之際文學變遷》附錄云：「東漢論文如延篤仁孝之屬，均詳引經義以爲論斷，其有直抒己意

者，自此論始，魏代名理之文，其先聲也」[47]，適足做爲〈才略〉篇「丁儀含論述之美，有足算焉」的詮釋。

第七節　論邯鄲淳

邯鄲淳，一名竺，字子叔。卒於魏文帝黃初二年（西元 221 年）左右 [48]。其文集據《隋志》所載已亡佚 [49]，惟有《全三國文》卷二十六尙收錄〈投壺賦〉、〈上受命述表〉、〈受命述〉、〈漢鴻臚陳紀碑〉、〈孝女曹娥碑〉五篇，丁福保編《全三國詩》卷三載錄其〈答贈詩〉一首。另《隋書》卷三十四《經籍志》又著錄《笑林》三卷。

《文心雕龍》對邯鄲淳的評述計有三則：

一、與建安作家和墨酣歌

《文心雕龍》論及邯鄲淳與曹氏父子、建安文士的君臣、文友關係者，如〈時序〉篇云：

> 自獻帝播遷，文學蓬轉，建安之末，區宇方輯。魏武以相王之尊，雅愛詩章；文帝以副君之重，妙善辭賦；陳思以公子之豪，下筆琳瑯；並體貌英逸，故俊才雲蒸。……文蔚、休伯之儔，子叔、德祖之侶，傲岸觴豆之前，雍容衽席之上，灑筆以成酣歌，和墨以藉談笑。觀其時文，雅好慷慨，良由世積亂離，風衰俗怨，並志深而筆長，故梗概而多氣也。

三曹父子對邯鄲淳十分禮遇：曹操久聞其博學有文才，又善長《蒼》、《雅》、蟲、篆、許氏字指，故召與相見，十分敬異。五官將曹丕

---

47 見於劉師培《中古文學史・論漢魏之際文學變遷》附錄，頁 31。
48 據陸侃如著《中古文學繫年》考定，頁 441。
49 《隋書》卷三十五《經籍志》四：「魏給事中《邯鄲淳集》二卷，梁有錄一卷，…亡。」

博延英儒，以宿聞淳名，有意延攬其於文學官屬中，及黃初初年，文帝任淳爲博士給事中。至於曹植，與邯鄲淳亦有一段爲人傳誦的佳話：

> 植初得淳甚喜，延入坐，不先與談。時天暑熱，植因呼常從取水自澡訖，傅粉。遂科頭拍袒，胡舞五椎鍛，跳丸擊劍，誦俳優小說數千言訖，謂淳曰：「邯鄲生何如邪？」於是乃更著衣幘，整儀容，與淳評說混元造化之端，品物區別之意，然後論義皇以來聖賢名臣烈士優劣之差，次頌古今文章賦誄及當官政事宜所先後，又論用武行兵倚伏之勢。乃命廚宰，酒炙交至，坐席默然，無與伉者。及暮，淳歸，對其所知歎植之材，謂之「天人」。而于時世子未立，太祖俄有意於植，而淳屢稱植材。
> 50

二人博學多識，侃論相惜的情形，溢於言表，邯鄲淳〈答贈詩〉云：「余惟薄德，既局且鄙，見養賢侯，於今四祀，既庇西伯，永誓沒齒」，即曾表達對賢主恩遇的感激，故劉勰言三曹「體貌英逸，故俊才雲蒸」，對邯鄲淳而言，足以說明其爲曹操父子優遇拔擢的狀況。〈時序〉篇又列邯鄲淳爲三曹、建安六子之外的建安作家，與路粹、繁欽、楊脩，並享文名，煥然有文采，其說載於《三國志·魏書·王粲傳》附傳，當爲劉勰所本。侍從文士或賦詩論文、或宴遊取樂，乃成爲一時的風尚，如邯鄲淳〈投壺賦〉，即與王粲同題，述寫與君臣同席遊樂的歡悅：「然後觀夫投者之閑習，察妙巧之所極，駱驛聯翩，爰爰兔發，翻翻隼集，不盈不縮，應壺順入。何其善也。……悅舉坐之耳目，樂衆心而不倦。瑰瑋百變，惡可窮讚」，乃使此一古代娛賓遊戲的方法及其樂趣，流傳至今，是知〈時序篇〉

---

50 上述曹操、曹丕、曹植與邯鄲淳的關係，見於《三國志·魏書》卷二十一〈王粲傳〉附傳注引《魏略》，頁603。

所謂「文蔚、休伯之儔，子叔、德祖之侶，傲岸觴豆之前，雍容袵席之上，灑筆以成酣歌，和墨以藉談笑」，誠能反映邯鄲淳與建安作家作賦取樂的活動。

二、論述含美

劉勰於〈才略〉篇綜述邯鄲淳的著作之美：「邯鄲，亦含論述之美，有足算焉」，如其〈投壺賦〉敘述投壺的由來、規格、遊戲規則、遊戲特色及魅力，辭藻工麗，形象生動，甚受文帝喜愛，而賜帛十疋 [51]。〈孝女曹娥碑〉追記曹娥父為水所淹，娥自投江死，經五日，抱父屍出的孝行，足以永世配神，名昭後昆，其文悲凄感人，被蔡邕譽為「絕妙好辭」，皆邯鄲淳為人所稱道之作。至於〈受命述〉一文：

> 伊上天闡載，自民主肇建，歷聽風聲，陶唐為盛，虞夏受終，殷周革命，有禪而帝，有代而王，禪代雖殊，大小繇同。於是以漢歷在魏，赤運歸黃也。是故大魏之業，皇耀震霆，肅清宇內，萬邦有截，師義翼漢，奉禮不越，飭躬劂力，茂亮弘烈，樹深根以厚基，播醇澤以釀味，含光而弗耀，戢翼而弗發，將俟聖嗣，是遂是達。聖嗣承統，爰宣重光，陳錫裕下，民悅無疆，三神宜鼇，四靈順方，元龜介玉，應龍粹黃，若云魏德，據茲以昌。爾乃鳴玉陟壇，三揖以俟，既受休命，龍旋鳳峙，煌煌厥暉，穆穆容止，臨下有赫。允也天子，既踐帝位，納璽要綏，太常司燎，升炮告類，珪璋峨峨，髦士楝楝，蹌蹌聖躬，御策以菈，巍巍乎崇功，顯顯乎德容，信帝者之壯業，天休之所鍾也。于時天地咸和，日月光精，氛祲不作，風塵弭清。凡

---

51 《太平御覽》卷八一八頁 3639，引《魏略》曰：「陳留邯鄲淳奏〈投壺賦〉，文帝以為尚書郎，賜帛十疋」，是證《三國志・魏書・王粲傳》附傳注引《魏略》所謂「賜帛千疋」，頁 603 為誤。

在壇場之位，舉目乎廣庭，莫不君臣和德，咸玉色而金聲，屢
省萬機，訪謀老成，治詠儒墨，納策公卿，昧旦孜孜，夕惕乾
乾，務在諧萬國，敘彝倫，而折不若，懷遠人，混六合之風，
納于仁壽之門，刑錯靡試，偃伯靡軍，然後乃勤功岱嶽，升中
上玄，斯固我皇之大摹，思心之所存也。

邯鄲淳上〈受命述〉或於延康元年十月，群臣上書奏勸受禪之時；
或於黃初元年十一月，丕即帝位，未可確定。其前有司馬相如〈封
禪文〉、揚雄〈劇秦美新論〉、班固〈典引〉等篇，乃摹體為式之
作。文帝有〈答邯鄲淳上受命述詔〉曰：「淳作此甚典雅。斯亦美
矣，朕何以堪也哉！其賜帛四十疋」[52]，稱讚本文內容典雅，辭采華
麗，然據邯鄲淳〈上受命述表〉所說：「作書一篇，欲謂之頌，則
不能雍容盛懿，列伸玄妙；欲謂之賦，又不能敷演洪烈，光揚緝熙，
故思竭愚，稱受命述」，作者自述本文有氣勢不夠峻偉深廣之限，
此即劉勰於〈封禪〉篇評論本篇，抑揚互見：「至於邯鄲〈受命〉，
攀響前聲，風末力衰，輯韻成頌；雖文理順序，而不能奮飛」，謂
其前有所承，辭美韻諧，條理有序，而惜乎力竭氣衰，不能振奮飛
揚，超邁前倫的緣故。

第八節　論劉廙

　　劉廙，字恭嗣，河南安眾人。曹操辟為丞相掾屬，轉五官將文學。
文帝即位，進為侍中，賜爵關內侯，卒於魏文帝黃初二年（西元 221
年）。據《隋書》卷三十四、三十五《經籍志》三、四所載，其《政
論》五卷、《劉廙集》二卷，均已亡佚。《全三國文》卷三十四則

---

52 題依《全三國文》輯《御覽》卷八一八，詔曰：「淳作此甚典雅，私亦美日，朕何
　　以堪也哉？」頁 1077。（嚴氏曰：「當有誤。『私』當作『斯』，『日』當作『矣』。」）

收錄有〈論治道表〉、〈上疏諫曹公親征蜀〉、〈上疏謝徙署丞相倉曹屬〉、〈上言符讖〉、〈奏議治受禪壇場〉、〈奏具章拒禪〉、〈奏請受禪〉、〈謝劉表牋〉、〈答太子命通草書書〉、〈答丁儀刑禮書〉、〈難丁廙〉、〈戒弟偉〉、《政論》等篇，以議論時政、奏請魏王爲天子之文爲主，茲舉其《政論·慎愛》篇云：

> 夫人主莫不愛愛己，而莫知愛己者之不足愛也。故惑小臣之佞，而不能廢也；忘遠己之益己，而不能用也。夫犬之爲猛也，莫不愛其主矣；見其主，則騰踊而不能自禁，此歡愛之甚也；有非則鳴吠，而不遑于夙夜，此自效之至也。昔宋人有沽酒者，酒酸而不售，何也？以其有猛犬之故也。夫犬知愛其主，而不能爲其主慮酒酸之患者不噬也。夫小臣之欲忠其主也，知愛之而不能去其嫉妒之心，又安能敬有道爲己，願稷契之佐哉？此養犬以求不貧，愛小臣以喪良賢也。悲夫！爲國者之不可不察也。

文採破題法，首揭主意，勸諭人君當慎其所愛，不可「惑小臣之佞」，「忘遠己之益己」，次則援舉事例，以猛犬、酤酒之宋人爲例，歸結出「養犬以求不貧，愛小臣以喪良賢」的結論，以呼應文旨。全文首尾貫串，頂針相續，並能正反立論，切類指事，力陳當局之所宜憂，且不尚華辭儷句，此昔人所以評騭劉廙「清鑒」之故也[53]。

《文心雕龍》論及劉廙者僅有一則，〈書記〉篇云：「劉廙謝恩，喻切以至」，事詳於《三國志·魏書》卷二十一〈劉廙傳〉：

> 魏諷反，廙弟偉爲諷所引，當相坐誅。太祖令曰：「叔向不坐弟虎，古之制也。」特原不問，徙署丞相倉曹屬。廙上疏謝曰：「臣罪應傾宗，禍應覆族。遭乾坤之靈，值時來之運，揚湯止

---

[53] 劉師培《中古文學史·論漢魏之際文學變遷》附錄云：「劉廙以清鑒著。」頁 13。

沸，使不燋爛；起烟於寒灰之上，生華於已枯之木。物不答施
於天地，子不謝生於父母，可以死效，難用筆陳。

劉廙因其弟與魏諷相善，受魏諷謀反之株連，當誅，曹操云：「廙
名臣，吾亦欲赦之」[54]，仍徙署丞相倉曹屬，劉廙因而上疏謝恩，其
辭以「起烟於寒灰之上，生華於已枯之木」，比喻曹操再造之恩；
以「物不答施於天地，子不謝生於父母」形容恩德之重，如天地父
母，皆能貼切穩妥，做到「比類雖繁，以切至爲貴」[55]的寫作要領，
是以劉勰譽爲「喻切以至」，肯定其善用譬喻，使外物、文辭與內
心契合的手法。其實不僅〈上疏謝徙署丞相倉曹屬〉一文如此，劉
廙文章長於比附說理，亦見於他篇（如上所述），爲其創作特色。

第九節　論王朗

　　王朗，字景興，本名嚴，後改爲朗，山東郯人。曹操時拜諫議大
夫，參司空軍事。文帝即位，任爲司空，進封爲樂平鄉侯。明帝即
位，進封蘭陵侯，轉爲司徒。卒於魏明帝太和二年（西元 228 年）。
《隋書》卷三十五《經籍志》載有「魏司徒《王朗集》三十四卷，
梁三十卷」，《隋書》卷三十二《經籍志》一又云：「《春秋左氏
傳》十二卷，魏司徒王朗撰，……梁有……《春秋左氏釋駁》一卷，
王朗撰，亡」。《全三國文》卷二十二則收錄其作品：〈冬臘不得
朝表〉、〈論樂舞表〉、〈上求正貸民表〉、〈諫行役夜表〉、〈答
文帝表〉、〈勸育民省刑疏〉、〈諫文帝游獵疏〉、〈諫東征疏〉、
〈諫明帝營修宮室疏〉、〈屢失皇子上疏〉、〈上請敘主簿張登〉、
〈上劉纂等樗蒱事〉、〈奏賀朔故事〉、〈奏宜節省〉、〈劾刺史

---

54 《三國志・魏書》卷二十二〈陳羣傳〉曰：「初，太祖時，劉廙坐弟與魏諷謀反，
　　當誅。群言之太祖，太祖曰：『廙，名臣也，吾亦欲赦免之。』」頁 637。
55 引自《文心雕龍・比興》。

王凌不遣王基〉、〈四孤議〉、〈興師與吳取蜀議〉、〈改元議〉、
〈遺針御衣議〉、〈議不宜復肉刑〉、〈議〉、〈對孫策詰〉、〈答
太祖遣諮孫權稱臣〉、〈遺孫伯符書〉、〈與魏太子書〉、〈與許
文休書〉、〈與鍾繇書〉、〈論喪服書〉、〈相論〉、〈雜箴〉、
〈貧窶語〉、〈塞勢〉共三十二篇,以上行天子,陳政言事為主,
其議論不阿執政,舉筆不忘規諫,真侍從之臣。

　　《文心雕龍》評論王朗著作者,有三則,皆著意於各體作品的利
弊:一見於〈才略〉云「王朗發憤以託志,亦致美於序銘」,惟今
不見王朗有序、銘等足以抒發情志的作品,僅有〈雜箴〉一篇,今
存數句:「家人有嚴君焉,井竈之謂也,俾冬作夏,非竈孰能?俾
夏作冬,非井孰閑?」以家中的井竈,有夏涼冬暖的效用,寓人以
規戒之意,與周武王的銘文,如〈鏡銘〉云:「以鏡自照者見形容,
以人自照者見吉凶」、〈觴銘〉云:「樂極則悲,沈湎致非,社稷
為危」[56]等有異曲同工之妙,皆能言簡意賅,以雜物做為惕厲之用;
只是王朗更就頭巾衣履,著〈雜箴〉若干篇,不免無物不箴,無處
不箴,而流於煩濫,故劉勰〈銘箴〉篇認為「王朗〈雜箴〉,乃
置巾履,得其戒慎,而失其所施。觀其約文舉要,憲章武銘,而水
火井竈,繁辭不已,志有偏也」,如此得失並舉,亦可謂照辭如鏡
矣!

　　此外,〈奏啟〉篇又云:「王朗〈節省〉,…亦盡節而知治矣」,
指王朗曾奏請文帝以節省之道,載於《魏名臣奏》[57],不僅據古鑑今,
直指當政者有奢汰之弊:「政充事猥,威儀繁富,隆於三代,近過
禮中。夫所以極奢者,大抵多受之於秦餘。既違繭栗愨誠之本,掃
地簡易之指,又失替質而損文、避泰而從約之趣。豈夫當今隆興盛

---

56 引自嚴可均校輯《全上古三代文》卷二《周武王》,頁 19。
57 見於《三國志‧魏書》卷十三〈王朗傳〉注引《魏名臣奏》,頁 409。

明之時，祖述堯舜之際，割奢務儉之政，除繁崇省之令，詳刑慎罰之教，所宜希慕哉」，也具體舉述節約之法：「當今諸夏已安，而巴蜀在畫外。雖未得偃武而弢甲，放馬而戢兵，宜因年之大豐，遂寄軍政於農事。吏士大小，並勤稼穡，止則成井里於廣野，動則成校隊於六軍，省其暴繇，贍其衣食」，並警戒治國奢侈過度之後患：「若姦凶不革，遂迷不反，猶欲以其所虐用之民，待大魏投命報養之士，然後徐以前歌後舞樂征之眾，臨彼倒戟折矢樂服之群，伐腐摧枯，未足以為喻」，作者三復斯言，誠可謂出於至性[58]，忠誠愷悌，以立時治為己務，故其陳事之奏，「以明允篤誠為本，辨析疏通為首。強志足以成務，博見足以窮理，酌古御今，治繁總要」[59]，符合奏書寫作的本質、法則，是以劉勰謂其「盡節而知治」，稱讚王朗〈奏宜節省〉能恪盡臣節而通曉治國之道，實乃不易之確論。

第十節 論衛覬

衛覬，字伯儒，山西安邑人。卒於魏明帝太和三年（西元 229 年），諡曰敬侯。《三國志·魏書》卷二十一〈衛覬傳〉云：「受詔典著作，又為〈魏官儀〉，凡所撰述數十篇。好古文、鳥篆、隸草，無所不善」[60]，《全三國文》卷二十八則收錄其作品：〈為漢帝禪位魏王詔〉、〈乙卯冊詔魏王〉、〈壬戌冊詔魏王〉、〈丁卯冊詔魏王〉、〈庚午冊詔魏王〉、〈禪位冊〉、〈受禪表〉、〈請恤凋匱罷役務疏〉、〈公卿將軍奏上尊號〉、〈奏請置律博士〉、〈奏論賜諡〉、〈關西議〉、〈與荀彧書〉、〈西嶽華山亭碑〉、〈復

---

58 《三國志·魏書》卷十三〈王朗傳〉注引《魏略》曰：「朗高才博雅，而性嚴整慷慨，多威儀，恭儉節約，自婚姻中表禮贄無所受。常譏世俗有好施之名，而不卹窮賤，故用財以周急為先。」頁414。
59 引自《文心雕龍·奏啓》。
60 見於《三國志·魏書》卷二十一〈衛覬傳〉，頁612。

華下民租田口算狀碑〉、〈漢金城太守殷華碑〉、〈大饗碑〉十七
篇，著述多以詔誥爲主，兼議時政、朝儀，時獻忠言，指陳利害，
並與潘勖、王象以文章顯名[61]。

　　《文心雕龍》論及衛覬者僅有一則，頗能撮舉其著作之特色，〈詔
策〉篇云：「衛覬〈禪詔〉，符采炳耀，弗可加已」，評論其〈冊
魏王受禪誥〉辭義斑爛，美不勝言。按延康元年（西元 220 年）十
月，獻帝禪位，群臣上書請曹丕受禪即祚，丕下令答群臣，辭符讖
說、符命議、受命議，拒群臣奏，上書三讓禪，於是丕代漢稱帝，
即位告天，詔三公改延康元年爲黃初元年（西元 220 年），行大赦。
衛覬所作獻帝諸禪位詔書，當在此時。據《全三國文》衛覬〈爲漢
帝禪位魏王詔〉注云：「案《魏志·衛覬傳》云：『頃之，還漢朝，
勸贊禪代之義，爲文誥之詔』，是獻帝諸禪詔，皆衛覬作也」[62]，則
〈爲漢帝禪位魏王詔〉、〈乙卯冊詔魏王〉、〈壬戌冊詔魏王〉、
〈丁卯冊詔魏王〉、〈庚午冊詔魏王〉、〈禪位冊〉、〈受禪表〉
等詔冊，作者皆爲衛覬。茲舉〈乙卯冊詔魏王〉一篇爲例說明，以
概括其餘：

> 惟延康元年十月乙卯，皇帝曰：咨爾魏王：夫命運否泰，依德
> 三降，三代卜年，著于著秋，是以天命不于常，帝王不一姓，
> 由來尚矣。漢道陵遲，爲日已久，安順已降，世失其序，沖質
> 短祚，三世無嗣，皇綱肇虧，帝典頹沮。暨于朕躬，天降之災，
> 遭無妄厄運之會，值炎精幽昧之期，變興輦轂，禍由閹宮。董
> 卓乘釁，惡甚澆殄，劫遷省御，太僕宮廟，遂使九州幅裂，彊
> 敵虎爭，華夏鼎沸，蝮蛇塞路。當斯之時，尺土非復漢有，一

---

61 同 60，〈衛覬傳〉：「建安末，尙書右丞河南潘勖，黃初時，散騎常侍河內王象，
　亦與覬並以文章顯。」
62 見於《全三國文》卷二十八衛覬〈爲漢帝禪位魏王詔〉注，頁 1207。

夫豈復朕民？幸賴武王德膺符運，奮揚神武，芟夷凶暴，清定
區夏，保乂皇家。今王纘承前緒，至德光昭，御衡不迷，布德
優遠，聲教被四海，仁風扇鬼區，是以四方效珍，人神響應，
天之曆數，實在爾躬。昔虞舜有大功二十，而放勳禪以天下；
大禹有疏導之績，而重華禪以帝位。漢承堯運，有傳聖之義，
加順靈祇，紹天明命，釐降二女，以嬪于魏。使使持節行御史
大夫事太常音，奉皇帝璽綬，王其永君萬國，敬御天威，允執
其中，天祿永終，敬之哉！[63]

此類之文，大抵皆論述漢道陵遲，運數既終，魏王纘承前緒，聲教
廣被四海，四方效珍，人神響應，獻帝將追蹤堯典，禪位于魏王，
以順天人之心云云。文內多引典故史實，造語駢儷，辭采斑爛，既
符合古代帝王告語臣下的語氣，也據以敬慎來世，使人信服，並反
映六朝以下，詔策漸趨典麗的習尚。按衛覬少年有成，以才學著稱，
曾官拜侍中，典章制度多出其手[64]，其才質俊美，兼以學驗俱豐，
使所作詔文獲有「魏世三絕」[65]之一的美譽，劉勰的識見精確，由是
可知。至於〈大饗碑〉則華辭儷句，載錄曹丕為魏王，引軍南巡，
次於譙，乃大饗六軍，並立壇於故宅，樹碑於壇前的盛況，實無足
觀焉。

第十一節　結　語

綜觀劉勰對於上述十位建安作家的評論，表現以下三項特色：

---

63 同62。
64 引自《三國志‧魏書》卷二十一〈衛覬傳〉，頁611。
65 《全三國文》卷二十八載衛覬〈受禪表〉注云：「案唐韋絢錄《劉賓客嘉話》：「〈魏受禪表〉王朗文，梁鵠書，鍾繇鑴字，謂之三絕。今據聞人牟準〈魏敬侯碑陰〉，則〈受禪表〉衛覬撰並書。牟準去魏未遠，語尤可信也。」頁1208。

一、探本窮源　持之有故

如謂「禰衡當食而草奏，雖有短篇，亦思之速也」，乃援舉二事爲例，證明禰衡文思敏捷；稱「路粹之奏孔融，則誣其釁惡。名儒之與險士，固殊心焉」，亦依據史實，撻伐路粹之厚顏薄恥；言「潘勗憑經以騁才，故絕群於錫命」，則推究潘勗〈冊魏公九錫文〉依經製式，成爲篇中首選的緣由。皆能追本溯源，言而有據，窮究作家才性、際遇、創作的本質，與作品表現的關係。其中，並可據以明瞭劉勰論文的準繩，如潘勗的式範經典，備受肯定，爲《文心雕龍》宗經文學觀點的實踐；劉廙「謝恩」一文，能體現比附「喻切以至」的寫作原則，也爲劉勰所讚賞，可見劉勰對作家作品的評論，有其準據、楽式，非出於穿鑿附會。

二、品評全面　深中肯綮

自劉勰的評述中，大抵完整、正確地呈現此建安十家的面貌，突顯他們身爲侍從文人的角色，不僅受曹氏父子的延遇倚重，也在曹氏陣營中，扮演掌理公文書記、侍遊取樂、詩賦唱和的工作，〈時序〉篇云：「魏武…文帝…陳思…並體貌英逸，故俊才雲蒸。……文蔚、休伯之儔，子叔、德祖之侶，傲岸觴豆之前，雍容衽席之上，灑筆以成酣歌，和墨以藉談笑」，確已生動地呈顯三曹父子好文，士之樂從者眾，於是彬彬然文雅之風，成於上而浹於下的盛況。而在侍從的過程中，由於作家的個性特質不同，如禰衡的「狂」、路粹的「險」、丁儀的「貪」等，均使其際遇、作品連帶有所變化。由於劉勰善於觀察、品評人物，使其深切掌握「文士之瑕累」，所謂「路粹餔啜而無恥」一語，無意間流露劉勰的價值判斷，作家無行，終爲其所唾棄。又；此建安十家多以高才著稱，以文章顯名，擅長奏書、辭賦，而鮮以詩歌名家，如劉勰評論禰衡爲「尺牘之偏

才」、潘勗〈九錫〉「思摹經典，群才韜筆，乃其骨髓峻也」、王朗〈節省〉「盡節而知治」、衛覬〈禪誥〉「符采炳耀，弗可加已」、禰衡〈弔平子〉「縟麗」、路粹、楊脩「頗懷筆記之工」，皆能精準地標舉他們的代表作品、創作風格、文學成就，及文辭益趨工麗典雅的特色，並呈顯建安十家在帝權轉移上多積極參與；而真正表現建安氣格：「志深而筆長，故梗概而多氣」的作品反不多見，此應即劉勰同於史傳，將楊脩等人殿名於建安七子之後的緣故。

三、評鑒得失　析理持平

劉勰以史家筆法，評人論文，均能指陳優劣，力求客觀，如讚美禰衡才性之敏捷，也能申明其個性狂愍的盲點；評論邯鄲淳〈受命述〉，有輯韻成頌，文順理暢之長，並指摘其風末力衰，不能奮飛之失；肯定潘勗〈符節箴〉之內容簡要，又惜乎其規諫之意不夠深遠等，皆能輕重憎愛，無所偏頗，發為不刊之確論。

四、語不盡意　未及作家影響

雖然如此，劉勰對上述作家的評論，仍有思慮不周之處，其評騭「路粹、楊脩頗懷筆記之工」，「丁儀、邯鄲亦含論述之美，有足算焉」，皆概括為言，語意籠統不明確；〈時序〉篇「志深而筆長，故梗概而多氣」的說法，亦無法一體適用於所有建安作家，有以偏概全之失；至於評鑒作家，卻未論及其影響，如禰衡的〈鸚鵡賦〉，李白〈古風〉詩說它「鏘鏘振金石，句句欲飛鳴」，實開漢魏文士溢氣騁辭文風之先，丁儀〈刑禮論〉直抒己意，為魏代名理文之先聲[66]，而劉勰均闕而未言，顯有挂漏之失矣！

---

[66] 引自劉師培著《中古文學史》第三課〈論漢魏之際文學變遷〉附錄云：「漢魏文士多尚騁辭，或慷慨高厲，或溢氣坌涌，此皆衡文開之先也。」頁 26。同附錄又云：「東漢論文如延篤仁孝之屬，均詳引經義以為論斷，其有直抒己意者，自此論（丁儀〈刑禮論〉）始，魏代名理之文，其先聲也。」頁 31。

第十三章　結　　論

—劉勰作家論體系之成就與限制

　　作家論爲文學研究的出發點,也是劉勰文學理論的實踐,更是《文心雕龍》立論的軸心。全書五十篇,幾無一篇不以詮評作家,明其立言大要。自二百多位的作家評論中,劉勰對建安作家的評論占有極重要的地位。此由於建安處於一個政治、思想、文學變動的樞紐時期,居於其間的君侯、學者、文士,他們承舊啓新,給時代帶來蓬勃的開展力量,雖然在文學史上爲時甚短,但藉由《文心雕龍》對建安作家的評論,以曹植二十四則最多,曹丕、王粲各十二則居次,劉楨十則居三,孔融九則居四,曹操八則居五,不僅與作家在建安文學地位的輕重相當[1],而對作家才質、文體、創作、文評各方面表現的論述,實已呈顯作家的各具風華、時代的文學面貌,及建安文學在歷史上的地位,其所達到作家評論的高度,迄今仍無出其右者。茲總結《文心雕龍》作家論之成就及限制如下:

壹、成　　就

一、探索內在條件、外在環境,對作家的影響

　　劉勰對作家的內在條件,影響及於作品創作、風格者,十分重視。作家個人的細微因素,包括作家的才氣學行、志趣、家世、習染、

---

[1]　參本書附錄二:《文心雕龍》評論建安作家一覽表。

學術背景等,均牽動其創作表現。藉由劉勰對於個別作家內在條件微觀式的評論,實據以說明建安作家多具有高才、思敏、博學、為世家子弟等共同特徵;其個體特徵則為才性各有短長,所謂「隨性適分,鮮能圓通」[2],因而成為作家獨有的特色,如禰衡的「狂」、路粹的「險」、丁儀的「貪」[3]等即是;而由不同的才氣學行,勢將決定作品不同的風格,如仲宣「躁競」,使其「穎出而才果」,作品表現鋒華外露、思想果斷的特色;公幹氣褊,缺少中和之氣,使其章表書記有「言壯而情駭」的局限等。至於後天的學習對作家風格的形成其實更為重要,故而作家才能呈顯多種風格[4],如謂曹丕的樂府〈燕歌行〉辭不離於哀思,其詔書卻辭義多偉;阮瑀的書記摠采騁辭,其詩卻氣力悲弱,風格截然不同。此外,作家為文的好尚,又攸關其作品的體勢,由〈定勢〉篇引述曹植的說法:「世之作者,或好煩文博採,深沈其旨者;或好離言辨句,分毫析釐者,所習不同,所務各異」,即可見一斑。

至於作家的外緣環境,涵蓋時君好尚、社會動亂、學術思潮、作家的仕宦際遇與生活型態,對作家創作的影響,如曹操、王粲均遭逢戰亂流寓經驗,作品特別能反映「世積亂離,風衰俗怨」的社會現象;魏晉循名責實,談辯成風的習氣,帶動論體文的蔚盛,王粲即以校練名理,寫作論體文亦注重設例求證,條理清楚,而成為魏晉論體文的英傑;應瑒於擔任曹氏僚屬的時期,以公讌遊戲、同題奉和的作品最多,而成就其文采紛披的面貌;曹氏父子的弘揚文業,建安作家的依從歸附,隨軍出征、和墨酣歌的生活型態,則對作家

---

2 見於《文心雕龍‧明詩》。
3 《文心雕龍‧程器》篇云:「正平狂憨以致戮,……丁儀貪婪以乞貨」、〈奏啟〉篇云:「路粹……險士」。
4 同一作家可以有多種風格的論說,參曹道衡著〈曹丕和劉勰論作家的個性特點與風格〉,收於《中古文學史論文集》(台北:洪葉文化,1996 年),頁 225。

創作的內容、題材、形式、數量都有衝擊，進而促成建安文會的霞興雲蔚。劉勰便是如此將作家內在條件、外緣環境與作家、作品、文體、風格環環相扣，論述其表裡相依的關係，其思慮之周密，洵可做為藝林評論作家之司南。

二、鈎畫作家的時代集體面貌，賦予文學史上的意義

劉勰經由以作家為評述中心的過程，亦同時闡明建安文學分期、文體大備、時代文學特徵、文學觀點、文學地位等重要論題，鈎畫出作家的時代集體面貌，並賦予其在文學史上的意義。由〈明詩〉篇云：「暨建安之初，五言騰躍；文帝、陳思，縱轡以騁節；王、徐、應、劉，望路而爭驅；並憐風月，狎池苑，述恩榮，敘酣宴，慷慨以任氣，磊落以使才；造懷指事，不求纖密之巧，驅辭逐貌，唯取昭晰之能；此其所同也」，顯示劉勰對建安文學已有分期的討論。建安之初，五言詩成為文學的主流，自曹植完整的詩歌近八十首，五言占六十七首，逾六分之五；王粲詩二十六首，五言有十七首；劉楨、阮瑀、徐幹詩全為五言；應瑒以五言詩為主，即可見一斑。建安五言詩地位的重要，也首次經由《文心雕龍》被肯定。而曹操詩質直樸實、曹丕詩情深柔美、曹植詩詞采工麗，確也反映劉勰「魏晉淺而綺」[5]說的正確，呈顯文風由淺顯轉向綺麗的進化歷程，是以〈明詩〉篇對建安詩歌主題「憐風月，狎池苑，述恩榮，敘酣宴」的敘述，形式特色「造懷指事，不求纖密之巧，驅辭逐貌，唯取昭晰之能」的評論，實適用於建安中期（以建安十六年，曹丕任五官中郎將為主）建安作家的生活環境及文學表現；惟按覈於各家作品，此時期屬於公宴、遊覽、贈答作品的價值並不高，其中表現「慷慨以任氣，磊落以使才」風格的作品也不多見。詩歌以外，自

5　見於《文心雕龍·通變》。

〈章句〉篇舉述曹操對辭賦用韻的意見；〈時序〉篇評述曹丕妙善辭賦，對辭賦盛於建安，頗有貢獻；〈詮賦〉篇論魏晉賦首八家中，建安占有王粲、徐幹兩家，即知劉勰對建安辭賦的重視，足以與辭賦成為建安另一主要文學體裁的情形相契合。至於建安時期的章表書檄，由曹操章表以質實為重，至乎孔融〈薦禰衡表〉氣揚采飛，琳、瑀章表有譽當時，以雄健著稱，逮及曹植之表「體贍律調，應物製巧」[6]，均可見章表文體日漸趨於騁辭繁富的變化；而陳思的〈七啓〉宏壯、阮瑀的書記俊捷、陳琳的檄文騁辭麗采、路粹、楊脩的書記工麗、衛覬〈禪誥〉符采炳耀，益見劉勰的評論已體現建安的文體日趨完備，漸趨駢儷的跡象；尤為可貴者，他指出建安作家如魏文、陳思等從事諧辭隱語、陳琳以俗辭、諺語入文，足以顯示建安作家、劉勰對民間口語、文學的重視。由劉勰對建安作家的評論，吾人得以辨明文體風格變化的軌跡。

　　時代文學特徵方面，〈時序〉、〈明詩〉篇均曾指出建安文學的時代風格，〈時序〉篇云：「觀其時文，雅好慷慨，良由世積亂離，風衰俗怨，並志深而筆長，故梗概而多氣也」，其中「雅好慷慨」四字，語出曹植，反映時人好用「慷慨」一詞寫作詩文、聆賞音樂的習性，用指悲涼雄壯的風格。「並志深而筆長，故梗概而多氣也」的時代文學特徵，則意指建安作家在社會亂離、政治紛亂的世代裡，或流露個人憂生惜時，失志流離的哀傷、或抒發相時立功，力竭忠貞的壯志，融合成為悲傷而不失志節，嗟歎而心存慷慨的表現，故如曹植、王粲詩歌任氣使才，反映時代亂離，身世際遇的蒼涼悲壯，被譽為四五言兼善的代表詩人、陳思「七啓，取美於宏壯」[7]、仲宣

---

6 此述建安眾位作家章表的表現，見於《文心雕龍・章表》。
7 見於《文心雕龍・雜文》。

「靡密，發篇必遒」[8]、孔融「氣盛於爲筆」[9]、劉楨「言壯而情駭」[10]、徐幹「博通，時逢壯采」[11]，凡表現慷慨磊落的襟懷，顯豁鮮明的用事語言，卓犖勁健的風格的作品皆受劉勰讚揚肯定，宋人范溫〈潛溪詩眼〉嘗云：「建安詩辯而不華，質而不俚，風調高雅，格力遒壯，其言直致而少對偶，指事切而綺麗，得風雅騷人之氣骨，最爲近古者也」[12]，實可做爲劉勰標舉「並志深而筆長，故梗概而多氣也」爲建安文學特徵的注腳。惟若就建安作家整體而言，反映世局紊亂、民生疾苦的作品其實不多，「志深筆長，梗概多氣」亦非建安作家的全部風格，是知劉勰所舉述之建安文學的特徵，實經其過濾、選擇而來，乃別具用心的論述。由〈明詩〉篇云：「晉世群才，稍入輕綺，張、潘、左、陸，比肩詩衢，采縟於正始，力柔於建安」，「宋初文詠，體有因革，莊老告退，而山水方滋，儷采百字之偶，爭價一句之奇，情必極貌以寫物，辭必窮力而追新，此近世之所競也」，即可知劉勰採擇建安作家志意深長、言辭明晰、風力遒健的特質，以矯兩晉以後內容柔靡、言辭縟麗的文風，實賦予建安作家、文學在文學史上的深層意義。

　　文學理論方面，劉勰援引曹操論述賦韻、戒敕、章表的作法，及對文家的批評等觀點；又舉述曹植對增損古辭入樂府的作法、爲文好尙關係文章體勢、文學鑑賞須具備之條件等論述；並載錄劉楨詩文體勢旨趣以強健有力爲貴的說法，這些今不可考的文獻，均賴《文心雕龍》得以保存，使吾人得見建安文論的發展與面貌。曹丕有關「文以氣爲主」的觀點、對建安七子的評述、文學批評態度的避忌、

---

8 見於《文心雕龍·詮賦》。
9 見於《文心雕龍·才略》。
10 見於《文心雕龍·體性》。
11 同 8。
12 引自《曹操曹丕曹植資料彙編》，頁 250。

文士德行的批評等論說，亦皆爲劉勰所收錄，得見建安作家將漢魏以氣論人的習氣，衍爲爲文多氣、以氣論文的風尚。可以說，經由劉勰對建安作家的評論，已具足掌握建安文學理論的重要作家及發展的態勢。

文學地位方面，曹丕以文章爲不朽事業，可使作者聲名傳之無窮，已將文章地位空前提高，與劉勰將文業與事功並重，英雄所見相同；《典論・論文》云：「夫文本同而末異，蓋奏議宜雅，書論宜理，銘誄尚實，詩賦欲麗」，曹丕對「文」的涵義的理解，及注重詩賦欲「麗」的特點，乃劉勰論說之所本，實爲文學的藝術價值受重視的開端，此曹丕《典論・論文》所以被劉勰評爲「辯要」的緣故。而曹植〈與楊德祖書〉雖魯迅自情理上言，說是因爲曹植在政治上不得志，爭太子之位失敗，所以有此一番違心之論[13]；惟就思想而言，子建論文皆以儒家爲本，其沿襲儒家餘緒，以立德是尚，視辭賦爲小道，亦理所必然，《文心雕龍・序志》篇謂「陳思辯而無當」，誠非無故也。吾人可自劉勰對建安作家的評論中，得知當時有關文學地位的討論日多，文學地位亦相對提昇矣！

自劉勰對建安作家、作品的評論，足證當時文體完備，文學創作有由簡質益趨繁華，且注重作家任氣使才、個人文學成就表現的情形，而文人社會地位提高，不再被視爲俳優，可與君王一同灑筆酣歌，文學地位亦提昇爲經國之大業、不朽之盛事，可以說劉勰雖未提出「文學自覺說」，惟衡諸當時情形，文學自覺確實已經形成。

三、樹幟衡人論文的標準，建立作家評論的準則

《文心雕龍》不僅文體論「敷理以舉統」，揭示個別文體的體式、創作法則，觀諸全書五十篇皆然！文體規範方面，如〈明詩〉篇以

---

13 見於魯迅〈魏晉風度及文章與藥及酒之關係〉，收於《魯迅全集・而已集》，頁504。

四言詩的典雅溫潤，五言詩的清新有文采，做爲寫作準式，並頌美曹植、王粲四、五言詩歌兼善，符合四言雅潤、五言清麗的理想體式，不僅暗合曹丕「詩賦欲麗」[14]的觀點，也呈現建安「以情緯文，以文被質」[15]的詩歌面貌。〈哀弔〉篇則評論徐幹的哀辭差善，尚須「敘事如傳」，表現傳主的特質；阮瑀的哀弔文，也以褒而無貶，符合哀弔文「正義以繩理，昭德而塞違」的理則，而被譽爲「無奪倫矣」！劉勰藉由建安作家所具現的理想體式，做爲示例，以爲創作、批評依據的用心，昭然若揭！

　　創作標準方面，自劉勰對建安作家的評論，可據以明瞭其評騭作品優劣的依據：宗經、教化思想、文質並重、反模擬、強調氣力風骨等，如〈明詩〉篇提出四言爲正體、五言爲流調的說法，即歸本於宗經思想，曹丕七言詩的成就因此被略而不論；〈才略〉篇謂潘勗「憑經以騁才」，亦依從於宗經思想，評論〈九錫文〉之超邁群倫。按劉勰評論建安作家的作品，所以強調宗經，仍與其欲矯正齊梁抒情文學的流弊：形式日侈，內容情感泛濫有關，文能宗經，則可以節制個人性情的流洩，對語言也有節約的好處[16]；又如〈樂府〉篇評曹操〈苦寒行〉、曹丕〈燕歌行〉爲淫蕩的鄭聲，則反映劉勰認爲樂音必須中正平和，具有社會教化作用的樂教思想；〈詮賦〉篇稱讚徐幹辭賦內容博通，文有壯采，肯定其表現「麗詞雅義，符采相勝」的寫作特點，則與劉勰文質相待的重要文論相合；惟若深一層探究，曹操詩歌以文字樸實質直，未入選於〈明詩〉、劉楨詩歌也以氣過其文，雕潤恨少[17]，被〈書記〉篇評論不及箋記之美，顯

14　見於曹丕《典論‧論文》。
15　見於沈約《宋書‧謝靈運傳論》，收於《文選》卷五十，頁 1249。
16　參顏崑陽著《六朝文學觀念論叢‧論魏晉南北朝「文質」觀念及其所衍生諸問題》（台北：正中書局，1993 年），頁 76。
17　見於《詩品》卷上評劉楨詩，頁 81。

示劉勰固然重視文質相濟的作品,也重視雕琢其章的文采,他所反對的,只是不切情理而過分浮艷的辭藻[18]。另如〈論說〉篇云:「曹植〈辨道〉,體同書抄,才不持論,寧如其已」、〈雜文〉篇云:「劉珍、潘勗之輩,欲穿明珠,多貫魚目」,則顯示劉勰對於抄襲模擬的作品,評價極低,其反對模擬為文的創作準則,由此可以推知。至於〈風骨〉篇引述曹丕評論建安文家重氣的說法:「論孔融,則云『體氣高妙』;論徐幹,則云:『時有齊氣』;論劉楨,則云:『有逸氣』」,一則反映建安作家以氣見長,以氣論文的實況,一則也顯示建安作家無論其才氣、辭氣,往往帶有一種生氣、力量,當氣貫注於文,如孔融氣盛於為筆[19],〈薦禰衡表〉氣揚采飛[20],皆能形成有力的感發力量,為劉勰所稱賞;反之,如邯鄲淳〈受命述〉,風末力衰,不能奮飛,則被劉勰引為瑕病[21];而氣為風骨之本[22],所謂「辭之待骨,如體之樹骸;情之含風,猶形之包氣」,劉勰藉由氣實使文[23]的觀念,首先使用「風骨」一詞評論作家,建立其風骨說,以「文明以健」,「風清骨峻」做為範文之標準,視「脊義肥辭,繁雜失統,則無骨之徵」,故潘勗〈冊魏公九錫文〉即以鎔鑄經典,具有充實的內容,嚴整的結構,精練的文辭,成為「骨髓峻」的代表作,可見劉勰評論建安作家作品優劣時,是否具有氣力、風骨亦成為重要的指標。

　　文士標準方面,劉勰對作家的理想定義為「摛文必在緯軍國,負

---

18 引自廖蔚卿著《六朝文論·文質論》(台北:聯經出版公司,1981 年):「劉勰重視情理實質的充實,也重視雕琢其章的文采,他所反對的,只是不切情理而過分浮艷的辭藻」,頁 36。
19 見於《文心雕龍·才略》。
20 見於《文心雕龍·章表》。
21 見於《文心雕龍·封禪》。
22 見於黃叔琳評《文心雕龍》,收於黃侃《文心雕龍札記·風骨》,頁 103。
23 《文心雕龍·雜文》云:「宋玉含才,頗亦負俗,始造〈對問〉,以申其志,放懷寥廓,氣實使文。」

重必在任棟梁；窮則獨善以垂文，達則奉時以騁績，若此文人，應梓材之士矣」[24]，他不僅以文行並重者，謂爲梓材之士，並標舉文德兼備、文武皆習之士做爲示例，徐幹即以淡泊能文，號爲「沈默」，做爲文行並重的正面典範，既破除了曹丕「古今文人，類不護細行」[25]說的偏頗，也扭轉了「自古文人，多陷輕薄」[26]的負面形象；此外，「作家」的界定，不僅須有理想，尙須力行切用，以孔融而言，劉勰評其「文教麗而罕施，乃治體乖也」，言孔融教文有不切致用的缺失，則劉勰文采、器用，缺一不可的作家標準，可謂昭然若判矣！

　　自劉勰所標舉之文體規範、創作理則、文士標準，實爲作家評論建立客觀、具體的依據，足爲衡人論文之準的。

四、銓衡作家利病與文學成就，所論千載猶新

　　劉勰根據其所揭櫫的理則、規範，品藻作家創作的利病得失，及其獨特的文學成就，大抵皆能銓衡切當。其或依據史傳記載、或援引前人說法、或根據寫作體式，以判別優劣，抑揚臧否，皆能言出有據，全面評論，顯示劉勰評人論文，不虛美、不飾非，力求客觀持平的態度。

　　此外，劉勰並言簡意賅地標舉作家出眾的文學成就，如評論曹丕樂府清越、《典論》辯要，子建詩麗而表逸[27]，獨冠群才，不但評析曹氏兄弟的文學傑出特色，切中肯要，也突顯曹丕以文學理論偏長、曹植以文學創作取勝的事實，肯定曹丕在文學批評的開創之功。詮評其他各家文學特長者，如謂孔融表文秀出、陳琳、阮瑀以章表檄文名世、王粲詩賦爲七子之冠冕、劉楨五言詩獨擅當時、徐幹以賦

---

24 見於《文心雕龍‧程器》。
25 見於曹丕〈又與吳質書〉。
26 見於顏之推《顏氏家訓‧文章》，頁237。
27 見於《文心雕龍‧才略》。

論標美、禰衡爲尺牘偏才、路粹、楊脩以筆記工巧著稱、潘勗以〈九
錫〉超軼群倫、衛覬以〈禪誥〉標美[28]，顯示建安作家在文學創作上
各有建樹，如霞映紛披，輝映百代，足爲各式文體之典範作家。劉
勰評論作家，並多爲後世文家所引重，如蕭子顯曰：「若陳思〈代
馬〉群章、王粲〈飛鸞〉諸製，四言之美，前超後絕」[29]、獨孤及稱
「五言詩，……盛於曹劉」[30]，皆肯定曹植、王粲、劉楨四、五言詩
之成就；王世貞所謂「孔璋書檄饒爽，元瑜次之，而詩皆不稱也」[31]，
則盛讚琳瑀以書檄命世，詩非所長；何焯評「〈薦禰衡表〉，……
特其氣遒壯」[32]，則稱許孔融〈薦禰衡表〉以氣盛爲美；譚復堂批評
潘勗〈九錫〉「淵乎茂乎，精神肌理與典誥相通」[33]，則稱譽潘勗鎔
鑄經式爲文的特點，皆與《文心雕龍》評論建安作家的文學成就，
枹鼓相應，足徵劉勰評論作家，能籠罩千古，啓迪來彥。

五、後出轉精，特具卓識，發展作家評論的新高度

劉勰評論作家時，往往取資前修的文獻、觀點，以爲立論的準據，
尤可貴者，在能後出轉精，建立一己的創獲。如〈章句〉篇引述魏
武辭賦轉韻的觀點，惟其並不讚同曹操「嫌於積韻，而善於貿代」
的說法，認爲文家換韻，當求其適中，庶保無失。〈風骨〉篇則以
曹丕的文氣說爲基礎，除注重先天的才氣，又突顯後天學習對創作
的可爲性，並推擴爲風骨論，做爲鑒衡作品風格更具體、更周密的
依據；他如想像理論、情性說、創作的節奏用韻等，皆見劉勰以文

---

28 以上所述分論於《文心雕龍》〈章表〉、〈才略〉、〈明詩〉、〈詮賦〉、〈書記〉、
　　〈詔策〉等篇。
29 見於《南齊書‧文學傳論》卷五十二，頁 907—908。
30 見於獨孤及〈唐故左補闕安定皇甫公集序〉，收於《曹操曹丕曹植資料彙編》，頁
　　245。
31 見於王世貞《藝苑卮言》卷三，收於《曹操曹丕曹植資料彙編》，頁 262。
32 見於何焯《義門讀書記‧文選》（北京：中華書局，1987 年）卷四十九，頁 949。
33 見於駱鴻凱《文選學》評騭第八，頁 276。

氣論爲根基，又能發皇延伸的軌跡。另如〈體性〉篇所言氣有剛柔
說，則較曹丕氣有清濁論，更能說明稟氣本於天性，無高下優劣之
分的本質。〈練字〉篇則除了讚同曹植所稱，鑒賞揚雄、司馬相如
辭賦應具備的能力：「明家法」、「博學」以外，又補述文字的深
奧，爲揚、馬辭賦難懂的原因，可見劉勰以子建說法爲立論依據，
又能有所發揮闡論。至於〈定勢〉篇並舉述劉楨有關文章體勢的說
法，惟劉勰認爲劉楨徒以壯言慷慨之氣，言文章「體勢」，並不完
備，進而提出勢有剛柔說，由此彌補劉楨觀點之不足。足證劉勰不
但總結前人的觀點，也推擴前人的論述，使其對建安作家的批評達
到新的高度。

　　劉勰在援舉眾人意見時，亦有不指明引述對象，僅以無定指稱詞
如「俗稱」、「君子」等借稱，而有不苟從隨俗，特具卓識之處。
如〈樂府〉篇云：「子建、士衡咸有佳篇，並無詔伶人，故事謝絲
管，俗稱乖調，蓋未思也」，劉勰對曹植源於樂府，而不入樂的詩
歌，俗稱乖調，頗不以爲然，按曹植樂府詩多側重文字與內容，其
文字藻麗，而格調高雅，惟入樂者甚少，故王世貞嘗言「漢樂府之
變，自子建始」[34]，由是可見劉勰評論作家能掌握文變，酌取新聲，
其見識不同流俗。〈書記〉篇又云：「公幹箋記，文麗而規益，子
桓弗論，故世所共遺，若略名取實，則有美於爲詩矣」，認爲劉楨
之書記較詩爲美，而曹丕、世人皆忽而不論，按覈劉楨的書牘文辭
雅麗，富於勸諭作用，劉勰「文麗而規益」之評，誠屬妥切！而劉
勰以劉楨書記美於詩、王粲詩賦爲七子之冠的見解，則顯然不同於
曹丕以劉楨五言詩妙絕時人、鍾嶸以「曹劉」詩並稱之說，經由比
裁，劉楨詩氣骨剛健、王粲詩慷慨悲壯，前者個人特質濃郁，後者

---

34 引自蕭滌非著《漢魏六朝樂府文學史》第三編〈魏樂府〉，頁141。

為建安文學典型，且王粲文多兼善，辭少瑕累，故能脫穎而出，居於七子之首，實乃劉勰之特識也！至於〈哀弔〉篇云：「建安哀辭，惟偉長差善，〈行女〉一篇，時有惻怛。及潘岳繼作，實鍾其美。觀其慮瞻辭變，情洞悲苦，敘事如傳」，評斷潘岳哀誄，兼具眾美，為世所公論[35]，而劉勰可貴者在言前人所未言，指出哀辭除了抒寫哀弔者之悲痛，尚應對夭喪者有所形容，表現「敘事如傳」的特徵，徐幹〈行女〉所以被劉勰評為「差善」，其故在此，為劉勰推陳出新的創見。〈諧讔〉篇云：「自魏代以來，頗非俳優；而君子喜隱，化為謎語。……至魏文、陳思，約而密之；高貴鄉公，博舉品物；雖有小巧，用乖遠大。觀夫古之為隱，理周要務，豈為童稚之戲謔，搏髀而抃笑哉！」劉勰述及魏代以來，君子好為謎語，如曹丕、曹植，皆有作品，而謎語體製小巧，專為遊戲而作，並不合劉勰「頗益諷誡」的要求；雖言如此，劉勰納入「諧讔」為正式之文體，其不隨俗立言，自有特識，由是可知。

貳、限　　制

一、思想局限

　　劉勰衡人論文的標準，有時也會成為其思想的局限，以曹操、曹丕之樂府而言，在清商樂的發展史上，均有其正面評價與影響，由《宋書·樂志》上載宋順帝升明二年，尚書令王僧虔上表云：「又今之清商，實由銅雀，魏氏三祖，風流可懷，京洛相高，江左彌重」[36]，可以得知；而劉勰基於宗經思想，重視音樂的社教功能，視曹操、

---

35 王隱《晉書》云：「潘岳善屬文，哀誄之妙，古今莫比，一時所推」，引自《黃氏逸書考》（台北：藝文印書館）冊三十王隱《晉書》，頁89上。
36 見於《宋書·樂志》卷十九，頁553。

曹丕樂府文情淫蕩柔靡，爲亂世之鄭音，並未給予兩人應有之評價。
以此類推，陳琳之〈飲馬長城窟行〉雖被評爲古辭中之上乘，亦被
摒除於〈樂府〉篇外；邯鄲淳著《笑書》、魏文、陳思作謎語，皆
需吻合有益於規補，切合於時用的標準；而王粲〈七釋〉辭采華美，
爲七體之典型文字，惟劉勰仍以歸於儒道的思想，評其「致辨於事
理」，反忽略其文辭上的特長。凡此皆受限於儒家宗經、樂教思想，
致使其立論有隙罅可尋。

二、以偏概全

〈時序〉篇以「觀其時文，雅好慷慨，良由世積亂離，風衰俗怨，
並志深而筆長，故梗概而多氣也」，評述建安文學的特徵與成因，
〈明詩〉篇也敘述「並憐風月，狎池苑，述恩榮，敘酣宴，慷慨以
任氣，磊落以使才；造懷指事，不求纖密之巧，驅辭逐貌，唯取昭
晰之能」，說明建安詩歌的題材、風格、及形式表現，歷來莫不爲
文論家所徵引；惟按覈於建安二十位作家，真能表現慷慨任氣之文
風者，應以曹操、曹植、王粲、劉楨、孔融、陳琳爲代表，若曹丕
詩箋情深宛切，一變乃父悲壯之習；阮瑀諸詩氣格悲弱，風力不足；
應瑒詩由哀音轉至平和，鮮少關懷世亂，慷慨遒壯之作；徐幹詩歌
以敦友朋、篤夫婦的題材見長；繁欽表現志深筆長、梗概多氣的作
品，僅辭賦一篇；路粹、楊脩、邯鄲淳等未見慷慨悲壯之音，則知
劉勰說法有以偏概全之失；況曹植詩文表現其「甘心赴國憂」的悲
壯之情者，多爲明帝在位的太和時期，與其早年憐風月、狎池苑、
述恩榮、敘酣宴的生活背景不同；王粲早年猶多憫亂憂思、壯懷激
烈的詩歌，歸曹以後，其作品則漸趨寬和；而劉楨作品傾向於個人
抒情感懷，鮮少反映世積亂離之作；陳琳作品除詩歌、檄文流露悲
壯之聲，亦多以神女閑邪、詠物助興爲題材的婉麗之音，是證劉勰

採類推的印象式之批評，故有以部分代替全體，忽視建安文學分期與風格演變的情形。乃劉勰爲收全面宏觀之效，致使建安作家的特殊氣質，如劉楨的清健之氣、阮瑀的悲弱之氣、徐幹的醇和之氣，皆爲「梗概多氣」一語所概括。

三、訛誤疏漏

　　劉勰對作家的評論，以建安時期爲例，除上列論述之成就以外，亦有訛誤疏略，有待商榷之處。評論失當者，如〈樂府〉篇評論曹操樂府音靡節平，其〈苦寒行〉眾引，敍述宴飲之樂，志不出於淫蕩，以爲不合於雅音，爲韶夏之鄭曲，惟曹操〈苦寒行〉音節悲壯，且通篇寫征戰思鄉之苦，與劉勰所言，實有不合。次如〈知音〉篇指摘曹植評論孔璋不閑於辭賦，自謂與司馬相如同風，乃崇己抑人之病，然稽覈陳琳之辭賦壯盛有餘，主觀情志不足，辭賦誠非其所長，曹植對陳琳的評論，洵爲不誣；且以子建之才，猶欲將所著辭賦就正於楊脩，是知劉勰評騭曹植崇己抑人，實非公允之論！再如〈頌贊〉篇，劉勰認爲頌主美德，而曹植〈皇太子生頌〉褒貶雜居，故被評爲末代之訛體，然驗諸於曹植本文，純爲頌德，與貶辭無關，不知劉勰所據爲何？皆其評論之誤失也。

　　另如曹操振興四言、曹丕開創七言之新紀元，對詩歌發展均有重要貢獻，而〈明詩〉篇隻字未提；曹植辭賦質量兼優，而〈詮賦〉篇僅列王、徐；《文心雕龍》書中，孔融時被目爲漢人、時被稱爲魏人，有斷限不一之憾；陳琳書信宏肆，較阮瑀爲勝，曹丕《典論·論文》曾云：「琳瑀之章表書記，今之雋也」，即以琳、瑀並稱，而劉勰〈書記〉篇獨漏陳琳，對陳琳顯然不盡公允！〈序志〉篇未察應瑒〈文質論〉著眼於政治、文化範疇，無關乎文事，而評「應論華而疏略」，不免易遭隔靴搔癢之評。至於作家創作對後世之影

響，如陳琳、阮瑀散文下啓嵇康、阮籍壯麗騁辭之文；禰衡作品開漢魏文士騁辭溢氣之先；丁儀論文爲魏代名理文之先著，劉勰均闕而未論，有所罣漏。

　　整體而言，《文心雕龍》對作家的評論，從微觀個體到全面宏觀，具有整體性；掌握內在規律、理則，具有結構層次性；並從事比較分析，探索作家內外相互關係、因果、作用，具有有機性與動態性，且評論作家作品的特色、成就，及在文學史上的地位及意義，含蓋廣闊，詮評深刻，故能建構其周密嚴整的作家論系統，臻於前所未至的成就高峰，雖有評論上的疏失、訛誤，亦不能掩其如日月之輝光矣！

附錄一：本書建安作家生卒年表

作家	生　　　　　　年	卒　　　　　　年
曹　操	漢桓帝永壽元年(西元 155 年)	漢獻帝建安二十五年(西元 220 年)
曹　丕	漢靈帝中平四年(西元 187 年)	魏文帝黃初七年(西元 226 年)
曹　植	漢獻帝初平三年(西元 192 年)	魏明帝太和六年(西元 232 年)
孔　融	漢桓帝永興元年(西元 153 年)	漢獻帝建安十三年(西元 208 年)
阮　瑀	生年無確考	漢獻帝建安十七年(西元 212 年)
王　粲	漢靈帝熹平六年(西元 177 年)	漢獻帝建安二十二年(西元 217 年)
劉　楨	生年無確考	漢獻帝建安二十二年(西元 217 年)
陳　琳	生年無確考	漢獻帝建安二十二年(西元 217 年)
應　瑒	生年無確考	漢獻帝建安二十二年(西元 217 年)
徐　幹	漢靈帝建寧四年(西元 171 年)	漢獻帝建安二十三年(西元 218 年)
禰　衡	漢靈帝熹平二年(西元 173 年)	漢獻帝建安三年(西元 198 年)
路　粹	生年無確考	漢獻帝建安二十年(西元 215 年)
潘　勗	生年無確考	漢獻帝建安二十年(西元 215 年)
繁　欽	生年無確考	漢獻帝建安二十三年(西元 218 年)
楊　脩	漢靈帝熹平四年(西元 175 年)	漢獻帝建安二十四年(西元 219 年)
丁　儀	生年無確考	魏文帝黃初元年(西元 220 年)
邯鄲淳	生年無確考	魏文帝黃初二年(西元 221 年)左右
劉　廙	漢靈帝光和三年(西元 180 年)	魏文帝黃初二年(西元 221 年)
王　朗	生年無確考	魏明帝太和二年(西元 228 年)
衛　覬	生年無確考	魏明帝太和三年(西元 229 年)

附錄二： 《文心雕龍》評論建安作家一覽表

作　家	評　　　　　　　　　　　　　　　　　　　　　　　　論
曹　操	・至於魏之三祖，氣爽才麗，宰割辭調，音靡節平。觀其〈北上〉眾引，〈秋風〉列篇，或述酣宴，或傷羈戍，志不出於慆蕩，辭不離於哀思，雖三調之正聲，實韶夏之鄭曲也。（〈樂府〉） ・魏之初霸，術兼名法。（〈論說〉） ・魏武稱：「作敕戒，當指事而語，勿得依違」，曉治要矣。（〈詔策〉） ・陳琳之檄豫州，壯有骨鯁；雖奸閹攜養，章實太甚，發丘摸金，誣過其虐，然抗辭書釁，皦然暴露。敢矣！指曹公之鋒；幸哉！免袁黨之戮也。（〈檄移〉） ・是以漢末讓表，以三為斷。曹公稱：「為表不必三讓」，又「勿得浮華」。所以魏初章表，指事造實，求其靡麗，則未足美矣。（〈章表〉） ・昔魏武論賦，嫌於積韻，而善於貿代。……然兩韻輒易，則聲韻微躁，百句不遷，則脣吻告勞，妙才激揚，雖觸思利貞；曶若折之中和，庶保無咎。（〈章句〉） ・故魏武稱「張子之文為拙，然學問膚淺，所見不博，專拾掇崔、杜小文，所作不可悉難，難便不知所出。」斯則寡聞之病也。（〈事類〉） ・自獻帝播遷，文學蓬轉，建安之末，區宇方輯。魏武以相王之尊，雅愛詩章；文帝以副君之重，妙善辭賦；……並體貌英逸，故俊才雲蒸。……傲岸觴豆之前，雍容衽席之上，灑筆以成酣歌，和墨以藉談笑。觀其時文，雅好慷慨，良由世積亂離，風衰俗怨，並志深而筆長，故梗概而多氣也。（〈時序〉）
曹　丕	・暨建安之初，五言騰躍，文帝、陳思，縱轡以騁節，王、徐、應、劉，望路而爭驅；並憐風月，狎池苑，述恩榮，敘酣宴，慷慨以任氣，磊落以使才；造懷指事，不求纖密之巧，驅辭逐貌，唯取昭晰之能，此其所同也。（〈明詩〉） ・至於魏之三祖，氣爽才麗，宰割辭調，音靡節平。觀其〈北上〉

	眾引，〈秋風〉列篇，或述酣宴，或傷羈戍，志不出於慆蕩，辭不離於哀思，雖三調之正聲，實韶夏之鄭曲也。（〈樂府〉） ・魏文〈九寶〉，器利辭鈍。（〈銘箴〉） ・謎也者，迴互其辭，使昏迷也。或體目文字，或圖象品物，纖巧以弄思，淺察以衒辭；義欲婉而正，辭欲隱而顯。……至魏文、陳思，約而密之；雖有小巧，用乖遠大。觀夫古之為隱，理周要務，豈為童稚之戲謔，搏髀而抃笑哉！（〈諧讔〉） ・魏文帝下詔，辭義多偉，至於作威作福，其萬慮之一弊乎！（〈詔策〉） ・故魏文稱：「文以氣為主，氣之清濁有體，不可力強而致」；故其論孔融，則云：「體氣高妙」；論徐幹，則云：「時有齊氣」；論劉楨，則云：「有逸氣」。……並重氣之旨也。（〈風骨〉） ・知夫調鍾未易，張琴實難。伶人告知，不必盡窕㯹之中；動角揮羽，何必窮初終之韻；魏文比篇章於音樂，蓋有徵矣。（〈總術〉）
曹　丕	・自獻帝播遷，文學蓬轉，建安之末，區宇方輯。魏武以相王之尊，雅愛詩章；文帝以副君之重，妙善辭賦；……並體貌英逸，故俊才雲蒸。……傲岸觴豆之前，雍容衽席之上，灑筆以成酣歌，和墨以藉談笑。觀其時文，雅好慷慨，良由世積亂離，風衰俗怨，並志深而筆長，故梗概而多氣也。（〈時序〉） ・魏文之才，洋洋清綺，舊談抑之，謂去植千里，然子建思捷而才儁，詩麗而表逸；子桓慮詳而力緩，故不競於先鳴。而樂府清越，典論辯要，迭用短長，亦無懵焉。但俗情抑揚，雷同一響，遂令文帝以位尊減才，思王以勢窘益價，未為篤論也。（〈才略〉） ・及陳思論才，亦深排孔璋；敬禮請潤色，歎以為美談；季緒好詆訶，方之於田巴；意亦見矣。故魏文稱：「文人相輕」，非虛談也。（〈知音〉） ・故魏文以為：「古今文人，類不護細行。」（〈程器〉） ・詳觀近代之論文者多矣：魏文述典，……魏典密而不周。（〈序志〉）
曹　植	・暨建安之初，五言騰躍，文帝、陳思，縱轡以騁節，王、徐、應、劉，望路而爭驅；並憐風月，狎池苑，述恩榮，敘酣宴，慷慨以任氣，磊落以使才；造懷指事，不求纖密之巧，驅辭逐貌，唯取昭晰之能，此其所同也。（〈明詩〉）

	・若夫四言正體，則雅潤爲本；五言流調，則清麗居宗。……兼善則子建、仲宣，偏美則太沖、公幹。（〈明詩〉）
	・凡樂辭曰詩，詠聲曰歌，聲來被辭，辭繁難節；故陳思稱：「左延年閑於增損古辭，多者則宜減之」，明貴約也。……子建、士衡咸有佳篇，並無詔伶人，故事謝絲管，俗稱乖調，蓋未思也。（〈樂府〉）
	・陳思稱：「左延年閑於增損古辭，多者則宜減之」，明貴約也。（〈樂府〉）
	・及魏晉雜頌，鮮有出轍。陳思所綴，以〈皇子〉爲標，…其褒貶雜居，固末代之訛體也。（〈頌讚〉）
	・至如黃帝有〈祝邪〉之文，東方朔有〈罵鬼〉之書，於是後之譴呪，務於善罵，惟陳思〈詰咎〉，裁以正義矣。（〈祝盟〉）
	・陳思叨名，而體實繁緩，〈文皇誄〉末，百言自陳，其乖甚矣！（〈誄碑〉）
曹　植	・陳思〈客問〉，辭高而理疏，庾敳〈客咨〉，意榮而文悴。斯類甚眾，無所取才矣。（〈雜文〉）
	・陳思〈七啓〉，取美於宏壯，仲宣〈七釋〉，致辨於事理。……或文麗而義暌，或理粹而辭駁。觀其大抵所歸，莫不高談宮館，壯語畋獵。窮瓌奇之服饌，極蠱媚之聲色。甘意搖骨髓，豔詞動魂識，雖始之以淫侈，而終之以居正。然諷一勸百，勢不自反。子雲所謂：「猶騁鄭衛之聲，曲終而奏雅」者也。（〈雜文〉）
	・謎也者，迴互其辭，使昏迷也。或體目文字，或圖象品物，纖巧以弄思，淺察以衒辭；義欲婉而正，辭欲隱而顯。……至魏文、陳思，約而密之；雖有小巧，用乖遠大。觀夫古之爲隱，理周要務，豈爲童稚之戲謔，搏髀而抃笑哉！（〈諧讔〉）
	・至如孔融〈孝廉〉，但談嘲戲；曹植〈辨道〉，體同書抄，才不持論，寧如其已。（〈論說〉）
	・陳思〈魏德〉，假論客主，問答迂緩，且已千言，勞深勣寡，飆燄缺焉。（〈封禪〉）
	・陳思之表，獨冠群才。觀其體贍而律調，辭清而志顯，應物製巧，隨變生趣，執轡有餘，故能緩急應節矣。（〈章表〉）
	・子建援牘如口誦，……雖有短篇，亦思之速也。（〈神思〉）
	・陳思亦云：「世之作者，或好煩文博採，深沈其旨者；或好離言

辨句，分毫析釐者，所習不同，所務各異」，言勢殊也。（〈定勢〉）

· 若夫宮商大和，譬諸吹籥；翻迴取均，頗似調瑟。瑟資移柱，故有時而乖貳；籥含定管，故無往而不壹。陳思、潘岳，吹籥之調也。（〈聲律〉）

· 至於揚班之倫，曹劉以下，圖狀山川，影寫雲物，莫不織綜比義，以敷其華，驚聽回視，資此效績。（〈比興〉）

· 陳思，群才之英也。〈報孔璋書〉云：「葛天氏之樂，千人唱，萬人和，聽者因以蔑韶夏矣。」此引事之實謬也。按葛天之歌，唱和三人而已。……夫以子建明練，士衡沈密，而不免於謬，曹洪之謬高唐，又曷足以嘲哉！（〈事類〉）

· 及魏代綴藻，則字有常檢，追觀漢作，翻成阻奧。故陳思稱：「揚馬之作，趣幽旨深，讀者非師傳不能析其辭，非博學不能綜其理。」豈直才懸，抑亦字隱。（〈練字〉）

· 陳思之文，群才之俊也，而〈武帝誄〉云：「尊靈永蟄。」〈明帝頌〉云：「聖體浮輕。」浮輕有似於蝴蝶，永蟄頗疑於昆蟲，施之尊極，豈其當乎！（〈指瑕〉）

曹 植

· 自獻帝播遷，文學蓬轉，建安之末，區宇方輯。魏武以相王之尊，雅愛詩章；文帝以副君之重，妙善辭賦；陳思以公子之豪，下筆琳瑯；並體貌英逸，故俊才雲蒸。……傲岸觴豆之前，雍容衽席之上，灑筆以成酣歌，和墨以藉談笑。觀其時文，雅好慷慨，良由世積亂離，風衰俗怨，並志深而筆長，故梗概而多氣也。（〈時序〉）

· 魏文之才，洋洋清綺，舊談抑之，謂去植千里，然子建思捷而才儁，詩麗而表逸；子桓慮詳而力緩，故不競於先鳴。而樂府清越，典論辯要，迭用短長，亦無懵焉。但俗情抑揚，雷同一響，遂令文帝以位尊減才，思王以勢窘益價，未為篤論也。（〈才略〉）

· 及陳思論才，亦深排孔璋；敬禮請潤色，歎以為美談；季緒好詆訶，方之於田巴；意亦見矣。故魏文稱：「文人相輕」，非虛談也。……才實鴻懿，而崇己抑人者，班、曹是也。（〈知音〉）

· 詳觀近代之論文者多矣：至如魏文述典，陳思序書……各照隅隙，鮮觀衢路，或臧否當時之才，或銓品前修之文，或汎舉雅俗之旨，或撮題篇章之意。魏典密而不周，陳書辯而無當。（〈序志〉）

孔　融	・孔融所創，有摹伯喈；張陳兩文，辨給足采，亦其亞也。（〈誄碑〉） ・至如孔融〈孝廉〉，但談嘲戲；曹植〈辨道〉，體同書抄，才不持論，寧如其已。（〈論說〉） ・教者，效也，出言而民效也。契敷五教，故王侯稱教。……孔融之守北海，文教麗而罕施，乃治體乖也。（〈詔策〉） ・至如文舉之薦禰衡，氣揚采飛；孔明之辭後主，志盡文壯；雖華實異旨，並表之英也。（〈章表〉） ・路粹之奏孔融，則誣其舋惡，名儒之與險士，固殊心焉。（〈奏啟〉） ・文舉屬章，半簡必錄，休璉好事，留意詞翰，抑其次也。（〈書記〉） ・故魏文稱：「文以氣為主，氣之清濁有體，不可力強而致」；故其論孔融，則云：「體氣高妙」；論徐幹，則云：「時有齊氣」；論劉楨，則云：「有逸氣」。……並重氣之旨也。（〈風骨〉） ・文舉傲誕以速誅，……文士之瑕累。（〈程器〉） ・孔融氣盛於為筆，禰衡思銳於為文，有偏美焉。（〈才略〉）
阮　瑀	・胡阮之〈弔夷齊〉，褒而無間，仲宣所制，譏呵實工。然則胡阮嘉其清，王子傷其隘，各其志也。（〈哀弔〉） ・琳、瑀章表，有譽當時；孔璋稱健，則其標也。（〈章表〉） ・魏之元瑜，號稱翩翩。（〈書記〉） ・阮瑀據案而制書，……雖有短篇，亦思之速也。（〈神思〉） ・自獻帝播遷，文學蓬轉，建安之末，區宇方輯。魏武以相王之尊，雅愛詩章；文帝以副君之重，妙善辭賦；陳思以公子之豪，下筆琳瑯；並體貌英逸，故俊才雲蒸。……元瑜展其翩翩之樂，……傲岸觴豆之前，雍容衽席之上，灑筆以成酣歌，和墨以藉談笑。觀其時文，雅好慷慨，良由世積亂離，風衰俗怨，並志深而筆長，故梗概而多氣也。（〈時序〉） ・琳瑀以符檄擅聲。（〈才略〉）
王　粲	・暨建安之初，五言騰躍，文帝、陳思，縱轡以騁節，王、徐、應、劉，望路而爭驅；並憐風月，狎池苑，述恩榮，敘酣宴，慷慨以任氣，磊落以使才；造懷指事，不求纖密之巧，驅辭逐貌，唯取昭晰之能，此其所同也。（〈明詩〉） ・若夫四言正體，則雅潤為本；五言流調，則清麗居宗。……兼善則子建、仲宣，偏美則太沖、公幹。（〈明詩〉）

王　粲	·胡阮之〈弔夷齊〉，褒而無間，仲宣所制，譏呵實工；然則胡阮嘉其清，王子傷其隘，各其志也。（〈哀弔〉） ·及仲宣靡密，發篇必遒；偉長博通，時逢壯采……，亦魏晉之賦首也。（〈詮賦〉） ·陳思〈七啓〉取美於宏壯，仲宣〈七釋〉，致辨於事理。……或文麗而義睽，或理粹而辭駁。觀其大抵所歸，莫不高談宮館，壯語畋獵。窮瑰奇之服饌，極蠱媚之聲色。甘意搖骨髓，豔詞動魂識，雖始之以淫侈，而終之以居正。然諷一勸百，勢不自反。子雲所謂：「猶騁鄭衛之聲，曲終而奏雅」者也。（〈雜文〉） ·魏之初霸，術兼名法，傅嘏、王粲，校練名理。……仲宣之〈去伐〉，……並師心獨見，鋒穎精密，蓋論之英也。（〈論說〉） ·仲宣舉筆似宿構，……雖有短篇，亦思之速也。（〈神思〉） ·仲宣躁競，故穎出而才果。（〈體性〉） ·仲宣〈登樓賦〉云：「鍾儀幽而楚奏，莊舄顯而越吟。」此反對之類也。……幽顯同志，反對所以爲優也。（〈麗辭〉） ·自獻帝播遷，文學蓬轉，建安之末，區宇方輯。魏武以相王之尊，雅愛詩章；文帝以副君之重，妙善辭賦；陳思以公子之豪，下筆琳瑯；並體貌英逸，故俊才雲蒸。仲宣委質於漢南，……傲岸觴豆之前，雍容衽席之上，灑筆以成酣歌，和墨以藉談笑。觀其時文，雅好慷慨，良由世積亂離，風衰俗怨，並志深而筆長，故梗概而多氣也。（〈時序〉） ·仲宣溢才，捷而能密，文多兼善，辭少瑕累，摘其詩賦，則七子之冠冕乎！（〈才略〉） ·略觀文士之疵：……仲宣輕脫以躁競，……並文士之瑕累。（〈程器〉）
劉　楨	·暨建安之初，五言騰躍，文帝、陳思，縱轡以騁節，王、徐、應、劉，望路而爭驅；並憐風月，狎池苑，述恩榮，敘酣宴，慷慨以任氣，磊落以使才；造懷指事，不求纖密之巧，驅辭逐貌，唯取昭晰之能，此其所同也。（〈明詩〉） ·若夫四言正體，則雅潤爲本；五言流調，則清麗居宗。……兼善則子建、仲宣，偏美則太沖、公幹。（〈明詩〉） ·公幹牋記，文麗而規益，子桓弗論，故世所共遺，若略名取實，

劉　楨	則有美於爲詩矣。（〈書記〉） · 公幹氣褊，故言壯而情駭……觸類以推，表裡必符。（〈體性〉） · 故魏文稱：「文以氣爲主，氣之清濁有體，不可力強而致」；故其論孔融，則云：「體氣高妙」；論徐幹，則云：「時有齊氣」；論劉楨，則云：「有逸氣」。公幹亦云：「孔氏卓卓，信含異氣，筆墨之性，殆不可勝」，並重氣之旨也。（〈風骨〉） · 劉楨云：「文之體指貴強，使其辭已盡而勢有餘，天下一人耳，不可得也」。公幹所談，頗亦兼氣。然文之任勢，勢有剛柔，不必壯言慷慨，乃稱勢也。（〈定勢〉） · 至於揚班之倫，曹劉以下，圖狀山川，影寫雲物，莫不織綜比義，以敷其華，驚聽回視，資此效績。（〈比興〉） · 自獻帝播遷，文學蓬轉，建安之末，區宇方輯。魏武以相王之尊，雅愛詩章；文帝以副君之重，妙善辭賦；陳思以公子之豪，下筆琳瑯；並體貌英逸，故俊才雲蒸。仲宣委質於漢南，孔璋歸命於河北，偉長從宦於青土，公幹徇質於海隅，……傲岸觴豆之前，雍容衽席之上，灑筆以成酣歌，和墨以藉談笑。觀其時文，雅好慷慨，良由世積亂離，風衰俗怨，並志深而筆長，故梗概而多氣也。（〈時序〉） · 劉楨情高以會采。（〈才略〉） · 又君山、公幹之徒，吉甫、士龍之輩，汎議文意，往往間出，並未能振葉以尋根，觀瀾而索源，不述先哲之誥，無益後生之慮。（〈序志〉）
陳　琳	· 陳琳之檄豫州，壯有骨鯁，雖奸閹攜養，章實太甚，發丘摸金，誣過其虐，然抗辭書釁，皦然暴露。敢矣！指曹公之鋒；幸哉！免袁黨之戮也。（〈檄移〉） · 琳、瑀章表，有譽當時；孔璋稱健，則其標也。（〈章表〉） · 至於陳琳諫辭，稱「掩目捕雀」，……並引俗說而爲文辭者也。夫文辭鄙俚，莫過於諺，而聖賢詩書，採以爲談，況踰於此，豈可忽哉！（〈書記〉） · 夫以子建明練，士衡沈密，而不免於謬，曹洪之謬高唐，又曷足以嘲哉！（〈事類〉） · 自獻帝播遷，文學蓬轉，建安之末，區宇方輯。魏武以相王之尊，

陳　琳	雅愛詩章；文帝以副君之重，妙善辭賦；陳思以公子之豪，下筆琳瑯；並體貌英逸，故俊才雲蒸。仲宣委質於漢南，孔璋歸命於河北，……傲岸觴豆之前，雍容衽席之上，灑筆以成酣歌，和墨以藉談笑。觀其時文，雅好慷慨，良由世積亂離，風衰俗怨，並志深而筆長，故梗概而多氣也。（〈時序〉） · 琳瑀以符檄擅聲。（〈才略〉） · 陳思論才，亦深排孔璋，……故魏文稱：「文人相輕」，非虛談也。（〈知音〉） · 略觀文士之疵：……孔璋傯恫以麤疎，……並文士之瑕累。（〈程器〉）
應　瑒	· 暨建安之初，五言騰躍，文帝、陳思，縱轡以騁節，王、徐、應、劉，望路而爭驅；並憐風月，狎池苑，述恩榮，敘酣宴，慷慨以任氣，磊落以使才；造懷指事，不求纖密之巧，驅辭逐貌，唯取昭晰之能，此其所同也。（〈明詩〉） · 魏晉滑稽，盛相驅扇。遂乃應瑒之鼻，方於盜削卵；……曾是莠言，有虧德音，豈非溺者之妄笑，胥靡之狂歌歟？（〈諧讔〉） · 自獻帝播遷，文學蓬轉，建安之末，區宇方輯。魏武以相王之尊，雅愛詩章；文帝以副君之重，妙善辭賦；陳思以公子之豪，下筆琳瑯；並體貌英逸，故俊才雲蒸。……德璉綜其斐然之思，……傲岸觴豆之前，雍容衽席之上，灑筆以成酣歌，和墨以藉談笑。觀其時文，雅好慷慨，良由世積亂離，風衰俗怨，並志深而筆長，故梗概而多氣也。（〈時序〉） · 應瑒學優以得文。（〈才略〉） · 詳觀近代之論文者多矣：至如魏文述典，陳思序書，應瑒文論，……各照隅隙，鮮觀衢路，或臧否當時之才，或銓品前修之文，或汎舉雅俗之旨，或撮題篇章之意。魏典密而不周，陳書辯而無當，應論華而疏略。（〈序志〉）
徐　幹	· 暨建安之初，五言騰躍，文帝、陳思，縱轡以騁節，王、徐、應、劉，望路而爭驅；並憐風月，狎池苑，述恩榮，敘酣宴，慷慨以任氣，磊落以使才；造懷指事，不求纖密之巧，驅辭逐貌，唯取昭晰之能，此其所同也。（〈明詩〉） · 及仲宣靡密，發篇必遒；偉長博通，時逢壯采……，亦魏晉之賦

徐 幹	首也。（〈詮賦〉） ・建安哀辭，惟偉長差善，〈行女〉一篇，時有惻怛。及潘岳繼作，實鍾其美。觀其慮瞻辭變，情洞悲苦，敘事如傳。結言摹詩，促節四言，鮮有緩句；故能義直而文婉，體舊而趣新，〈金鹿〉、〈澤蘭〉，莫之或繼也。（〈哀弔〉） ・故魏文稱：「文以氣爲主，氣之清濁有體，不可力強而致」；故其論孔融，則云：「體氣高妙」；論徐幹，則云：「時有齊氣」；論劉楨，則云：「有逸氣」。……並重氣之旨也。（〈風骨〉） ・自獻帝播遷，文學蓬轉，建安之末，區宇方輯。魏武以相王之尊，雅愛詩章；文帝以副君之重，妙善辭賦；陳思以公子之豪，下筆琳瑯；並體貌英逸，故俊才雲蒸。……偉長從宦於青土，……傲岸觴豆之前，雍容衽席之上，灑筆以成酣歌，和墨以藉談笑。觀其時文，雅好慷慨，良由世積亂離，風衰俗怨，並志深而筆長，故梗概而多氣也。（〈時序〉） ・徐幹以賦論標美。（〈才略〉） ・徐幹之沈默，豈曰文士，必其玷歟？（〈程器〉）
禰 衡	・禰衡之〈弔平子〉，縟麗而輕清。（〈哀弔〉） ・禰衡代書，親疏得宜，斯又尺牘之偏才也。（〈書記〉） ・禰衡當食而草奏，雖有短篇，亦思之速也。（〈神思〉） ・禰衡思銳於爲文，有偏美焉。（〈才略〉） ・正平狂憨以致戮，……文士之瑕累。（〈程器〉）
路 粹	・路粹之奏孔融，則誣其釁惡。名儒之與險士，固殊心焉。（〈奏啟〉） ・文蔚、休伯之儔，子叔、德祖之侶，傲岸觴豆之前，雍容衽席之上，灑筆以成酣歌，和墨以藉談笑。觀其時文，雅好慷慨，良由世積亂離，風衰俗怨，並志深而筆長，故梗概而多氣也。（〈時序〉） ・路粹、楊脩，頗懷筆記之工。（〈才略〉） ・略觀文士之疵：……路粹餔啜而無恥，……文士之瑕累。……丁、路之貧薄哉？（〈程器〉）
潘 勗	・潘勗〈符節〉，要而失淺。（〈銘箴〉） ・劉珍、潘勗之輩，欲穿明珠，多貫魚目。（〈雜文〉） ・潘勗〈九錫〉，典雅逸群。（〈詔策〉） ・昔潘勗錫魏，思摹經典，群才韜筆，乃其骨髓峻也；相如賦仙，

潘勗	氣號凌雲，蔚爲辭宗，乃其風力遒也。能鑒斯要，可以定文，茲術或違，無務繁采。（〈風骨〉） ·潘勗憑經以騁才，故絕群於錫命。……頗引書以助文。（〈才略〉）
繁欽	·文蔚、休伯之儔，子叔、德祖之侶，傲岸觴豆之前，雍容衽席之上，灑筆以成酣歌，和墨以藉談笑。觀其時文，雅好慷慨，良由世積亂離，風衰俗怨，並志深而筆長，故梗概而多氣也。（〈時序〉）
楊脩	·文蔚、休伯之儔，子叔、德祖之侶，傲岸觴豆之前，雍容衽席之上，灑筆以成酣歌，和墨以藉談笑。觀其時文，雅好慷慨，良由世積亂離，風衰俗怨，並志深而筆長，故梗概而多氣也。（〈時序〉） ·路粹、楊脩，頗懷筆記之工。（〈才略〉）
丁儀	·丁儀、邯鄲，亦含論述之美，有足算焉。（〈才略〉） ·略觀文士之疵：……丁儀貪婪以乞貨，……文士之瑕累。……丁、路之貧薄哉？（〈程器〉）
邯鄲淳	·至於邯鄲〈受命〉，攀響前聲，風末力衰，輯韻成頌；雖文理順序，而不能奮飛。（〈封禪〉） ·子叔、德祖之侶，傲岸觴豆之前，雍容衽席之上，灑筆以成酣歌，和墨以藉談笑。觀其時文，雅好慷慨，良由世積亂離，風衰俗怨，並志深而筆長，故梗概而多氣也。（〈時序〉） ·丁儀、邯鄲，亦含論述之美，有足算焉。（〈才略〉）
劉廙	·劉廙謝恩，喻切以至。……牋之善者也。（〈書記〉）
王朗	·王朗〈雜箴〉，乃置巾履，得其戒慎，而失其所施。觀其約文舉要，憲章武銘，而火水井竈，繁辭不已，志有偏也。（〈銘箴〉） ·王朗〈節省〉，甄毅〈考課〉，亦盡節而知治矣。（〈奏啟〉） ·王朗發憤以託志，亦致美於序銘。（〈才略〉）
衛覬	·衛覬〈禪誥〉，符采炳耀，弗可加已。（〈詔策〉）

參考書目舉要

本書目以專著在前，單篇論文列後，以類相從，大致依出版先後排序。

壹、專　　著

文心雕龍研究論著

文心雕龍輯注　黃叔琳注　紀昀評　台灣中華書局

文心雕龍注　范文瀾注　學海出版社

文心雕龍札記　黃侃著　文史哲出版社

文心雕龍校釋　劉永濟編著　正中書局

文心雕龍校注拾遺　楊明照校注拾遺　世界書局

文心雕龍新書附通檢　王利器校箋　成文出版社

文心雕龍註訂　張立齋編著　正中書局

中國文學批評研究論文集：文心雕龍研究專集　中國語文學社編印

文心雕龍研究論文集　黃師錦鋐等著　淡江文理學院中文研究室

劉勰和文心雕龍　陸侃如　牟世金著　上海古籍出版社

重修增訂文心雕龍研究　王師更生著　文史哲出版社

文心雕龍批評論發微　沈謙著　聯經出版事業公司

文心雕龍研究論文選粹　王師更生編纂　育民出版社

古典文學的奧祕－文心雕龍　王夢鷗著　時報文化出版公司

文心雕龍文論術語析論　王金凌著　華正書局

文心雕龍譯注　陸侃如　牟世金譯注　齊魯書社

文心雕龍斠詮　李曰剛著　國立編譯館

文心雕龍讀本　王師更生注譯　文史哲出版社

文心雕龍學刊第二輯　文心雕龍學會編　齊魯書社

劉勰的文學史論　張文勳著　人民文學出版社

興膳宏文心雕龍論文集　（日）興膳宏著　齊魯書社

文心雕龍論稿　畢萬忱　李淼著　齊魯書社

文心雕龍通解　王禮卿著　黎明文化事業公司

文心雕龍今譯　周振甫著　中華書局

文心雕龍探索　王運熙著　上海古籍出版社

文心雕龍研究論文選（1949-1982）　甫之　涂光社主編　齊魯書社

文心雕龍綜論　中國古典文學研究會主編　台灣學生書局

文心雕龍臆論　陳思苓著　巴蜀書社

重修增訂文心雕龍導讀　王師更生著　華正書局

文心雕龍之文學理論與批評　沈謙著　華正書局

文心雕龍新論　王師更生著　文史哲出版社

文心雕龍新探　張少康著　文史哲出版社

文心雕龍研究　穆克宏著　福建教育出版社

文心雕龍譯注　趙仲邑譯注　貫雅文化

文心雕龍研究薈萃　中國文心雕龍學會編　上海書店

文心雕龍學刊第七輯　中國文心雕龍學會編　廣東人民出版社

文心雕龍選讀　王師更生選注　巨流圖書公司

文心雕龍探祕　張文勳著　業強出版社

文心雕龍學綜覽　楊明照主編　上海書店出版社

文心雕龍研究　牟世金著　人民文學出版社

中國古代文學理論的秘寶－文心雕龍　王師更生著　黎明文化事業公司

文心雕龍研究第二輯　中國文心雕龍學會編　北京大學出版社

文心雕龍析論　王忠林著　三民書局

魏晉文論與文心雕龍　呂武志著　樂學書局

文心雕龍之建安七子論　卓國浚著　彰化師大國文教育研究所碩士
　　論文

台灣近五十年文心雕龍研究論著摘要　王師更生總編訂　文史哲出
　　版社

文心雕龍國際學術研討會論文集　台灣師範大學國文學系主編　文
　　史哲出版社

文心雕龍探賾　蔡宗陽著　文史哲出版社

台灣近五十年來「《文心雕龍》學研究」　劉渼著　萬卷樓圖書公
　　司

文心雕龍研究史　張文勳著　雲南大學出版社

劉勰評傳　楊明著　南京大學出版社

建安文學相關論著

曹操集　曹操撰　河洛圖書出版社

曹操集注　夏傳才注　中州古籍出版社

曹操傳　中村愿著　國際翻譯社

曹操年表　江耦編　河洛出版社

曹丕集校注　夏傳才　唐紹忠校注　中州古籍出版社

魏文武明帝詩註　黃節註　藝文印書館

魏文帝曹丕年譜暨作品繫年　洪順隆著　台灣商務印書館

中國歷代著名文學家評傳—曹丕　徐公持著　山東教育出版社

古詩新賞—曹丕　余冠英等賞析　地球出版社

曹丕及其詩文研究　王弘先著　文化大學中研所碩士論文

曹子建全集　曹植著　清流出版社

曹植集校注　趙幼文校注　明文書局

曹子建詩註　黃節註　宏業書局

曹集詮評　丁晏詮評　商務印書館

魏曹子建先生植年譜　鄧永康編　臺灣商務印書館

曹植評傳　劉維崇著　黎明文化公司

曹子建新探　黃守誠著　雲龍出版社

曹植散文研究　翁淑媛著　台灣師範大學國文研究所碩士論文

古詩新賞─曹植　鄭孟彤　黃志輝等賞析撰寫　地球出版社

曹操曹丕曹植資料彙編　木鐸出版社

三曹年譜　張可禮編著　齊魯書社

三曹詩選　余冠英選注　人民文學出版社

三曹詩賦考　朴貞玉著　台灣師範大學國文研究所碩士論文

三曹詩文賞析集　李景華著　巴蜀書社

三曹詩論集　陳飛之著　廣西師大出版社

三曹與中國詩史　孫明君著　商鼎文化出版社

曹氏父子詩研究　鍾京鐸著　學海出版社

曹氏父子和建安文學　李寶均著　萬卷樓圖書公司

曹氏父子及其羽翼辭賦研究　簡麗玲著　政大中研所碩士論文

曹魏父子詩選　趙福壇選注　遠流出版公司

中論　徐幹撰　《國學基本叢書》本，台灣商務印書館

徐幹中論研究　駱建人著　台灣商務印書館

徐幹思想研究　李文獻著　文津出版社

徐幹散文研究　蒲基維著　台灣師範大學國文研究所碩士論文

建安七子集　俞紹初輯校　文史哲出版社

建安七子詩文集校注譯析　韓格平注譯　吉林文史出版社

建安七子學述　江建俊著　文史哲出版社

建安七子綜論　韓格平著　東北師範大學

建安文學概論　沈達材著　樸社

建安文學概論　王巍著　遼寧教育出版社

建安文學之探述　張芳鈴著　台灣師範大學國文研究所碩士論文

建安文學編年史　劉知漸著　重慶出版社

建安文學論稿　張可禮著　山東教育出版社

建安文學新論　胡世厚　蕭永慶　衞紹生主編　中州古籍出版社

建安文學述評　李景華著　首都師範大學

建安詩文鑒賞辭典　王巍　李文祿主編　東北師範大學出版社

建安辭賦之傳承與拓新　廖國棟著　文津出版社

建安風流人物　鄭孟彤著　山西人民出版社

漢末士風與建安詩風　孫明君著　文津出版社

漢魏六朝百三家集題辭　張溥題辭　殷孟倫注　世界書局

三國人物論集　禚夢庵著　台灣商務印書館

魏晉南北朝文學家　章江著　大江出版社

文學史、文學批評史、文學理論

中國文學史　錢基博著　中華書局

中國文學簡史　林庚著　北京大學出版社

中國文學發展史　劉大杰著　中華書局

中國大文學史　謝無量著　台灣中華書局

中國文學史　葉慶炳著　台灣學生書局

中國文學史論文選集續編　羅聯添編　台灣學生書局

中古文學史　劉師培編　文海出版社

中古文學繫年　陸侃如著　人民文學出版社

中古文學論叢　林文月著　大安出版社

中古文學史論文集　曹道衡著　洪葉文化公司

中古文學史論　王瑤著　北京大學出版社

魏晉文學史　徐公持編纂　北京人民文學出版社

魏晉南北朝文學思想史　張仁青著　文史哲出版社

魏晉南北朝文學史參考資料　北大中文系編　里仁書局

魏晉南北朝文學與思想學術研討會論文集　成大中文系編　文史哲
　　出版社

中國文學批評史　郭紹虞著　商務印書館

中國文學批評史（魏晉六朝）　羅根澤著　學海出版社

中國文學理論史：先秦兩漢魏晉南北朝時期　黃保真　成復旺　蔡
　　鍾翔著　洪葉文化公司

中國文學理論批評發展史　張少康　劉三富著　北京大學出版社

兩漢魏晉南北朝文學批評資料彙編　柯慶明　曾永義編　成文出版
　　社

中國文學講話：魏晉南北朝文學　葉慶炳等主講　巨流圖書公司

文章流別論　摯虞撰　《叢書集成續編》本，新文豐出版公司

詩品注　鍾嶸撰　汪中選注　正中書局

詩品注　鍾嶸撰　陳延傑注　台灣開明書店

詩式　皎然撰　《百部叢書集成》本，藝文印書館

韻語陽秋　葛立方撰　《百部叢書集成》本，藝文印書館

談藝錄　徐禎卿撰　《四庫全書》本《廸功集》附錄

詩藪　胡應麟著　廣文書局

詩源辨體　許學夷著　《續修四庫全書》本，上海古籍出版社

文章辨體序說、文體明辨序說　吳訥　徐師曾著　長安出版社

原詩　葉燮著　《昭代叢書》本，道光 13 年

帶經堂詩話　王士禎撰　乾隆海鹽張氏刊本

柳亭詩話　宋長白著　上海雜誌公司

古詩源　沈德潛選輯　台灣商務印書館

采菽堂古詩選　陳祚明撰　《續修四庫全書》本，上海古籍出版社

樂府正義　朱乾著　京都同朋社

藝概　劉熙載著　廣文書局

昭昧詹言　方東樹撰　漢京文化公司

歷代詩話續編　丁福保輯　無錫丁氏校刊本

歷代詩話論作家　常振國　降雲編　黎明文化事業公司

中國歷代文論選　木鐸出版社

魏晉南北朝文論佚書鉤沈　劉渼著　台灣師範大學國文研究所碩士
　　論文

古代文論百家　殷杰　賴力行主編　武漢大學出版社

論文雜記　劉師培著　寧武南氏排印本

漢魏六朝專家文研究　劉師培講述　台灣中華書局

漢魏六朝詩論稿　李直方著　龍門書局

漢魏六朝詩講錄　葉嘉瑩著　桂冠圖書公司

漢魏六朝辭賦　曹道衡著　國文天地

漢魏六朝賦家論略　何沛雄著　台灣學生書局

魏晉風氣與六朝文學　朱義雲著　文史哲出版社

魏晉南北朝文學論集　香港中文大學中國語言文學系主編　文史哲
　　出版社

魏晉文學與魏晉人格　李建中著　湖北教育出版社

魏晉詩歌藝術原論　錢志熙著　北京大學出版社

六朝文論　廖蔚卿著　聯經出版事業公司

六朝風格論之理論與實踐探究　蔡英俊著　台灣大學中文研究所碩
　　士論文

六朝文學觀念論叢　顏崑陽著　正中書局

文學研究新途徑　李辰冬著　啓德出版社

文學新論　李辰冬著　東大圖書公司

中國文學評論（第一冊）　林文月等著　聯經出版事業公司

中國文學論集　徐復觀著　台灣學生書局

古典文學論探索　王夢鷗著　正中書局

文氣論研究　朱榮智著　台灣學生書局

陸侃如古典文學論文集　陸侃如著　上海古籍出版社

中國詩史　吉川幸次郎著　劉向仁譯　明文書局

樂府文學史　羅根澤著　文化學社

漢魏六朝樂府文學史　蕭滌非著　長安出版社

古代散文文體概論　陳必祥著　文史哲出版社

中國散文史　陳柱著　台灣商務印書館

中國散文演進史　倪志僩著　長白出版社

中國散文史　郭預衡著　上海古籍出版社

中國散文之面貌　張高評等著　中央文物供應社

中國韻文史　澤田總清著　台灣商務印書館

中國駢文發展史　張仁青著　中華書局

賦史　馬積高著　上海古籍出版社

經史子集與其他著作

詩經釋義　屈萬里著　中國文化大學出版部

尙書今註今釋　屈萬里註釋　台灣商務印書館

禮記註疏　鄭玄注　孔穎達疏　《四部備要》本，台灣中華書局

中國經學史　馬宗霍著　學海出版社

史記　司馬遷撰　鼎文書局

漢書　班固撰　鼎文書局

後漢書　范曄撰　鼎文書局

續後漢書　郝經著　（宜稼堂叢書／百部叢書集成初編），藝文印
　　書館

三國志　陳壽撰　裴松之注　鼎文書局

三國新志　劉公任撰　世界書局

三國志集解　盧弼集解　藝文印書館

晉書　房玄齡等撰　鼎文書局

宋書　沈約撰　鼎文書局

南齊書　蕭子顯撰　鼎文書局

隋書　魏徵撰　鼎文書局

資治通鑑　司馬光撰　藝文印書館

二十二史劄記　趙翼撰　廣文書局

中國通史簡編　范文瀾著　人民出版社

魏晉南北朝史　林瑞翰著　五南圖書出版公司

陳寅恪史學論文選集　陳寅恪著　上海古籍出版社

史學方法　鄭樑生編著　五南圖書出版公司

論衡　王充撰　台灣中華書局

抱朴子　葛洪撰　《萬有文庫薈要》本，台灣商務印書館

人物志今註今釋　劉劭撰　陳喬楚註釋　台灣商務印書館

金樓子　蕭繹撰　《四庫全書》本，台灣商務印書館

諸子彙評　歸有光輯　明天啓乙丑刊本

困學紀聞　王應麟撰　《四部備要》本，台灣中華書局

法苑珠林　釋道世撰　中國書店

酉陽雜俎　段成式撰　《叢書集成簡編》本，台灣商務印書館

中國歷代思想家－鄭玄　陳品卿著　台灣商務印書館

中國哲學發展史　任繼愈著　人民出版社

魏晉思想論　劉大杰撰　上海古籍出版社

魏晉哲學　劉貴傑　周紹賢著　五南圖書出版公司

兩漢魏晉之道家思想　陶建國著　文津出版社

世說新語箋疏　劉義慶著　余嘉錫箋疏　華正書局

顏氏家訓新譯　顏之推著　高安澤注譯　育賢出版社

文選　蕭統編　李善注　五南圖書出版公司

明州刊本六臣注文選　長澤規矩也解題　汲古書院印行

評註昭明文選　于光華編　萬國圖書公司

文選學　駱鴻凱著　漢京文化公司

玉臺新詠　徐陵編　吳兆宜注　世界書局

先秦魏晉南北朝詩　逯欽立輯校　學海出版社

全漢三國晉南北朝詩　丁福保編　中文出版社

全漢賦　費振剛　胡雙寶　宗明華輯校　北京大學出版社

樂府詩集　郭茂倩編撰　里仁書局

元豐類稿　曾鞏著　《四部備要》本，台灣中華書局

蘇東坡全集　蘇軾撰　世界書局

古文苑　章樵註　商務印書館

全上古三代秦漢三國六朝文　嚴可均校輯　中文出版社

駢體文鈔　李兆洛編　《四部備要》本，台灣中華書局

藝文類聚　歐陽詢等撰　木鐸編輯室

北堂書鈔　虞世南撰　宏業書局

太平御覽　李昉等撰　大化書局

直齋書錄解題　陳振孫著　廣文書局

郡齋讀書志　晁公武著　廣文書局

韻補書目　吳棫撰　《四庫全書》本，台灣商務印書館

叢書集成續編　藝文印書館

四庫全書　台灣商務印書館

四庫全書總目　台灣商務印書館

傳世藏書　誠成企業集團（中國）有限公司組織編纂　海南國際新
　　聞出版中心

義門讀書記　何焯撰　台灣商務印書館

援鶉堂筆記　姚範撰　廣文書局

鄭堂讀書記　周中孚撰　中華書局

札迻　孫詒讓撰　《續修四庫全書》本，上海古籍出版社

國故論衡　章炳麟撰　浙江圖書館校刊本

國學概論　錢穆著　台灣商務印書館

魯迅全集‧而已集　魯迅著　人民文學出版社

郭沫若全集　郭沫若著　人民出版社

管錐編　錢鍾書著　書林書局

許世瑛先生論文集　許世瑛著　弘道出版社

古代漢語　郭錫良等編　王力等校訂　北京出版社

語言文學與心理學論集　詹鍈著　齊魯書社

中國歷代著名文學家評傳第一卷、續編一　徐公持　盧達等編　山
　　東教育出版社

中國古代文學人物　徐公持等著　萬卷樓圖書公司

中國知識階層史論－古代篇　余英時著　聯經出版事業公司

貳、單篇論文

劉勰論作家的構思－讀文心雕龍隨筆之一　楊明照著　四川文學
　　1962 年第 2 期

文心雕龍評論作家的幾個特點　郭預衡撰　文學評論 1963 年第 1 期

文心雕龍評價作家作品的思想政治標準　王運熙著　廣西師範學院
　　學報 1979 年第 4 期

劉勰論建安文學　蔣立甫著　安徽師大學報 1982 年第 4 期

怎樣理解劉勰和鍾嶸對曹氏兄弟的評價　石雲濤著　許昌師專學報
　　1982 年第 2 期

劉勰論建安、正始文學　張文勳著　古典文學論叢第四輯

劉勰的作家論　徐季子著　古代文學理論研究 1987 年第 12 輯

從品評文人到精析文心－漢魏六朝文藝心理學概述　李建中著
　　《社會科學研究》1991 年第 2 期

志深而筆長梗概而多氣－劉勰論建安七子　穆克宏著　中國古代近
　　代文學研究 1991 年第 2 期

從歷史觀點看文心雕龍提出的作家與現實的關係　（瑞典）羅多弼
　　著　文心雕龍 1988 年國際研討會論文集

劉勰的主要研究方法：折衷說述評　周勛初著　古代文學理論研究
　　第 11 輯

曹丕典論論文對魏晉文風的影響　黃師錦鋐著　書目季刊第十七卷
　　第三期

曹丕詩歌藝術淺論　王巍著　吉林大學學報 1994 年 5 月

試論曹植的辭賦　呂美勤著　中國韻文學刊總第 4 期

曹植的作品分期　李辰冬著　大陸雜誌第 15 卷第 4 期

論建安曹氏父子的詩　余冠英著　文學遺產增刊第 1 輯

孔融生平及其詩文　閔嗣禮著　台中商專學報第一期

孔融的思想、性格和文風　張亞新著　貴州大學學報 1987 年 2 期

孔融論　顧農著　齊魯學刊 1990 年第 5 期

論王粲詩賦為建安七子之首　周振甫著　中國古代近代文學研究
　　1988 年第 12 期

從六朝詩人模擬公幹詩作論劉楨詩風　鄭滋斌著　大陸雜誌第 95 卷
　　第 1 期
試論應瑒的文學思想及創作　曹立波　戚津紅著　北方論叢 1988 年
　　第 1 期
徐幹與應瑒的詩歌　朴泰德著　中國語文 81 卷第 2 期
徐幹、陳琳、應瑒、劉楨籍里歧說考略　王發國　何斌著　西南民
　　族學院學報 1991 年第 2 期
潘勗〈九錫〉與劉勰崇儒　周勛初著　社會科學戰線 1989 年第 1 期
論曹氏父子和建安文學　呂美生著　安徽大學學報 1982 年第 3 期
曹氏父子與建安七子的關係　戴蕃溍著　中國古代近代文學研究
　　1989 年第 5 期
建安七子詩文鈎沈　俞紹初輯校　鄭州大學學報（哲學社會科學版）
　　1987 年第 2 期
建安七子詩文繫年考證　徐公持著　文學遺產增刊第 14 輯
略論建安七子說的分歧和由來　高敏著　鄭州大學學報 1980 年第 1
　　期
對略論建安七子說的分歧和由來的異議　均地著　鄭州大學學報
　　1980 年第 3 期
建安七子論　徐公持著　文學評論 1981 年第 4 期
建安七子何來孔融　張虎剛著　中國古代近代文學研究 1994 年第 1
　　期
建安文學的分期問題　牛維鼎著　中國古代近代文學研究 1983 年第
　　1 期
建安文學發展階段初探　張可禮著　文學評論 1983 年 5 期
建安時代的文學觀念　鄧仕樑著　中國文哲研究通訊第 2 卷第 2 期
建安文學思想之嬗變　黃田玉著　中國古代近代文學研究 1994 年第

1 期

近年來建安文學研究綜述　王巍著　中國古代近代文學研究 1994 年
　　第 3 期

魏晉南北朝文學之發展　王夢鷗著　中華文化復興月刊第 14 卷第 7
　　期

論中國散文之藝術特徵　王師更生著　教學與研究第 9 期

簡論我國散文的立體、命名與定義　王師更生著 孔孟月刊第 25 卷
　　第 11 期

論我國古今散文體類分合之價值原則及方法　王師更生著 孔孟學
　　報第 54 期

淺論建安散文的藝術特點　史邊衡撰　東岳論叢 1989 年第 4 期

試論公讌詩之於鄴下文士集團的象徵意義　鄭毓瑜著　第二屆魏晉
　　南北朝文學與思想學術研討會論文集　文津出版社

論文學的獨立和自覺非自魏晉始　張少康著　北京大學學報 1996 年
　　第 2 期

劉勰與民間文學　方元珍著　《文心雕龍國際學術研討會論文集》
　　文史哲出版社